新时代背景下
研究生教育高质量培养
与管理改革

主编　胡弘弘　肖翠祥

中国财经出版传媒集团

经济科学出版社
Economic Science Press

图书在版编目（CIP）数据

新时代背景下研究生教育高质量培养与管理改革／
胡弘弘，肖翠祥主编．-- 北京：经济科学出版社，2023.4
　ISBN 978 - 7 - 5218 - 4686 - 7

　Ⅰ. ①新… 　Ⅱ. ①胡… ②肖… 　Ⅲ. ①研究生教育 - 研究 -
中国 　Ⅳ. ①G643

中国国家版本馆 CIP 数据核字（2023）第 063028 号

责任编辑：白留杰　杨晓莹
责任校对：刘　昕
责任印制：张佳裕

新时代背景下研究生教育高质量培养与管理改革
胡弘弘　肖翠祥　主编
经济科学出版社出版、发行　新华书店经销
社址：北京市海淀区阜成路甲 28 号　邮编：100142
教材分社电话：010 - 88191309　发行部电话：010 - 88191522
网址：www. esp. com. cn
电子邮箱：bailiujie518@ 126. com
天猫网店：经济科学出版社旗舰店
网址：http：//jjkxcbs. tmall. com
北京密兴印刷有限公司印装
787 × 1092　16 开　27.5 印张　550000 字
2023 年 4 月第 1 版　2023 年 4 月第 1 次印刷
ISBN 978 - 7 - 5218 - 4686 - 7　定价：98.00 元
（图书出现印装问题，本社负责调换。电话：010 - 88191545）
（版权所有　侵权必究　打击盗版　举报热线：010 - 88191661
QQ：2242791300　营销中心电话：010 - 88191537
电子邮箱：dbts@ esp. com. cn）

编委会名单

顾　问　姚　莉

主　编　胡弘弘　肖翠祥

副主编　魏永长　王　华　白　玉　黄　雯

编　辑　胡　盈　张景瑜　刘　桐

序　言

　　党的二十大报告将教育、科技、人才"三位一体"统筹部署，为研究生教育举旗定向。作为培养高等次人才的主要途径，研究生教育是国家创新体系的重要组成部分，其质量与水平是中国教育强国建设的标志。

　　立足新时代，百年未有变局、民族复兴全局、新发展格局"三个大局"交织交汇，将进一步深刻影响研究生教育的变革与发展。习近平总书记明确要求"推动研究生教育适应党和国家事业发展需要，坚持'四为'方针，瞄准科技前沿和关键领域，深入推进学科专业调整，提升导师队伍水平，完善人才培养体系，加快培养国家急需的高层次人才"，这是新时代研究生教育改革发展的根本遵循。

　　立足新时代，作为"双一流"建设高校，我们亟须将研究生教育与创新型国家建设、新发展格局构建和高质量发展更加紧密地联系在一起，如何围绕"立德树人、服务需求、提高质量、追求卓越"主线，以服务国家重大战略需求为牵引，以提升研究生教育质量为核心，发挥学科优势，积极探索经法管主干优势学科与数字时代"大数据""人工智能"等新兴学科的交叉融合，探讨在涵养育人生态、严把育人过程和营造良好导学关系中提升研究生培养质量，在提高关键能力、推进重点任务、夯实工作基础中实现研究生教育高质量发展具有重要意义。《新时代背景下研究生教育高质量培养与管理改革》一书，以研究生教育全过程管理为主线，从六个主题全方位呈现了著者对研究生教育的深入研究和准确把握。值得注意的是，全书以不同视角、宏微结合，对新时代研究生教育高质量发展进行了立体化的诠释：全面把握大变局下的教育改革，做好党建引领研究，找准新时代研究生教育的新方位；遵循育人规律，探索人才培养模式与教育教学管理模式，系统提升研究生教育教育的卓越性；突破重点，在解决专业及课程建设、案例教学与实践研究、招生与就业研究等关键问题中构筑研究生教育的战略新优势。是了解新时代研究生教育发展问题、理解研究生教育发展规律的重要参考，也通过对研究生教育质量存在的问题及今后可能出现的问题进行科学评判，为相关学者、教育工作者、有关部门和机构及时发现、研判、解决问题提供有益参考。

立足新时代，要以习近平新时代中国特色社会主义思想为指导，凝聚共识，积极行动，因地制宜，主动作为，抢抓机遇，乘势而上，推动研究生教育高质量发展，共同谱写研究生教育强国建设新篇章！

中南财经政法大学党委常委、副校长　姚莉

2023 年 4 月

前　言

习近平总书记指出，中国特色社会主义进入新时代，即将在决胜全面建成小康社会、决战脱贫攻坚的基础上迈向建设社会主义现代化国家新征程，党和国家事业发展迫切需要培养造就大批德才兼备的高层次人才。针对研究生教育工作，他强调，要加快培养造就大批德才兼备的高层次人才，为坚持和发展中国特色社会主义、实现中华民族伟大复兴的中国梦作出贡献。总书记的重要指示，为推动新时代研究生教育改革发展指明了方向，是新时代研究生教育改革发展的根本遵循。

研究生教育肩负着高层次人才培养和创新创造的重要使命，是国家发展、社会进步的重要基石。随着高等教育的普及化，研究生教育规模也在持续扩大。1949年，我国研究生在学人数仅为 629 人，而 2021 年，我国在学研究生数量增至 333 万人，2022 年，全国考研报名人数达到 457 万，创下历史新高。截至今年，全国 800 多个研究生培养单位向经济社会发展主战场输送了 1000 多万高层次人才，为国家经济和社会事业发展提供了有力人才支撑。研究生教育规模扩大，从长期来看有利于实施创新驱动发展战略和建设创新型国家，实现人才培养结构进一步上移。短期内又有缓解疫情期间就业压力的作用。但是，研究生扩招也会带来一些问题，比如高校教育和科研资源受到挤压、优质师资力量跟不上等问题。在中国特色社会主义进入新时代的大背景下，如何保障和提高研究生教育的质量，就成了迫在眉睫的重要课题。

中南财经政法大学是教育部直属的以经济学、法学、管理学为主干，兼有哲学、文学、史学、理学、工学、艺术学等九大学科门类的普通高等学校，是国家"211 工程"和"985 工程"优势学科创新平台项目重点建设高校，是世界一流大学和一流学科（简称"双一流"）建设高校及建设学科高校。学校创建于 1948 年，前身是以邓小平为第一书记的中共中央中原局创建、并由第二书记陈毅担任筹备委员会主任的中原大学。中南财经政法大学于2000年5月26日由中南财经大学和中南政法学院合并组建。学校在中原大学初期，就开始招收研究班学员，首批学员24人。经过70多年的发展历程，学校在研究生教育工作中披荆斩棘、阔步前行，真正意义上实现了历史性跨跃式发展。现有一级学科博士学位授权点7个，二级学科博士学位授权点62个，一级学科硕士学位授权点17个，二级学科硕士学位授权点102个，博士后流动站6个，并拥有工商管理硕士、法律硕士、会计硕士、公共管理硕士等18个硕士专业学位授权点。学校师资力量雄厚，在读学生数量庞大，现设有19个学院，共有教职工2579人，其中教授341人，副教授584人，博士生导师241人，硕士生导师1120人。在校研究生9800余人，其中博士研究生近1200人，硕士研究生8600余人。在七十多年的发展历程中，学校秉承"博文明理，厚德济世"的校训，践行"砥砺德行、守望正义、崇尚创新、止于至善"的大学精神，不断深化推进教育改革，积极营造浓厚的学术氛围，树立严谨朴实的校风学风，凸显"人文化成，融通创新"的研究生教育特色，致力于培养复合型、融通性、创新型高素质人才，已为国家输送了4万余名经济、法律和管理等各类毕业研究生，毕业生水平和质量得到社会的广泛认可和好评，一大批毕业生已经成为引领时代潮流的高级领导干部、学术精英和商界巨子。随着中国特色社会主义进入新时代，中南财经政法大学与时俱进，开拓创新，坚持社会主义办学方向，努力建设成为财经政法深度融通特色鲜明的世界一流大学。

为深入学习贯彻习近平新时代中国特色社会主义思想，深入贯彻落实和宣传阐述党的二十大精神，全面贯彻落实全国教育大会、全国研究生教育会议精神，全面总结新时代背景下国内外高校研究生培养模式改革的做法与经验，学校特别结集多位关心研究生教育的专家学者，对新时代背景下的研究生教育高质量培养与管理改革进行了深入的研究和探讨，相关成果汇聚于本书，以期为提升我国研究生培养质量、提升我国研究生教育管理水平提出对策建议。

全书共分六章，第一章介绍了党建引领研究生教育相关研究，指出了党建引领对研究生教育的必要性，应着力提升研究生思想政治工作质量。第二章主要探讨了研究生人才培养模式，包括三全育人体系构建、高素质研究生培育机制、劳动教育等方面的内容。第三章主要从专业及课程建设的角度出发，针对不同专业的研究生，设置相应的专业和课程体系，为其提供专业技能和研究能力的培养。第四章探讨了研究生教育教学管理模式，对研究生教育管理的改革和创新进行了探讨，包括高等教育数字化变革、学科评估、导师培训体系、导学关系等多个方面。第五章为研究生案例教学与实践研究，主要探讨了案例教学对研究生综合素质的影响，研究内容包括专业学位研究生案例教学实践、研究生法医学案例与实验教学方法研究以及社会实践等。第六章为研究生招生与就业研究，主要探讨了学术型研究生与博士研究生的生源质量问题和高校毕业生的就业选择。

践行习近平总书记关于"走建设中国特色、世界一流大学的新路"的重要思想，充分发挥"双一流"建设大学培养基础研究人才主力军作用，结合新时代背景，深入探讨考试招生制度、学科课程设置优化、科教融合和产教融合促进等研究生教育培养过程中的相关问题，为研究生教育改革发展奠定坚实的理论基础，推动强化研究生教育在培养创新人才、提高创新能力、服务经济社会发展等方面的重要作用，为建设社会主义现代化强国提供更坚实的人才支撑，为加快建设高质量基础学科人才培养体系目标踔厉奋发、勇毅前行。

编 者

2023 年 4 月

目 录

► 党建引领研究 ◄

坚持为党育人为国育才　培养德才兼备时代新人 ……………………… 姚　莉 / 3

努力推动研究生教育高质量发展　着力造就培养拔尖创新人才 ………… 胡弘弘 / 5

以社会主义核心价值观为抓手　着力提升研究生思想

　　政治工作质量 ……………………………………… 高　楠　周思琪 / 8

大数据背景下的基层党建理论与实践创新研究 ………………… 杜中敏　王人和 / 15

红色革命学府思想政治教育的当代意义

　　——中原大学"教、导、学"方法及其对研究生党支部主题

　　　党日活动的启示 ……………………………… 简春明　徐警武 / 21

新时代高校党员发展过程中的问与策

　　——基于中南财经政法大学法学院党校结业情况的

　　　实证研究 ……………………………………… 曹丽萍　肖哲尹 / 34

高校基层党组织育人功能研究

　　——基于"三全育人"的视角 ………………………… 吴兴华　耿婷婷 / 45

► 人才培养模式探索 ◄

"三全育人"视域下高校"育、教、研、创四结合"科研育人内涵及

　　机制研究 ……………………………………………………… 程明梅 / 53

"三全育人"下高素质研究生培育机制设计初探 ………………………… 卫　瑾 / 60

"三大战略"视域下高校"三全育人"在研究生培养管理中的

　　运用优化探究 …………………………………… 徐会超　王誉希 / 67

新时代研究生培养"五育并举"之践行 ………………………………… 董邦俊 / 74

新时代研究生劳动教育的路径探索 ·················· 耿少哲　徐警武 / 82

"双一流"背景下研究生拔尖创新人才融通培养模式探究

　　——以中南财经政法大学为例 ·················· 刘　桐 / 88

人文社科类高校研究生产教融合育人机制发展路径研究

　　——基于 OBE 理念 ·················· 胡　盈 / 97

高端法律硕士人才培养模式探索

　　——以法律硕士专业学位（涉外律师）研究生

　　培养为例 ·················· 王广波　王天宇　管绮雯 / 103

"数智时代"税务专业硕士培养质量提升与模式创新 ·················· 薛　钢 / 111

以产教融合促进金融专硕数字化复合型人才培养 ·················· 肖春海 / 118

会计专业硕士研究生人才培养："1 +2 +2"模式的实践探索

　　——以中南财经政法大学会计学院为例 ·················· 张昭妍 / 134

▶ 专业及课程建设研究 ◀

高质量专业学位研究生教育体系的建设研究 ·················· 杜中敏　杨青龙 / 145

研究生课程的价值与转化

　　——"教与学"的自洽 ·················· 周靖承 / 151

基于网络靶场竞技平台的认知差异教学模型研究 ····· 孙夫雄　张家豪　冷炳坤 / 158

科技自立自强战略下的研究生科技法学课程建设

　　——目标导向、框架设计与路径选择 ·················· 刘　鑫 / 167

我校设置国家安全法学研究生专业之学科定位及理据 ·················· 肖　鹏 / 174

新文科建设背景下科教融合育人模式的探索与实践

　　——以世界经济二级学科为例 ·················· 杨　波　高小莉 / 184

税务专业硕士课程建设产教融合探索案例研究

　　——以中南财经政法大学为例 ·················· 解洪涛 / 193

新时代税务硕士培养质量提升探索

　　——建立与职业需求相衔接的课程体系 ·················· 庄佳强 / 202

文化传承背景下研究生财政史学课程建设探讨 ·················· 赵兴罗 / 209

金融专硕"金融衍生工具"课程思政教学探索 ·················· 刘向华 / 216

"双碳"战略背景下的金融硕士课程思政创新研究

　　——以"固定收益证券"课程为例 ·················· 张　戡 / 222

基于扎根理论的课程思政推进学风建设的有效路径研究
　　——以"科技论文写作方法"研究生课程为例 ····· 刘雅琦　王玲玉　吕凯华／231
立德树人导向下课程思政育人模式探索与实践
　　——以研究生课程"老年社会工作"为例 ················· 周红云　罗　赤／247
国外马克思主义融入马克思主义哲学史教学的意义与路径 ············· 颜　岩／255
"中级计量经济学"线上线下混合教学模式探究 ················· 徐　娟／261

▶ 教育教学管理模式研究 ◀

研究生心理健康社会支持系统的构建 ····················· 黄丽琼／269
研究生道德教育的实施路径
　　——基于精致的利己主义者视角 ················· 张　璇　张欣怡／276
新时代理工科大学生法治思维培育研究 ················· 李必成／283
学科评估中人才培养质量指标的一些思考 ················· 杨华磊／288
高校研究生导师培训体系优化研究 ····················· 李绪莹／294
共同体视角下我国研究生和谐"导学关系"的审视与构建 ········· 王秀景／301
基于 A 学院 73 篇研究生学位论文盲审结果的分析与思考 ········· 张申鹏／313
新时代高校辅导员思想引领力提升论析 ················· 付慧娟／322
新时代教育数字化背景下高校研究生教育数字化变革与创新探究 ········ 宋昀宜／330

▶ 案例教学与实践研究 ◀

专业学位研究生案例教学实践的若干问题研究 ················· 万　明／341
研究生法医学案例+实验教学方法研究 ··················· 周　鑫／348
浅论研究生参与社会治理的实践机制研究
　　——以中南财经政法大学为例 ················· 刘昱龙　万君仪／358
应用统计专业硕士案例教学与实践 ····················· 蒋　锋／366
Z 世代研究生心理健康教育难点及策略研究 ················· 魏晨雪／373
德育、体育、美育相结合,扎实推进五育并举
　　——以经济学院研究生"纸鸢寄我心"风筝艺术节
　　　活动为例 ································· 岳明泽　罗瓛尧／378

防疫常态化下研究生心理危机预防体系能效提升研究

——基于Z校研究生的个案分析 ·················· 田 雨 / 385

▶ 招生与就业研究 ◀

学术型研究生生源因素与培养质量的相关性研究 ·········· 董丽华 肖 浩 / 393

博士研究生"申请－考核"制促进生源质量提升的实证研究

——以中南财经政法大学为例 ·················· 王淑珺 / 403

高校毕业生就业地选择的影响因素研究 ··········· 董晓清 孟庆瑜 甄子琛 / 413

▶▶▶ 党建引领研究

坚持为党育人为国育才 培养德才兼备时代新人

姚 莉

2022年10月16日，中国共产党召开第二十次全国代表大会，这是在全党全国各族人民迈上全面建设社会主义现代化国家新征程、向第二个百年奋斗目标进军的关键时刻召开的一次十分重要的大会。大会生动描绘了全面建成社会主义现代化强国的宏伟蓝图，吹响了向实现第二个百年奋斗目标进军、以中国式现代化全面推进中华民族伟大复兴的嘹亮号角。

教育是国之大计、党之大计。习近平总书记强调，研究生教育在培养创新人才、提高创新能力、服务经济社会发展、推进国家治理体系和治理能力现代化方面具有重要作用。党的二十大报告统筹教育、科技、人才三方面工作，将"实施科教兴国战略，强化现代化建设人才支撑"列为专章进行整体谋划部署，明确提出教育、科技、人才是全面建设社会主义现代化国家的基础性、战略性支撑。这对于准确把握新时代高等教育工作的着力点、加快建设高质量教育体系具有重要指导意义，为我们在新起点新征程上推进高等教育内涵式发展提供了思想指引和行动指南。

一、把握实质内涵，凝聚思想共识，领悟党的二十大报告精神

习近平总书记所作的报告高屋建瓴、举旗定向、擘画未来、振奋人心，是我们开启新阶段新征程的重要政治纲领，为新时代教育事业发展指明了前进方向、提供了根本遵循。我们要深入贯彻党中央决策部署，走实走深走心学习宣传和研究阐释好党的二十大精神，深入领会其中蕴含的道理学理哲理，知其言更知其义、知其然更知其所以然，做到学透悟透。始终用新时代中国特色社会主义思想武装头脑、指导实践、推动发展，运用好贯穿其中的马克思主义立场、观点、方法，坚定战略自信、保持战略清醒、增强信心斗志，不断提高政治判断力、政治领悟力、政治执行力，进一步铭记

初心使命，坚定理想信念，坚持守正创新，深耕历史纵向，让党的二十大精神在中南大这所红色基因大学落地生根。

二、坚持立德树人，建设人才高地，助力研究生教育高质量发展

在新征程上，要牢牢把握新时代新征程党的中心任务，高举中国特色社会主义伟大旗帜，落实立德树人根本任务，以时不我待的昂扬姿态践行"为党育人、为国育才"的教育使命，培养德才兼备、堪当民族复兴重任的时代新人。围绕"立德树人、服务需求、提高质量、追求卓越"主线，以服务国家重大战略需求为牵引，以提升研究生教育质量为核心，发挥我校学科优势，积极探索经法管主干优势学科与"大数据""人工智能"等新兴学科的交叉融合，以跨学科交叉融合支撑高质量研究生培养，夯实研究生培养模式改革创新，着力增强研究生创新能力，培养能够开新路、出新绩的时代新才，培养德法兼修、明法笃行的时代英才，培养经世济民、经邦济世的时代人才，培养"知经济、懂法律、通管理"的时代通才，以高质量研究生教育发展助力社会主义现代化建设，为党争取青年人心、汇聚青年力量。

三、紧扣时代脉搏，扎根中国大地，答好人民满意的教育答卷

坚持问题导向，继续推进实践基础上的理论创新，以"功成不必在我"的精神境界和"功成必定有我"的历史担当砥砺前行。习近平总书记在考察中国人民大学时强调，"希望广大青年用脚步丈量祖国大地，用眼睛发现中国精神，用耳朵倾听人民呼声，用内心感应时代脉搏，把对祖国血浓于水、与人民同呼吸共命运的情感贯穿学业全过程、融汇在事业追求中。"立足中华民族伟大复兴战略全局和世界百年未有之大变局，广大师生要坚持把马克思主义基本原理同中国具体实际相结合、同中华优秀传统文化相结合，以时代为脉搏，面向科技前沿交叉热点，突破卡点瓶颈，勇于担当、主动作为，着力促进科研成果转化。充分发挥高等教育在现代化强国建设中的支撑引领作用，在理论与实践的有机结合和良性互动中深刻认识中国国情，增强读懂中国、研究中国的意识和能力，扎根中国大地、立足中国实际、解决中国问题，"以回答中国之问、世界之问、人民之问、时代之问为学术己任"，答好新时代人民满意教育答卷，为实现中华民族伟大复兴的中国梦奉献中南大智慧。

（中南财经政法大学党委常委、副校长，教授）

努力推动研究生教育高质量发展　着力造就培养拔尖创新人才

胡弘弘

党的二十大报告将教育、科技、人才"三位一体"统筹部署，为研究生教育举旗定向。2023 年政府工作报告把"推进高等教育创新"列为 2023 年工作重点之一，为研究生教育发展掌舵领航。研究生教育处于国民教育的顶端，是科技第一生产力、创新第一动力、人才第一资源的重要结合点。作为"双一流"建设高校，我们深感使命在肩，将进一步深入学习贯彻党的二十大精神和习近平总书记关于教育的重要论述，全面贯彻落实全国研究生教育会议精神，深化综合改革，坚定不移走内涵式发展之路，扎实推进相关重点工作，努力推动学校研究生教育高质量发展，培育拔尖创新人才。

一、坚持立德树人，"教"与"育"同频共振全面育人

总书记多次强调：培养什么人，是教育的首要问题。高等教育是国民教育的最高阶段，研究生教育则是最高阶段的顶点位置，我们必须着眼培养德智体美劳全面发展的社会主义建设者和接班人这一育人目标，立德树人与传道授业同频共振。教育的重点绝非仅仅是知识技能的传授，更非唯分数是从，而是"引人以大道，启人以大智"。用好研究生课堂教学主渠道，落实育人价值导向，引导研究生以科学严谨和实干努力探索客观事物发展的本质和规律，坚定理想信念、厚植爱国主义情怀，培育青年学子的家国情怀与使命担当。

二、落实导师责任，"研"与"导"和谐共存全方位育人

随着信息化时代学习方式发生变化，学生更易获取知识、掌握前沿。而导师之所以成为导师，穷尽自身所钻研的学术领域和科研本领，能胜学生一筹的仍是"授人以

鱼，不如授人以渔"。既引导学生坚持正确的学习研究方法、进行科学规范的学术训练，又引导学生坚守学术道德和科研精神，是导师职责的题中应有之义。当好人生导师，使自己成为塑造学生品格、品质、品味的"大先生"，尽己所能帮助学生"扣好人生的扣子"。

我们要打造一流的研究生导师队伍，就需要不断提升研究生导师的政治素养、法治意识、道德修养、专业功底、个人魅力、治学态度和行为规范，提升研究生导师指导研究生的能力，使他们既做学业导师，又做人生导师，可以从以下几方面下功夫：一是强化正面引导，明确规范要求。落实立德树人根本任务，要坚持师德为先、育人为本、质量为要的基本要求，建立分类遴选、评聘分离的导师选聘制度，努力打造一支师德高尚、学养深厚、治学严谨、指导有方的高素质研究生导师队伍。二是精准对接导师培训需求，建立导师研修常态化机制。通过线上线下、校内校外相结合的方式，建立规范、开放、共享、兼容的导师培训二级管理体系。三是制定研究生教育教学奖励办法，选树优秀导师和优秀导师团队并宣传推广其成功经验，搭建起我校研究生导师立德树人风采展示和育人经验交流分享平台，促进导师间的工作交流，推动研究生导师全过程育人、全方位育人，做好研究生成长成才的指导者和引路人。

三、促进科教、产教融合，"学术型"与"专业型"协同培养拔尖人才

学术型和专业型人才分类培养成为迫切需求。学术学位要突出科教融合，加强学术型研究生的系统科研训练，推进硕博贯通培养，实行培养方案一体化设计，着力提升学术型人才原始创新能力，切实把"研"字突出到位；专业学位要重视产教融合，深化专业学位研究生教育综合改革，加快完善我校与行业产业密切合作的模式，通过政策引导、制度建设和试点机制，在课程设置优化、教学方式改革、教学案例库完善、导师队伍优化、校外实习实践基地搭建等方面积极探索，以国家级示范联合培养基地、湖北省研究生工作站为依托，深度推动产教融合，建立更加完善的专业学位研究生培养体制机制，着力打造一批高水准的产教融合培养基地，突出案例教学和实践训练，规范校企"双导师"指导，促进我校研究生产出具有重大理论意义和实践价值的学科融通性创新成果。

四、深化教育评价改革，从聚焦"学术"内涵和培育"学者"内涵多角度培养博士研究生

博士研究生教育是国民教育的最高端，集中体现了研究生教育质量，决定了高等

教育的高度，是培养拔尖创新人才、支撑高水平科技自立自强和服务经济社会高质量发展的直接力量。聚焦博士生教育的难点堵点就需要切实优化博士生规模结构，强化优质创新资源协同配置，不断优化硕博连读方式，持续扩大选拔比例；以有利于拔尖创新人才脱颖而出为核心，强化对科研创新能力和专业学术潜质的考察，把握好博士研究生教育质量保障的每一关。博士生作为学者的成长过程，其外延表现为参加学术会议等各种类型的科研交流活动，参加国际高校联合培养、交流交换，参与课题攻关、学科建设、学术领域中的服务工作。通过情境式的学习和交流，获得学术共同体当中的身份构建，培养纯粹的学术志趣。我校各培养单位深入落实《深化新时代教育评价改革总体方案》，坚决落实"破五唯"要求，从博士研究生培养发展的全过程进行考量和鼓励、引导，丰富博士研究生学术成果认定条件，修正了单一性的科研评价导向，树立博士研究生学术工作的质量和贡献导向，帮助学生构建长期的核心竞争力。

学校研究生教育将紧扣新时代新要求，按照"双一流"高校建设总体安排和部署，主动融入党和国家事业发展，积极服务国家战略，坚持高质量发展，完善人才培养体系，提升导师队伍水平，不断培养融通性、创新型和开放式的高层次卓越人才，为建设社会主义现代化强国提供更坚实的人才支撑。

（作者单位：中南财经政法大学研究生院、党委研究生工作部）

以社会主义核心价值观为抓手 着力提升研究生思想政治工作质量

高　楠　周思琪

摘　要： 党的二十大报告指出，用社会主义核心价值观铸魂育人，完善思想政治工作体系，推进大中小学思想政治教育一体化建设。研究生是社会未来发展的先锋力量，是国家创新发展的人才支撑，研究生的思想政治工作意义重大。而社会主义核心价值观是凝聚人心、汇聚民力的强大力量，对于研究生思想政治工作至关重要。本文在概述社会主义核心价值观基本概念和发展脉络以及研究生思想政治工作质量提升困境的基础上，分析社会主义核心价值观对研究生思想政治工作的引航和融合作用，最后在培育和践行社会主义核心价值观的目标指引下，提出提升研究生思想政治工作质量的路径及方法。以期在新时代背景下，深入贯彻落实党的二十大精神，为研究生教育高质量培养与管理改革注入源头活水。

关键词： 社会主义核心价值观　研究生　思政工作

一、社会主义核心价值观概述

（一）社会主义核心价值观的基本概念

价值观以价值的客观存在为基础和前提，源于社会实践活动的累积，是经济基础决定上层建筑的理论来源。从结构来看，价值观具有清晰的层次性，可分为最高地位、核心地位、一般地位。"核心价值观"的确立满足人们社会价值的选择，引导、影响人们的价值取向，具有较强的现实意义。

"社会主义核心价值体系"是一个多层次、多角度、内容丰富的整体，是社会思想意识的产物，是国家、社会在长期发展过程中形成的一种符合人们生活方式、被普遍认同的价值体系。"社会主义核心价值观"源于社会主义核心价值体系，是其中提炼出的最核心的内容，体现其根本性质和基本特征，反映其丰富内涵和实践要求。

（二）社会主义核心价值观的发展脉络

改革开放以来，通过对我国社会主义意识形态建设的不断探索，提出了从建设社会主义核心价值体系到以"三个倡导"为内容，积极培育和践行社会主义核心价值观的重要论断和战略任务。从 2006 年党的十六届六中全会首次提出到党的十八大凝结为"三个倡导"，从中共中央办公厅印发《关于培育和践行社会主义核心价值观的意见》，明确提出与中华优秀传统文化和人类文明优秀成果相承接，到党的十九大报告中指出，要"培育和践行社会主义核心价值观"，并指明了其与培育时代新人、国民教育的联系。党的二十大报告中进一步指出其"是凝聚人心、汇聚民力的强大力量"。随着时代的不断变化，社会情况的逐渐复杂，社会主义核心价值观经历了一个不断深化、发展、升华的过程，到最终凝练为二十四个字、十二个词语、三个层面。

二、研究生思想政治工作质量提升的困境

研究生思想政治工作是大学生思政教育的重要组成部分，相比本科生思政工作，无论是从思想道德素质方面，还是从创新能力方面而言，存在着许多困境[1]。主要表现在研究生群体大部分价值观已经形成、研究生教育容易"重智育、轻德育"以及社会多元价值观冲击这三方面，具体而言：

（一）研究生群体价值观相对成熟

相较于本科生，研究生的价值观、人生观、世界观更加完备和成熟。研究生的平均入学年龄是 22 岁，虽然在整个教育过程中都涵盖有思想政治教育，大部分研究生已经有了完备、清晰的价值观，但依然存在较强的异质性。在一项针对研究生的调查中，发现近六成的研究生认为自己已经形成稳定的"三观"，只有不到一半的研究生认为自己正在形成稳定的"三观"。同时考虑到研究生阶段大部分只有 2~3 年的学习时间，相对来说并不长，稳定性强和周期性短的双重压力给思政教育的有效开展形成了一定的阻碍。不仅如此，研究生往往都是相对更独立的个体，认知上更趋自主，潜意识上容易抵挡与自身想法相悖的观点，这进一步加大了研究生思政教育的困难。

（二）高校的研究生教育存在诸多痛点

首先，研究生思想政治教育的育人主体存在着责任模糊不清、育人主体间协同性

不强、没有形成育人合力等问题，这在一定程度上导致了高校"重智育、轻德育""重教书、轻育人"等现象的出现。[2]研究生和本科生两个培养阶段有明显的差异，研究生阶段重在科研，高校将更多的精力放在了专业能力的培养和科学研究的深入等方面，而易忽视社会主义核心价值观以及人文素养方面的教育，造成了研究生思想政治教育的缺乏。其次，研究生教育更多是"导师制"，专业导师自身的思想政治素养和水平直接影响了研究生思政工作质量，专业导师同样存在着重科研、学业，忽视思想政治教育工作的情况。

（三）文化的多样性带来了价值观的多元化

社会中多样性的价值观一方面带来多元化的观念冲击，另一方面未经引导的错误的价值观对研究生形成正确的价值观以及对其开展思想政治工作存在着巨大威胁，甚至对和谐社会的构建产生不利影响。我国正经历百年未有之大变局，当前社会的"多元化价值观"共存，青年人思想单纯、易受鼓动，容易受到错误观念冲击而产生错误的思想。同时，诸多流行的不良社会风气也潜移默化地干扰研究生的价值取向，如"躺平佛系""内卷"和"精致的利己主义"等错误价值观在诸多群体中引起了热烈讨论，对于研究生的社会主义核心价值观存在不同程度的不利影响；不仅如此，在数字化经济不断深入的今天，网络的发展和舆论的混杂，加之学生可以相对容易地接收到各类网络信息，在缺乏正确引导的情况下，若没有明辨是非的能力和清醒的头脑，重大社会事件的发生也容易改变甚至扭转研究生的观念，并导致在舆论中迷失自我。

三、社会主义核心价值观与研究生思想政治工作的关系

（一）社会主义核心价值观的现实意义

1. 明辨社会问题本质的需要。社会问题具备普遍性和差异性，它存在于每个民族、国家和社会之中，但又根据时间、地点、主体的不同而产生差异，因而辨析社会问题本质存在着一定的难度，而人本身就是社会关系的集合，不可避免地会遇到各种社会问题。同样，对研究生来说，明辨社会问题的本质是一种必需的能力。社会主义核心价值观代表着一个国家和民族主流的价值取向，其中蕴含了一个社会判断是非对错的价值标准，这种价值标准为个人辨析社会问题本质提供了重要的参考依据。从内心理解认同社会主义核心价值观，才能从行动上践行它，并且也能有效帮助我们以理性的态度来对待各种社会文化思潮，从而树立科学的、正确的三观。

2. 提升清楚思考能力的需要。通常随着年龄的增长，人们所思考的事情会越来越复杂。在复杂的网络环境下，缺乏独立思考很容易陷入人云亦云的境地，研究生的思政教育在树立学生正确的价值观取向，形成独立判断是非曲直的问题方面有着重要的作用。社会主义核心价值观里蕴藏了丰富的理论，这些理论的意义十分深刻，在践行社会主义核心价值观的同时也是对个人独立思考能力的锤炼。在心中有了清楚的底线和标杆，能帮助研究生这一群体提升思考能力和水平。

（二）社会主义核心价值观对思政工作的重要作用

1. 引航作用。社会主义核心价值观从三个层面回答了我们要建设什么样的国家、建设什么样的社会和培育什么样的公民，这为我们国家发展指明方向的同时，也为思政工作指明了方向。社会主义核心价值观的培养应该落实到研究生教育的方方面面，这也是文明校园、文明班级创建的根本任务，有突出的思想内涵，鲜明的价值导向。弘扬社会主义核心价值观是思政工作不可或缺的一部分，同时也是思政工作的内核所在。

2. 融合作用。社会主义核心价值观结合中国特色社会主义国家的基本国情，以马克思主义基本原理作为本源和起点，同时继承与创新中华优秀传统文化，是众多优秀文化、先进思想的融合产物，应贯穿于马克思主义学习与社会发展的方方面面。社会主义核心价值观让"大而广"的思想政治教育变得凝练，为其提供了有力抓手和切实可行的评价标准和教育目标。同时思政课是培育社会主义核心价值观最直接、最有效、最有力的主渠道。开展好研究生思想政治教育，讲好思政课，重要的途径就是把融合性高、内涵丰富的社会主义核心价值观培育好、践行好。

四、提升研究生思想政治工作质量的路径及方法

（一）弘扬党的二十大精神，多渠道多角度开展思政教育

首先，加强爱国主义教育。开展思政教育必须要培养研究生厚植爱国爱党情怀，充分发挥社会主义核心价值观宣传引领作用。2022年10月，中国共产党第二十次全国代表大会胜利召开，党的二十大为国家接下来的发展指明了方向，指引我们凝心聚力、砥砺奋进、同心逐梦。持续加强课堂教学为主、多种教学力量为辅的"大思政课"育人合力。强化研究生思政金课建设，将党的二十大精神、党的理论知识与专业知识教学深度融合；用好"一站式"学生社区驿站，在研究生样板党支部培育、理论与实践学习中发挥重要作用；弘扬党的二十大精神和党员先锋模范作用，导师、辅导

员、专任教师、后勤保障人员全员参与，在德、智、体、美、劳各个方面发挥引领作用。新冠疫情爆发时，抗疫过程中医护人员与党员同志们舍生忘死、命运与共；在脱贫攻坚战一线，基层工作者们一往无前，攻坚克难，发生在我们身边的中国故事都是鲜活的思政素材，强有力的中国声音都是能让研究生这一群体感同身受的时代强音。

其次，充分开展讨论学习。通过以研究生班小组形式开展党的二十大精神学习讨论会，围绕党的二十大精神的主题，分享自己的思考和感悟，以充分讨论的方式，掀起学习党的二十大精神的热潮，对学生的思考产生潜移默化的作用。

最后，进行实践教学深化。通过开展红色教育基地教育等实践教学，沉浸式地引导学生感受革命年代英雄人物为争取国家解放和民族复兴的光辉事迹，学习他们迎难而上，不怕牺牲，保持斗争的勇气；学习对党和国家忠诚，不负人民，坚定人民立场的政治担当；学习永不懈怠，一往无前的奋斗精神。在实践中提升政治素养，检验理论知识，切实做好"大思政课"协同育人工作，加强理论与实践融合共进，通过实践增加学生对于正确价值观的认同感。

（二）大兴调查研究之风，常态化制度化开展主题教育

学习贯彻习近平新时代中国特色社会主义思想主题教育需常态化开展。主题教育起着推动全党全国思想统一的导向和引领作用，推进主题教育常态化，是凝聚党的二十大精神的需要。勇于实践、勤于调查、善于研究是深入群众、贴近实际的途径，是检验理论、推动理论创新的方式，大兴调查研究之风有助于跟进时代的发展。时代的发展不是一成不变的，是一个动态变化、螺旋上升的过程，每个历史阶段都有不同的特点，每个时代的历史任务都有所不同，每个时代需要解决的问题也有不同。

思政工作者必须推进主题教育常态化制度化，才能审时度势，对不同的问题因势而谋，只有思想观念上把握时代脉搏，才能在工作上顺应时代发展的需要，工作才能具有针对性和时效性。当前面临信息多样化、思想文化多元化、思想意识多变的形式，面临如此多的不确定性因素，我们更要大兴调查研究，常态化开展主题教育，才能在时代大局变化中，站稳脚跟。

推进主题教育的工作中，充分利用校园提供的理论学习资源，丰富学生们的理论知识，让学生感受到深重的爱党爱国爱人民的深厚情感，引导学生坚定马克思主义信仰，引导学生树立正确的历史观和价值观，汲取不断前进的力量，激发学生昂扬的爱国精神，为全面建设社会主义现代化强国而不懈奋斗。

（三）完善思政工作体制，全方位全过程培育时代新人

党的十八大以来，以习近平同志为核心的党中央对青少年学生上好思政课高度重视。青少年是党和国家的未来，提高青少年学生的思想觉悟和道德水平，是实现

中华民族伟大复兴的重要途径，学生们的思想政治教育与人才培养的任务高度相关，与我们国家的未来紧密联系。推进学生的思想政治教育，完善思想政治工作体系是国之大计，落实好为党和国家培养人才的工作，是我国思想政治教育工作的重要内容。

学生是最具活力和创造力的社会群体，做好学生的思想政治教育工作，提高学生的文明程度，也就是提高一个民族、一个国家的文明素养。形成良好精神面貌对于弘扬社会良好风气，具有不可替代的作用。

完善思政工作体制，培育时代新人，要以引导学生们树立正确的理想目标为主题。当前处于社会主义新时代，是实现中华民族伟大复兴的关键时期，思政工作要以马克思主义、习近平新时代中国特色社会主义思想为价值内核，培养学生们坚定理想信念，树立伟大理想，把握为党和人民奋斗的伟大梦想。完善思政工作体制，要引导学生们崇尚科学，敢于创新，树立创新意识。要通过不断学习，用新知识新理论武装自己，才能提高综合素质，敢于突破传统，有创新意识、视野开阔的人才才能更好地顺应时代发展的需要，把各项工作完善好。

（四）促进法治德治融合，将思政工作融入日常生活

法治即是以法律条文约束他人，继承中华优秀传统法律文化，是制度治理最根本最可靠的保障。完善法律治理体系，坚持依法行政，保证了国家治理的公平公正义，有效保障了人民利益的公平公正。德治即是以道德规范约束的行为，形成良好秩序的方式，人民自觉履行义务和责任，是一种非制度形式的约束。法治的意义不仅仅指法律条文维护正义，更是指法治精神，德治在于以德化人。提升学生们的思想政治工作质量，应当将法治和德治相联系，才能正向影响学生们的认知，提升他们的道德修养，培养其法律意识。

日常生活是学生们进行社会活动的场所，应该将思政工作融入日常生活，贴近生活，思想政治教育应该做到知行合一，只有实践才能加深学生们对理论的认识，将教育融入日常生活，才能将学生们的切身体验和理论相结合，将理论知识转化为行动，在行动过程中把握自我，学生才能担负起中华民族伟大复兴的重任。

参考文献

[1] 李丽，魏继华，陈川．新时代研究生思想政治教育困境及对策探究［J］．科学咨询（科技·管理），2022（05）：144－146．

[2] 侯月明．"三全育人"视域下研究生思想政治教育：价值意蕴、现实困境与突破路向［J］．现代教育科学，2022（04）：79－83，102．

[3] 田仁连，弋鹏，袁倩，张明星．新时代研究生思想政治教育工作的现状、困境及对策分析

[J]. 宿州教育学院学报, 2020, 23 (05): 46 - 50.

[4] 鞠玮, 刘博, 王瑞瑞, 何金先. 高校研究生社会主义核心价值观的教育现状及其分析 [J]. 当代教育实践与教学研究, 2020 (13): 74 - 75.

[5] 徐敏华. 强化"四方主体"作用 提升协同育人质量——论高校院系研究生思想政治教育工作的创新 [J]. 研究生教育研究, 2016 (06): 22 - 26.

[6] 靳诺. 深入贯彻落实全国高校思想政治工作会议精神 进一步提升研究生思想政治理论课教学质量 [J]. 思想理论教育导刊, 2017 (09): 9 - 12.

[7] 汪力. 新时代提升研究生思想政治工作质量的契机与着力点探析 [J]. 改革与开放, 2020 (20): 51 - 56.

（作者单位：中南财经政法大学文澜学院）

大数据背景下的基层党建理论与实践创新研究

杜中敏　王人和

摘　要： 如今以大数据为代表的信息技术不断深入各个行业，并产生了深刻影响，如何充分利用好大数据的优势，做好智慧党建，努力提高党建工作的广度、深度、精度，对探索新形势下党建工作新路径具有重要意义。本文从高校基层党支部的党建实践与效果出发，从专业能力培养、创新服务活动与展望未来前景三部分展开，经过我支部运用大数据赋能进行党建活动效果，得到启示：第一，大数据不能只体现在技术上，更应该充分转化成党组织的"能力"；第二，要增强党组织内部的活力，充分利用党组织的学科专业能力以及各个党员的特点，让数据说好话；第三，进一步优化党建的系统功能，多方面多层次地为党员与党务工作者服务。

关键词： 智慧党建　高校基层党支部　大数据赋能

随着信息化时代的到来，大数据技术在很多领域都得到了很大的发展，自2015年大数据战略正式上升为国家战略以来，大数据广泛应用于我国政务、电商、医疗、交通、教育等各个行业，并产生了深刻影响。在党的二十大报告中提出，要推进教育数字化，建设全民终身学习的学习型社会、学习型大国。如今以大数据为代表的信息技术深刻改变着人们的思想认识、行为方式，充分利用好大数据的优势，努力提高党建工作的广度、深度、精度，对探索新形势下党建工作新路径具有重要意义。

2019年《中共中央关于加强党的政治建设的意见》中提出，积极运用互联网、大数据等新兴技术，创新党组织活动内容方式，推进"智慧党建"。处于信息化大潮中，我们要探索大数据在创新党建工作中的特殊作用。数字赋能的"智慧党建"近年来顺应新技术发展趋势得到了蓬勃发展[11]，作为具有大数据背景的高校基层党支部可以发挥学院专业优势，运用大数据赋能支部建设，创新组织活动内容方式，多措并举提升质量，让党建内容更鲜活、党建手段更智慧、党建效能更显著，做到知行合一，多元发展，以高质量党建引领高质量发展。但高校党建的重要性也反映出其独特的复杂性，解决创新意识不强、信息安全等问题势在必行，拓宽创新路径与机制，推动"智慧党建"从理论到实践的创新，高校基层党支部更应寻求"智慧党建"突破点，发挥自身专业特点。本文从基层党支部的党建实践与效果出发，从以下几个方面进行阐述，探寻数字赋能的党建在高校基层党支部的重要性。

一、结合专业，树立品牌

我支部开展特色活动以来一直紧密联系学院，一直遵循学校党委关于推进党史学习教育的部署安排，扎实开展党史学习教育，巩固拓展"不忘初心、牢记使命"主题教育成果，有效提升支部的思想引领力，确保沿着正确发展道路锐意进取、阔步前行。针对移动互联网大形势下党建新趋势，在统计与数学学院党委的领导下，支部充分发挥学院的专业优势，运用大数据赋能支部建设。

"智能党建"系统虽然经过信息化得到完善，党建工作标准化达到了"提质"的效果，但仅依赖于信息化的变动达不到增效的目的，要从"质"上做出变化，从点滴做到变化。我支部成员由统计与数学学院2021级学术型硕士研究生及博士研究生组成，现有21名正式党员。具有很强的统计专业能力，统计学是大数据的三大基础学科之一，与大数据之间的关系非常密切。统计学知识在大数据分析领域有很多的应用，其中支部成员专业覆盖经济、金融、大数据等领域，在金融与计算机交叉学科有一定的基础。在大数据赋能党建的时代，支部具有很大的优势，对于如今热点问题有深度的了解与研究，例如数字经济与数字乡村振兴等。基于此，支部极大发挥自身专业特点，结合党的建设，做到大数据赋能党建的创新。

支部运用大数据加强习近平新时代中国特色社会主义思想铸魂育人工作，从学习方式、时间、内容、意愿等多个潜在因子下建立多个二级指标，建立完善的习近平新时代中国特色社会主义思想学习制度指标体系。研究发现学习方式直接影响了学习意愿，大家更倾向于接受观感类教育。借助研究的结论，我们有目标性地调整教育、学习方式，达到优化习近平新时代中国特色社会主义思想学习系统的最终目的。活动以本校为试点，总结学习经验，优化习近平新时代中国特色社会主义思想学习系统，结合学校发展定位和人才培养目标，让学生通过学习，掌握事物发展规律，通晓天下道理，丰富学识，增长见识，塑造品格。支部定期开展内部学习、自主学习、案例探讨，开通研究生党史学习教育课堂，举办习近平新时代中国特色社会主义思想讲座，开展灵活的教育模式，加强理论学习。课堂外借助模拟法庭、校报、广播、校园网、宣传栏、学生手册等强有力的宣传渠道，利用微博、QQ、微信公众号等新媒体平台宣传习近平法治思想。一年来，每位同志积极配合工作，本支部研究生党日活动出勤率达100%，支部实地参观活动出勤率100%。在支部活动开展过程中，支部成员积极参与进来，提出自己的想法，记录自己的感悟，在理论层面进一步丰富自身，以合格党员的身份严格要求自己，发挥模范带头作用和服务意识，具有"忠于职守、爱岗敬业、开拓进取、乐于奉献"的工作作风，带头营造"求真务实、学以致用、从严治学、学无止境"的良好学风。支部在深入学习党的二十大报告精神活动中，积极地发挥大数据专业的特点，除了运用大数据手段对党的二十大报告进行剖析之外，进一步针对各大网络媒体对党的二十大报告学习精神报告与心得进行汇总剖析，将报告以最直观与最易理解的方式展现出来，更有利于支部党员学习。

运用数学模型及数据分析手段进行数字党建的过程中，实现了理论与实践的有机结合，有助于巩固学生党员所学的专业知识，进一步提升学生自身专业素养，努力让平日所学发挥真正的用处，并形成良好的示范效应，带动身边的同学一起参与进来，有效提升了自身综合素质。此外，支部开展党建活动的形式通过数字党建不断丰富，增强支部学生党员参与积极性，提高自身修养。

二、知行合一，践行服务

《中国共产党的历史使命与行动价值》从"把人民放在心中最高位置""依靠人民不断取得胜利""实现人民当家作主""让人民过上好日子"四个方面深入阐明我们党坚持全心全意为人民服务的行动价值[2]。共产党坚持全心全意为人民服务，站稳人民立场，贯彻党的群众路线。作为高校研究生党员，要努力学习党的理论，投身为人民服务的伟大实践中去，努力学习科学文化知识，掌握为人民服务的本领；努力学好本领，投身于中华民族伟大复兴的社会实践；培养无私奉献精神，时刻将人民的利益摆在第一位；向党靠拢，自觉投身到社会主义现代化建设中以践行党的根本宗旨。

我支部一直致力于建立可持续的发展体系，重视理论与实践结合的学习方式，计划培养全能的青年人才，积极开展"我为师生办实事"志愿服务活动，做到知行合一，多元发展，坚持广泛问需、精准实施，坚持尽力而为、量力而行，坚持讲求实效、统筹兼顾，发挥基层党组织政治功能和服务功能，引导党员干部为基层群众多办实事、多办好事，把实事办好、把好事办实，全心全意为人民服务，凝心聚力办实事，使支部成员进一步铭记"全心全意为人民服务是党的根本宗旨，是党一切行动的根本出发点和归宿，也是每位党员必须时刻牢记和践行的政治品格和实践指南"。

支部结合自身特点以及学生需求，举办考研帮扶与考博分享会，进一步帮助同学们了解考研形势，明晰考研计划，掌握相关技巧，缓解学业压力；贴合研究生学习生活，为研究生未来规划提供指导与帮助。其中考博分享会通过线上线下结合的方式，从多维度收集学生的问题，将相似的问题进行汇总并赋予权重，从多个方面高效解决汇总的疑问，发挥大数据特点，打破了缺少考博信息的瓶颈，增强同学考博的信心、坚定考博的决心，让有意向考博的同学对考博有一个更全面深层次的了解。同时加强我院不同年级研究生之间的交流，有利于进一步提升我院学术氛围，激发同学们的学术热情。考博分享会由我院几名博士进行分享，基于汇总问题进行分享与答疑使得分享会更为高效，考博交流会的举办不仅使与会同学对考博有了基本的认识，对接下来的研究生生活有了更准确的把握。同时也为正在准备考博的同学提供了十分有益的帮助，并进一步发挥我支部专业特点，运用大数据赋能的方式，总结一般同学的疑问以及博士之后的读博历程，大大提高了交流会效率。在考研帮扶活动中，支部成员运用硕士研究生录取数据及生源信息，借助可视化分析确立相关意愿帮扶学校。支部全体党员根据数据分析结果，基于便利、高效的原则，并在获得一定了解后，确定自身所要帮扶的考研学生。支部梳理网络帖子出现较多关于考研的问题，汇总热点问题，以便支部成员及时为帮扶学生解答疑问，并适时进行疏导和鼓励，助力考研学子成功上岸。

大数据时代的到来赋能支部建设，大大提高支部办事效率。基于考博分享会与考研帮扶等活动，我支部基于大数据专业基础，做到事前准备，剖析热点问题，梳理解决办法，高效办实事。支部大数据能力赋能逐渐提高的办事效率，带来的不仅仅是效率的提高，进而提高的是大数据分析能力，提高自身专业能力，不断与时俱进，开拓创新。

三、立足当下，观望未来

如今大数据赋能党建的脚步越来越快，互联网发展、信息技术在党的建设中的运用和发展是时代发展的需求和趋势。信息技术激发基层党建工作活力、推动基层党建创新发展、助力党建引领基层治理，是党建工作面临的重要时代课题。目前，高校党建面临了新问题：党建数据分散、统计难并且数据分析利用不足，党员教育方法单一、积极性调动不够，党务干部的信息化水平不高，各级党组织党建活力不足，党建工作中还存在过程管理难、责任量化难、绩效考核难等。如何从根本上解决这些突出问题，突出基层党组织的组织能力和政治功能，提升基层党组织的治理效能是当前党建工作的重大挑战。

作为高校基层党支部，坚持把"党对教育事业的全面领导"置于首要地位，持续推进党建工作的信息化、智慧化、智能化，依托互联网、云计算、数据交互、远程共享和协助等多方式的交流技术建设，创新地探索党建数据赋能路径。支部建设依托于自身专业特点，发展大数据赋能的党建活动，积极发挥支部各个党员专业能力，做到开拓创新，做好立足当下，观望未来。

经过我支部运用大数据赋能进行党建活动，得到以下启示与建议：

（一）大数据不能只体现在技术上，更应该充分地转化成党组织的"能力"

推动高校基层党组织发挥政治的功能以及作用，为了做到这点，我们要创新党建的工作思路，使得数据能说话，着力"四个聚焦"，坚持立德树人。党建工作要围绕"培养什么人、怎样培养人、为谁培养人"这个根本问题，始终聚焦"立德树人"根本任务和"为党育人"与"为国育才"使命，在让数据说话的同时，要加强全面从严治党，通过全面从严治党实现严以治校、严以治教、严以治学，以良好党风正学风树校风，不断提升党建工作数字化水平。

（二）为做到让数据说话，要增强党组织内部的活力

充分利用党组织的学科专业能力以及各个党员的特点，把每一件要解决的实事做好规划，将大数据建设应用于热点问题，将不同的热点问题分栏目分主题进行进一步的研究与探讨，做到"我为师生办实事"，做好高校办实事，对问题针对性剖析，提高支部解决问题能力的同时，发挥出每个党员的独特专业能力。

（三）让数据说好话的同时更要让数据说"好"话

进一步优化党建的系统功能，通过大数据信息化技术，研究分析广大的党务工作者在多方面以及多层次的需求，加强高校各基层党支部的交流，真正地为每个基层工作者减轻负担，进一步提高党建的工作质量，让党员以及党务工作者在工作中感受到党建工作的力量，推动党建工作与其他工作的结合，提升党建引领发展能力。

参考文献

［1］黄泝，陈玉书．新时代高校"智慧党建"系统实践创新研究［J］．学校党建与思想教育，2020（09）．

［2］张艳虹．高校党建信息化建设的现实诉求和发展路径［J］．思想理论教育，2021（05）．

［3］杭州市委办公厅机关党委课题组．数字赋能新时代机关党建高质量发展［J］．秘书工作，2021（04）．

［4］陈薇宇，庄嘉艺．数字赋能"红色引擎"添动力——福州数字党建的探索与实践［J］．海峡通讯，2021（02）．

［5］王胡英，常国军，杨王辉．党建引领，实践赋能：构建"红色＋、乡村＋、数字＋"党建育人新模式［J］．中国研究生，2022（04）：24－25．

［6］郑巧．数字赋能、信息茧房与高校"智慧党建"的策略选择［J］．福州大学学报（哲学社会科学版），2022，36（01）：123－127．

［7］高非，高星．高校党建工作在学校文化建设中的作用［J］．科教文汇（中旬刊），2016（09）：121－122．

［8］百年奋斗正青春数字党建新赋能——2021年"数字党建"高峰论坛在福州举办［J］．中国领导科学，2021（03）：130．

［9］李锋．政治引领与技术赋能：以数字党建推动社会治理现代化［J］．贵州社会科学，2022（07）：20－27．

［10］人民网．五中全会，大数据战略上升为国家战略［EB/OL］．（2015－11－08）［2023－05－06］．http：//politics．people．com．cn/n/2015/1108/c1001－27790239．html．

［11］中国共产党新闻网．以智慧党建推动高质量党建［EB/OL］．（2022－01－28）［2023－05－06］．http：//dangjian．people．com．cn/nl/2022/0128/c117092－32342020．html．

［12］全心全意为人民服务［N］．人民日报，2021－08－29（002）．

（作者单位：中南财经政法大学统计与数学学院）

红色革命学府思想政治教育的当代意义

——中原大学"教、导、学"方法及其对研究生党支部主题党日活动的启示*

简春明　徐警武

摘　要：红色资源是中华民族传承的宝贵财富，将红色资源融入高校研究生党支部主题党日活动中，有利于提升党支部建设水平与质量。作为中国共产党创建的著名革命大学，中原大学实施的"教、导、学"方法是改造青年知识分子政治思想的有效方法，有其时代背景、深刻内涵、教育实效，蕴含着丰富的教育心理学原理，适切于新时代的研究生党支部主题党日活动。借鉴这一方法的历史经验，坚持党的创新理论学习与"四史"教育相结合，指导开展高校研究生党支部主题党日活动，树立建构主义学习观、教学观，积极发挥支部党员学习的主动性与积极性，有利于创设研究生知识建构的学习环境，打造研究生党员思想教育主阵地。

关键词：中原大学　"教、导、学"方法　主题党日活动

党的二十大报告强调，要深入推进新时代党的建设新的伟大工程，坚持不懈用习近平新时代中国特色社会主义思想凝心铸魂，增强党组织政治功能和组织功能。基层党组织建设是有效实现党的领导的坚强战斗堡垒，抓好高校基层组织建设，充分发挥基层党组织的战斗堡垒作用，有利于推动国家高质量教育体系建设。根据新时代建设需求，作为高等院校，要始终坚守"为党育人、为国育才"的初心使命，坚定不移以高质量党建引领一流大学建设。研究生党支部作为高校重要的基层党组织之一，事关中国特色社会主义事业合格建设者和接班人的培养。党支部主题党日活动是研究生党员组织生活的重要载体，在新时代大学生思想政治工作面临的新形势与新挑战下，

---

　* 基金项目：全国教育科学规划课题"中国共产党创建的革命大学之办学理念及其新时代价值研究"（编号：DIA180375）.

如何创新党日活动的形式与内容，发挥党支部战斗堡垒作用和党员的先锋模范作用，提升党日活动的水平与质量，还需进一步研究解决。

作为中国共产党创建的红色革命学府，中原大学的"教、导、学"教育方法在学生政治理论学习、思想改造和树立马列主义信仰方面发挥了重要的作用[1]，给予我们有益启示。本文在深入分析中原大学"教、导、学"方法内容的基础上，通过挖掘该方法对高校研究生党支部主题党日活动建设的启示价值，并提出提升党日活动质量的一点思路与建议。

一、高校研究生党支部建设现状

随着高校的持续扩招，研究生规模不断扩大，研究生党员数量也在不断增加，高校研究生党建任务日益繁重。经过多年探索，高校研究生党建工作形成了比较稳定的运作方法和程序，各项活动正常有效开展[2]。党支部主题党日活动中，关于重温入党誓词、集体诵读党章、学习时政热点和党中央重要讲话精神等内容，对于培养研究生党员的党员意识、提高思想政治素质和保持党员先进性有积极作用。

但同时，高校研究生党建及组织生活还存在一些现实问题。第一，思想政治学习淡化，思政教育不足。研究生党员主要以研究为主，学习为辅，集体观念弱化，学习、生活以及科研个性化，人员组成结构复杂、思想差异大，入党动机各不相同，在严峻的就业压力面前更容易滋生各种思想，政治学习淡化[3]。相比于本科生，研究生的学习多以专业学习和科研为主，学习上具有较强的自主性和分散性，缺乏对党的理论知识的深入解读，容易导致思想政治教育存在不足。第二，研究生入党动机不够端正。由于个人虚荣心、从众心理、功利主义思想的影响，学生入党动机不纯的现象较为普遍[4]。第三，组织不到位，影响主题党日活动的政治性、思想性和教育性。当前高校在组织生活制度执行、形式把握、党员参与等方面还存在较大问题[5]，活动组织领导不到位、随意性强，活动形式不够丰富、单调乏味[6]，影响了党日活动的质量。第四，党建活动与教学科研活动分离，主题党日活动教育实效不佳。由于研究生党员在时间安排、学习进度等方面的不一致，使得研究生党支部活动与科研活动难以有效结合，研究生日常教育管理和党支部功能发挥受到制约[7]，降低了主题党日活动形式的特色，也限制了活动内容的吸引力。第五，研究生党建工作主体责任不清晰。研究生党建工作涉及学校党委组织部、院级党委、导师、支部书记、辅导员等不同主体，各自职责不同，在实际党建工作中权责定位不清，导致工作开展不深入、管理不到位，限制了主题党日活动教育功能的发挥[8]。

如何应对上述问题，进一步提升研究生党支部主题党日活动质量是当务之急。举办主题党日活动，是新时代加强高校党建工作和党员教育管理的有效途径[9]。综述现有研究，多局限在当下的横向探索方面，鲜有对历史的纵深挖掘，从中国共产党的革命历史中寻找答案。中国共产党在新民主主义革命、社会主义建设和改革开放的历程中积累了宝贵且丰富的党建思政工作经验，可以为新时代的高校研究生党建工作提供有益的启示和借鉴。

二、中原大学"教、导、学"方法介绍

（一）"教、导、学"方法的历史背景

中原大学，1948 年 8 月 2 日成立于河南宝丰县，是中国共产党应革命时需而创建的革命大学，肩负着支持解放战争与建设新中国的艰巨任务。新中国成立前，中原大学的主要任务是改造与培养大批知识青年成为各种岗位上的革命工作人才，也就是要运用马列主义等基本理论知识对他们进行世界观和人生观的改造，把他们培养成为党和国家各条战线上所需的干部和人才[10]。

建校初期，中原大学人才培养压力巨大。1949 年中原大学的工作总结指出，努力培养干部是中原大学完成工作任务的核心环节[11]。当时全校 460 位干部中，具有教育教学经历的干部不超过 20 人，且缺乏短期训练班工作经验，只能在工作中摸索，人才培养压力巨大[11]。除地下党团员和进步青年外，大量深受国民党统治影响的新解放区青年以及从国统区来到解放区的青年，都存在着各种不同程度的糊涂观念与错误认识，政治立场不坚定，未能正确认识中国共产党和人民大学的性质，他们在思想原则上存在所谓的正统观念和中间路线，在思想意识上存在个人主义，在思想方法上存在主观主义[11]。根据中原大学对 1885 名学生思想检查材料所做的统计来看，这些学生成分复杂，入学动机各不相同[11]，很少有自觉为人民服务的理想信念，他们大部分参加过反动党派和封建迷信组织，并长期在国民党反动统治下，蒙受封建法西斯教育毒害，这就要求当时学校对学员们进行相应的思想改造，使之能真正成为革命的宝贵财富。值得肯定的是，这其中绝大部分是具有高中以上文化程度的青年学生，对新鲜事物的接受程度较高，富有正义感，社会经历较单纯。尤其是在胜利的革命形势鼓舞下，学习情绪高涨，这说明中大学生不仅可以改造，而且应该成为推动革命工作的重要力量。

但是，如何对这些青年学生进行政治思想改造和教育，使之成为革命所需要的人才，是创校时期中原大学亟待解决的重大问题。

（二）"教、导、学"方法的内涵

为对学生进行政治思想改造，改正其错误的思想认识和观念，中原大学在认真研

究学生思想特点的基础上，提出了有针对性的教育方法——"教、导、学"三结合，充分发扬民主与群众路线的教育方法（下文简称"教、导、学"教育方法）[15]。

所谓"教、导、学"教育方法，就是把教员的教学、学习队干部的辅导和学生的自学三者结合起来。中原大学的教学工作总结指出，教员的教学工作必须与队上的辅导工作相结合，才能达到改造学员思想的效果，课程教学方式应采取启发式教学，反对注入式教学，同时还强调学员的自学和预习。在课程教授之前，教员要与队干部全盘商量好课堂教学步骤（包括学员思想情况，课程内容、教材，上课次数，如何作小结等），向学员说明课程讲授的重点并指定参考书目，让学员进行事先预习；每次课后，队干部要了解学员对课程内容的接受与吸收程度，搜集学员在教学中存在的突出问题，并加以初步的归纳、分析与研究。教员再根据问题研究如何回答，有些问题应组织学员学会自己解决；学员通过阅读参考书、参加集体讨论、漫谈自学等，并将墙报、小快报、黑板报以及其他活动服务于教学。集体讨论与个人学习相结合，以个人自学为基础进行的集体讨论更加深刻[12]。

据中原大学校友著名历史学家章开沅先生回忆，"他应领导要求创作的关于引导认识马克思主义有关内容的墙报，采用讨论的方式引发广大学生参与，启发学生思路，取得了很好的效果"[13]。为了保证"教、导、学"教育方式的有效实施，中原大学还制定了两种会议制度：分部教学会议和学习指导会。在课程讲授之前，分部主任召开教学会议，各队主任和授课教员参加，研究该课的讲授辅导意见；学习指导会由队主任主持召开，学生小组长参加，研究如何学习，如何开讨论会，如何作课后小结等，教员们则出席指导[12]。中原大学工作总结指出，学员的思想改造是新旧思想经过尖锐的斗争与碰撞而逐渐发展变化的，这个变化是以自觉为基础的，不是靠外力强制所能生效的。因此，在教学引导上要注意发扬民主自由，促进教员、辅导干部和学生之间的平等交流，启发学生的自觉性与主动性，使得每个学员都能勇于开展内心斗争，把思想本质毫无保留地坦白出来，解放思想，畅所欲言，自由交流[12]。

"教、导、学"的教育方法不仅体现在教学课堂、教学会议、学习讨论中，而且融入了学员的日常生活之中。经常性的社会实践活动、文娱活动、建校劳动，以及教员和辅导员甚至学校领导对学生的言传身教，所体现出来的朴实无华、无私奉献的精神，对学生有着潜移默化的重要作用[14]。

（三）"教、导、学"方法的主要教学内容

中原大学的主要教学任务就是将各种类型的知识分子当作自己人来培养，以马列主义和毛泽东思想的基本理论知识进行教育，克服旧思想旧作风，初步树立为人民服务的人生观，培养成为政治、经济、文化等各领域所需的干部[11]。但是，改造学员的思想是一个非常艰巨复杂的过程，是以马列主义毛泽东思想战胜封建阶级、资产阶级、小资产阶级反动、落后、颓废旧思想的长期过程。在此过程中，需要给予学员一套系统的理论知识作为有力武器，以批判错误的旧思想和旧观念[12]。

因此，中原大学课程体系综合考虑了革命形势发展和学生思想改造的实践需要[10]，设置了科学社会观、中国现代史、新民主主义论、辩证唯物论、中共介绍和时事政治六门重要课程，具体如表 1 所示。

表 1　　　　　　　　　　　　　　课程及课时设置

课程名称	课程主要内容	教学要求	课时
科学社会观	社会发展简史、阶级与政党、革命人生观、国家与革命	使学员了解什么是阶级，阶级的起源、阶级斗争史、社会发展的原动力、资本主义必然发展到社会主义、革命的初步理论、人的阶级性与做一个革命家的必要性	2 周
中国现代史	讲明"五四"以来的中国革命运动史、中共与中国人民近三十年来的英勇斗争史、人民与反人民两条路线斗争的历史	通过铁的事实，纠正学员头脑中存在的"正统观念"，树立"没有共产党就没有新中国"的观念	4 周
新民主主义论	中国革命的基本特点、新民主主义政治、新民主主义经济、新民主主义文化	使学员了解党的总路线总政策，各种具体政策，以及其在解放区施行的情形，使学生了解中国人民解放的具体道路，及新民主主义国家建设的总方针	3 周
辩证唯物论	辩证唯物论与历史唯物论（斯大林）、农村调查序言、什么叫作"从实际出发"	使学员了解辩证唯物主义的几个基本观点与内容	1.5 周
中共介绍	建党原理、中共的性质及其指导思想、党员的标准及入党手续、思想检查的总结	通过课程排除学员对党的各种怀疑，使其了解党的性质，加强革命修养，并愿在中共的领导下为革命事业奋斗、提高学员的阶级觉悟水平	2 周
时事政治	第二次世界大战后国际形势、国内形势	了解国际国内两大阵营斗争形势的基本特点及其发展变化，使学员有明确的政治方向，坚定革命信心	0.5 周

资料来源：中原大学教学工作总结。

课程排列的先后次序按照学员思想发展规律来决定。总体说来，学员在开始上课前，还存在着很多糊涂观念与错误思想，在阶级问题的认识上，与学校存在着某种程度的对抗情绪。这个阶段中直接批判到个人思想方面的课程内容可能还难以被学员们所接受，如中共介绍、一般的社会科学理论内容。但在教学后期，学员们的思想认识有了明显的改变与进步，并要求用新的尺度批判自己的思想时，则要求学校教授青年修养、人生观等课程，作为他们检查自己思想的直接有力武器[12]。对授课的要求也不再是单纯的理论传授，要求既有理论的战斗性，充分体现理论的科学性和原则性，还要联系实际和学生思想的针对性，要求教员启发、诱导、调动学员积极思考，使学生能够运用正确的理论对自己原有不正确的思想认识反戈一击[14]。

为了让学员更好地掌握新的理论知识，中原大学根据学生的实际情况和各门课程的特点提出了"以讲授为主讨论为辅"和"以自学讨论为主解答总结为辅"两种教学方法。其中，"科学社会观"主要采用以讲授为主讨论为辅的方法，"中国现代史"和"新民主主义论"两门课程主要采用以自学讨论为主解答总结为辅的方法，而"中共介绍"两种方法均可采用，但后者的教学效果更为明显。教员在课前详细提出教学问题，教员的讲解作为总结或者解答，然后再去深入讨论[12]，使学员真正了解中国共产党是什么性质的党，并愿意在中国共产党的领导下为革命事业战斗到底，加强革命修养，树立群众观念、集体观念及反对个人主义[11]。

（四）"教、导、学"方法的教育效果

中原大学以争取更多知识分子转变立场、为革命工作为指导思想，坚持理论教学与学生思想实际相结合、理论学习与各种实际活动相结合、集体讨论与个人学习相结合的原则，在践行群众路线、发扬教学民主自由思想、遵循学生思想变化规律等方针的指导下，采用"教、导、学"教育方法，教师言传身教，人才培养取得了巨大的成效。

首先，在培养实效方面，学员们入学时存在不同动机，思想认识上存在糊涂观念与错误认识，政治上与党存在很大距离，但是通过短短四个月学习，错误思想认识基本得到纠正，坚定了正确的政治立场，理论水平大有提高，同时树立了为人民服务的革命人生观。其中最为鲜明的例子是，1948年6月24日随解放军一同从开封撤到解放区的学生。他们普遍将进入中原大学视为自己人生的转折点，通过学习和思想改造，思想得到了解放，革命人生观得以确定，找准了人生方向，为走上革命道路奠定了思想理论基础。

其次，在人才培养规模方面，相关统计数据表明，从1948年12月至1949年8月，中原大学共有两届学生顺利毕业，人数多达4981人，为革命输送了大量具有新思想的合格人才。

三、"教、导、学"方法的先进理论意涵

（一）"教、导、学"方法蕴含了建构主义心理学理论

从教育心理学的角度来看，中原大学对知识分子的思想改造是帮助他们对原有的知识进行重新建构，完成知识结构和认知观念上的同化与顺应。建构主义心理学理论认为，学生不是一个被动接受知识的载体，学生具有主动性，学生学习知识是在建构

心理模型或图式，根据新的知识或经验不断地修正原有模型或图式。建构主义强调学习者能够构建他们自己的知识，而且注重社会互动在知识建构中的作用[15]。维果茨基认为，知识是基于社会互动和经验来构建的，知识在反映外部世界的同时，还受到文化、信念、与他人的交互作用、直接教学以及示范等因素的影响，有指导的发现、教学、示范和辅导以及个体先前的知识、信念和思维都会影响学习[15]。

中原大学"教、导、学"方法，以学生为中心，蕴含了建构主义的先进理念。第一，在实施"教、导、学"方法时，中原大学教辅人员言传身教并重，不论是校领导还是普通教职员工，都和学生一样，生活工作没有任何特殊化。而且教职员工都热心和学生打成一片，这就营造了共同的学习氛围，为学生的思想改造和理论学习创造有利的环境。第二，中原大学的学生基本上都是具有高中文化基础的知识分子，具有一定的理论知识和思想素质，在学习科学社会观、新民主主义论、中共介绍等课程时，学生以已有的知识为基础，在教师的引导下更易形成新的社会认知和信念。第三，学校的领导和教员都是先进知识分子，有坚定的革命信念，对时代有深刻的理解与认识，结合国情和革命实践，可以将党的理论知识、方针政策等深入系统地讲授给学生，帮助学生打破原有的错误认知，重新建构对中国共产党、对中国革命和民族社会命运的心理图式。第四，中原大学的学生都是热衷于民主革命的，学习热情高涨，主动性强，在自己的主动探索、教员和辅导干部的引导、学员讨论交流以及中国共产党理想信念的熏陶作用下，学生原有的错误认识和糊涂观念得到彻底的转变。

简言之，学员通过在中原大学的学习，自觉地把有关革命的、为人民服务的思想观念与自己原有认知相结合，形成对马克思主义、中国共产党、中国前途命运的新认识和新观念，在实践上实现了同化和顺应两个方面的统一。

（二）"教、导、学"方法蕴含了社会认知理论

社会认知理论系统阐述了三项交互决定论，指出个人因素（信念、期望、态度及知识）、环境因素（资源、他人、榜样、教师等）和行为（个体行为、选择以及口头陈述等）三者之间互相影响；外部的环境因素如榜样、教师的反馈等，会影响到诸如目标和任务的效能感、归因以及自我调节等学生的个人因素，而环境和个人因素会激励学生做出有益于学习的行为[15]。依据班杜拉的观点，知识是个体、他人和环境互相作用而建构的变化体系。通过成功经验、替代性经验、社会性劝说、示范等可以提升学生的自我效能感，促进学生的学习[15]。

结合中原大学"教、导、学"的实际情况，学生思想的改造就是在中原大学自由、民主的学习环境下，通过教员的讲授、大队干部的辅导、讨论会等影响，激发学生的自我效能，通过观察积极重新建构起自身知识体系，从而确立为人民服务的思想观念和革命精神。在这个过程中，党的领导干部、校领导、教员、队干部的教导都发

挥了积极的榜样作用和示范作用。对不同家庭成分和个人出身的学生都当成革命同志来培养，这种肯定可以激发学生的自我效能，端正学生的学习动机。学习过程中的民主氛围、讨论会、漫谈、学习指导会以及参加支前、土地革命等革命实践活动，给学生学习和思想改造提供了良好的环境氛围。学生通过观察学习，充分发挥主体性，调整自身学习技巧、动机和情绪，克服学习困难，最终突破原有的知识局限和思想观念，形成对马克思主义、中国共产党、中国前途命运的新认识和新观念。

以上理论分析表明，"教、导、学"的方法是教员和辅导干部根据学生的特点教育引导，通过课程教学、集体讨论和社会实践，促使学生新旧知识相互联结，重新建构知识体系，彻底转变学生的思想认识、人生观念。这体现出"教、导、学"教育方法蕴含着先进的教育理念和心理学理论，具有较强的先进性和前瞻性，时至今日仍有较强的启示性。对研究生党员而言，经过四年的本科教育和相关的党课教育，他们已经掌握了一定的党的基本理论知识，但对党的理论、方针及政策的深入学习与理解可能还不全面、不系统、不透彻，应通过教师的讲授、学习讨论和社会实践等方法进一步有效提高。从这个角度而言，"教、导、学"教育方法的成功之处在一定意义上值得借鉴。

四、"教、导、学"方法对新时代思想政治教育的适切性

中国特色社会主义建设已进入新时代，新时代面临的形势相比于新中国成立时已发生翻天覆地的变化。但党的建设面临的任务依然艰巨，作为长期执政党，党面临着"四大考验"和"四大危险"，要加强自身建设，认真落实党要管党、全面从严治党要求，全面提升党支部组织力，加强党员党性教育，充分发挥党支部战斗堡垒作用和党员的先锋模范作用。研究生作为高素质专业人才，是中国特色社会主义建设的接班人和未来的生力军，加强研究生党支部建设和党员的党性教育，不容忽视。今昔比较，高校研究生党支部建设与历史上中原大学的教育工作有以下几个方面的一致性与相似性。

（一）根本任务的一致性

无论是革命战争年代的中原大学还是中国特色社会主义新时代的研究生教育，培养什么人、如何培养人以及为谁培养人，都是党和国家教育的根本问题。70多年来，它们的办学性质一脉相承，都是在党的创建和领导下办学，都必须把培养新民主主义革命者、社会主义新中国建设者和接班人作为根本任务，培养拥护中国共产党领导和我国社会主义制度、立志为中国特色社会主义奋斗终身的有用人才。这决定了二者办学性质的一致性，也说明中原大学的"教、导、学"方法，与新时代研究生教育的思

政与党建工作根本任务是一致的，都是服务于立德树人。

（二）外部环境的相似性

旧中国长期受到资本主义、封建主义和专制主义以及迷信腐朽思想的影响，社会环境复杂，价值观念多元，这是中原大学"教、导、学"方法实施运用的时代背景和历史环境。虽然新时代发展的今天已是和平年代，但是形势依然严峻。当前多样化社会思潮交锋和意识形态领域的斗争十分激烈，快速发展的网络新媒体应用愈加广泛，市场经济制度下的就业竞争日益加剧[16]。面对快速变化的国内与国际政治经济环境，以及各种社会思潮的冲击影响，高校学生党员的信仰和意志品质也在经历着前所未有的考验，给高校学生党建工作带来了一系列严峻的挑战。可见，虽然时过境迁，但是中原大学和当今高校面临的社会环境依然具有高度的相似性。

（三）学生特点的相似性

根据中原大学工作总结材料分析，中原大学学生有入学动机多样、年龄差异大、家庭成分和个人出身复杂、文化程度较高以及存在不同程度的错误认识和糊涂观念等多种特点。对新时代高校的研究生来说，不少学者也有类似的研究结论。研究生党员的思想复杂，身份构成复杂，在年龄层次、学历背景、家庭条件和求学目标等多方面存在较大差异[3,17]。在就业压力日益严峻的形势下，研究生出现入党动机功利化、政治信仰淡化、党员意识淡薄等问题[18,19]。随着社会利益格局的调整和多元化价值观的汇聚，社会生活的一些不良倾向影响到了高校研究生党员，使他们在思想上不够重视党组织生活，甚至把入党当作个人发展的资本，忘记了"初心"[20]。但他们和中原大学的学员一样，都有着较高的文化水平，社会经历单纯，善于接受新事物且富有正义感，向往幸福和光明，追求进步，有很好的发展潜力。

面对复杂的国内外形势和学生思想复杂等众多的挑战，中原大学从实际出发，在仔细研究学生特点的基础上，创造的"教、导、学"方法在学生思想改造和人才培养中取得巨大的历史成功。以上分析表明，该方法和新时代高校研究生教育具有办学性质、根本任务一致性，以及时代背景、对象特点的相似性。"一切历史都是当代史"，时代变化的只是外在形式，本质灵魂不变，中原大学"教、导、学"的方法适切于新时代研究生的思政和党建工作，具有宝贵的历史借鉴价值。

五、"教、导、学"方法对提升研究生党支部主题党日活动质量的启示

中原大学"教、导、学"方法强调了教员、辅导干部的教育引导作用，学生讨论

自学的作用以及实践活动等环境的影响作用，遵循了教育规律，充分发挥了教育者、学生和教育环境三方面的共同作用，使教学与思想改造有机统一，使学生的理论学习和思想改造成为一种自觉行动，并取得了良好的教育效果，对当下提升研究生党支部主题党日活动质量具有重要启发意义。

（一）树立建构主义学习观，积极发挥研究生党员的学习主动性

建构主义认为，知识不是通过教师传授得到，而是学习者在一定的情境即社会文化背景下，借助获取知识的过程其他人（包括教师和学习伙伴）的帮助，利用必要的学习资料，通过意义建构的方式获得的；学习是在一定的情境即社会文化背景下，借助他人的帮助及通过人际间的协作活动而实现的意义建构过程[21]。在对知识意义建构的过程中，是以学生为中心的，强调学生的主动性，学习的过程是学生对知识的主动建构。在中原大学"教、导、学"教育方法中，"学"就是强调学员的主动性。学员思想的改造就是对自身思想认识的一次主动建构的过程，这一过程是以自觉为基础的，不是外力强制所能生效的，是学员通过接受马列主义和毛泽东思想教育，将新的、先进的思想纳入自身已有的认知体系之中，用新知识新思想去冲击原有的认知结构，促进原有的认知结构发生调整和变化，建立新的认知结构，通过新旧思想的同化和顺应，完成对旧思想的改造。

因此，提升研究生党支部主题党日活动质量，要积极发挥研究生党员的学习主动性。在研究生思想政治教育中，以研究生党员为中心，要学会用探索和发现的方法，要求研究生党员主动去搜集并分析有关党的指导思想、创新理论、方针政策等有关资料，强化自身所学习研究的相关事物与所掌握知识之间的联系，对相关问题要提出各种假设，通过相关联系认真思考并加以印证。中国共产党自成立以来，经历百年历史，从弱小到发展壮大。加强研究生党员的思想政治建设，使其形成对党的正确认识，应通过研究生党员对党的有关知识的主动学习与建构，深刻领悟中国共产党为什么能，马克思主义为什么行，中国特色社会主义为什么好。

（二）树立建构主义教学观，营造有利于研究生知识建构的学习环境

建构主义认为，学习是在一定的情境即社会文化背景下，借助他人的帮助，即通过人际间的协作活动而实现意义建构的过程，"情境""协作""会话""意义建构"是学习环境的四大要素。回顾分析中原大学"教、导、学"教育方法实施的全过程，正是体现了建构主义强调的四大要素。首先，关于情境，在大的社会环境方面，当时解放战争进入反攻阶段，国民党的反动统治和思想越来越不得信任，广大有志青年都积极奔赴解放，接受新思想，拥护革命，为中原大学对青年学员进行思想改造提供了有利的社会环境；在校园文化环境方面，中原的民主氛围、各种经常性的讨论会、社

会实践活动、文娱活动、建校劳动以及教员和辅导员甚至学校领导的言传身教等，为学员创建了良好的学习环境。这样的环境有利于学员对自身进行反思与改造，帮助学员对中国共产党、中国革命、群众观念、集体观念等进行重新意义建构。其次，"教、导、学"教育方法所实施的集体讨论、漫谈自学、分部教学会议、学习指导会以及"以讲授为主讨论为辅"和"以自学讨论为主解答总结为辅"等教学方法，将"协作""会话"灵活地运用其中，以帮助学员收集资料，分析问题，共享学习心得和成果，达到理解新知识、批判旧思想、树立新思想的目标。最后，关于"意义建构"，这是对学员进行教育的终极目标，不论是教员的教学、队干部的辅导，还是学员的自学，都是为了让学员正确认识中国共产党的性质、宗旨、目标，正确认识中国革命，把握历史发展的规律，自身与党和国家命运的联系，树立正确的理念信念。

当今正处于两个一百年的历史交汇期，每位研究生党员都与国家发展的前途命运紧密联系在一起。"教、导、学"教育方法启示我们在开展研究生党支部主题党日活动时，要注重创建有利于研究生知识建构的学习环境。一方面，要丰富主题党日活动的形式，搭建有利于研究生学习理解《党章》和党中央系列讲话精神的学习情境。通过党员下沉社区服务、我为群众办实事等实践活动，帮助研究生党员在实践中建构对党的认识，改正自身理想信念动摇、宗旨意识淡薄等问题。同时，通过集体观看主旋律电影、唱红歌等形式，树立研究生党员观察学习的榜样，强化其对党的初心使命、性质宗旨、治国理政新理念新思想新战略的学习与领会。另一方面，要重视教师在研究生党员教育中的引导作用。根据建构主义教学观，教师不再是知识的灌输者，而是教学环境的设计者、课程的开发者、知识的管理者，是学生学习的组织者和指导者、意义建构的合作者和促进者，是学生的学术顾问[21]。因此，在开展研究生党支部主题党日活动时，应充分发挥教师的作用，科学设计党支部主题党日活动内容，精心策划活动形式，创设符合学习内容要求的情境，提示新旧知识之间联系的线索，积极引导研究生党员将阅读马克思主义经典原著与理解习近平总书记系列重要讲话精神相联系，与党的创新理论学习相联系，与党和国家重大改革发展举措相联系，与中国特色社会主义伟大实践相联系，帮助研究生党员对党的理论真正做到学深悟透，掌握其理论精髓与核心要义。

（三）坚持党的创新理论学习与"四史"教育相结合，打造研究生党员思想政治教育新阵地

中原大学是依托科学社会观、中国现代史、新民主主义论、中共介绍等科学合理的课程内容，运用"教、导、学"方法对青年进行引导教育，从而实现人才培养的目标。其本质是通过重新的建构，改变青年旧有的知识观念，树立对中国共产党和中国革命的正确认识，理解党的理论精髓。

　　研究生是我国社会主义现代化建设的重要人才，学习马克思主义基本原理和党的创新理论并内化于心是其成为有用人才的基本要求。但马克思主义基本原理和党的创新理论内涵丰富，并非将理论背得滚瓜烂熟就可以内化于心，而是要通过系统和深入的理解与感悟，掌握其精髓，才能真正做到入脑入心。作为加强学生思政教育的主阵地，支部主题党日活动可借鉴"教、导、学"教育方法，引导学生全面学习理解马克思主义基本原理和党的创新理论的核心要义、丰富内涵、理论精髓和实践要求，提升学生对中国共产党，对中国特色社会主义道路、理论、制度和文化的认知，从根本上完成对马克思主义基本原理和党的创新理论的重新建构，使之立志成为为中国特色社会主义奋斗终身的有用人才。

　　当今研究生党员对马克思主义基本原理和党的创新理论的重新建构，形成拥护中国共产党领导和我国社会主义制度的认知并不是凭空产生的，而是在于对其理论实质与理论精髓的理解与掌握。这就要求研究生党支部主题党日活动要坚持党的创新理论学习与"四史"教育相结合。一方面，重要历史史实可以佐证理论的正确性。通过对"四史"的深入学习，研究生党员可以更好地领悟党的创新理论的精髓，正确认识党的历史经验，认识历史史实的伟大意义，深刻理解历史和人民为何选择了中国共产党，为何选择了中国特色社会主义。另一方面，创新理论学习可以帮助研究生党员更好地把握"四史"发展的内在规律，促使党员在认识"四史"演进的过程中把握其发展脉络与发展规律，在理论逻辑与历史逻辑的辩证统一中掌握科学的世界观和方法论，进而在大是大非面前站稳正确的政治立场，从而深刻领悟"两个确立"的决定性意义，增强"四个意识"，坚定"四个自信"，做到"两个维护"。

参考文献

　　[1] 刘可风. 中南财经政法大学校史 [M]. 武汉：湖北长江出版集团，湖北人民出版社，2008：19-20.

　　[2] 吴晓峰. 高校研究生党建工作调查研究——以漳州师范学院为例 [J]. 思想教育研究，2013 (02)：47-50.

　　[3] 刘炎. 研究生党支部创新活动形式的探索与实践 [J]. 北京教育（高教），2014 (Z1).

　　[4] 姚硕. 新形势下如何加强高校研究生党支部建设的若干思考 [A].《决策与信息》杂志社、北京大学经济管理学院. "决策论坛——地方公共决策镜鉴学术研讨会"论文集（下）[C].《决策与信息》杂志社、北京大学经济管理学院：《科技与企业》编辑部，2016：2.

　　[5] 陈卉，朱翰墨，李浩. 高校研究生党支部组织生活质量保障体系初探——基于南京五所高校的调研数据 [J]. 教育理论与实践，2016，36 (18)：36-38.

　　[6] 周章明，叶昊. 高校学生主题党日活动质量保障机制构建探赜 [J]. 学校党建与思想教育，2015 (12)：30-31.

　　[7] 段又菁. 新形势下加强高校研究生党支部建设的对策研究——以石油与天然气工程学院为

例［J］. 亚太教育, 2016 (34): 239.

［8］蔡茂华. 高校研究生党建工作面临的困境与策略［J］. 学校党建与思想教育, 2012 (14): 43 – 44.

［9］陈华. 以高质量主题党日活动推动高校机关党支部建设［J］. 学校党建与思想教育, 2018 (20): 40 – 41.

［10］陶军. 中原大学校史［M］. 武汉: 华中师范大学出版社, 1986: 24 – 63.

［11］中原大学工作总结: 1949 – 06 – 24［B］. 武汉: 中南财经政法大学档案馆 (1949 – 000 – 003 – 002): 14 – 22.

［12］中原大学教学工作总结: 1949 – 06 – 24［B］. 武汉: 中南财经政法大学档案馆 (1949 – 000 – 003 – 003): 20 – 24.

［13］章开沅, 彭剑. 章开沅口述自传［M］. 北京: 北京师范出版集团, 北京师范大学出版社, 2016: 114.

［14］刘可风. 岁月如歌——中南财经政法大学校友回忆录［M］. 武汉: 湖北长江出版集团, 湖北人民出版社, 2008: 45 – 47.

［15］安妮塔·伍尔福克. 教育心理学［M］. 北京: 中国人民大学出版社, 2012: 267 – 318.

［16］宋晓东. 新形势下加强高校研究生党支部建设的对策研究［J］. 学位与研究生教育, 2017 (11): 39 – 42.

［17］马强. 结合专业创新研究生党建工作的实践与探索［J］. 教育与职业, 2012 (09): 185 – 186.

［18］周群, 戴建英. SWOT 分析视角下的高校研究生党建工作研究［J］. 学校党建与思想教育, 2015 (23): 38 – 40.

［19］周安, 杭祝洪, 吴兴龙. 制度完善加先锋引领释放研究生党支部新活力——基于南京大学物理学院研究生党建创新模式的探索和实践［J］. 高教学刊, 2017 (22): 19 – 22.

［20］李枫, 杨勇, 朱林. 高校研究生党支部组织生活现状调查分析［J］. 学校党建与思想教育, 2018 (24): 28 – 30.

［21］陈越. 建构主义与建构主义学习理论综述［EB/OL］. (2013 – 03 – 31) [2021 – 10 – 18]. https://www.docin.com/p – 625643555.html.

(作者单位: 简春明, 中南财经政法大学采购与招投标管理中心
徐警武, 中南财经政法大学后勤保障部)

新时代高校党员发展过程中的问与策

——基于中南财经政法大学法学院党校结业情况的实证研究[*]

曹丽萍　　肖哲尹

● ● ●

摘　要： 高校基层党支部建设中存在着诸多问题，做好培养、发展党员的工作是解题的关键。对于党支部而言，活动的形式化、单一性是高校党建工作中普遍的问题；对于被考察人来说，主要问题是其学习、实践主动性不够，使得发展党员的质量参差不齐。解决活动的单一性问题，新时代党建工作者要创新途径，赋能党员积极性、规范基层党支部的考察细则、探索可视化考核模式，保证党员发展过程中的科学全面与公平公正。

关键词： 新时代　党员发展工作　可视化考察细则

习近平总书记指出，加强和改进高校党的建设，是办好中国特色社会主义大学的根本保证。党建工作者应当时刻牢记"培养什么样的人、如何培养人、为谁培养人"以及"为党育人，为国育才"的目标任务，构建新型高校党建的工作方式、组织活动、考评体系，全面加强和改进发展党员的工作。党务工作者应当时刻牢记"培养什么样的人、如何培养人、为谁培养人"以及"为党育人，为国育才"的目标任务，构建新型高校党建的工作方式、组织活动、考评体系，全面加强和改进发展党员的工作。因此，抓好高校基层党支部的建设至关重要[1]。发展党员工作是高校党建的重要环节，基层党支部应当坚持初心使命，守正创新，推进发展党员工作的标准化、规范化发展。

---

　* 本文为中南财经政法大学研究生拔尖人才培养项目——研究生综合素养的培育与提升（项目编号：31422210609）阶段性成果。

一、规范化发展党员工作对支部建设的时代要求

党员发展工作是高校基层党支部的工作重心之一，正如习近平总书记指出，各级党组织要高度重视培养和发展青年党员，特别是要注重从优秀共青团员中培养和发展党员，确保红色江山永不变色。高校基层党支部应当把控好发展党员的程序、机制、质量，牢牢把握"为党育人、为国育才"的第一关，支部制度的量化、规范化将优化党员发展工作，党员发展的质量提升将建成更为坚强有力的支部。

（一）端正入党动机，形成服务型党支部

长期以来，"我为群众办好事"等实践工作的有效运行，促进了党群团结，维护了党的群众基础。党的宗旨是全心全意为人民服务，建设服务型支部不仅是支部建设的基石，更是强化学生党员"不忘初心、牢记使命"主题教育党性修养的基本教育。在发展党员的工作中，被考察人通过参与相关志愿服务活动，例如，雷锋日、劳动节、宪法日普法等志愿活动，能够增强其社会服务意识，提升其对党员的基本认识，端正入党动机。对每位学生党员来说，坚持理想信念是最基本的。习近平总书记在中央党校（国家行政学院）中青年干部培训班开班式上讲话指出，中国共产党成立一百年来，始终是有崇高理想和坚定信念的党[2]。没有坚定的理想信念，前进的道路必然遭遇迷茫和困惑，尤其是当前面对全球化多元文化、价值观的冲击，学生党员唯有坚定理想信念才能摒弃不良诱惑，树立正确的人生方向。学生党员是基层党支部有机体的组成细胞，党支部建设的情况集中表现为党员发展的质量。建设服务型的高校基层党支部，有助于提高党员意识，真正把好发展党员的第一关。

（二）提升发展党员质量，建成学习型党支部

习近平总书记在中国人民大学考察时殷切指出，青年作为引风气之先的社会力量，当用实际行动告诉全社会什么是真善美、什么是假恶丑，争当大写的青年[3]。学生党员是青年中的先锋力量、模范典型，当刻苦学习，全面地提升政治意识、理论素养、实践能力。紧跟党中央的最新方针政策，杜绝学习的不主动、滞后性。当前，学习宣传贯彻党的二十大精神是全党全国的头等大事。高校基层党支部应当建设常态化、规范化的学习模式，开展系列学习活动。建立健全定期学习制度，紧跟时政、考核评估，在全面学习、全面把握、全面落实上下功夫，组织党员学习党的二十大精神。高校基层党支部可以利用武汉市内的红色资源，开展"现场教学"，发挥党员的主体性；基层党支部应紧跟时政，深入学习党的二十大的重点内容，开展理论研讨活动，例如，

"党的二十大主题"征文系列活动;基层党支部应立足学院实际,发挥"法学 + 思政"的跨学科融合模式,举办系列习近平法治思想微党课,党员主讲,强化理论学习。基层党支部可以从最新修订的《中国共产党章程》等党内规范性文件,研究新时代如何充分发挥基层党组织的引领和保障作用。关于宣讲团活动,高校基层党支部可以从党由筚路蓝缕走向辉煌的奋斗历程中,深刻领悟中国共产党为什么能、马克思主义为什么行、中国特色社会主义为什么好等道理[4]。在理论宣讲中下功夫,特别是讲好"中国式现代化"的故事,增强学生党员的政治领悟力和判断力,使得学生党员坚定对党领导的中国特色社会主义道路自信、制度自信。

(三)发挥基层支部引领作用,建构"宽严并济"党支部

党的二十大报告中指出,广大青年要坚定不移听党话、跟党走,怀抱梦想又脚踏实地,敢想敢为又善作善成,立志做有理想、敢担当、能吃苦、肯奋斗的新时代好青年。高校基层党建工作者要勇于创新,创新意味着摒弃墨守成规、僵化呆板的态度,开创性地开展工作。但创新并非毫无根据,高校基层党支部建设工作的创新应当坚持实事求是立场。习近平总书记在庆祝中国共产主义青年团成立 100 周年大会上讲话时强调,各级党委要倾注极大热忱研究青年成长规律和时代特点,拿出极大精力抓青年工作。[5]我们要秉持实事求是,找到事物的本质和规律,找到解决问题的办法。现代化是文化的多元化,百花齐放的时代,基层党支部的活动应开展丰富、多样化的活动。基层党支部须充分利用信息资源。同时,信息时代为党建工作带来了一定的机遇与挑战。一方面,网络成为"言论自由"的平台,充斥着诸多不法、迷惑、虚假的信息与观点。高校基层党支部应加强舆情引导,利用网络平台做好推送宣传,及时解答学生的疑问,缓解其顾虑,尊重学生的主体性。

除了党员的培训教育,考评机制的引入也确有必要。高校党支部工作的顺利进行,有赖于健全的党支部管理制度、学习制度和考察制度。根据党员发展工作的需要,不断完善"三会一课"、民主评议、党员联系群众、谈心谈话、发展党员公示制度等制度,并将其覆盖到了党员工作的每个环节,真正做到"制度建党、制度管党",杜绝过去党建工作中一切随意性和不规范行为[6]。作为高校基层党建工作者要将理论联系到实践中,从学院的工作实际出发,制订党员考评方案,提高学生党员自觉性、积极性,提升学生党员的党性修养。

二、高校基层党员发展质量现状分析

党员培养是党支部建设的重要一环,而党员发展质量是事关支部建设成果的关键

要素。本文以中南财经政法大学法学院研究生党课结业情况为研究样本，研究对象为100名党校学生，有效样本为97份（有效率97%）。

（一）研究样本概述

问卷内容涵盖年级、政治面貌、对基础党史、党的理论知识的掌握情况、对党政时事热点的了解程度等一共46个问题，同时对21位同学开展深度访谈，对个案情况拓展研究，从多维度详细了解党员发展的质量情况。在有效回收的97份试卷样本中，入党积极分子的比例为53.61%，发展对象的比例为23.71%，预备党员的比例为22.68%，比例与学生支部中的各身份同学数量占比基本一致（见表1）。

表1 问卷内容

项目	年级			政治面貌		
类别	研一	研二	研三	入党积极分子	发展对象	预备党员
人数（人）	53	27	17	52	23	22
占比（%）	54.63	27.84	17.53	53.61	23.71	22.68

（二）党员发展质量现状分析

1. 党员学习过程的"滞后性"。学生党支部对于党政时事热点的把握存在较大的差异性，将样本中相关党政时事热点类题目进行赋分，并根据学院党校考核机制的一般分级情况，对问卷得分率进行了三个层级的划分。描述统计结果显示只有不到5%的同学能在党政时事热点相关问题的得分中达到80%以上的得分率，而得分率在60%以下的入党积极分子在该政治面貌的总调查人数中占17.31%；相应的发展对象占比为39.13%；预备党员则高达72.72%。在得分率为60%~80%区间的入党积极分子占比最大；预备党员的占比最小；发展对象的占比居中（见表2）。从数据的整体来看，学生支部对于党政时事热点的学习普遍不足，存在滞后性。从数据变化的趋势来看，学生支部存在学习持续性不强的问题。随着党员发展进程的推进，由于一般采取"严进宽出"机制，入党积极分子发展为发展对象所面临的竞争最为激烈，差额率大，而预备党员所面临的考核压力和竞争较小，所以对于时政热点的掌握程度反倒出现下降趋势。正如有学者提出，引导高校学生自主自觉学习党的历史理论和方针政策，是确保高校党建工作开展得有声有色的关键所在[7]。

表2		学习情况	单位：%
得分率	60%以下	61%~80%	80%以上
入党积极分子	17.31	78.85	3.85
发展对象	39.13	56.53	4.35
预备党员	72.72	22.73	4.55

2. 党员参与过程的"被动性"。党日活动是对党员进行思想政治教育的重要途径。根据对以往党建活动主题的相关统计，学生党支部以党史学习教育、党的基本理论为主题开展的学习活动开展比例为77.08%。但试卷样本的结果显示，入党积极分子、发展对象、预备党员对于党史以及党的基本理论的掌握程度得分占比在60%以下的比例分别为53.84%、52.17%、95.45%；在61%~80%的得分区间内入党积极分子和发展对象分别为42.31%、43.48%，均不足半数，预备党员人数则只有4.56%（见表3）。得分率结果显示，学生党支部对于党史、党的基本理论掌握的程度并不乐观。党日活动开展后的教育意义持续性欠佳，部分学生党支部也没能有效推动其活动的开展，学习材料流于表面，支部同学在党建活动后缺乏自主学习巩固意识，并没有真正"学懂悟透"最新的学习材料，更谈不上具体的实践。

表3		参与情况	单位：%
得分率	60%以下	61%~80%	80%以上
入党积极分子	53.84	42.31	3.85
发展对象	52.17	43.48	0
预备党员	95.45	4.56	0

通过深度回访发现，对于进行党支部学习的动机有61.9%的同学表示是"被动参与"。法学院研究生党支部对于入党积极分子、发展对象、预备党员的考察尚未制订相对成熟的方案，对于推荐发展党员的工作也没有量化的考核标准予以参照，缺乏考评机制的"指挥棒"作用。部分党员容易陷入消极、怠慢的情绪，具体表现在参与活动的积极性、主动性不高。传统党建活动的局限性，以及僵化的条条框框使得党建活动缺乏一定的吸引力[8]，同时部分学生党员、党建工作者产生敷衍了事、意识淡薄的态度，更有甚者还产生了学习无效的错误观念，这些观念、态度无形之中也在"火上添油"。因此，学生党员参与的被动性的原因，不仅与活动本身的单一形式相关，更与相关考核机制的不完善有关系。没有科学、系统的考评标准充当"指挥棒"，部分学生党员则会产生懈怠的心态。正如有学者认为，基层党建普遍存在相关考评机制不完善，对基层党建考评缺乏整体认识，落实党建工作责任制办法和措施不多，缺乏科学评价机制和细化考核办法等问题[9]。

3. 基层组织活动的单一性。在学生基层党组织的建设中，基层党支部如何开展好支部活动是长期以来的问题。党的二十大报告旗帜鲜明地指出，我们要"开辟马克思主义中国化时代化新境界"。创新是理论的生命，创新能够架起理论与实践之间的桥梁。但当前传统的支部组织活动形式趋于单一，支部建设缺乏生动、鲜活的学习教育，部分支部还在进行"形式主义"的学习，难以激发广大学生党员的热情，使得学生党员缺乏参与活动的积极性。

根据对近一年来法学院组织的相关活动形式进行统计，一年内共举办活动 48 场次，其中材料学习、发表感想类活动形式占比高达 66.67%。根据同学对所开展活动的看法、访谈的结果显示，对于党建活动的组织和形式、内容，有 65.27% 的同学认为"活动形式较为单一、僵化"；有 12.3% 的同学甚至认为"党建活动无用，耽误时间"。可见，支部在活动形式上是存在不少缺陷的，缺乏创造性的策划、组织，便容易使得党建活动在提升党员思想觉悟、增强支部凝聚力的目标上发生一定的偏差。有 47.62% 的同学表示更愿意以"实地参观线下教学"方式参与党建活动；28.57% 的同学则更希望开展"党史竞赛、征文比赛"等具有奖励机制的竞赛类活动。而现实党建活动开展形式单一，究其原因，主要有以下几点：第一，支部活动缺乏交流沟通。正式党员培养人与所对接的被考察对象之间的沟通交流较少，培养人员对其进行培养和考核，存在着一种走过场的现象，所以导致活动开展与需求不匹配。第二，支部组织力弱化，传统的党建活动类似材料领学，客观来讲，流程更为简便，对场所、人手的要求不高，同时支委在传统活动上更具经验；但趣味多样化的党建活动需要组织者跳出舒适圈，在策划上需要有更强的创造力，在活动开展中也需要有更强的组织领导能力。但由于党员发展过程不够规范、存在形式主义，使得支部组织者普遍存在组织力弱化的现象[10]。没有强大的组织力，就难以实现发展党员的各项质量要求，容易形成"走过场""走形式"式的发展党员工作。

三、新时代党员发展全过程考察机制的构建

当前，高校党建工作正处于一个新的阶段，面对着很多新的问题、挑战。新时代的党建工作者要坚持"自立自强、守正创新"，继续发扬党的优秀传统，创新基层党建的渠道，巩固思想政治教育，举办更加丰富的支部活动。新时期下，高校党务工作者要学习贯彻党的二十大精神，踔厉奋发，切实贯彻习近平总书记对组织工作的部署，以及对青年工作的要求，真正发挥好高校党建引领作用。因此，为了实现高校中"三全育人"的总体要求和"破除五唯"的改革目标方向，针对前述问题，制定可视化、标准化、规范化的发展党员考察机制势在必行。

当前，国内基层党支部的考察过程普遍存在不够规范化的问题。长期以来，不规范的考察模式是学术界讨论的焦点[11]。坚持一切从实际出发，是我们想问题、作决策、办事情的出发点和落脚点。毛泽东同志早就指出，按照实际情况决定工作方针是最基本的工作方法[12]。定性和定量相结合的思想体现了实事求是的态度；而制定统一的规范，尊重各支部的个性要求，需要辩证思维考虑。高校基层党支部的考评体系设计将坚持实事求是的态度和辩证思维：一方面，总支部可以制定规范的、统一的考察细则，采取积分累计的方式客观、全面地评估发展党员要求的各项指标，以激励措施促党员主动学、积极学；另一方面，各班级支部或党小组可以认定相应的活动积分，并负责开展民主测评工作，被考察人进行年度汇报，班级党员和群众对其进行民主评议。以"为党育人"为目标，高校基层党支部推进规范化、标准化的发展党员工作，以下为考察细则的具体规定和内容解读。

（一）加强主动学习，牢记初心使命

通过统计数据发现，发展党员工作中普遍存在的党员学习意识不强现状。考察制度应当解决这个问题，政治理论的学习应当是其中一个重点。党员的意识不强，是指日常学习的滞后性、被动性、不系统性，也涉及其入党动机的问题。大多数被考察人的入党动机相对端正，但也不排除部分党员的党性观念比较弱，政治素养不强、入党动机不正等问题。当今时代，学生们的入党动机是多种多样的。由于社会经济的迅速发展，一些学生加入党组织是出于实际的需要或是从众思维的引导。例如，大学里出现一些"跟风"现象，看到别的学生加入就加入，更多的是因为公务员考核的现实要求而加入党组织。正如有研究者认为，学生的入党动机逐渐显露出功利性的趋向[10]。对此，高校基层党支部结合线上、线下两种途径，结合传统和现代的两种方式，规范线下的党校学习，以可视化的考察形式，督促被考察人进行自觉的、主动的学习，规则施行后，根据初步实证的反馈结果表明，通过规则的倒逼，促使党员通过自主学习、线上打卡，一定程度上能够提升党员的意识（见表4）。

表4　　　　　　　　　　　　　政治理论学习要求

模块	内容	要求	分值
政治理论学习	党校考勤＋结业考试	缺勤超过50%，不得参与考试；考试成绩90分以上的，被评为优秀学员	全勤积5分、优秀学员积5分
	"青年大学习"完成情况	主动参与"青年大学习"网上主题团课	完成率达90%及以上积5分

（二）鼓励活动参与，提升党员主体意识

理论学习是学生党员政治素质的决定因素，高校基层党建要将提高师生思想政治

素质、政治理论水平的培养力度放在重要位置，要强化师生政治素养、理论修养[13]。过去，党的理论学习大多以老师主导、学生听讲的方式进行。学生在其中的参与性和积极性不高是普遍的问题。部分学生党支部也没能有效推动其活动的开展，学习材料流于表面。理论界对支部的党史学习教育研究现状进行了反思，正如有学者发现，支部建设缺乏生动、鲜活的党史学习教育，部分支部还在进行"形式主义"的学习。通过调研发现，研一年级的学生党员因为初入校园不适应、学习任务繁重，科研工作繁杂，许多党员不愿、不积极参加每月的党日活动，或是只参加一些形式的活动，没有真正"学懂悟透"最新的学习材料，更谈不上具体的实践。研一年级的部分支部书记在开展党日活动的时候，因循守旧、墨守成规，没有进行创造性的策划、组织，致使党日活动的目标发生了偏差。党日活动原本是一项可以增进党群感情、增强支部凝聚力的活动，但由于部分党员同志和支委的"不积极"，使其变成了一种枯燥乏味、敷衍了事的活动（见表5）。

表5 活动参与情况

模块	内容	要求	分值
活动参与情况	参与支部活动情况	支部组织活动（包括但不限于党日活动、团日活动、党课拍摄、群众座谈会、升旗仪式等）	缺勤一次，扣1分。参与支部活动，全勤积8分
	参与志愿活动情况	校院等组织的志愿活动（包括但不限于清洁校园、核酸检测、迎新活动等）	志愿服务活动一次积1分，满分2分，提供志愿汇等证明
	参与研会团委活动情况	校院组织的各类文体活动（包括但不限于党建主题演讲比赛、研风、五院杯、青研杯、趣味运动会、读书会）	参加校级活动积2分，获奖积2分；参加院级活动积1分，获奖积1分，满分6分

因此，作为新时代的党建工作者，不得不对这种目标的偏差引起重视。从教师主讲到学生主讲，学院基层党支部积极探索微党课模式——学生主讲＋专业党建融合，党建工作兼顾专业学习和党性修养的提升，基层党支部突出法学学科特色，开展了系列微党课活动，由各党支部组织形式多样的活动，例如党史的故事分享、微话剧表演等，可选取标志性事件由各支部讲述并拍摄。习近平法治思想的微党课，有助于学生党员结合法学学科特色，说好中国的法治故事，锻炼了党员的实践能力，也增强了学生党员的党性修养，进一步在思想与行动上向党组织靠拢。党总支开展系列学习贯彻党的二十大理论宣讲、主题征文活动，让党员同志们多角度、多方面学习党的理论知识。对于相对复杂、难度较高的理论知识，总支部会邀请业界名师、先进人物开展主题宣讲活动，通过授课将复杂的理论深入浅出，促进党员对时政的学习与理解。学生党员在准备微党课之前，需要进行资料的查找、检索、编写，这种学习的过程提升了

学生对理论知识的掌握，并且活动完成后都会有自己的独到见解。

"社会实践本身可以增强入党积极分子的责任感和使命感，也有利于党组织更加全面、深入地了解党员发展对象的思想动态和现实表现。"立足实际，创新模式，基层党支部开展丰富多样化的组织生活，充分利用网络平台进行教育宣传，通过线下现场教学、实地考察，将理论与实践相结合，能够有效增强党员的党性修养和政治意识。要坚持自立自强，突出党员的主体性；要坚持守正创新，实事求是地研究具体情况，组织、策划、创新一系列丰富多样的支部活动，通过线上学习平台拓宽党建途径，解决支部活动"单一化"问题。党史作为党建的重要素材，也是党建活动的重要内容。了解历史才能看得远，理解历史才能走得远。基层党支部开展系列活动，拓宽党建的途径，丰富党建的形式，充分利用武汉市内的红色资源、红色文化，实地参观，开展"现场教学"主题教育。武汉市内有丰富的革命历史文化资源，例如，法学院基层党支部针对时事热点展开学习教育，围绕"党建＋专业"的要求，利用国庆节组织在校的党员和积极分子前往附近电影院观看爱国影片《万里归途》，并开展主题党日活动，就影片中涉及的国际法问题展开讨论交流。通过活动的参与，学生党员们加深了对党的光辉历史发展历程的深刻理解。高校基层党支部开展"党的二十大"学习活动，以多种方式组织学生党员观看"党的二十大"开幕会盛况，积极探索多种方式结合的心得交流模式。线下同志进行集体学习观看，线上的同志通过直播观看并于在线平台发表心得，通过学习心得的交流与分享，促进了学生党员对时政热点和重点问题的理解，提升全局意识和大局意识。

（三）规范可视化考核机制

党的二十大报告旗帜鲜明地指出，我们要"开辟马克思主义中国化时代化新境界"。创新是理论的生命，创新能够架起理论与实践之间的桥梁。面对基层党支部发展党员中存在的问题，我们既要坚持实事求是，也要勇于创新。立足于基层党支部的探索模式，坚持"自立自强、守正创新"的理念，通过开展党建工作的创新建设，提升党建活动的凝聚力、吸引力和向心力，提高党建工作者的综合素质，注重学生党员的主体地位，为高校基层发展党员工作有序地推进提供参考。

为进一步做好基层党支部的发展党员工作，根据《中国共产党发展党员工作细则》和《中国共产党普通高等学校基层组织工作条例》的有关规定，结合法学院实际情况，以法学院党总支为例，制定了推荐发展对象的实施细则。各基层党支部须严格考察发展的同志，主要内容是：第一，思想政治素质，把认真学习贯彻习近平新时代中国特色社会主义思想等政治要求摆在突出位置；第二，党员需要发挥一定的先锋模范作用，被考察人的专业学习情况也纳入考核内容，要培养一批成绩优秀、学习勤奋刻苦、专业理论扎实的党员；第三，组织纪律表现，党校出勤率低于50％或党校考试不合格的被考察人延期发展，优先推荐积极主动参与党团活动的被考察人；第四，模范带头作用，在群众中发挥表率、示范作用，为学校和学院事业发展作出积极贡献的同志应当受到表彰。政治理论学习包括党课学习和日常学习，党课学习要严格遵守学习纪律，旷课超过50%者不得参加考试；课余学习，积极参与网上主题团课，可适当加分。活动参与主要体现在学生党员的社会活动参与度、组织凝聚力等方面。学习仍是研究生党员的基本任务，勤奋学习是青春奋斗的最鲜明底色，学业表现反映学生党员的学习情况，良好的学习成绩、科研情况从侧面反映着学生党员的专业能力。研究生会的干部、班级的班委是学校、班级建设的先锋，应当根据其实际的履职情况予以适当的积分考虑。除了可视化的考核机制外，民主的作用也不容忽视。民主是社会主义的生命，发挥民主测评的作用，能使大多数同学满意，最大限度地反映民意。正如学者所指出的那样，党内民主是党的生命[14]。高校基层党支部将党员可视化考核与民主投票相结合，通过个人汇报、党员评议等方式，既能展示个人观点，又能尊重党内民主意见，有效贯彻了新时代对党内民主的要求。

参考文献

［1］熊淑萍，查巧贞，田正潮 . 高校基层党建工作高质量发展的实现路径［J］. 老区建设，2022（03）：71 – 75.

［2］习近平在中央党校（国家行政学院）中青年干部培训班开班式上发表重要讲话［J］. 天津市工会管理干部学院学报，2022，39（02）：2 – 4.

［3］习近平在中国人民大学考察时强调 坚持党的领导传承红色基因扎根中国大地 走出一条建设中国特色世界一流大学新路 王沪宁陪同考察［J］. 思想政治工作研究，2022（05）：4 – 6.

［4］习近平谈治国理政（第四卷）［M］. 外文出版社，2022.

［5］2022 年 5 月 10 日习近平总书记在庆祝中国共产主义青年团成立 100 周年大会上发表重要讲话［J］. 山东干部函授大学学报（理论学习），2022（05）：1.

［6］汪哲伟 . 关于当前高校学生党支部建设工作的几点思考［J］. 思想理论教育导刊，2011（03）：92 – 95.

［7］马旭，佟秋颐 . 新时期高校学生党建工作模式探究［J］. 文教资料，2022（04）：55 – 58.

［8］刘军 . 高校学生党员发展工作存在的问题及对策探析［J］. 山东社会科学，2010（09）：173 – 176.

［9］李星 . 新形势下高校基层党建工作考核评价办法研究［J］. 江西科技师范大学学报，2021（05）：45 – 51.

［10］龚文德 . 样板党支部创建视域下高校党支部组织力提升探析［J］. 学校党建与思想教育，2022（19）：42 – 44.

［11］郭鑫，王磊 . 党建工作考核评价现状审视与未来展望——基于 1990 – 2019 年 CNKI 文献可视化分析和内容分析［J］. 华北理工大学学报（社会科学版），2021，21（01）：71 – 77.

［12］毛泽东选集（第 4 卷）［M］．人民出版社，1991：1308.

［13］孔明月．党史学习教育在高校基层党建工作中的作用机制研究［J］．活力，2022（01）：20 – 22.

［14］王长江．当前推进基层党建理论与实践创新亟待探讨的几个问题［J］．中共浙江省委党校学报，2016，32（01）：36 – 39.

（作者单位：中南财经政法大学法学院）

高校基层党组织育人功能研究

——基于"三全育人"的视角

吴兴华　耿婷婷

摘　要：为落实立德树人的根本任务，我国各大院校普遍将构建"三全育人"的教育系统，即全员教育、全过程教育和全方位的教育模式作为党建工作改革重点。高校党建工作离不开基层党组织，它们是推进学生思想政治教育的重要阵地。然而，许多高校基层党组织的组织功能薄弱、组织形式单一、教育效果不佳、缺乏理想信念教育，思想政治教育缺乏长远性和系统性。因此，高校应做好顶层设计，完善党建机制；注重党团融合，共建育人平台；增添创新模式，增强学生体验感；加强实践活动，增进沉浸式体验；健全保障功能，提升育人质量。由此以来，高校基层党组织才能充分发挥其育人优势，本文旨在为促进高校基层党组织育人路径提供参考借鉴。

关键词：基层党组织　育人功能　三全育人

党中央、国务院在《关于加强和改进新形势下高校思想政治工作的意见》中明确提出了"三全育人"的教育要求。"三全育人"即全员培养、全过程培养和全方位教育，在全面的教育体系中发挥着统领作用，而高校正是"三全育人"主体职责人。近年来，党中央高度重视高校基层党组织的建设，结合当前形势对高校党建工作提出了要求，并做了相关部署。在新时代的大背景下，高等学校党组织应继续强化学生的思想政治理论教学，更好地构建"三全育人"教育体系，不断提升人才培养质量。

一、"三全育人"的具体内涵

2018 年，教育部提出了"三全育人"的新教育理念。"三全育人"的模式旨在提高人才培养质量。大学应当把"立德树人"理念渗透到学校思想政治教学、专业教学、社会实践等活动，形成全方位、多方面协调的长效机制。"三全育人"模式强调学生的主体地位，要求所有工作人员都作为"教育者"，无论在哪一个岗位上都要承担教育者的角色，学校通过明确"教师"从不同层次和不同角度上帮助学生解决实际问题，使学生不仅在学业上进步，还可以在思想上受到影响。同时，我们坚持以解决高校思想政治工作的不平衡和不足为目标取向，努力构建完整的教育体系。

"三全育人"体现了党和国家对教育本质规律的深刻认识，符合高校思想政治工作发展规律，体现了高校德育的内在要求，回答"培养什么人""怎样培养人"和"为谁培养人"。

二、基层党组织在育人工作中的地位

基层党组织不但要履行党的基础性建设工作的政治使命，同时还要将党的教学理念和教育观念传播给学生和老师。开展"三全育人"事业是一项漫长的历程，急需基层党组织的密切配合。基层党组织也是学校"三全育人"教育实践的领导者和指挥者，而且肩负着"全面教育"的组织、教育两大任务。做好这两大任务，既要遵循大学生思想活动发展规律、又要遵循高校党建工作规律。基层党组织建设在"三全育人"培养体系中的重要性，一方面体现在要发挥好学生党员在共青团和学生组织培养过程中所体现出的先锋模范带头作用；其次还体现在教育管理中所进行的价值观的引导，以及对学生党员教育管理的积极领导作用。十年树木，百年树人，教育是提供人才支持的重要环节，保证高校教育在党组织的领导下进行，是做到"两个维护"的重要体现。把思政教学紧紧抓在手上，扎实推进价值观引领，认真做好学校德育工作，将继承社会主义革命的优良传统、弘扬发展红色基因深深渗透到校园中，深植学生爱党、爱国、爱社会主义的深情，着力培育德智体美劳全面发展的社会主义建设者和接班人。

三、基层党组织在育人工作中的作用

基层党组织关系到教育事业的发展、人才的培养教育、师资队伍的建设发展、科学研究的探索创新等各个方面，是保障高校党建工作顺利进行和提升战斗力的重要基石。当前应进一步推动高校全面实施"三全育人"制度，使高等教育事业在进入新时期、实现新发展的道路上走得更加顺利。

进一步地，就目前高校的教学形式而言，党支部的主要工作是培养学生成为优秀党员，加强党支部理论建设。以学生党员为例，鼓励他们可以促进自己的进步和发展。

具体作用表现为以下三点。

（一）有利于加强基层党组织建设

党的全国代表大会高度重视经济社会各领域人民党组织的工作和作用。大学生党组织提倡党性，学习党的纲领，实施党的政治。学校党组织重视进行思想理论培训，保证学生党员建立坚强牢固的政治立场、理想信念。

（二）体现党组织教育活动是学生党员模范精神

学生党员们肩负着建设祖国的重大责任，是我国的未来和希望。学生党员要有创造性，对做好现阶段的社会主义思想政治教育尤为重要，要充分发挥思想政治教育的作用，主动对学生进行正确的引导和鼓励，使学生能够充分发挥榜样作用，以身作则，潜移默化地影响周围的党外人士，使他们能够主动接近党组织，自愿参加党组织的活动。

（三）促进学生党员的提高与成长

由于市场经济的日益发达与计算机技术的不断更新换代，学生党员应当懂得鉴别信息真伪，进而充分利用对自己有益的信息，坚定理想信念。随着时代的进步，对党员和学生的培养要求也发生了一系列的创新与变化，学校党组织应当跟随时代、社会发展的步伐和要求，开展思想教育或实践活动，进一步增强学生党员的综合素养，这将能够为新时期教学体制的形成开辟一个崭新的格局。

四、基层党组织育人工作全面推进所遇到的主要挑战

当前，我国高等教育中的党组织建设与育人工作遇到了众多挑战，主要面临着组织功能弱化、组织类型单调、教育效果不突出、缺乏理想信念教育以及教育缺乏长远性和系统性的问题。

（一）针对性不强，基层党组织功能弱化

一些基层党组织很少针对学校、院系以及学生的特殊性进行具体的党内活动，没有针对性，基层党组织的功能没有完全体现。老师在党内活动的身影并未表现出来，战斗堡垒的作用发挥得也不明显。

（二）时代感不强，高校组织育人形式单一

在当今"互联网＋"等系统化、标准化的网络方式下，很多高校无法充分利用互

联网、大数据等对学生党员进行深层次、多样化的教育，导致组织教育效率低下，教育内容枯燥乏味，无法激发同学们的学习兴趣，教育的广度、深度和准确性不足。

（三）代入感不强，组织育人效果不明显

深入解读时事和政治不够，有不少工作浮于表面，没有进行深入的探讨，比如社会主义国家与国际社会有关的教材单调乏味，导致思想政治教学效果低下，无法达到预期的水平。

（四）学生理想信念教育缺失

以理想信念教育为重点的德育规划缺位，执行不力，并且很多德育教育存在功利主义，而不是志愿和自愿服务的，造成同学们的理想信念出现偏差。

（五）教育缺乏长远性和系统性

在开展党的群众路线教育实践活动以来，大部分党组织一直非常注重党员干部培训教育工作，根据需要建立了党员干部教育规划并及时进行了落地实施。但是，仍然有一些基层党组织的教育目标不明确，教育内容不完善，无长、短期学习计划，党员在教育的安排上随意性很大。

五、高校基层党组织育人功能实施内容建设

（一）完善顶层设计，建设党建机制

高等院校基层党组织在各项活动中始终秉持着"不忘初心、牢记使命"的宗旨，坚决贯彻执行党以"为人民服务"为宗旨的全面从严治党规定，严格执行党的规章制度，具有奉献精神。

基于此，高等学校党委应当严格规范执行各种规章制度，稳步有序推进顶层设计，高效率完成党建机制完善，充分发挥党组织的党员权力。基层党组织要认真为教职工、学生服务，扎实展开各类爱国主义教育活动，培养教师和学生对党和祖国的热爱情怀。要顺应学生心理发展规律，增强学生的内在力量，对学生进行思想教育。此外，要将教学育人、社会实践和服务教育等制度进行完善和整合，建设品牌协会，发挥专业学科优势和特色，多渠道、多层次地开展各式各样的社会实践活动。

（二）加强党组织和共青团的融合，共同建设育人平台

不论是强调用党建促进共青团的工作，或是强化党建对共青团工作的引领，又或

者在从学生入校到毕业全过程中提供教育培训服务，使组织能够覆盖到每一位党员和团员，充分调动党员的先锋模范作用，加强自我建设和发展，增强凝聚力和战斗力。加强校园文化宣传，塑造高校传统文化特色。

（三）增添创新模式，增强学生体验感

一方面，在组织教学的工作中，把探究方式和交流形式的教学纳入课堂教育中，激发学生和老师之间的互动与交流，从而启发大学生的积极性与创造力。而另一方面，也可让学生参与教育研讨会，建设师生之间的思想交流平台，培养自主创新能力，树立正确且坚定的理想信念。

历年来的学校党员教育一直都是学校党组织工作的重心，要以入党积极分子为教育中心，紧抓入党积极分子的教育工作，通过理论探讨与实践互动，提升学生党员的理论素养。要合理考核和评估党员，形成专门的党员考核制度并定期进行考核评价。老党员要充分发挥模范带头作用，给新入党的党员起到示范作用。

（四）加强实践活动，增进沉浸式体验

高校举办的大学生社会实践项目一般有两个特色：一是以人为本教育，突出培育学生个性，力求自主发展；二是活动组织形式丰富多样，充分体验第二课程的教学特点。

实践教学与志愿服务已成为高校学生的必修课，能够使思想理论教育变得更加形象化和具体化。通过改革可以提高对学生社会实践技能的培养，提高他们的学习主动性，增强他们对本课程和本学科的研究意识与职业认同感。改革具体内容主要涉及如下两个方面：一方面，改革采取了四方互动，全员育人，以有效推进高校本科生的社会实践教学活动，以校园与家庭为基础，社会作为平台，四者相互促进，缺一不可，而它们能否有机地相互融合决定了其社会实践活动的结果。另一方面，可以根据高校的特色，全过程全方位育人，分层次实施大学生社会实践项目。不同年龄各个层次的个人能力行为基础和特点具有明显区别，也需要结合实际具体情况分阶段分层次因材施教。

（五）健全保障功能，提升育人质量

高校基层党组织是做好学生思想政治管理工作的主阵地，并发挥了基层党组织在高校内教书育人的重要功能，从而推动了大学生的全面发展和健康成长。本文将从坚持以党的政治理论建设为指导、坚持以立德树人为根本任务、坚持以提升群众组织力为核心、坚持以夯实责任基础为目标杠杆等方面进行分析。

首先，必须保持党中央对政治建设的绝对领导，树立"四个意识"，坚定"四个信心"。其次，要坚持道德和人的根本，培养和践行社会主义核心价值观。然后，政府应着力增强组织能力，进一步完善基层党组织建设。最后，要坚持以契约责任为杠杆，

提高基层党的建设质量。

六、总结

综上所述，各大院校要有效落实"三全育人"在教学体系的引领功能，克服基层党组织教育管理工作全面开展中出现的领导作用薄弱、活动方式单调、教育成效不突出、缺乏理想信念教育和教育缺乏长远性和系统性的现实困境，应当做好顶层设计，完善党建机制；注重党团融合，共建育人平台；增添创新模式，增强学生体验感；加强实践活动，增进沉浸式体验；健全保障功能，加强素质教育。一方面能够推进学生党员思政建设和素质教育；另一方面能够充分发挥学科优势且将论文写在祖国大地上，由此可为促进我国教育行业高质量发展提供参考借鉴。

参考文献

［1］梁红，余倩，石颖．基于"三全育人"的基层党组织育人功能探析［J］．教育观察，2021，10（26）：66－67，115.

［2］熊文斌．高等学校基层党组织功能定位及强化路径思考——基于"三全育人"并以吉首大学物理与机电工程学院为例［J］．现代商贸工业，2022，43（11）：138－139.

［3］杨小云，屈林岩．创新体制机制 推进"三全育人"综合改革［J］．中国高等教育，2022（Z1）：58－60.

［4］陈娟娟，郭芳．"三全育人"理念下高校学生党支部组织育人实践路径的探析［J］．教育观察，2022，11（04）：35－37，48.

［5］喻玲，张彦．"三全育人"理念下的高校基层党建工作路径探究［J］．大学，2021（20）：70－73.

［6］华国春．基于"三全育人"的高校党建工作路径研究［J］．领导科学论坛，2021（01）：157－160.

［7］张宁，李伟．"三全育人"视域下民办高校基层党组织作用发挥评价体系建设［J］．佳木斯职业学院学报，2020，36（09）：66－68.

［8］雷梦星．基于"三全育人"视域下高校党建工作与思想政治教育协同育人模式研究［J］．中小企业管理与科技（上旬刊），2020（04）：160－161.

［9］魏俞满．提升新时代高校组织育人功能的实现路径［J］．集美大学学报（教育科学版），2021，22（06）：7－12.

［10］李乐．高校基层党组织组织育人的基本功能和实现路径［J］．产业与科技论坛，2021，20（23）：279－280.

（作者单位：中南财经政法大学统计与数学学院）

▶▶▶ 人才培养模式探索

"三全育人"视域下高校"育、教、研、创四结合"科研育人内涵及机制研究[*]

程明梅

摘　要： 作为"三全育人"的重要部分，科研育人体系建设是我国高等教育改革的重大战略决策，对于提升高等教育发展水平、建设创新型国家、增强国家核心竞争力具有重大意义和长远价值。本文以高等教育理念和赋能理论作为研究的理论基础，提出科研育人的核心内涵就是学生正确科研学术价值取向的塑造、批判性思维的培养和创新能力的培育，并借鉴国内外已有的高校科研育人体系，从"育、教、研、创"四个方面实现科研育人体系一体化建设的探索和实践，为各高校推进高校科研育人体系的建设，进一步提高科研育人实效提供政策建议和经验借鉴。

关键词： 高等教育　育教研创　科研育人

一、研究背景

党的十九大报告指出，加快建设创新型国家，要培养造就一大批具有国际水平的战略科技人才、科技领军人才、青年科技人才和高水平创新团队。培养一批具备批判思维和创新能力的高素质人才是当今时代发展的需要。高校作为培养创新型人才的重要基地，担负着人才培养、社会研究、社会服务和文化传承创新等重任。正确的育人体系建设是培养人才的关键所在。科研育人是高校育人体系的重要的有机组成部分，更是实现"三全育人"的重要实现手段。高等院校的主要职能在于人才培养和科学研

---

　* 基金项目：文章获得 2023 年湖北省研究生思想政治教育规划课题（2023ZX011）、湖北省省级教学改革研究项目（2021169）及中南财经政法大学中央高校基本科研业务费"三全育人"专项资金（2722022DS013）资助。

究，而科研育人理念则将这两大职能有机集合，因此科研育人对于创新型人才的培养具有重要的推动作用。为了进一步提高人才培养能力，一些高等院校开始对科研育人体系构建进行实践和探索。

然而，在大学科研作用和地位日益凸显的背景下，大学在科研育人方面所面临的问题越来越多，主要表现为：一些大学未对科研育人给予足够的重视，育人环境不优；部分教师科研具有较强的功利性，科研育人意识不浓、科研主动性也不高，导致了科研与教学剥离，科研与人才培养脱离，科研育人效果不佳；高校学生由于缺少批判性思维和创新思维，参与科研的时间和机会有限等因素，导致了其在科学研究中的参与程度较低，科研能力不足等问题。因此，本文在明确科研育人内涵与特点，分析科研育人建设中存在的问题和改进方向，构建"育教研创"一体化科研育人体系和实现路径，以此在更大范围内吸纳学生参与科研实践，全方位、多层次地培育出一批具有正确科研学术价值取向、前沿创新意识、批判性思维及突出创新能力的高素质人才，为高校科研育人体系的构建提供一些研究思路。

二、科研育人的基本内涵与特点

从本质上看，科研育人的对象是学生，高校广大科研工作者以科学研究的方式对学生进行价值引导、创新能力培养与综合素质提升，并通过优化调整、精心设计科研环节，不断地引领学生的学术品位和价值取向。因此，作为一种创新性的培养学生综合素质的方式，科研育人的目标十分清晰，是一种引导行为。科研育人包含了丰富的内容，既包括了科研的严谨，又涵盖了育人的理念。一方面，高校的本质在于育人，其教学理念也是育人为先。同时高校又是科研的重地，学术科研也是衡量一所大学水平、一位教师水平的重要标准。因此，科研育人就是将思想道德与科研有机地结合起来，用科研活动来培育学生正确的世界观、人生观和价值观，进而提高学生的政治、思想与道德素质，提升学生的科研能力，使其充分发挥出科研育人的强大作用。

科研育人作为国家"三全育人"有机组成部分，与其他几个育人方式的内容和侧重点不一样。科研育人的德育方面的目标主要是让学生通过科研活动、科学研究、科研训练的参与逐渐树立勇于创新的科研目标；培养潜心钻研的拼搏精神；培养具备严谨求实的学术诚信，求真求知的科学态度，敢于怀疑的批判精神，不断提高其思想道德素质与科研能力。因此，科研育人的核心内涵就是学生正确科研学术价值取向的塑造、批判性思维的培养和创新能力的培育。其中，正确科研学术价值取向的塑造是根本，因为"育人"重于"育才"，只有正确的科研学术价值取向才能坚持科学的态度；而批判性思维的培养和创新能力的培育则是科研育人目标。学生拥有批判思维是开展科学研究的重要基础，具备批判性思维的学生并不是无条件地接受专家和权威的意见，相反，他们善于对广泛接受的结论进行思考、质疑和挑战，不断地探索真理。同时，批判性思维也体现了辩证思维，它不是对问题的完全否定，而是要通过分析和思考，对于所提出的问题和挑战的命题用创造性、建设性的方式进行新的解释。批判性思维是创新的基础和前提，批判的目的是创新。

三、理论基础

高等教育理念和赋能理论为构建"育教研创"一体化科研育人体系奠定了基础。高等教育理念对高等教育实践具有重要的指导意义，西方高等教育理念不断发生变化，从欧洲大学的博雅教育到德国的洪堡理念，以及美国的威斯康星思想。与此同时，大学的职能也不断演变，集人才培养、科学研究、社会服务于一体。科研工作成为高校工作的重点内容，科研育人逐渐成为大学培养学生的重要渠道。赋能理论核心则是强调个体的作用，明确个体自我管理的责任，激发个体的主观能动性和创造性，利用自身的内在动力进行行为改变，最大限度地开发个人才智和潜能，增强自我效能。在赋能理论的指导下，高校教育者与高校学生有着各自的分工，教育者要充分考虑不同学生的学习感知能力，充分发现并挖掘有学术创新潜能的学生进行引导和培养，并提供优质的教学环境与科学的方法指导；而学生则要在学校、学院、教师的指导下不断提升自我的学术创新和决策能力。通过将赋能理论与科研育人相结合，让学生正视自己，能更好地调动学生参与科研的主动性与积极性，从而有效激发学生研究的潜能与创造力，以此为培养与提升学生创新能力提供新渠道。因此构建科研育人体系必须从高校、教师学生个人三个层面出发，提出科学有效的科研育人体系和发展路径。

四、科研育人的发展现状

自科研育人理念提出后，地方院校积极探索并建立科研育人体系，大多数教师对于科研育人理念有着很高的认同，在教学实践中也积极将科研育人理念融入其中，实现教学创新，科研育人。但是，当前高校的科研育人体系建设仍然存在较多问题，无论是学生、教师还是学校，都存在着较大的不足。

（一）科研意识与科研能力不足

在科研育人中，最突出的问题就是高校没有形成科研育人的意识，这主要体现在学生和教师对科研育人的认识程度不够，对科研育人的价值理念也没有形成共识。一方面，学生是科研育人的主体，其参与科研意识的塑造是极其重要的。然而，在导师的科研项目中，学生更多的是被动参与，缺乏科学研究的自觉。与此同时，随着高校人才培养目标的不断优化，高校老师的角色职能也发生了相应的改变。教师科研育人的意识总体不浓，没有形成良好的氛围。部分教师仍然停留在教学任务上，对科研工作没有形成清晰的定位，认为科研仅仅是一些业务工作，与育人并没有较大的关系，没有认识到科研育人的价值。

科研能力的不足也主要表现在两个方面。即使一些学生具有较强的科研意识，积极参与一些科研项目，但在现实中学生参与科研的时间并不长，受教育的机会也不多。另外，学生自身科研能力是有限的，一般而言在其科研团队中所承担的任务较为简单，无法领略科研魅力，从而不能激发学生参与科研的积极性。由于学生的专业知识有限，科研论证能力不够，在科研项目上遇到较大的难题，对科研能力的培养促进作用不明显。由此并不能通过科研来提升学生的能力，不能达成科研育人的目的。部分院校的教师也存在着科研能力欠缺的情况，一些老师的工作以学生的基础教学为主，对于科研涉及较少，其科研能力也存在较大的不足。同时，一些院校学科科研团队建设不够合理。一些学科的师资队伍明显不足，团队力量薄弱，学科发展也由于缺少学科带头人而停滞不前，无法有效地发挥出科研育人的作用。

（二）科研动机与功利性较强

由于科研动机功利性较强，科研能力的培养和科研体系的构建存在较大的内生阻力。目前，我国的高等教育仍然呈现出较强的指向性，对于学生来说，大部分学生以就业为导向，在日常学习中以完成任务和考试为主，参与科研的学生人数较少。即使一些学生参与科研也以课题研究为主，其目的往往是获得奖学金、保研等名额，带有较强的功利性，缺乏科研的内在动力。另一方面，教师群体也表现出了较强的科研的功利性。高校考核评估机制的变化对教师的科研动机产生了较大地影响，并非出于纯粹的科研兴趣和热情的科研动机导致了功利性科研普遍存在。一些教师抱着达到教学科研考核的目标、获得更高评价以便实现职称晋升以及创收赚钱等想法，不断增加科研成果，逐渐偏离了科研的实质。

（三）科研育人机制不健全

科研育人是否真正实现，其关键之处就在于学校科研育人机制是否健全。一方面，科研育人需要有相应的政策支持，相关的激励机制配合。目前，一些高校的科研育人机制存在明显不足，例如部分高校没有针对不同学科特点、不同研究方向、不同人才培养目标制定有针对性的科研育人文件，在教师考核体系中也没有对教师从事科研育人工作的工作量和成效设定与之相关的评价指标。另一方面，科研育人的实现离不开良好的激励氛围。学校缺乏教师培养学生科研能力的激励机制，当前院校更多地关注于教师自身的科研成绩，而忽视了对教师培养学生科研能力行为的激励，使得教师培养学生的动力不足。同时对于学生本身参与科研、提升科研能力的激励政策也较少涉及，从而导致学生参与科研实践的主动性和积极性遭到限制。此外，部分院校在科研评价标准和学术评价方法上存在着很大的不足。主要体现在对科研成果的过度重视，提高了科研成果在教师考核中所占的比例，而忽视了对思想品德素质的考察。

五、建设"育、教、研、创"科研育人一体化体系

本文通过深入剖析科研育人内涵与特点，基于高等教育理念和赋能理论，并结合实际教学工作经验指出当前科研育人存在的问题，由此提出科研育人的实现路径在于育、教、研、创四个方面。

"育"涵盖各类科研育人实践，其目的在于培育出学生正确的科研价值观念，激发学生的科研热情和信念，在整个科研育人的过程中，始终贯穿这种价值引导，帮助学生朝着正确的方向前进。育是科研育人体系的基础与核心，在科研育人实践中，要先"育"人，再"育"才，把"育"作为科研育人的持久动力和追求，坚持不懈地进行厚德教育，努力塑造学生的健全人格。价值引导不仅仅是对学术志趣的激发、对未知领域的探索、对批判性思维的培养、对严谨的态度和创造力的养成，还在对国家意识与家国情怀的培育中发挥着指导作用，引导学生树立为人民服务、为国家奉献的观念，勉励学生以务实的态度和精神在本职岗位上锐意进取、大胆创新，用自己的实际行动为祖国的发展和社会的进步贡献力量，鼓励学生做第一等的事业。

"教"是针对教师群体，通过强化师资培养，增强教师科研育人的意识和能力，一方面，提高教师的科研道德修养，打好教师科研育人的底色；另一方面，通过提高教师的学术能力，可以有效提升其教学水平，使得科研学术成果与教学有效融合，达到科研支持教学的效果。一方面，教师的品德修养是其品德、文化素质、专业能力和职业精神等方面的综合体现，它直接影响着科研育人的水平和层次，是科研育人不可或缺的基石。近年来，总书记对"三传播"和"三塑造"作出了重要论述，我们要认真学习领悟其中的精神内核，加强对不同类型、不同层次、不同发展阶段的教师的教育引导，增强教师科研育人意识，提高科研道德修养，为教师科研育人打下坚实的基础。另一方面，要切实提升教师的教学能力，例如：在教授过程中，可以把老师的科研成果转化为大型教学案例，用生动的案例贯穿整个课堂，引导学生不断思考；有计划地举办各种形式的学习活动，帮助教师提升教学和科研育人能力，从而让他们获得更多的教学方法和技巧，使科研育人实践能够高效进行。

　　"研"是指引导学生积极参与研讨，在研讨中更好地激发科研兴趣，兴趣是科研育人体系的源动力，而这一过程中最关键的因素就是学生的主观能动性。在科研育人的过程中，要以正确的价值引导为基础，重视学生的意愿，遵循学生的认知规律，尊重学生的情感体验，使学生能够通过独立探索和创造来增长才华，提升本领。首先，必须要提供创新项目实践等各类充足的科研资源来调动学生的主观能动性，只有这样才能为学生提供更多的选择机会，才能更好地满足学生的创新需求。其次，学生的研究兴趣应该得到充分尊重，真正发挥学生在科研育人中的作用。通过引入 Seminar 和 Workshop 这一先进的制度，教师和学生可以就学术领域的发展动态展开深入的交流和研讨。此时，教师已不再是单纯地提出和主导问题，而是与学生一同合作并提供咨询来解决问题。这种转变将在师生之间建立起平等、深入的互动关系，为提升科研和教育效果提供了重要保障。鼓励学生参加全国性学术会议，进行论文宣讲。再次，需要营造一种对失败充分包容的文化氛围。学生在探索的过程中不可避免地会遭遇一些失败，教师应对有创造性、有挑战性的失败要给予足够的尊重，不过分在意最终研究成果本身，同时，也要鼓励学生不断进行探索和创新来克服困难，完成预期的目标。最后，需要对创新中的多样性秉持包容的精神，这既是促进创新文化蓬勃发展的基石，也是保护学生兴趣与主动性所必须坚守的原则。因而，在教学活动与课外实践中，为提高学生自主学习的兴趣，培养学生的探究精神，教师要尊重学生的个性发展，鼓励并支持学生自主设立研究课题，按照课题的需求自行组建团队，制定具体实施方案等。

　　"创"则是高校为科研育人所创造的科研学术环境氛围，要营造一种良好的科研学术环境和氛围，就必须加强学术交流，健全科研育人的评价体系与机制，为科研育人搭建平台、改善学校的办学条件等。高校内部的环境和文化不断地塑造着学生，会潜移默化地对学生产生深远且持久的影响，在这个过程中，学生会逐步改变他们对事物的认知，形成自身思想和行为的基础，因此，科研育人的氛围营造和文化建设更应该引起高校的足够重视。一是要不断扩大科研育人政策、措施和项目等方面的宣传力度，努力创造一个良好的科研育人环境。二是要持续进行科研育人楷模、科研之星的评选，以模范榜样的力量推动科研育人工作的发展，为师德、师风的建设提供良好的示范。三是要促进学术交流，以学术讲座、学术会议、学术午餐会等各种形式的学术活动为载体，来推进全方位、多领域、多层次的学术交流，为高校学术环境建设注入新的活力。四是要积极建设科研育人团队，增进教师与学生在科研团队中的交流合作，以教师的科研精神感染学生，让学生形成对科研的热爱与向往，进而自觉地投入科研活动之中。五是要建立一套完备的科研育人的评价体系，打破"千人一面"的枷锁，打造科学合理的评估方式，并对其评估指标进行优化，以符合科研特点和育人规律，促使教师不断提升人才培养的质量。六是要注重科研育人的校园文化建设，并将其渐进式地融入学校优秀的文化传统之中，对当前的社会发展需要做出回应，做到在传承中发展，在发展中继承，摸索出一条具有中国特色、时代特征、学校特点的科研育人之路。七是要改善教学科研办公条件，为开展科研育人活动提供必要的工作条件和便利的工作环境。

参考文献

［1］程序. 研究生科研能力培养激励机制刍议［J］. 学校党建与思想教育，2018（10）：89 - 91.

［2］刘在洲，谢晨霞，刘香菊，张恒波. 大学科研育人现状、问题与对策——基于 H 省 4 所高校的调查［J］. 高等教育研究，2019（06）：79 - 85.

［3］潘广炜，赵亚楠. 关于"科研育人"对提升研究生思想政治教育质量的思考［J］. 学校党建与思想教育，2019（01）：69 - 71.

［4］郦浩，朱小亮. 基于价值引导的科研育人内涵解读与实践探索［J］. 高校辅导员，2019（10）：49 - 53.

（作者单位：中南财经政法大学财政税务学院）

"三全育人"下高素质研究生培育机制设计初探*

卫　瑾

摘　要： 德才兼备的高层次人才是中国式现代化得以实现的基础性、战略性支撑。研究生教育作为高层次人才培养的供给者肩负着重要的历史使命。研究生教育的核心使命在于通过培养研究生的科研创新能力而为党和国家事业"输出"源源不断的原动力——"拔尖创新人才"。当前，我国高校传统的研究生培养模式，并不能完全符合研究生教育内涵式发展的需求，也无法充分造就大批德才兼备的高素质研究生。全员、全过程、全方位育人原则为高校培育高素质研究生提供了宏观指导。基于此，高校需要积极变革，立足自身实际，在信息分散和信息不对称的条件下创设出一个激励相容的机制来充分实现高素质研究生的人才培育目标。

关键词： 机制设计理论　"三全育人"　研究生教育培养模式机制

"拔尖创新人才"[1]是党和国家事业的重要原动力，其"培养"与"输出"，直接决定了我们是否可以有效地以中国式现代化全面推进中华民族伟大复兴的历史进程。一方面，它是新时代发展的需要；另一方面，它也符合了个人全面发展之需求。因此，在新时代背景下，我们需要格外重视研究生教育工作。习近平总书记也曾作出重要指示，要"推动研究生教育适应党和国家事业发展需要，坚持'四为'方针，瞄准科技前沿和关键领域，深入推进学科专业调整，提升导师队伍水平，完善人才培养体系，加快培养国家急需的高层次人才[2]"。由此可见，研究生教育工作的核心，应当在于培育高素质研究生。

从宏观层面上说，党的十八大以来，在历经两轮综合改革后，我国研究生教育在

---

　* 本文受中国学位与研究生教育学会研究课题专项资金资助，包括项目《研究生培养中教学·管理·服务"三位一体"育人保障机制研究》（2020MSA29）和"专业学位双导师互嵌式培养模式研究"（2020MSA79）。

"立德树人、服务需求、提高质量、追求卓越"等方面取得了一些历史性成就。但是，无论是从党和国家事业发展上看，又或者是比照人民群众在高质量教育上的期盼，抑或是竞争激烈的国际人才标准，我们的研究生教育还有巨大的努力空间。而从微观层面上说，当前我国高校传统的研究生培养模式，并不能完全符合研究生教育内涵式发展的需求，也无法充分造就大批德才兼备的高素质研究生。这些问题的形成，在很大程度上是由于相关主体在信息分散和信息不对称的情况下难以实现决策均衡与目标一致。因而，问题的解决，就需要高校遵循"全员、全过程、全方位"育人原则积极寻求变革，立足自身实际，结合机制设计理论，在信息分散和信息不对称的条件下创设出一个激励相容的机制来充分实现高素质研究生的人才培育目标。

一、机制与机制设计理论

在哲学层面，所谓机制，是指事物在运动中，各相关因素（包括内部结构与外部条件）有一定向度的、相互衔接的律动作用联系[3]。在社会学层面，也有学者强调，机制是"一组在控制条件下能被持续观察到同样也能通过推理获得的、因此是可以被解释的有着固定互动规律的因果关系[4]"。整体上，两者都指出了机制的核心特点——机制各要素之间相互衔接、互为因果，以促成机制的系统运动。若引入"规则"这一概念加以更深层次的考察，我们也可以将机制理解为"自我构成的系列指导性规则、指令性规则以及承诺性规则的混合体[5]"。由此，一个机制能否获得有效运作而实现既定目标，关键在于机制之各要素（规则）之间的"律动作用联系"或"因果关系"是否积极、正常。

机制本身并没有价值，但当人类能够掌握其规律而将其正向作用充分发挥出来时，机制就被赋予了价值。人类需要通过组织实践活动来实现自己的目标。于是，从整个国家、社会到个体，都会面临"如何组织实践活动"的问题。这也就涉及一个重要的概念——机制设计。与生物学中机制及其重要性不以人的意志为转移不同，社会学意义上的机制是可以被设计的。事实上，"人不但能设计机制，还能够有意识或无意识地改变某些机制的重要性[4]"。

关于机制设计，比较有借鉴意义的指导理论是赫维茨的机制设计理论（Mechanism Design Theory）。该理论认为，作为模型化经济人的信息沟通、验证及与均衡信息联系的结果，机制一般包括三个重要组成部分：（1）信息空间；（2）分散决策的均衡关系（对应或方程）；（3）将均衡信息转换为选择结果的结果函数[6]。因而对于机制设计者而言，他所需要考虑的核心问题是，在自由选择、自愿交换的分散化决策条件下，应当"采取和制定何种方式、法则、政策等规则及其规则的组合体系，使个体在主观上追求自身福利和效用，从客观上也最终实现社会、集体和改革者想要达到的目标"[7]。这一问题的解决，关键在于要处理好两个关键问题：信息效率问题与激励相容问题。前者考虑的重点是成本；而后者看重的是"造就"一个能够产生帕累托最优（Pareto Optimality）配置的机制。

二、高素质研究生培育机制设计面临的问题

高素质研究生培育，强调的是研究生整体高素质化，而非少数人的高素质化。因而，研究生培育机制的设计、建构与实施，就不仅仅是高等院校自己的事了。它涉及追求不同利益的多个独立主体，包括研究生教育工作管理者、服务者，研究生导师，研究生任课教师，甚至于优秀拔尖的研究生。这些参与主体之间难免存在不同程度的信息不对称现象。信息的不对称，"渴求"着信息交换与信息博弈。这就引发了前述机制设计理论所关心的两大问题：信息效率问题与激励相容问题。

（一）信息效率问题

研究生培养目标实现的过程中，"充斥"着大量复杂的约束和变量。显然，一方面很难会存在一个机构有能力去处理这系列的信息。另一方面也很难将分散于整个系统中的信息集中到某一个机构手中，即便是利用"大数据技术"。简单来说，传统研究生培育机制或者说现行研究生培育机制，其信息空间维度是相对较大的。这就会导致一个严重的后果：培育机制运行成本过大。因此，要创设有效可行的高素质研究生培育机制，首先需要正视且突破的问题就是如何将复杂的高素质研究生培育问题分解成小问题来计算，计算出每个信息集下的最优配置，并能够使得所需信息传递最小化。

（二）激励相容与参与约束问题

从"委托—代理人"模型来看，在研究生培养系统中，委托人是高等院校，而其他所有参与者都是代理人。"同质"代理人之间是存在利益冲突的，例如优秀的研究生导师会"适当地隐藏"自己培养研究生的"信息（方法）"，以确保个人期望效用最大化；而"异质"代理人之间同样存在这种冲突，例如研究生教育行政人员出于自身职责所限或相应"激励机制"的限制，很难会"无私地""倾尽所有地"去"配合"研究生导师。在这当中，毕竟涉及一个"绩效计算"或"功劳分享"的问题。如果委托人不能协调好各代理人之间的"利益冲突"，各代理人便很难"相容"以推力促进整体目标的实现。于是，对于众多代理人而言，是否会积极参与到高素质研究生培育

系统中，自觉受预先设定规则约束都不可确认，更遑论会积极"分享"自己的"私人信息"了。因此，高素质研究生培育机制的设计，需要进一步克服的难题是，如何在各代理人之间"打造"一个切实可行、真实有效、针对性强的激励机制，使其利益获得满足感（即其所得利益要足够大于其所需付出代价），从而使其自愿参与到机制中并自觉遵循机制的约束和要求。

需要正视的另一问题是机制参与者的"过度理性"问题。按照"理性经济人假定"，研究生培养系统中的所有代理人都是"理性经济人"，他所"追逐"的是"以最小的成本换取最大的收益"。这与"研究生整体素质向好"这一目标是存在冲突的。例如，当一个专业的研究生都成长为高素质人才，先前优秀拔尖的研究生会面临着"优先享有"的"社会红利"被"瓜分"的风险。于是，该研究生在机制中的参与度不免会不足，抑或出现"藏私"倾向。因而，如何通过意识塑造与建构，使机制参与者形成"各美其美，美人之美，美美与共"之育人观念，是摆在高素质研究生培育机制设计者面前的一项重点工作。

三、"三全育人"下高素质研究生培育机制设计的应有路径

依据机制设计理论，"三全育人"下高素质研究生培育机制的设计需要基于上述问题，围绕"目标函数"，遵循"思维意识—行动"的技术路线开展工作。严格地说，"三全育人"理念已经为高素质研究生培育机制设计的"目标函数"作出了界定：研究生整体素质的提升与一大批德才兼备的高素质研究生的长成。因此，高素质研究生培育机制设计者也就需要围绕此"目标函数"将各要素加以有机组合，从而构造出一个有效可行且能实施的机制。

（一）高校高素质研究生培育机制基本框架

从机制的定义及机制设计理论的内容与观点来看，高素质研究生培育机制应当是一个充分考虑相关因素及其相互间具有一定向度的律动作用的系统。其基本框架如图1所示。

在该框架中，高素质研究培育工作的主体主要涉及研究生导师（第一责任人）、研究生教育管理者、研究生教育服务者与优秀拔尖研究生。其中，为了确保信息传递与信息交换的效率，作为设计者的高校必须要兼顾好各相关主体的利益诉求，利用相应激励机制"打通"信息传递与交换渠道，从而保障高素质研究生的不断"产出"。这一目标的实现，需要高校（机制设计者）去正视相关问题，遵循行之有效的策略加以积极设计与建构。

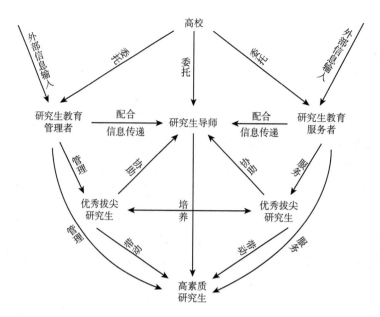

图1　高校高素质研究生培育机制基本框架

（二）高校高素质研究生培育机制建构策略

1. 加强主体意识观念塑造与建构。前述分析，在理性经济人状态下，机制参与者基于自身目标设计与社会目标设计之间的冲突与差距，会趋于选择"护食行为"而拒绝遵循既定机制规则，导致机制难以收效。所以，高素质研究生培育机制设计，应当率先充分考虑机制参与者那种"独乐乐不如众乐乐"之观念的塑造与建构。其塑造与建构可结合"三全育人"理念，加强思想政治素养的培育。而其手段方法应是多样的、多方位的。例如，可借助"读懂中国·新时代铸魂育人大思政课"平台，实现对机制参与主体的"铸魂"。

2. 实现机制设计中的信息透明化。机制的有效运转，离不开信息传递的顺畅性与及时性。信息空间维度越大，信息传递效率反而会越小。因而，一个好的机制，其信息空间维度越小越好。同样，信息传递成本越小越有利。为此，信息的公开与透明及其易充分获取是极为重要的。事实上，在机制运转中，"成本的无端增加"往往是起因于信息的被扭曲与信息的非正常渠道传递。所以，高等院校在设计高素质研究生培育机制时应当积极建构起自上而下与自下而上良性运转的信息传递机制，以应对外部信息的输入及内部信息的传递。同时，还需要创设信息透明机制，使有效资源得到充分配置。

3. 充分调动机制设计中利益主体的参与积极性。在经济社会中，个人利益与整体利益不一致甚至有冲突在所难免。当个人无法在"环境集"中获取充分信息时，面对个人利益与整体利益间的差异与冲突，个人往往会"被迫"隐藏个人利益。高素质研究生培育机制的设计、开发与实施，其目的不仅仅是"让某个院校研究生培养质量获得提升，进而成长为'双一流'院校"，而是"要让整个社会面的研究生培养质量获得提升，从而使得我们国家成长为研究生教育强国而能为'中国式现代化'输送不竭的力量"。在这种情况下，如果任何一个参与者缺位，或者说其更好的想法没有得到表达，那么我们设计出来的机制就必然不尽完善。从这个角度上，高素质研究生培育机制设计需要多方利益主体的积极参与。也就是说，我们不能只考虑高等院校自身内部要素（主体）的参与，还需要积极考虑高等院校外部要素（主体）的参与。

4. 妥善处理好研究生培育机制设计中的激励相容问题。前文述及，高素质研究生培育主体行动绩效是会有"矛盾"与"冲突"的。各主体（代理人）自愿投身到高素质研究生培育工作中，仅凭"意识建构"是不足的。从理性经济人的角度考虑，他们渴望实现自身利益的最大化。为此，高校显然不能只顾及整体利益的最大化，而需要创设激励相容机制，弥合行为主体之间的"竞争"，促使其在实现整体利益最大化的同时也可实现自身利益的最大化。也就是说，研究生培育机制参与主体之间是存在一定程度的竞争关系的。竞争关系的存在会加剧彼此间在研究生培育工作上的冲突，乃至导致"水火难容"。在这种情况下，激励相容机制的有效介入，无疑是实现"水乳交融"的良方。

概括来说，一个合理有效、可实施的研究生培育机制的设计与建构，首先需要做到"将最符合条件的参与者"纳入其中；其次要能够给予每个参与者以"适当"激励，使其在最大化个人利益的同时恰好"实现"机制设计者所制定的目标。据此，高校在高素质研究生培育机制的设计上应当将机制参与者做好分类，运用"大数据技术"收集其"需求"，进而创设有效的、针对性强的激励机制，促使其自愿参与约束，放弃占优均衡决策策略。从而，最终确保参与者个人目标与设计者目标的"完美契合"。

四、结语

机制设计理论的数学模型表达是很抽象的，但在机制设计的问题上，它却是一个有效的方法论。按照该理论的基本逻辑，一个有效的机制，应当满足三个基本的要求：它导致了资源的有效配置、有效利用信息及激励相容[8][9]。本文囿于篇幅未能从数学模型的角度对"三全育人"下高素质研究生培育机制的设计作出更为微观、更为深层次的考察，但笔者认为，此机制的设计必将能够为高素质研究生培养贡献力量。

参考文献

［1］习近平．高举中国特色社会主义伟大旗帜 为全面建设社会主义现代化国家而团结奋斗——在中国共产党第二十次全国代表大会上的报告［EB/OL］．中国政府网，（2022 - 10 - 25）［2023 - 05 - 01］．http：//www. gov. cn/xinwen/2022 - 10/25/content_5721685. htm.

［2］习近平对研究生教育工作作出重要指示强调 适应党和国家事业发展需要 培养造就大批德才兼备的高层次人才［J］．中国研究生，2020（08）：21.

［3］于真．论机制与机制研究［J］．社会学研究，1989（03）：57 - 62.

［4］赵鼎新．论机制解释在社会学中的地位［J］．社会学研究，2020，35（02）.

［5］［美］尼古拉斯·格林伍德·奥努夫．我们建构的世界 社会理论与国际关系中的规则与统治［M］．孙吉胜，译．上海：上海人民出版社，2017.

［6］［美］利奥尼德·赫维茨，斯坦利·瑞特．经济机制设计［M］．田国强等译．上海：上海人民出版社，2009.

［7］曹军新，唐天伟，谢元态．省联社改革模式研究：次优的丧失与更优的选择——基于机制设计理论的扩展框架［J］．经济社会体制比较，2018（03）.

［8］田国强．经济机制理论：信息效率与激励机制设计［C］//《经济学季刊》编辑部．经济学（季刊）第2卷第2期（总第6期）．［出版者不详］，2003：2 - 39.

［9］［德］提尔曼·伯格斯．机制设计理论［M］．李娜译．上海：上海人民出版社，2018.

（作者单位：中南财经政法大学研究生院、党委研究生工作部）

"三大战略"视域下高校"三全育人"在研究生培养管理中的运用优化探究

徐会超　王誉希

摘　要： 党的二十大报告中首次将三大战略系统整合、统筹部署，标志着党对于新时代人才工作和社会发展重心的战略导向，三全育人作为新时代高等教育时代内涵的诠释者，以开放性和包容性的姿态聚焦国家战略方针和我国经济社会发展的时代特征。随着党的二十大的召开，国家战略层面的转变为三全育人的实践探究赋予了新的时代使命和深刻内涵。因此，探究三大战略视域下三全育人的运用优化路径对新时代研究生培养管理具有深远意义。

关键词： 人才兴国战略　科教兴国战略　创新驱动发展战略　三全育人　研究生培养管理

党的二十大报告旗帜鲜明地提出"三大战略"，即科教兴国战略、人才强国战略和创新驱动发展战略，首次对创新、教育、人才和科技的内在关联和核心内涵赋予新时代新解读，凸显了"四位一体"在国家发展全局中的核心地位和社会主义现代化建设过程中的引领导向。这是以习近平同志为核心的党中央对当今国内外形势的研判、对社会发展规律的把握、对新发展阶段我国发展走向的洞察。党的二十大报告对于三大战略的提出是基于规律、突出重点、符合民意、顺应大势，助力我国推进教育体制改革、提高核心竞争力，完成从高速发展到高质量发展的转变，力图在新一轮的国际竞争中抢占科技创新制高点，掌握人才发展和产业发展的主动权，向实现中华民族伟大复兴的目标迈进。

三大战略的提出具有深厚的历史基础与现实需要。科教兴国战略早在 20 世纪 90 年代就被提出，党中央、国务院颁布的《关于加速科学技术进步的决定》中提出实施科教兴国战略，首次将邓小平关于科学技术是第一生产力的思想落实于国家发展战略导向。而随着 21 世纪初，世界新一轮科技革命和产业变革的蓬勃发展，一大批新需求和新业态如雨后春笋般出现，全球范围内的经济结构调整对于人才的综合能力提出更高标准，使得我国对于创新型高端科技人才的需求越来越紧迫。2022 年 5 月，中共中央办公厅、国务院办公厅发布《2002～2005 年全国人才队伍建设规划纲要》，首次提出人才强国战略，并强调"走人才强国之路，是增强综合国力和国际竞争力，实现中华民族伟大复兴的战略选择"。随着我国进入新发展阶段，党的十八大提出创新驱动发展战略，将科技创新摆在国家发展全局的核心位置，实现经济社会全面协调可持续发展。党的二十大将三大战略统筹安排、一体部署的原因有内外两方面。从外部环境上讲，一方面，中国已经迈入新发展阶段，对社会发展的要求从高速发展转变为高质量发展，从要素驱动、投资规模驱动发展转变为创新驱动发展，所以面临着对人才、创新和科技的强烈需求；另一方面，国际逆全球化浪潮加剧、单边主义、保护主义盛行，这些变化更加凸显科技自立自强的重要性。从三大战略发展本身来讲，从首次提出至今，其发展已经进入深水区，只有通过系统整合并赋予新内涵的方式，激发体制机制创新，才能突破瓶颈，促进三大战略持续推进下去。

科技发展靠人才，人才培养靠教育。三全育人作为新时代高等教育时代内涵的诠释者，以开放性和包容性的姿态聚焦国家战略方针和我国经济社会发展的时代特征。随着党的二十大的召开，国家战略层面的转变为三全育人的实践探究赋予了新的时代使命和深刻内涵。因此，探究三大战略视域下三全育人的运用优化路径对新时代研究生培养管理具有深远意义。

一、逻辑起点：三大战略与三全育人的内在关联（见图 1）

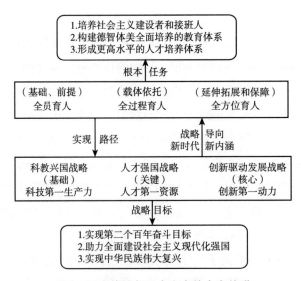

图 1　三大战略与三全育人的内在关联

（一） 三全育人是三大战略的实现路径

三大战略的提出将科技、创新和教育紧密联系起来，凸显了三者在国家战略发展中的核心地位。这三者从本质上讲，既激发和服务于人才培养机制改革，同时又通过培养创新型高端人才来促进科技突破、创新发展和教育迭代，其中关键便是人才培养。而高校三全育人的理念正是为了促进人才培养工作的深入推进，实现高等教育内涵式发展，强调高校的根本使命便是培养拔尖创新人才[1]。由此，三全育人通过培养符合党和国家需要的高端人才，掌握和创造人才这一第一资源，来助力三大战略的最终实现。其中，三全育人的两大本质特征——全面性和时代性是助力实现三大战略的核心因素。

1. 三全育人的全面性。全员、全过程、全方位育人突出强调一个"全"字，旨在将育人意识传递到每一位教育从业者心中，将育人时效拉长至整个学习生涯，将育人行动覆盖校内校外、课内课外。这种全覆盖、长时段、可持续的包裹性育人机制创造了良好的育人氛围和广阔的育人空间，为培养创新型、全面发展的人才提供了优渥的成长土壤。因此，三全育人的全面性助力三大战略实现。

2. 三全育人的时代性。三全育人是一个极具包容性的开放体系，其内涵与实践一直紧密跟随着时代发展和国家战略走向，不断适应着当下发展环境，衍生出具有鲜明时代性的丰富产物。习近平总书记在全国高校思想政治工作会议上提出，要将思想政治工作贯穿教育教学全过程，实现全方位和全员育人[2]。随着国内外形势的变化和党的二十大的召开，国家在教育方面的整体战略发生转变，从追求"大"到追求"强"，从规模发展迈向高质量发展阶段，关于教育的理论与实践不断创新，制度与政策也随之改变，三全育人的内涵也并非一成不变。相反，近些年三全育人的理论与实践探究越来越多地强调改革育人模式、加强多方合作、完善产学研"三位一体"协同机制，实现培养拔尖创新人才、满足国家重大发展需要的目标，很好地契合了三大战略的初衷。

（二） 三大战略是三全育人的战略导向

三大战略是一个结构完整、内涵丰富的框架体系，代表着国家对于教育、科技和创新的最新规划和部署，能够对新时代高校三全育人的实践给予科学的战略指导。党的二十大报告中不仅创新性地系统整合三大战略，同时也结合当前国家重大需要和发展规划对三大战略提出更加具体的要求，强调要加快建设世界重要人才中心和创新高地、深化人才发展体制机制改革、加快建设国家战略人才力量和全方位培养、引进人才等。同时，党的二十大报告将三大战略服务的战略目标，从以往服务于社会主义现代化强国转变为服务于中国式现代化国家[3]，突出强调了"人民中心论""本国国情论""文明协调论""和平发展论"[4]的深刻内涵及其重要意义。三大战略对于三全育人的战略导向主要体现在明确新时代人才的培养重点和构建人才培养体系的整体方向两个方面。

首先，三大战略明确了新时代高校三全育人的育人重点。突出基础科研的深度、思维创新的灵活度和自身发展的广度，致力于培养兼具创新思维和实践能力的新时代高层次人才，同时引导研究生将自身发展融入于国家科学技术创新中。其次，三大战略明确了人才培养体系的整体方向。强调要构建跨专业、跨领域、全要素的人才培养体系，紧密围绕国家安全、科技自强、人才储备等现实命题，聚焦国家对高端创新型技术人才的强烈需求，不断提升研究生科研素养、创新意识和务实精神，旨在培养复合型、应用型的人才，服务于三大战略。

二、现实省思：三大战略对三全育人实践提出的新要求

（一）育人目标从宏观的教育层面转向微观的个人层面，从"追求全面"到"突出重点"

党中央、国务院发布的《关于加强和改进新形势下高校思想政治工作的意见》中首次提出"三全育人"，形式上是通过构建全领域和全要素的育人机制来促进思想政治工作的模式创新，强调德育的重要性；目标上，三全育人的提出是为了实现高等教育的高质量发展，促进教育机制改革，推进教育现代化，建设教育强国；特点上，三全育人追求"全面"，致力于强调学生的全面发展和终身学习。而三大战略对于新时代国家需求的人才特征给予了更清晰和明确的要求，使得三全育人重心更加明确，从之前的"培养德智体美劳全面发展的社会主义建设者和接班人"转向更加精准的"培养拔尖创新人才"，尤其突出科学技术人才的挖掘和开发，从而更好地服务于国家重大需求和战略规划。

（二）核心任务从"一体化推进高校思想政治工作"新增"服务于国家经济社会发展和科技突破创新"

传统意义上，三全育人强调提升人才的思想品德、健全人格和全面素质，将"立德树人"作为中心环节，以理想信念教育为核心，以社会主义核心价值观为引领来构建完整科学的高校思想政治工作体系。由此可见，三全育人将德性培养、品格塑造和人格锻炼作为人才培养的核心任务和根本标准[5]。而随着三大战略的整合，新时代的三全育人更加聚焦人才知识能力的创新性、深刻性和实践性。教育引导学生扎根基础

研究，持续进行纵深钻研，宣扬勇攀高峰、敢为人先的创新精神，追求真理、严谨治学的求实精神。强调了基础学科的战略支撑地位，引导学生聚焦高端芯片与软件、智能科技、新材料、先进制造和国家安全等关键领域，致力于为国家培养紧缺型高层次人才和服务于创新型国家发展的一流人才。

三、实践路径：基于三大战略的三全育人体系优化创新建议

（一）优化人才培养模式（顶层设计）

1. 教研一体的人才培养内循环。一方面，引导教师开展教学能力和育人能力的研究，用科研促进教学质量的提高。三全育人在研究生培养管理中面临的突出问题之一便是课程育人与科研育人各自为政，无法发挥两者协同作用。因此，要积极鼓励和引导广大教师开展课堂教学与教书育人的研究，用科研促进教学质量的提高和教书与育人的结合[6]。另一方面，鼓励研究性学习，在教学中渗透以探究为核心的教学学术[7]。鼓励教师在提升自身学术能力的同时，充分发挥科研育人的功能，在"科研教学学习"的连续体中进行知识的发现和传授，用教学过程比拟研究过程，着力提升研究生的学术鉴赏能力、聚焦研究生科研能力前置培养，增强研究生的项目参与能力，激发研究生的创新潜力和科研潜能，为培养创新型拔尖人才助力。

2. 产教一体的人才培养外循环。人才强国战略强调通过人力资源开发方式，将人口数量转变为人才创新的优势，然而人才培养供给侧和产业需求侧在结构和质量方面一直存在不协调的问题，三全育人在研究生培养管理的运用中也面临因校企协同育人模式的不成熟而导致全方位育人和实践育人的效果不佳。因此，要积极引入社会力量，主动寻求多方合作，协同探索学生专业能力培养与岗位需求有机结合的校企联合培养机制，校企双元开发教学资源，充分融合教学与产业，培养富有实践能力的应用型和复合型研究生，助力三大战略的实现。

（二）调整评价体系（保障机制）

1. 更新学生全过程评价体系。科学和规范的评价体系能够助力育人目标的达成，激发学生的内生动力。然而，目前高校对学生施行的评价体系大多是以2005年教育部颁发的《高等教育学生准则》为依据制定的。经过近20年的发展，尤其是进入新时代之后，对学生能力、思维和学习方面的要求都发生了变化。为了顺应党的二十大的战略思想，高校应当建立以"三全育人"为核心的新时代学生评价体系，优先将道德修养、创新思维和实践能力放在首要位置。加强过程评价和结果评价相融合的一体化

建设，将学生参与深度科研项目、创新实践活动等软性指标纳入考核范围，同时结合研究生学业不同阶段的特征，结合定性评价和定量测评，分类别实施每季度定期考核评价，督促学生积极参与综合能力提升项目，成为兼具创新思维和实践能力的拔尖人才。

2. 优化工作队伍全员评价体系。目前，高校"三全育人"的实施主要依靠单列"育人"指标来完成对全体教职员工的年度考核评价[8]，形式和内容相对单一，无法体现新时代育人目标的要求，也无法充分发挥评价机制的激励作用。同时，对于教职员工的晋升标准也过于注重科研成果，对于"教"与"学"等与育人息息相关的标准比重不大。因此，高校应当结合党的二十大报告中关于教育的相关精神，仔细研读三大战略的内在机理，丰富育人指标，制定形式多样、内容科学的全员评价体系。具体而言，要根据各岗位的工作属性制定职责分解表，同时要求各人员定期整理育人工作中的问题清单和工作台账，校级监管部门要出具责任清单和示范清单来加强对关键少数的督察。通过明晰职责、梳理问题、定期总结、监督保障等闭环流程来促进高校工作队伍的育人水平。

3. 落实人员评价反馈机制。目前社会用人单位、毕业研究生跟高校的信息沟通机制尚未完善，很难及时获取校外人员对于高校内部育人机制的反馈评价建议，导致高校与社会信息脱节，无法根据真实用人需求和产业发展情况做出适应性修改和优化。因此，高校各学院应当建立校友信息数据库，周期性地与毕业校友保持联系和沟通，了解毕业后的职业发展状况和对于高校育人制度的反馈意见。同时，高校应当积极借助第三方中介服务机构或与企事业单位共建联合培养基地，加强与社会用人单位的沟通，持续掌握瞬息万变的就业市场动向和产业技术升级等信息，进一步完善高校课程体系和教学体系，以便顺应市场实际发展情况，不断提升学生实践能力和知识技能。

参考文献

[1] 吴玉程. 新时代高校落实"三全育人"的理论与实践探究 [J]. 中国高等教育，2018 (06)：2.

[2] 梁伟，马俊，梅旭成. 高校"三全育人"理念的内涵与实践 [J]. 学校党建与思想教育，2020 (04)：2.

[3] 萧鸣政，张满. 新时代人才强国战略与深入实施策略 [J]. 中国高等教育，2022 (01)：21.

[4] 高培勇，黄群慧. 中国式现代化的理论认识、经济前景与战略任务 [J]. 经济研究，2022 (08)：4.

[5] 杨晓慧. 高等教育"三全育人"：理论意蕴、现实难题与实践路径 [J]. 中国高等教育，2018 (18)：12.

［6］朱平．高校"三全育人"体系协同与长效机制的建构——以全员育人为中心的考察［J］. 思想理论教育，2019（02）：3.

［7］王嘉铭，白逸仙．培养一流人才：以科教融合实现人才培养模式变革［J］．高校教育管理，2018（03）：12.

［8］张文风．对高校"三全育人"的若干思考［J］．学校党建与思想教育，2018（04）：5.

（作者单位：中南财经政法大学会计学院）

新时代研究生培养"五育并举"之践行

董邦俊

摘　要："五育并举"具有丰富的时代内涵，是新时代培养高素质人才的必然要求。在互联网、大数据技术飞速发展的当下，需要深化对"五育并举"内涵的把握，反思在"五育并举"实施过程中的不足。"五育"展开方式较为传统，评价方式尚需体系化，"五育"思想认识有待提升。要推进"五育并举"，提供人才培养的质效，铸牢"五育并举"理念，加大宣传力度；创新"五育"项目展开方式；构建落实研究生导师五育职责的机制。

关键词："五育并举"　宣传教育　实施方式　导师职责

一、研究生阶段的"五育"内涵

在人的不同受教育阶段，五育的任务、功能、内容也在发生着变化。我国从学前教育阶段开始倡导德、智、体、美、劳全面发展，但是学前教育阶段和后期的每一个阶段都有独属于该阶段的内涵。"五育并举"需要针对不同阶段予以专门化，我们要明晰这一运行规律。在探讨研究生教育阶段的德、智、体、美、劳的过程中，应当综合考虑研究生阶段的年龄、生活、社会阅历、认知等多方面因素，使研究生阶段"五育并举"理念的实施转化为更加专业、更加科学的教育实践活动。

（一）"德育"的内涵

人无德不立。要培养合格的社会主义建设者和接班人，必须在加强品德修养上下功夫，教育引导学生培育和践行社会主义核心价值观，踏踏实实修好品德，成为有大爱大德大情怀的人。"德育"内容涵括广泛，在突出德育实效方面，2019 年 6 月《中

共中央　国务院关于深化教育教学改革全面提高义务教育质量的意见》（以下简称《意见》）要求完善德育工作体系，认真制订德育工作实施方案，深化课程育人、文化育人、活动育人、实践育人、管理育人、协同育人。德育工作是从一出生便开始接受的，婴幼儿时期接受来自父母的德行教育，入学以后接受来自教师的德行教育，甚至到研究生这一阶段，也依然需要接受德育。德行教育的传授内容随着一个人年龄与阅历的不同而有所改变，每个人对于德行教育的看法也在随着心智的变化而不同。一个人的德行品质是我们的一张名片。在研究生阶段，学生本人以及学院往往以学术推进为主，忽视德行教育。德行品质是一个人对生活的深度思考而生发，通过生活、工作、交往的态度等体现出的良好倾向和稳固的特征。每个人的阅历不同，对于德行品质的认识深度不同。如何提高一个人的学术素养是若干年来研究生教育的主战线，但是随着越来越多高学历人才恶性事件的曝光，我们亟待反思传统教育存在的缺陷与弊病。德行教育重视不足可能导致研究生在校期间难以与同学和睦相处，即使在拥有了一定的学术能力与工作能力之后，也往往因为一己私欲走上违法犯罪之路。重视"德育"教育既可以为人生品格框定底线，也可以为人生理想拓宽道路。

（二）"智育"的内涵

在提升智育水平方面，《意见》要求着力培养认知能力，促进思维发展，激发创新意识。严格按照国家课程方案和课程标准实施教学，确保学生达到国家规定学业质量标准。新时代"智育"在互联网的发展背景下使学习模式产生了较大的变化，学习变得灵活化、碎片化、庞杂化。灵活化表现在学习的形式从线下发展成为线上线下兼行，拓宽了学习渠道，丰富了学习方法与学习内容。碎片化表现在越来越多的知识通过互联网汲取，但是互联网所汲取的知识多数需要在类型各异的资讯中闪现，具备快、杂、多的特点。一方面，庞杂化要求研究生要花时间进行筛选，汲取精华，为我所用；另一方面，庞杂化表现在学生不再仅以课堂讲授学习为唯一方式。在互联网的驱动下，知识的汲取跨学科跨专业，只要有兴趣，搜索引擎总能找到相关资讯以辅助学习。研究生线下课程较少，大多数时间仍要通过自学来完成相应学术积累。在疫情时期，各大高校联合开展的系列讲座，邀请专家学者组织论坛，线上开设的居多，研究生可以无差别地旁听高端讲座，甚至可以在网络端向专家学者请教，丰富的学术资源为研究生解决学术之渴。当代"智育"发展紧跟新时代发展潮流，研究生作为学术界的庞大群体，充分运用"智育"之智能完成学术的广度与深度。

（三）"体育"的内涵

"体育"是对新时代研究生的基本要求，全民体育下研究生的主要工作为学术研究，往往容易忽略体育锻炼，高学历不代表好身体。在强化体育锻炼方面，《意见》

要求坚持健康第一，实施学校体育固本行动。身体是革命的本钱，研究不仅需要好用的大脑，也需要一个良好的身体素质为学术持续赋能。健康的体魄对个人、家庭、社会、国家均有裨益。没有健康的身体，那从事科研工作只能是心有余而力不足，作为研究生而言，研究压力大，事务多，经常在研究室一坐一天，整天面对电脑，甚至研究生群体多数罹患特定病症，例如久坐导致的腰痛、背痛、肩痛、眼疲劳、近视、失眠、抑郁、脱发、激素失调等，身体始终处于亚健康状态。因此，更要注意身体健康，加强体育锻炼。锻炼身体可以增强身体素质，调节心理，使人朝气蓬勃，充满活力，特别是那些自己感兴趣的运动项目，能使人产生一种非常美妙的情感体验，心情舒畅，精神愉快。同时运动的激励还可以增强自尊心、自信心和自豪感，增添生活情趣，调整某些不健康心理和不良情绪，在运动中思考，在运动中放松，有利于健全体格，用更好的状态做好研究工作。

（四）"美育"的内涵

"美育"是新时代研究生的心理追求。在增强美育熏陶方面，《意见》要求实施学校美育提升行动，严格落实音乐、美术、书法等课程，结合地方文化设立艺术特色课程。德国古典美学家、诗人席勒认为，美和艺术是使人自由、完整的关键，美育是解决现代化进程造成的人性分裂问题的主要途径。马克思和恩格斯将人的审美能力同实现共产主义理想相结合，阐述了美育的根本任务在于依照美的规律塑造个性全面自由发展的一代新人，从而奠定了社会主义美育的理论基础[1]。研究生有一定的生活阅历，对"美"有不同的认识与感知，我们尊重形态各异的"美"，但也要学会鉴别"美"之陷阱。"美"是千姿百态的，对"美"的认知本质上能反映出一个人的生活态度。"美"能陶冶人的情操、柔和人的性情、抚慰人的情绪。"美育"对研究生具有重要的压力调节作用，研究生的学术压力通过"美育"的修习可以得到很好的缓解。

（五）"劳育"的内涵

在加强劳动教育方面，《意见》要求充分发挥劳动综合育人功能，制定劳动教育指导纲要，加强学生生活实践、劳动技术和职业体验教育。热爱劳动是马克思主义的基本观点，也是中华民族自古以来的传统美德，人只有在劳动中才能创造价值，书写壮美的青春篇章。"劳育"的形式与内容是多样的，不仅包含基本身体劳作，还涵盖人的创业发展能力。不少高校为学生提供充分的创业发展平台，甚至会为学生组织专门的平台进行创业活动与创业辅助。研究生劳动教育阶段，面临着与社会即将接轨的问题，劳动教育的方式更适宜用社会实践的方式来践行，可以通过外出实习或者通过学校助教、助研等来完成劳动教育，既能达到"劳育"的目标，又能帮助研究生更好地体验真实的工作环境，更好地适应社会，服务社会。

二、研究生阶段"五育并举"实施现状

根据《2021年全国教育事业发展统计公报》公布的数据可知，目前我国在学研究生333.24万人[2]。我国拥有庞大的研究生数量，高学历人才是我国人才强国战略的重要力量，如何充分利用我国现有研究生数量优势，同步推进人才质量全面发展是一项重要的议题。研究生"五育并举"计划的提出时间较短，虽然有不少高校在积极践行"五育并举"理念，但是目前在实践过程中逐渐发现系列问题，如"五育并举"项目针对性不够强；考核方式具有一定形式化特点；展开方式较为传统；认定方式较为混乱等。

（一）"五育"实施方式传统化

1. "五育并举"对于研究生主体针对性不强。高校研究生五育并举执行方案依据所针对的对象不同，应当具有自身特殊的实施路径。五育并举理念一经提出，在学前阶段、小学、初高中、本科及研究生阶段均进行程度不同的开展，但是研究生生源复杂，有应届生，有社会生，研究生群体基本为23岁以上成人，具有一定的社会认识和一定程度的社会经验，对于研究生五育项目的落实需要充分考虑其社会性程度，而不应一味为了落实五育项目而开展，同刚刚入学的本科生不加区别地进行同内容教育，内容与本科生同质化势必导致五育项目落实的效果不佳。

2. 实施方式较为单一。目前高校对于研究生五育项目实施形式较为传统，主要通过讲座、会议等方式完成，院系组织活动和学校的活动方面有时难以兼顾，学生在时间的协调上不能保证次次参与，实施方式较为单调，未能很好地引起学生的参与积极性。实践中，有时会出现学生为了完成打卡目标而参与某项会议，打卡完就离开，或者参与全程从事与所开展项目无关的事情。在新时代，互联网技术的飞速发展，各大网站和相关平台可以为当下的研究生教育提供丰富的素材，运用传统守旧固化的德、智、体、美、劳的展开方式应对新时代的研究生，效率和效果还有很大的提升空间。

（二）"五育"评价方式尚需体系化

1. 考核方式存在一定的形式化。在实施"五育并举"研究生项目的高校对其本身重视程度不同，不少学校把"五育"的落实与研究生奖学金评定相挂钩，这一方式在客观上会促进学生完成五育项目，提升参与动力与参与度。但是，在很多情况下，这种挂钩具有一定的形式化，未能真正拦截五育项目不达标的学生，五育项目达标的审核存在一定程度的宽松，甚至没有具体审核机构或主管人。一些学校将五育项目的考核审核权交由班级，只需要研究生班级内部评定通过，即可以参与奖学金的评定，这种自我管理的方式无疑放松了五育的考核要求。

2. 认定方式不够科学。在实践中德智体美劳项目的认定内容与项目一致性没有很好地契合，如参加院内某个安全教育就可能被认定为"劳育"，但实际会议内容与劳育并无直接关联。这种认定方式的混乱源于五育项目的推进缺乏体系化，研究生五育项目的开展正在从理念层面过渡到执行层面的过程中，难免会遇到落实上的困难。相较于中小学阶段较长实践的五育教育历程，研究生"五育教育"确实还有很多具体的问题需要解决。

（三）"五育"思想认识有待提升

学校、教师以及学生对研究生"五育并举"的重视存在不足。就学校而言，对于"五育并举"理念与行动宣传不足，宣传深度与宣传方式未在研究生群体中引起广泛重视，对于研究生"五育并举"项目的落实缺乏体系化与行动力。仅以抽象的理念下发各单位，各单位对于执行的强度把握不统一，以至于"五育并举"未曾真正深度落实到每一个学生身上。在我国研究生教育过程中，导师起到了非常重要的带领作用，甚至导师在一定程度上可以托住研究生的学术底线，撑起研究生的学术天花板，研究生与自己的导师之间也存在着更加信任的关系。但是在实践中，鲜少充分运用研究生导师这条主战线，唤醒研究生"五育并举"全面发展的热情。传统培养研究生的方式以培养学术素养为主，学术素养的培养容易以学术成果来体现，而对于其他方面的培养重视不足。研究生是我国的高学历人才，然而高学历并不代表高素质，研究生仍然需要德、智、体、美、劳全面培养。由于研究生教育德智体美劳方面的长期不均衡，导致部分学生认为现在对于五育并举的考核属于加负。由于研究生"五育并举"整体项目的开展缺乏体系化，过分宽松的考核机制甚至使部分学生产生游戏心理，未曾认知"五育并举"理念的深刻内涵，轻视德智体美劳对人生的重要意义，忽视学校既定五育考核规则。

三、新时代研究生"五育并举"之展开

当代的"五育并举"项目之展开需要契合时代背景，为"五育"项目注入新的活力。一代人有一代人的使命，研究生"五育并举"理念的提出具有重要意义，为全面提升高学历人才的综合素质提供了重要路径，是建设高质量课程体系的必由之路，是我国优秀教育历史传统的延续。贯彻"五育并举"理念，为研究生铸牢"五育并举"思想觉悟。以新的展开方式适应学生发展需求，契合其兴趣口味，寓教于乐，并充分

发挥导师的引领角色和信任关系，使五育效果最大化。

（一）铸牢"五育并举"理念，加大宣传力度

当代研究生对于"五育并举"理念的吸收与重视程度不足，与研究生五育并举理念的宣传不到位有直接的关系。"五育并举"对于研究生的全方位发展具有重要作用，但是实际上一项好的行动在具体执行的过程中却产生了截然相反的结果，研究生未曾全面理解五育并举的深刻内涵与行为意义，反而视五育并举为"增负"措施，这也变相反映了五育并举的宣传方式与宣传力度具有不适宜之处，未能契合研究生自身注意力现状。通过院内主题会议、专题讲座、专题征文等形式加大对于五育并举项目的宣传，让研究生切实体会到五育并举是当下教育的趋势所在，一味仅埋头于学术而忽略其他方面的素质教育培养，从长远来看势必是短浅的，重塑研究生对于五育并举重要性的认识是研究生五育教育推行的重要前提。宣传方式上可从多渠道进行。首先，重视班级的自发认识作用，可以班级为单位，组织校内或者院系间的比赛，让班级学生自发搜集研究生五育并举教育的相关资料，在搜集与展示的过程中完成自我对"五育并举"的认知升级与自我学习。其次，重视互联网平台的作用。互联网学习方式在当今社会的重要性不言而喻，我国现已打造多种专门化学习的互联网平台，如学习强国、慕课等，甚至其他互联网企业也在积极助力学生学习，大量上传与"五育并举"相关的视频以供学生学习。应当充分利用现有优势互联网平台，强化互联网教育渠道的"五育并举"专题性，在研究生观看的时候推送相关视频与文章，说好"五育并举"故事，铸牢思想觉悟，使研究生足以沉浸式感受"五育并举"的力量。

（二）创新"五育"项目展开方式

1. 课程设置方面注重五育均衡性发展。当前研究生工作主要以学术为主，在五育并举的背景下应均衡学术权重与其他方面的精力占比。研究生的课程体系建设上要求德智体美劳课程均有涉猎，不应唯某项论。在研究生学术研究的过程中，不仅要注重学术成果的多寡，还应当注重学术品格的培养。学术品格不仅包括学术的审慎态度还包括学术视野、学术能力、学术体力等，全面学术素养需要德、智、体、美、劳的共同作用。研究生"五育并举"项目的开展需要配置充分的时间与客观环境。对于德智体美劳知识输入渠道应当多元化，主要通过线上互联网平台与线下课堂的方式同步进行。首先，应充分利用线下课堂，在课程设置上贯彻德、智、体、美、劳一体化，同时促进"五育"教育与自身专业相结合。其次，充分发挥互联网平台的作用，选择优秀的素材在平台上播放、展示，丰富传播形式。总之，通过课程设置均衡五育发展教育，制度上切实有效推行"五育并举"，让"五育"成为研究生的新动力而非新负担。

2. 充分发挥研究生的主观能动性。研究生在生活中具有多种不自知的"五育"精

神的表现，在这种莫名的状态下研究生总能保持一种积极的热情投入实质的五育发展之中。因此，"五育"的表现形式是多种多样的，不拘泥于某种特定的形式设置，生活中总有德智体美劳的表现。一部分研究生还没有认识到自己所从事的行为已经在践行"五育并举"的理念，并且持续地将这种行为进行下去。

在互联网时代的背景下，研究生具有极强的创造力与自主性。在"五育并举"的实施方式上，学生往往能找到更适宜于当下的一种模式，并促进践行五育的个别化到全体化的普及。如可以班级为单位，自行商量自己研究生班的"五育"教育方式，然后报学院审核批准，并且将"五育"落实情况在期末以班级评比方式进行演讲汇报，内容包括每个班做了什么，参与过程是什么，等等。这种方式能够充分调动学生的参与热情，沉浸式的参与往往能创造更大的价值。例如在"劳育"方面，常规课程中进行"劳育"实践具有天然的限制性，但是当前有学生利用互联网技术，在学校宿舍群内部建立二手物品售卖平台，以物易物、拼单等实践活动，或者在办公室值班等，这都是符合新时代"劳育"的表现；也有学生自发喂养校园内的流浪猫狗，这种富有爱心的表现不失为"德育"的典型表现；研究生的学术热情与持续输出的学术成果可以看出研究生的"智育"表现；疫情期间多所高校涌现"学生广场舞"现象，中学生自主跟练，这也是新时代学生自发的"体育"锻炼形式。不少学生喜欢看多种网站上的美学纪录片，并且有美景的拍摄爱好，即为日常生活中"美育"的体现。通过这些鲜明的实践案例可以看出新时代研究生具有极强的"五育"创造力，将"五育并举"的实施方式提出权交由学生不仅提升学生的参与热情，同时可以极大地丰富"五育"的形式，促进"五育"内容和形式的最大化。

3. 开设学生"五育"账户。"五育"教育作为一项需要持续贯彻的理念，需要学校与学生之间构建沟通的纽带。为学生开设"五育"账户，对于研究生德、智、体、美、劳的贯彻具有很强的提示作用，并且可以克服"五育"考核的僵硬化、形式化。"五育"账户依托互联网提供技术支持，学生可以在不同地域、不同时间段进行五育项目的打卡，五育账户可以对接学习强国或者慕课，将线上学习的时长与内容同步到五育账户，并且可以随时进行体育运动的监测，不必拘泥于学校的跑道。同时，学生可以将自己日常阅读图书文献的读后感或者简要综述等上传至五育账户，作为"智育"项目的打卡。另外，德、智、体、美、劳教育与生态环保文化之间息息相关，德、智、体、美、劳的实施方式所创造出来的结果往往与环保理念相契合，现代人提倡的环保是一种更广泛的间接的环保。例如，在日常生活中体育锻炼的累计打卡能更好地激发学生的参与热情，而体育锻炼本身并没有固定的锻炼形式，例如从汽车到自行车，从自行车到步行，既是一种"体育"锻炼，又是环保的表现；同时二手物品的流转、研究义务劳动等也通过环保账户，既能达到"劳育"的目的，同时又能达到环保的目的。"五育"账户能记录生活中的点点滴滴，通过分数的累计增加提升研究生的参与热情以及习惯养成。五育账户通过学生进行的打卡事项量化的分数，通过不断累计，最终以"五育"账户平台的分数以及"五育"的均衡性作为考核量化结果的参考依据。

（三）构建落实研究生导师五育职责的机制

在研究生阶段，为了更好地落实"五育并举"，应当充分发挥导师在导学团队中的引领作用。2018 年教育部印发《关于全面落实研究生导师立德树人职责的意见》中明确导师是研究生培养的第一责任人。构建研究生导师五育引领培训机制，切实落实研究生导师的全面育人职责，引导研究生导师正确把握培养社会主义建设者和接班人的育人方向，树立"五育并举"的深刻理念以及长远意义，明晰诡谲多变的国际局势对研究生培养的影响，明确研究生导师的全面育人职责，不仅要注重学术科研指导，还有德、智、体、美、劳全面发展的职责。在研究生"五育并举"的教育实践中，研究生导师具有不可替代的独特优势。首先，研究生导师具有学术权威性、话语中心性，这就使研究生导师对于研究生在学术素养、人格养成、人生信念等重要方面具有指导性、影响力、说服力。其次，定期、不定期的指导为"五育"教育的开展提供了便利，研究生与自己的导师之间具有更高的信任度。再次，小规模师生结构有利于提升"五育"教育的针对性与个别化[3]。研究生导师所带的研究生数量有限，对于研究生的个人情况更加了解。研究生导师对于自己的学生了解更深，了解每个学生的脾性甚至生活方式，能够针对性地结合每个学生不同的性格特点、成长经历、发展规划制定详细的指导策略，实现精准指导、精准施策，个别化的教学更有利于"五育"教育功能的发挥。充分发挥导师在"五育"教育方面的引领作用，可以使研究生更直接地感受到"五育"的重要性，对于日常"五育"教育的普及以及对学术人生的重要意义时常耳提面命，使研究生对于"五育"教育领悟深刻，利于践行。

参考文献

[1] 丁云亮. 新的时代呼唤美育的春天——评《西方美育思想简史》[J]. 马克思主义美学研究，2000（00）：536-540.

[2] 教育部：《2021 年全国教育事业发展统计公报》[EB/OL].［2022-9-14］. http://www.moe.gov.cn/jyb_sjzl/sjzl_fztjgb/202209/t20220914_660850.html.

[3] 王一，刘宏伟，王新影. 论研究生导师立德树人职责的四重逻辑 [J]. 学位与研究生教育，2020（05）：44-49.

（作者单位：中南财经政法大学刑事司法学院）

新时代研究生劳动教育的路径探索

耿少哲　徐警武

摘　要： 新时代以来，在百年未有之大变局和中华民族伟大复兴战略全局的作用下，研究生教育和研究生群体越来越受到党和国家的重视，而劳动教育是"五育并举"的重要内容，是实施研究生全面发展的重要途径。本文通过对劳动教育的时代内涵与现状及加强研究生劳动教育的必要性和可行性进行分析，通过探索研究生层次劳动教育学科设置与发展、拓展研究生劳动教育资源与载体、构建研究生劳动教育长效机制、完善评价体系四个方面探索新时代研究生劳动教育的路径，为提升当前研究生教育培养管理供部分理论参考。

关键词： 研究生　劳动教育　路径

一、劳动教育的时代内涵与现状

（一）劳动教育的时代内涵

马克思在《资本论》中明确提出，劳动不仅是提高社会生产的一种方法，而且是造就全面发展的人的唯一方法。随着时代的发展，马克思、恩格斯提出的劳动与教育相结合的理念被赋予了新的时代理念。2018 年全国教育大会上，习近平总书记指出，要在学生中弘扬劳动精神，教育引导学生崇尚劳动、尊重劳动，懂得劳动最光荣、劳动最崇高、劳动最伟大、劳动最美丽的道理，长大后能够辛勤劳动、诚实劳动、创造性劳动。2019 年 12 月，习近平总书记在全国高校思想政治工作会议上又指出，要坚持把立德树人作为中心环节，把思想政治工作贯穿教育教学全过程，实现全程育人、全方位育人。这充分说明高等学校思想政治工作的重要性。党的二十大报告也提出

"培养造就大批德才兼备的高素质人才，是国家和民族长远发展大计"，并且强调"坚持尊重劳动"。"三全育人"等理念的提出和完善，强化了教育的过程、载体和资源要求，也彰显了劳动教育在新时代教育构架中的重要地位，为提升当前研究生教育培养管理供了基本遵循[1]。

（二）劳动教育现状

1. 劳动教育认知有待提升。从社会层面来讲，在过去很长一段时间，整个社会对劳动教育不够重视，尤其是应试教育主导形势下，社会更加关注学生的考试成绩水平，而忽略了劳动本身的重要性。社会上体力劳动和脑力劳动逐步分离并趋于对立，体力劳动者逐渐被边缘化。从家庭层面来讲，计划生育以来，大多数80后、90后甚至00后都是独生子女，家庭其他成员对于孩子的关注度与关心程度更高，尤其是应试教育的流行，大多数家长选择让孩子将更多时间留给文化学习，学生往往很少参与甚至完全不参与家庭劳动。基于上述成长环境，学生动手能力较差，且缺乏合作和担当精神，劳动价值观变得扭曲，往往过分追求利益，认为劳动的价值在于获得物质报酬，呈现出精致的利己主义。

2. 劳动教育形式较为单一。基础教育阶段，由于社会氛围的影响，师生将更多精力投入文化课程的学习中，对于劳动教育，更多的只是应付检查或者毕业要求，从而导致劳动教育形式任务化、敷衍化，缺乏对劳动教育的深入思考。高等教育阶段，对于本科生培养，高校开始逐步丰富劳动教育形式，依托一些具体活动与实践开展劳动教育。而到了研究生培养阶段，受教育者已经具备较高的思维能力和知识储备，仅仅通过参加实践活动进行劳动教育提升远远不够。而当前，高校及学者对于研究生阶段的劳动教育探究往往较少。

3. 劳动教育制度尚未健全。高校作为培养社会主义建设者和接班人的重要阵地，是实施劳动教育的重要主体之一。近年来，各高校在逐步设计完善劳动教育整体构架，劳动教育初见成效。但是工作体系尚未完善，尤其是研究生劳动教育还处于摸索的初级阶段，存在工作体制机制不健全、考核评价体系不完善等问题，制约着劳动教育高质量发展[2]。

二、加强研究生劳动教育的必要性和可行性

随着我国高等教育的普及，研究生的培养数量越来越多，培养规模位居世界前列。研究生作为高校科学研究的中坚力量，更是我国科技创新的主力军，而研究生自身素质是保证科学研究可持续发展的基础。

（一）加强研究生教育的必要性

1. 开展劳动教育有利于提升研究生自身素质。开展劳动教育有助于提升研究生自身素质。一是可以纠正研究生对科研的认知偏差。很多学生到了研究生阶段仍然没有转变对科研的认知，既急功近利，想要走捷径快速得到成果，又缺乏独立的钻研精神，过度依赖于导师及同门给予的指导，将科学研究想象得过于简单。这正是应试教育带来的副作用，也是研究生们缺乏劳动磨砺的结果，开展有效的劳动教育可以让研究生们在历练和挫折中成长，摆正位置，正确对待科学研究。二是有助于磨砺研究生的意志力。长期而深入的科学研究并不是一件容易的事，不仅需要在一定时期内完成工作任务，还需要有目标有计划地有序推进。这种意志力和紧迫感不仅来源于求学过程中的感悟，更来源于劳动教育的塑造。三是有助于学生树立正确的社会责任感和就业择业观。新时代的社会责任感要求研究生主动为国家服务、为人民服务，到人民最需要的地方无私奉献自己的力量，而劳动教育能够激发出他们的社会责任感，找准自己的工作岗位，同时消除对特定岗位的偏见，为社会奉献自己的青春力量。

2. 开展劳动教育有利于增强研究生培养质量。

（1）劳动教育有助于丰富研究生培养课程体系，增加育人能力。目前高校研究生培养课程主要为专业知识的讲授与理论知识的学习，相对片面和单一，虽然能够帮助研究生在专业上精进，但是由于学科交叉与实践环节较少，不利于解决研究生能力的提升，也无法激发研究生的社会责任感[3]。而开展劳动教育不仅可以丰富研究生培养课程体系，落实国家劳动教育政策的核心举措，实现"三全育人"，还可以激发劳动教育学科发展的活力，满足高校劳动教育质量，增加育人能力[4]。

（2）劳动教育有助于增强研究生培养评价维度，摒弃功利思维。由于此前很长一段时间，研究生的评价体系尚未完备，存在唯论文的错误倾向。通过建立劳动教育培养体系，可以多元化研究生的培养维度，形成导师、学校、社会等多元化的全员、全过程、全方位的育人和评价体系，让研究生尽可能摒弃功利思维，减少应试技巧，全身心投入科研与自身的发展中，为国家培养更加全面的人才。

（3）劳动教育有助于提高科研成果转化效率，提高研究生培养质量。随着我国教育事业的不断发展，科研能力不断增强，但是科研成果的应用却没有明显的提升。如将劳动教育与实践基地进行结合，学生深入基层或产业基地了解当前亟待解决的问题，并将问题带回课题研究中，不仅可以大大提高科研成果的转化率，还可以解决研究生就业实习经验不足的问题。与此同时，通过深入基层，让学生可以认识到自身所学可以帮助到国家、帮助到企业、帮助到人民，激发研究生的社会责任感，到人民最需要的地方发展就业。

（二）开展劳动教育的可行性

在构建"三全育人"的研究生培养体系中，将教育与劳动相结合开展，具有独特的时代特征。高校作为培养社会主义建设者和接班人的重要阵地，开展劳动教育具有明显可行性。

首先，国家政策赋予高校足够的学科设置权限，根据《授予博士、硕士学位和培养研究生的二级学科自主设置实施细则》，具备一定条件的高校可以自主设置劳动教育硕士、博士二级学科，还有一些高校甚至成立了专门的劳动教育学术研究机构，比如西南大学成立了西南大学劳动教育研究院等[4]。相应的学科设置后，一方面可以培养专业劳动教育人才，逐步满足高校劳动教育教师的缺口；另一方面设置了劳动教育学科的学校可以联合设计录制网络课程，广泛应用于高校的劳动教育通识课中，逐步推进劳动教育课程的实施。

其次，高校具备开展研究生劳动教育的便利资源。如不同课题研究的实践平台，学生可以有机会跨课题组研究学习，从而提高研究生的知识广度与创新能力；高校后勤相关部门，涉及研究生的衣食住行，掌握大量教育服务资源，是研究生理想的劳动基地；高校与企业合作的实践基地，可以为研究生提供大量的实践工作与场所，让他们的研究尽量做到可以服务企业，服务人民。

三、新时代研究生劳动教育的路径探索

新时代以来，在百年未有之大变局和中华民族伟大复兴战略全局的作用下，研究生教育和研究生群体越来越受到党和国家的重视[5]，而劳动教育是"五育并举"的重要内容，是实施研究生全面发展的重要途径。新时代研究生劳动教育路径可通过以下方面逐步构建。

（一）探索研究生层次劳动教育学科设置与发展

目前我国硕士专业名录中"德育学""体育学""美育学"及各类学科教育都较为成熟，而"劳育"研究在国内外都尚无先例，创办全新的学科也需要一系列的探索和实践。首先可以试点探索，投石问路取得经验后，再逐步推开。开设新的学科需要雄厚的师资力量和合理的课程体系，"劳动教育学"试点则可以选择有相近专业，物质与科研条件良好的教育部直属师范类大学进行。授课内容要包括马克思主义劳动观以及中国化的理论成果和劳动教育的实施等，可由马克思主义学院和教育学院共同设置，并聘请相关学者进行合作研究，构建科学的课程体系。还可以与相关企事业单位合作，

建立实践基地，丰富培养体系与资源，保障学科可持续健康发展。

（二）拓展研究生劳动教育资源与载体

随着时代的发展，社会对人才的要求日益提高，这就需要高校要从实际出发，充分拓展教育资源与途径，培养更加全面的人才。

1. 完善高校劳动教育必修课。开设必修课是实施研究生劳动教育的基本载体。2020年，党中央、国务院印发的《关于全面加强新时代大中小学劳动教育的意见》和教育部印发的《大中小学劳动教育指导纲要（试行）》明确指出，普通高等院校的劳动教育要以课程为依托，并且学时不少于32个，这是党的十八大以来习近平总书记关于教育的重要论述的具体贯彻落实。完善高校劳动教育必修课是开展研究生劳动教育的基础。高校可结合学校实际，依托经、管、法及马克思主义等系列学科特色，开设"创新型""融通型"劳动教育示范课。课程要将课堂教学与劳动实践相结合，还可组织编撰研究生劳动教育教材供学生阅读。

2. 将劳动教育与专业课充分融合。一方面在研究生思政课程中融入劳动教育，加强马克思主义劳动观的教育，突出劳动教育的思想性，让学生正确理解劳动精神，牢固树立社会主义劳动观念。另一方面在研究生专业课程的设计中，充分挖掘专业课程中的劳动教育元素，让学生们在学习中激发专业认同感，养成良好的劳动品格。此外研究生与本科生相比，有更多的自主学习与研究的过程，有效提高了发现问题、分析问题、解决问题的能力，并能有效运用到未来的职业生涯中，充分体现了劳动教育的价值。

3. 丰富劳动教育实践基地。实践活动是实施研究生劳动教育的重要载体。首先要充分挖掘校内劳动教育实践资源。结合专业及学科特点，搭建相关生产劳动实践平台，开展创新创业、专业服务、毕业设计等实践活动，让研究生提升专业化劳动技术能力；搭建校内不同课题研究的实践平台，让研究生可以有机会跨课题组研究学习，提高知识广度与创新能力；设置体力劳动相关活动，如研究室整理、垃圾分类、园林维护等日常劳动，引导研究生参与到学校治理的劳动实践中，增强劳动精神，提升服务意识。其次要拓展创建校外劳动教育实践基地，加强校企合作、深化产教融合、整合社会资源，深化学校与行业骨干企业、高新企业、中小微企业紧密协同，创建、联建或共享学生劳动教育实践基地，对接一批校友企业、事业单位、社会机构、城乡社区、工厂农村、公共场所等作为我校学生劳动教育实践基地，为研究生广泛开展各类社会实践、创新创业、实习实训、志愿服务、劳动锻炼等提供相对稳定的活动场所；推动建立各方协同创新、家校共建共育机制，打造社会、学校、家庭多位一体的协同育人新模式。

（三）构建研究生劳动教育长效机制，完善评价体系

构建研究生劳动教育长效机制，完善评价体系是保障研究生劳动教育有效执行的重要手段。

1. 加强劳动教育师资队伍建设。高校可根据劳动教育实际工作需要，采取多种措施建立专兼职相结合的劳动教育师资队伍。配备必要的专任教师，并聘请一批劳动模范或在行业内具有突出贡献的人士等作为兼职教师，对新入职教职工和担任劳动教育的教师进行专项培训，提高劳动教育专业化水平。

2. 建立完善研究生劳动教育综合评价机制。研究生劳动教育综合评价制度可由劳动教育平时表现评价、学段综合评价和劳动素养监测共同组成。依据劳动教育目标和内容，结合课堂学习成绩及劳动实践纪实，对学生进行综合评定，评定结果纳入研究生劳动教育综合档案，并将作为研究生学年评优评先、推优入党、毕业升学、就业推荐的参考依据。

3. 健全经费、物资及场地保障机制。高校可根据自身建设计划，进一步加大对劳动教育工作的经费投入，确保劳动教育配套设施健全完善；通过校企合作、校地共建或采取政府购买服务等方式，吸引社会力量提供劳动教育服务，逐步建设一批校内外相对稳定的劳动实践教室、劳动教育场馆阵地。

4. 强化劳动教育工作督导检查。把劳动教育纳入学校教育教学督导体系，重点督导检查劳动教育开课率、教学指导的针对性、学生劳动实践组织的有序性及保障措施的有效性，督导结果公正公开并作为奖惩依据，对于走过场、流于形式，不担当、不作为问题进行坚决问责，确保劳动教育取得实效。

参考文献

［1］季欣．刍议三全育人指导下的研究生以劳育德体系构建［J］．高教论坛，2020（05）．

［2］李文俊．新时代大学生劳动观培养研究［D］．沈阳：辽宁大学，2021．

［3］赵蔚琳，段广彬，杨长红．基于培养高层次创新人才的研究生课程建设［J］．中国冶金教育，2021（06）．

［4］王飞．研究生层次劳动教育学科的设置与建设初探［J］．高教论坛，2021（12）．

［5］周金霖，蔡昊阳．新时代研究生劳动教育的逻辑探析［J］．高校学生工作研究，2021（02）．

（作者单位：中南财经政法大学后勤保障部）

"双一流"背景下研究生拔尖创新人才融通培养模式探究[*]

——以中南财经政法大学为例

刘 桐

● ● ● ···

摘 要：当前研究生拔尖创新人才培养存在培养目标模糊化、培养体制传统化、培养过程空洞化、资源配置单一化等问题。"双一流"大学肩负着培养基础研究人才主力军、培养高水平复合型人才的使命，在"新文科"建设要求必须推动实质性学科交叉，进行跨界协同的复合型研究背景下，研究生拔尖创新人才融通培养显得尤为重要。本文以中南财经政法大学为例，以财经政法融通为突破点，借助校一流学科群，培养融通型拔尖创新人才，重构"五融合一底色"的培养模式，探索研究生融通培养的实现路径，对提高新时代"新文科"研究生培养质量和创新能力具有重要的实践意义和有益参考。

关键词：融通培养 人才培养模式 拔尖创新人才 双一流

···

在当今全球竞争日益激烈的环境中，人才是推动国家和民族发展的关键力量，而技术创新则是促进这一过程的内部力量。创新能力不仅是国家发展的内部保障，也是民族发展的基础。培养拔尖创新人才是党和国家在新时代面临的重大挑战，也是实现高等教育强国目标的必由之路。

2021年9月，中央人才工作会议在北京召开，会议强调深入实施新时代人才强国战略，要求高校特别是"双一流"大学要发挥培养基础研究人才主力军作用，培养高水平复合型人才。"双一流"建设高校须探索一流人才培养和成长规律，打造一流教育高峰，培养"价值、能力、知识"三位一体的领军人物和行业骨干。

---

* 基金项目：湖北省教育厅哲学社会科学研究项目（指导性项目）"双一流背景下的研究生拔尖创新人才融通培养模式探究——以'五融合一底色'育'新文科'人才"。

进入新时代，中美贸易摩擦已蔓延至金融、科技、教育和文化等领域。面对新形势下的新任务和新的挑战，为切实推进研究生融通培养提供了鲜明的政策导向和时代要求。研究生作为引领社会发展的擎旗手和弄潮头，为迎接新一轮科技和产业革命所引发的新挑战，需要尽快培育适应产业结构转型升级需求的融通性复合型高层次人才。2020 年全国研究生教育工作会议在北京举行，习近平总书记就研究生教育工作作出重要指示，研究生教育在培养创新人才、提高创新能力、服务经济社会发展、推进国家治理体系和治理能力现代化方面具有重要作用。

然而，当前研究生拔尖创新人才培养存在培养目标模糊化、培养体制传统化、培养过程空洞化、资源配置单一化等问题。教育部等部门为全面实现高等教育内涵式发展，启动"六卓越一拔尖"计划 2.0，全面推进新工科、新医科、新农科、新文科建设。"新文科"建设要求必须推动实质性学科交叉，进行跨界协同的复合型研究。在此背景下，研究生拔尖创新人才的融通培养显得尤为重要，借助交叉学科优势，突破传统学科的局限性，在研究生培养模式上从"学科分化式"培养走向"学科整合式"培养，顺应拔尖创新人才培养规律。

中南财经政法大学重点面向财经政法领域和实务部门，以应用性教育为基础，以开放式育人为手段，着力培养一流的高层次复合型融通性创新型"新文科"人才。因此，基于"双一流"的框架，本研究以财经政法融通为重点，利用一流学科群的优势，培育具有跨学科融合能力的人才，以满足社会的重大需求，解决实际问题。融通培养突破了单门专业在科技创新、人才培养等领域的桎梏和局限性，对于进一步充分利用高校的学科优势，为国家发展和地区的发展提供支持和引导，具有重要的现实意义。随着我国经济和社会进入创新与转型的关键时期，创新型科技人才的结构性失衡问题日益突出。因此，在"双一流"视角下，深入探讨融通型人才培养的目标、体制、过程、资源配置、保障机制，重新构建"五融合一底色"的培养模式，以及融通人才培养的实现路径，将有助于提升我国经济和社会发展水平，"新文科"研究生培养质量的提升和创新能力的培养，对于新时代的发展有着重要的指导和实用价值。

一、困境

（一）培养目标模糊化

培养目标在研究生拔尖创新人才培养过程中具有重要的指导作用，研究生拔尖创新人才融通培养多以摸索尝试为主，且跨学科专业设置制度不完善，培养目标没有结合一流学科群交叉融通实际特点进行针对性设定，且表述都较为笼统，并未细化，内容的阐述也较为相似。将单一专业培养的常规培养模式套用于融通人才，必然会阻碍其正常发展，培养过程管理、条件建设、模式建设、政策支持等方面都会遇到困难。

（二）培养体制传统化

"校—院—系"的壁垒式组织架构在跨学科的构建中已经行不通了。融通人才培养模式是一个突破专业壁垒和制度限制的综合性体系，实现对专业"归属"的完全控制，难以逾越学科鸿沟联合培养复合型人才。

（三）培养过程空洞化

在"双一流"建设过程中，各高校已采取相应的对策，以推进学生的交叉融通培养，但在内部支持方面，仍然是以单一学科为主，注重学科的体系结构，不注重学科间的跨专业合作；在外在支持方面，一些关键环节如内外科研训练、跨学科团队建设、跨学科文化建设、跨学科思考训练等，都很难保障。

（四）资源配置单一化

由于"跨专业""交叉学科""交叉融通"等概念的局限性以及其自身的不完善性，我国高校在研究生培养过程中缺乏足够的重视，从而导致人才培养教学质量没有实现预期效果。为了培育出具有创新能力的硕士研究生人才，必须建立起充足的资金支持、雄厚的师资队伍和跨专业研究训练平台，这些都是促进研究生融通发展的关键因素。

二、反思

（一）界定关键概念

研究生拔尖创新人才是指拥有卓越学历和职称，在某一领域深入研究、精通学术，具备出色的创新思维和创新精神，并具备国际视野和良好的个人修养，既具备知识、价值又具备能力的综合型人才。

（二）定位培养目标

培养目标作为人才培养体系的"指南针"，对人才培养的方向起着导向和指引作用。在培养理念上，应坚持立德树人、以理化人、开放包容；在知识结构上，应包含基础知识、专业知识、前沿知识、交叉知识四个方面；在能力结构上，应包含独立思考能力、知识综合能力、创新思维能力等；在价值结构上，应包含独立自主性、探索求知欲、意志坚定性等品质（见图1）。

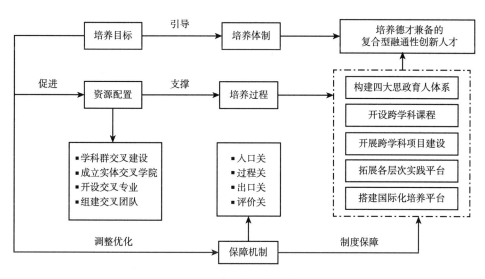

图 1　融通培养模式体系

（三）做实培养过程

培养过程是落实研究生拔尖创新人才融通培养的核心环节。要求规范培养过程，提高培养质量，就必须重视对一流学科知识能力的培养，以跨学科专业知识教育工作方式为重，加强融通培养，推进学科专业间的交叉、融入和传播，以提升培养学生的综合应用素养。

（四）优化资源配置

资源配置在做实研究生培养过程中起支撑作用。现国内高校的学院多以单一学科建制，将学术资源和行政管理融于一体，只能通过全方位的资金配置、师资团队组合、创新平台创建，打破科层制在资源共享上的壁垒。

三、重构

（一）红色融入育人魂

第一，构建宣讲团 – 党支部 – 支委三级党建思政育人立体体系。在发挥研究生培养特色和优势基础上强化党建引领作用。第二，构建"三位一体"系列学术文化育人多维体系。构建"一刊、一节、一论坛"三位一体的研究生学术文化体系，为博硕研究生提供一个高水平、多层次、宽领域的学术交流平台。第三，构建"三维并进"思政金课育人体系。坚持学校、学院、基层教学组织"三维并进"，将社会主义核心价值观有机融入教学过程中，将思政元素积极融入课程之中。第四，构建三课堂相互贯通、相互补位的育人模式。第一课堂、第二课堂、第三课堂的相互贯通，三个课堂相互补位，达到各守一段渠的育人效果。一是第一课堂（学科教学）重在"实"，强调课程思政化，是研究生思政教育的主阵地；二是第二课堂是特色化的活动课程，侧重于思政教育的实践性，需要以丰富的活动为载体，把思政小课堂同社会大课堂结合起来，让研究生在奋斗一线感悟人生、在红色基地汲取力量，增强体验、认同和自信；三是第三课堂（文化空间）重在"特"。侧重于鲜明特色和价值导向的文化环境和网络空间，是研究生思政教育的隐性课程（见图2）。

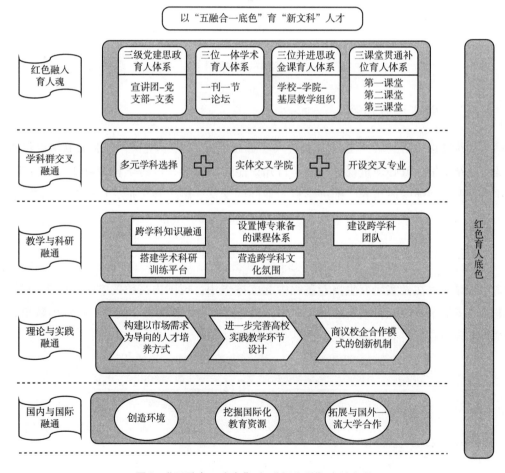

图2　"五融合一底色"育"新文科"人才架构

（二）学科群交叉融通

要着力健全多学科交叉融通的有效运行机制，为高校拔尖创新人才培养实践提供保障。

一是拔尖学生的学科选择应更加多元开放。以"双一流"主建学科为主体，以法与经济学科群为引领，制订并实施领军学科繁荣计划、优势学科推进计划、发展中学科助力计划和新兴学科培育计划，分层分类推进学科布局的持续优化。瞄准国家重大战略和前沿问题，立足传统学科优势，推进人工智能、数据科学与大数据、区块链技术、信息安全等战略性新兴产业发展有关的政策引导与支持、市场交易、法律法规等方面的科学研究和人才培养，探索设置交叉学科点率先在全国推进人才培养、科学研究、团队与平台建设等多个领域的财经政法深度融通。

二是成立实体性交叉学院，筑交叉人才培养基地。发挥引领、协调和交流作用，依托交叉学术资源，并以解决交叉现实问题为目标，组织跨学科、跨学校、跨界别和跨国的研究力量，开展实质性科研交叉合作，实现科学研究、培养人才、社会服务等研究生教育功能的实体性学院设计与设置。

三是开设交叉专业，培育复合型能力。完善"专业学位＋X"人才培养体系，面向国家需求，试点涉外律师、数字经济等专业学位定制化人才培养项目，培养复合型、应用型行业精英。

（三）教学与科研融通

教学促进科研，注重科研与教学相互转化，教学促进科研的有效途径。

一是跨学科知识融通。从国际水平从高校优秀人才的培养来看，为了更好地培育新时代人才，我们将扩大课程范围，增加前沿交融性选修课程，突破专业和院系的界线，实现跨学科、深度融合的人才培养方式。此外，开设优质的公共选修课程和素质教育课程，以培育富有祖国情感、全球眼光和创造力的全面发展的人才。为了更好地发挥"聚变"的功能，我们应当准确把握一流学科群中主干学科的牵头地位，并借助一流学科发展的力量，将基础课程与主干学科有机融合，以提高我们的多学科知识掌握能力，同时也促进基础课程和基础学科的发展，从而破除不同学科课程之间拼盘的僵化状态。

二是设置博专兼备的课程体系。为了提升其学术能力和独立思维意识，我们应当在课程上着重考虑跨专业人才培养的要求，设计博专兼备的课程，并进行多学科老师协作授课，以"双一流"的教育背景为指导，紧密结合我校资源优势特点，充分发挥一流学科群的集群作用，实施分层次教学，以提高跨学科教学质量。

三是建设跨学科团队。整合多学科人才资源，打造一流学术创新团队和跨学科协同教学团队，支持教师深入开展教学研究与实践，重点打造体现研究生教育教学水平的标志性成果。针对学生的专业历史背景，编制有效的跨专业人才培养计划，以提高学生的跨学科研究能力。为此，我们将建立由多学科专家组成的导师团队，强化不同学科相互之间的交流与合作，为学生提供联合指导，从而构成跨学科教育的共同合力，提高教学质量。

四是搭建学术科研训练平台。通过学术交流和思维碰撞，研究生可以更好地掌握跨学科知识，从而提升自身的学术能力。为此，我们应当建立跨专业的学术科研训练平台，比如举行跨专业讲座、参加高水平的跨专业会议等，以此来检验跨专业教学的有效性，促进一流学科群的发展。

五是营造跨学科文化氛围。通过开展跨学科分享与交流活动，打造开放、包容、自由的跨学科文化氛围，更有利于激发研究生的跨学科学术热情，努力塑造独立且有融合性的跨学科教学形态，形成互相包容、彼此渗透的跨学科文化。

（四）理论与实践融通

培养拔尖创新人才需要学习深厚的学术知识和专业理论，特别是基础学科的创新能力，更加强调学生的研究兴趣和对未知领域的探求。但是，人才培养不能仅仅停留在基础理论知识层次，而应当将理论知识与实际密切联系，以达到最佳实效。在当今高校拔尖创新人才培养过程中，实践能力的培养被越来越多地重视，西安交通大学钱学森学院更是采取了多种措施，包括参与实验项目、课件研发、创新团队等，以及开展科学锻炼、数学模型、小课件研发等实践性教学模块，以此来提高学生的创新能力。然而，目前的措施更多地侧重于校内实践训练，并且是融合专业领域的研究性教学实践活动。这些举措对于培养研究生的社会经验和创新创业能力仍有待提高。

第一，为了更好地满足市场需求，"知识—能力—素质"人才培养方式，应当深化推动高等学校科教融合、产教结合工作，为研究生提供实践性的社会实践舞台，以促进创新型、复合型人才的培育。只有让学生参与到科学研究和社会实践中，才能激发他们的自主创新欲望，提升他们的创新性思维，从而更好地满足市场需求。第二，为了更好地培养拔尖创新人才，应当加强实践教学环节的设计，积极构建社会实践性网络平台，以实践技能为导向，培养将理论直接使用于现实的才能，以提升学员的应用素养。通过实践活动，深入理解社会现实问题，将科学研究重点放在发展所需的关键领域，激励学者积极参与理论基础科学研究，进而取得创造性的理论研究发现。第三，高校应充分利用自身优势和区域特色，积极主动与地方政府部门和龙头企业建立协作关系，一起探讨校企合作模式的思路和创新发展方式，建立协调互动、协作教育的发展方式，以促进高校教育的发展和提升学生的素质。重点投入"双导师"型教师队伍的培养和发展，以提升教学质量。

（五） 国内与国际融通

当前，随着经济和教育的一体化，世界高等教育的发展呈现出一种新的趋势。在这个新的时期，必须在对我国高校进行全面回顾和反思的过程中，用国际眼光把我们的高等教育推向新高度。而拔尖创新人才的培育是高等教育的重要组成部分，他们既要有扎实的理论知识，又要有一定的专业知识。同时，也要着眼于国际上科学和技术发展的最前沿，以全球化视野进行自我拔高。

第一，与国外一流高校构建友好合作关系，提升国际化高层次人才培养水平，与国外高校新增国际创新人才联合培养项目，并向国际组织派遣实习学生；第二，在基础学科课程中加入国际化教育课程模块，加强对国际政治、经济、文化、法律等方面知识的学习，成立"国际创新型人才精英班"，从国际治理、国际交流能力等方面进行系统化培养，为输送国际组织人才提供坚实支撑，并努力推进国际认证；第三，依据学科优势，打造极具吸引力的"留学中南"品牌，提高留学生的教育质量和管理水平，并通过"丝绸之路""一带一路"等项目提升国际影响力和竞争力，着力培养具备全球胜任力的拔尖创新人才。

另外，还要做到管理与服务融合，突出"研"字，首先要突出"严"字。一是严把"入口关"。切实推动招生计划结构优化，学校形成平安研考中南大模式。二是严把"过程关"。在课程学习、中期考核、学习年限等节点设置考核标准，做好过程环节质量监控，形成科研课题、学术交流、实习实践和联合培养全方位支持机制。三是严把"出口关"。形成全链条学位论文质量监控体系，成立校院两级学位论文质量指导组，事前介入、事中监督、事后跟踪。四是严把"评价关"。实现研究生教育全过程、全方位的分类评价，将具有创新性和显示度的学术成果作为评价科研工作的重要依据，并建立以德智体美劳五个评价维度、高水平代表作综合评价的评价方式。

参考文献

［1］习近平. 习近平对研究生教育工作作出重要指示强调适应党和国家事业发展需要培养造就大批德才兼备的高层次人才［N］. 人民日报，2020 - 07 - 30.

［2］程孝良. 高水平行业特色大学创建世界一流学科的模式与路径［J］. 国家教育行政学院报，2016（11）：69 - 75，81.

［3］李未. 突出特色 鼓励创新 培养拔尖人才——理工科研究生拔尖创新人才培养模式的探索与实践［J］. 北京航空航天大学学报（社会科学版），2009（01）：1 - 6.

［4］李忠云，樊鹏. 农业领域拔尖创新人才的特点及启示——以中国工程院农业学部71位院士为例［J］. 高等工程教育研究，2013（05）：31 - 35.

［5］吴朝晖. "双一流"建设的三重协奏曲［J］. 中国高等教育，2019（Z1）：37 - 39.

［6］程明．工程学科研究生"四协同"拔尖人才培养模式与实践［J］．学位与研究生教育，2020（10）：11-15.

［7］马廷奇．一流学科建设与拔尖创新人才培养［J］．国家教育行政学院学报，2019（03）：3-10.

［8］张建功，杨怡斐，黄丽娟．我国高校工科硕士研究生跨学科培养模式调查研究［J］．高等工程教育研究，2016（04）：196.

［9］徐岚，陶涛．跨学科研究生教育培养模式创新——以能力和身份认同为核心［J］．厦门大学学报（哲学社会科学版），2018（02）：66.

［10］李丽娟，杨文斌，肖明，章云．跨学科多专业融合的新工科人才培养模式探索与实践［J］．高等工程教育研究，2020（01）：25-30.

［11］伍红军．交叉学科研究生培养机制研究［D］．南京：南京农业大学，2009.

［12］周叶中，夏义堃，宋朝阳．研究生跨学科培养模式创新的探索——武汉大学的改革实践［J］．学位与研究生教育，2015（09）：26.

［13］安国勇，赵翔．"双一流"建设背景下拔尖创新人才培养问题研究［J］．河南大学学报（社会科学版），2022（01）：117-125.

（作者单位：中南财经政法大学研究生院、党委研究生工作部）

人文社科类高校研究生产教融合育人机制发展路径研究

——基于 OBE 理念

··

摘　要：OBE 理念强调以学生为中心、以成果为导向、以持续改进为重点，与人文社科类高校研究生产教融合育人机制相互契合。本文基于 OBE 理念，以制度逻辑、社会逻辑、价值逻辑、生态逻辑为建构理路，探讨人文社科类高校研究生产教融合育人机制举步维艰的困境因素，从价值共创、资源共享、顶层设计三个方面建立关涉多方利益共同体的动力机制，为产教深度融合寻求发展路径。

关键词：人文社科类高校　研究生教育　产教融合育人机制　OBE 理念

···

随着信息技术的快速发展，我国对高层次专业人才的实践能力越来越重视。教育部在《面向 21 世纪教育振兴行动计划》及 2000 年全国研究生教育工作会议中提出了"高层次创造性人才工程"，其中一个目标是推动人文社科类高校的繁荣发展，以改变人文社科类专业研究生培养模式忽视创新实践能力的问题。目前，人文社科类高校传统单一的研究生培养模式已经无法满足经济社会发展对高层次专业人才的需求，探索产教融合育人机制是当前人文社科类高校研究生培养模式改革、提升人才培养质量的突破口和关键举措，也是中国高等教育持续发展的必然路径。

OBE 教育理念下的人文社科类高校研究生产教融合育人机制，其理论逻辑是依据"成果为导向"的改革创新模式，以适应国家对高层次专业人才培养的迫切要求。OBE 教育理念注重培养学生的实际成果，与人文社科类高校研究生人才培养模式紧密结合，形成相互契合、高度融合和资源整合的态势。这种教育理念有助于建立促进人才共育、专业共建和成果共享的发展路径，推动经济社会进步。

一、OBE 理念与人文社科类高校研究生产教融合
育人机制的耦合关系

（一） OBE 教育理念

近年来，新兴了一种名为成果导向（Outcome Based Education，OBE）的教育理念。与传统的教育模式相比，OBE 教育理念更加注重学生的主动学习和实践能力的培养，其强调"以学生为中心、以成果为导向、以持续改进为重点"，采用逆向思维的方式构建课程体系。这种教育理念适应了新经济发展的趋势，为专业人才的培养提供了新的教育范式。

（二） 人文社科类高校研究生产教融合育人机制的内涵

人文社科类高校研究生产教融合育人是一项系统复杂的工程，需要多元主体以项目合作为基础，以技术发展为依托，积极参与、协调发展。人文社科类高校研究生的培养在于满足学生与行业企业的适配度，为社会输送高素质、高技能、高水平的专业研究生。虽然研究生课程比本科生课程在内容上更丰富、内涵上更深入，但提高学生的综合素质不能仅限于研究生课程的学习，还需要让学生参与到实际的生产实践中进行锻炼。

（三） OBE 教育理念与人文社科类高校研究生产教融合育人机制的耦合关系

在我国教育现代化改革不断深入的过程中，OBE 教育理念在人文社科类高校研究生教育中得到了广泛应用，两者在目的、过程和结果等方面存在紧密的关联和一致性：（1）目的同方向。产教融合以培养高层次专业人才为核心，根据学生需求、企业需求、市场需求和岗位需求来制定培养框架体系，与 OBE 理念的目的导向相契合。（2）过程同维度。产教融合注重制定个性化的人才培养方案，针对不同人文社科专业研究生的特点设置教学和实践环节，并及时评估方案效果，与 OBE 理念的行为导向一致。（3）结果同效能。产教融合是人文社科类高校与行业企业之间展开紧密合作的一种方式，其目标是提高研究生质量并培养适应新时代需求的高层次专业人才，这种合作模式与 OBE 理念的结果导向特点高度契合。

二、人文社科类高校研究生产教融合育人机制逻辑分析

（一）制度逻辑

从教育政策的角度看，产教融合是高等教育发展政策逻辑的延伸和演进。国家相关政策文件明确要求高校与地方政府、行业企业等各方合作办学、合作治理，以提高学校对经济社会发展的能力。随着国家对产教融合的重视程度逐渐提升，高等教育供给侧改革已成为必然。因此，人文社科类高校研究生产教融合育人机制是教育政策的产物。

（二）社会逻辑

近年来，研究生人数连年呈现增长态势。国民经济和社会发展统计公报显示，2022 年在读研究生高达 365.36 万人，相比上年增长 9.64%，其中毕业生达到 86.2 万人。当前，研究生就业市场面临着多重复合因素的挑战。尤其是人文社科类研究生，由于其在学习过程中主要接触理论知识，相对于理工科研究生来说在专业技能方面的积累较少，缺乏实际操作经验，在职业选择上较为受限。在面对人才需求和就业市场竞争激烈的背景下，人文社科类高校需要通过产教融合育人机制来满足产业的需求，为研究生提供更丰富的教育资源和就业机会。

（三）价值逻辑

人文社科类高校研究生产教融合育人机制的推进符合国家教育发展的价值引领，具有推动行业领域、产业结构和区域经济发展的重要作用。产教融合旨在形成政府主导、学校主体、企业或行业依托、市场导向的多元人才培养体系，促进教育与产业的融合。通过价值的共创和共享，产教融合为人文社科类高校研究生提供更好的教育资源和成长路径。

（四）生态逻辑

人文社科类高校研究生产教融合育人机制是一个多主体参与的社会性工程。在这个生态系统中，各主体通过多元化的价值链接形成稳定的动态组合。在促进产教融合过程中，政府发挥着主导作用，通过提供公共服务平台和政策支持，推动校企合作取得良好效果；人文社科类高校作为主体，在人文社科专业特色的基础上，依托丰富的教育资源，积极探索创新的研究生培养模式；企业扮演着关键角色，为人文社科类高层次人才的培养提供了宝贵的实践机会和资源支持。

三、人文社科类高校研究生产教融合面临的困境

（一）理念的模糊性

一方面，由于人文社科类高校对产教融合理念的认识不深入，执行产教融合政策不到位，导致反应迟缓。在实践中，人文社科类高校对产教融合的理念仍停留在表面层面，合作内容限于订单式培养和实习基地建设等，缺乏整体规划，存在合作紧密度低和渠道不畅的问题。另一方面，企业担心相关技术、创新或商业机密会在校企合作过程中被泄露或利用，而无法得到相应的保护和补偿。此外，人文社科类研究生相较于理工科研究生来说，缺乏实际应用能力和专业技能，专业水平可能无法满足企业现实需求，部分研究生不愿意从事基础岗位工作。

（二）资源的短缺性

人文社科类高校在学科、技术、设备、政策和政府支持等方面相对于理工科高校资源较为缺乏，无法吸引高科技产业和大型企业。而中小型企业和服务型行业对人才要求较低，减少了与人文社科类高校合作的意愿和动力。师资力量方面，学历和职称要求越来越高，高校难以吸引具有实践经验的高技术人员，而具备实践经验的教师数量有限，无法满足深度融合的需求。

（三）制度的落后性

人文社科类高校研究生教育深化产教融合过程中涉及多个利益主体的合作，但由于缺乏明确的规章制度和合作机制，使得双方在合作过程中难以协调利益、分配资源和解决问题。使得多方利益无法得到有效对接。此外，产教融合政策的时效性不足也是一个问题。政策的出台和调整周期较长，导致高校和企业在合作过程中往往面临政策执行反馈滞后的情况。这使得双方之间的信息交流不畅，问题得不到及时解决，影响了合作的效果和效率。

四、基于 OBE 理念的人文社科类高校研究生产
教融合育人机制发展路径

（一）内生动力——转变理念，建立价值共创

由于人文社科类高校的研究生培养与产业需求之间存在滞后，当前二者之间的衔

接关系并不紧密。因此，目前迫切需要提高产业界对人文社科类研究生人才培养的积极性。在政府政策层面上，国家可以通过相关政策为参与产教融合的企业提供综合激励机制，包括金融、财政、土地和信用等方面的支持。从高校层面来说，人文社科类高校应积极参与企业管理决策分析，以支持产业深度参与人文社科类研究生产教融合教育。为了实现这一目标，人文社科类高校可以采取与企业相互融入的方式，建立起高校与企业之间的紧密联系。如高校教授可以兼任企业顾问的角色，为企业提供专业指导和咨询服务，利用自身的学术和研究优势，为企业解决问题、提供创新思路，并将实际案例和经验融入课程教学中，使学生更好地了解实际需求和行业发展趋势。此外，为了加强高校与企业之间的交流和合作，企业工作人员也可以参与高校的教学工作或接受相关培训。这种互动可以促进教师和企业人员之间的知识共享和经验交流，增强教学的实践性和针对性，使培养出来的研究生更符合企业的需求。

（二）外驱需求——创新平台，挖掘共享资源

首先，人文社科类高校需要根据社会需求和行业要求修订培养方案和课程体系，确保培养出符合行业和职业要求的人才。其次，人文社科类高校需要建立校企合作机制，邀请行业专家和企业骨干到校进行授课，共同培养学生的实践能力和专业素养。这种合作方式有助于将最新的行业知识和实践经验引入课堂，使学生能够与行业前沿保持紧密联系，了解实际工作需求和挑战。人文社科类高校与企业可以共同建立实训基地，提供一个实践平台，供学生进行真实场景的实践训练和项目实施。再次，人文社科类高校应创新多元化合作模式，积极与相关领域的企业进行合作，共建、共享办学资源，确保政府和企业能够真正参与到学校研究生培养的全过程中。最后，人文社科类高校要充分发挥其在专业知识、文化底蕴和人才培养优势，为地方经济发展提供管理决策支持，共享科研成果。

（三）转型保障——强化管理，优化顶层设计

人文社科类高校在推动研究生产教融合育人机制方面面临着多方面的挑战，包括制度束缚和创新风险等问题。因此，我们需要优化顶层设计，将产教融合作为人文社科类高校专业学位研究生办学的核心内容。然而，要实现有效的产教融合，人文社科类高校和企业之间不能独自努力，政府在推动产教融合方面的助推作用至关重要。在宏观层面上，地方政府应将产教融合纳入区域经济发展规划中，与区域经济发展目标相结合。地方政府还应建立政策层面上的产教融合管理体制和运行机制，确保政策的有效实施和监督，推动各利益主体的合作。在微观层面上，地方政府应发挥中坚力量的作用，搭建人文社科类高校和相关领域企业的合作桥梁，提供信息服务，帮助双方找到合作的契机。通过政府的助推作用，有利于促进人文社科类高校与相关领域企业

之间的合作与发展。这种合作将促进产教融合的顺利进行，助力人才培养和区域经济发展的良性循环。

五、结语

提升人文社科类高校研究生的实践能力是培养高层次专业人才的必然途径。通过产教融合育人机制，让企业参与到研究生培养过程，是提升研究生就业能力的有效策略。然而分析表明，人文社科类研究生产教融合育人机制还存在诸多现实问题。本文皆在为产教深度融合寻求发展路径，构建具有鲜明中国特色的人文社科类研究生培养创新体系，为中国特色社会主义现代化事业提供强有力的人才支撑。

参考文献

[1] 白逸仙. 高水平行业特色高校"产教融合"组织发展困境——基于多重制度逻辑的分析 [J]. 中国高教研究，2019（04）：86-91.

[2] 方益权，闫静. 关于完善我国产教融合制度建设的思考 [J]. 高等工程教育研究，2021（05）：113-120.

[3] 李磊. 应用型本科院校产教融合发展的路径选择——基于OBE理念 [J]. 中国高校科技，2021（08）：70-74.

[4] 马永红，刘润泽，于苗苗. 我国产教融合培养专业学位研究生：内涵、类型及发展状况 [J]. 学位与研究生教育，2021（07）：12-18.

[5] 沈洁，徐守坤，谢雯. 我国高等教育产教融合政策的逻辑理路、实施困境与路径突破 [J]. 高教探索，2021（07）：11-18.

[6] 许长青. 三螺旋模型的政策运用、理论反思与结构调整 [J]. 高等工程教育研究，2019（01）：121-128.

[7] 袁靖宇. 高等教育：产教融合的历史观照与战略抉择 [J]. 中国高教研究，2018（04）：55-57.

[8] 庄西真. 产教融合的内在矛盾与解决策略 [J]. 中国高教研究，2018（09）：81-86.

（作者单位：中南财经政法大学研究生院、党委研究生工作部）

高端法律硕士人才培养模式探索

——以法律硕士专业学位（涉外律师）研究生培养为例[*]

王广波　王天宇　管绮雯

摘　要：法律硕士人才培养是法治人才培养的重要组成部分，法律硕士专业学位（涉外律师）研究生培养项目是高端法律硕士人才培养的时代之需，其培养应立足于涉外律师业务领域，培养涉外律师的核心能力。从"教什么"和"怎么教"两个维度出发，涉外律师的培养应以法律英语为先导，以国内法和国际法的教学为基础，融会贯通至国别法的学习，进而深入对国域法的研究。培养阶段，依照培养计划，遵循循序渐进原则，以核心能力培养为指引，科学设置课程，进而构建完善涉外律师培养体系。

关键词：法律硕士　涉外律师　培养体系

2014 年 10 月党的十八届四中全会通过《中共中央关于全面推进依法治国若干重大问题的决定》。① 习近平总书记强调指出："全面依法治国是一个系统工程，法治人才培养是其重要组成部分。"高校是法治人才培养的第一阵地，担负着向社会各界输送法治人才的重任。法律硕士人才培养是我国法治人才培养的重要一环，肩负着为我国立法、司法、行政执法、法律服务与法律监督等法律实务部门以及经济管理、

＊　基金项目：本文系中国学位与研究生教育学会研究课题"专业学位双导师互嵌式培养模式研究"（项目编号：2020MSA79）的阶段性成果；中南财经政法大学 2022 年度研究生教育教学改革项目"法律实务高端人才培养模式探索——以法律硕士专业学位研究生培养为例"（项目编号：YRTD202207）研究成果。

①　关于"依法治国"的提出，经历了一个漫长过程。1997 年党的十五大正式提出"依法治国，建设社会主义法治国家"，1999 年，九届全国人大二次会议将"依法治国，建设社会主义法治国家"基本方略以宪法形式规定下来。2012 年，党的十八大报告继续强调"法治是治国理政的基本方式""坚持党的领导、人民当家作主、依法治国有机统一"，提出"加快建设社会主义法治国家"。2013 年，党的十八届三中全会作出《中共中央关于全面深化改革若干重大问题的决定》，提出"推进法治中国建设"的战略目标。法治被提到前所未有的高度，法律人所面临的机遇也是千载难逢。

行政管理、社会公共管理部门输送高层次复合型、应用型、国际型法治人才的重任。2019 年 2 月 25 日中央全面依法治国委员会召开第二次会议，习近平总书记又指出，要加快推进我国法域外适用的法律体系建设，加强涉外法治专业人才培养，更好服务于党和国家高水平对外开放大局。2019 年 7 月 10 日中共中央办公厅、国务院办公厅印发《关于加快推进公共法律服务体系建设的意见》，要积极为国家重大经贸活动和全方位对外开放提供法律服务，发展壮大涉外法律服务队伍，加快培养涉外律师领军人才，建立涉外律师人才库。而当今世界正经历百年未有之大变局，全球治理格局正在发生深刻调整，国际环境日趋复杂，不稳定性不确定性明显增加。随着我国日益走近世界舞台中央，更加深度参与全球治理，我国企业和公民"走出去"步伐不断加快，我国急需加强涉外法治工作战略布局，推进涉外法律服务业发展，培养一大批通晓国际法律规则、善于处理涉外法律事务的涉外律师人才，更好维护我国国家主权、安全、发展利益，维护我国企业和公民海外合法权益，保障和服务高水平对外开放。为此，教育部于 2021 年发文，指定十五所高校进行招生，意在培养高层次、高水平涉外法治专业人才，解决市场和国家层面的需求问题。然而涉外律师应该怎样培养，国家和市场又需要怎样的涉外法律人才，这是一项值得思考的重大课题①。

一、涉外律师培养项目应该"教什么"

要解决"教什么"的问题，首先要看涉外律师应具备什么能力。随着我国改革开放的不断深入，市场化进程的不断加速，以及综合国力的提升，我国国际地位和影响力也在不断提升，相应的作为国际舞台上举足轻重的一员，我国也必须建立起自己的涉外律师队伍，来处理日益增多的国际事务，只有这样才能彰显大国的政治形象和国际担当。近年来，无论是大家耳熟能详的中兴、华为制裁事件，还是赴美留学生章莹颖、郑少雄被杀事件都切实关系到我国国家和公民的切身利益。据统计，截至 2018 年，仅在我国境内审理的涉外民商事案件五年内累计 7.5 万件，这其中还不包括刑事、行政以及境外审理的我国公民或者企业涉外案件。可以看出，无论是国家，还是市场，都亟待一批精通国际法律和国际规则的涉外律师来处理相关事务。

学界对涉外律师需要处理哪些事务，做了大量分类，实质上无外乎两类，即"走出去"和"引进来"。"走出去"是指我国公民、企业乃至国家机构在境外从事法律活

---

① 据统计我国涉外律师仅千余人，只占全国律师总数的 1.8%，人才缺口大，培养难度高（来源：《司法部公布全国千名涉外律师人才名单》，载司法部政府网，http://www.moj.gov.cn/pub/sfbgw/fzgz/fzgzggflfwx/fzgzlsgz/201903/t20190321_161699.html，访问时间 2022 年 4 月）。

动；"引进来"则是指外国公民、企业乃至国际组织在我国境内从事法律活动，两者同等重要。"走出去"就要求我国公民、企业在对象国及国际上的活动遵守相应法律法规，在遭遇侵权时能够运用对象国及国际法律法规维护自己合法权益；"引进来"则要求外国公民、企业乃至国际组织在我国境内的活动遵循我国相关法律法规，并在侵权诉讼的过程中遵守我国诉讼相关规定。这也就为涉外律师提供了相关工作指引，即为"走出去"的国家公民、企业提供对象国及国际法律服务；为"引进来"的外国公民、企业、国际组织提供我国法律服务。据此，我们可以说，涉外律师指拥有律师执业资格，主要以涉外诉讼或仲裁和涉外非诉讼法律服务为主的法律工作者。随着我国国际影响力的不断提升，国际交互日益增多，越来越多的我国企业公民迈出国门。在这一社会背景下，"走出去"的工作就显得更为重要。

初步了解涉外律师的工作内容，就能大致掌握涉外律师需要具备哪些能力，进而解决"教什么"的问题。2021 年教育部联合司法部发布了《关于实施法律硕士专业学位（涉外律师）研究生培养项目的通知》，指定十五所高校培养首批涉外律师，学制三年，那么如何培养涉外律师和课程设置就变成了学者和专家们关注的重点。从各高校培养方案中不难看出各高校都将法律英语的教学作为涉外律师培养的重点，除法律英语的基础课程外，各高校还大量设置诸如国际公法、国际私法等专业课程，采用全英文授课。

在"走出去"和"引进来"的过程中，涉外律师将大量面临国内法和国际规则适用的问题，因此高校涉外律师培养中还应涉及对法学基础课程和国际法律规则的教学。以中南财经政法大学为例，中南财经政法大学作为我国法学教育和研究的重镇，法律硕士（涉外律师）在课程设置上，以国内法作为基础，国际法作为重心，充分发挥了中南财经政法大学在涉外律师培养上的优势，在国内法学基础课程教学的基础上重点设计了国际公法原理与实务、国际私法原理与实务、国际经济法原理与实务和国际关系等课程作为涉外律师培养项目的核心课程。

然而，我国企业和公民在境外从事法律活动时还必然涉及对象国法律适用的问题，因此具体到对象国国别法的教育必然是涉外律师培养过程中必不可少的一环。但这一点，在 15 所试点院校尚未得到充分体现，在各高校培养方案上大抵涉及一些对英美法概论式教学的课程，除此之外再无深入，有的甚至完全没有开设，而以法律英语教学作为替代，这一点是不可取的。

社会纷杂多变，法律适用万千，涉外律师在处理具体的涉外法律问题时不是法学知识的泛泛而谈，而是具体专业领域法律知识的适用。因此在国内法、国际法和国别法教学的基础上，涉外律师的培养就必须进入领域的学习，我们将其称之为"国域法"，深入一国某一领域内的立法、司法、执法，在此基础上比较学习多国同一领域内法律适用的问题。涉外律师作为"高、精、尖"类人才，其国际法、国别法领域的学习就注定其起点之"高";而"精"就要求其在专业领域内的深度,说是专家也不为过;至于"尖",那就留待未来实务领域内观察和发展。总的来说,在"教什么"这一问题上,涉外律师的培养应以法律英语作为先头兵,在国内法和国际法教育的基础上,具体到国别法的学习,进而深入"国域法"的学习和研究。

二、涉外律师培养项目应该"怎么教"

知道了"教什么",还要解决"怎么教"。承担着第一批涉外律师培养任务的高校,机遇和资源是巨大的,同时没有先例和经验可供学习借鉴的困境和挑战也同时存在,高校涉外律师的培养只能是摸着石头过河。本文将针对涉外律师培养过程中各阶段培养目标和教学展开详细论述。

(一)筑牢爱国主义情怀,培养良好政治素养

习近平总书记指出,在社会主义核心价值观中,最深层、最根本、最永恒的是爱国主义。新时代高校大力弘扬爱国主义精神,要开展深入、持久、生动的爱国主义教育,教育引导学生厚植爱国主义情怀,热爱和拥护中国共产党,立志听党话、跟党走,立志扎根人民、奉献国家。而涉外律师培养项目,旨在培养涉外律师,而涉外律师属于新的社会阶层人士,其在涉外法治、"一带一路"倡议等国家重大战略实施中担当国际规则的领跑者,在中国企业和公民"走出去"的过程中积极发出中国声音。因此,在人才培养中,高校应推动爱国主义教育进课堂、进教材、进头脑,持续开展党史、新中国史、改革开放史、社会主义发展史教育,推动思政课改革创新,注重发挥学生主体作用,采取互动式、启发式、交流式教学,增强思政课的思想性、理论性和亲和力、针对性,在潜移默化中引导学生树立国家意识、增进爱国情感,培养良好政治素养。

(二)开好法律英语课程,打牢外语功底

法律英语作为涉外律师人才培养的"先头兵",其学习必须贯穿涉外律师教育的全过程。法律英语的教学绝非仅靠几门法律英语专业核心课程和全英文授课的法学专业课程就能完成。事实上,在以英语为官方语言的欧美国家,法学院的基本课程里并没有法律英语这门课程,类似的是名为法律阅读(Legal Reading)和法律写作(Legal Writing)的两门课程,而且这两门课程更多的是教授法律文书阅读和写作的技巧。法律共同体必须有自己的专业术语,而法律英语其实就是西方法律体系中的法言法语。法言法语的学习是在法律专业知识的学习过程中,依靠大量的阅读和写作积累而形成

的。因此，在欧美国家法学院中并无直接开设法律英语这门课程，相反他们提供阅读和写作这两门工具性的课程，用作学生在正式开启法律专业知识学习前的指导。但这并不是说涉外律师的培养无开设法律英语的必要。相反，我国涉外律师的教育中法律英语起着承担法律阅读和法律写作教学任务的目标。在首批承担涉外律师培养的高校里，教授法律英语课程的很多老师不愿意讲解法律英语基础知识，他们更倾向于挑出一两个"大词"，在课堂上讲解欧美法律专业词汇在专业领域内的运用，而这种做法只会造成学生在学习过程中的知识断层和逻辑混乱。法律英语的教学应当回归语言本身！法律英语教学的目的是给学生讲解法律词汇、法律称谓，进而传授法律阅读和法律写作的技巧，而非法律知识、法律原则，这不是法律英语课程所应承载的内容和功能，而是应该留待学生在具体部门法的学习中消化吸收。实际上，法律英语就是一门全新的语言，如同在英语初入门阶段学习 26 个大小写字母和音标，老师在法律英语的教学中就应当从最基础的名称、概念、称谓入手，意即法律词汇本身，进行对法律知识小白的"扫盲"工作①，在此基础上教授和训练学生的阅读、写作能力，不做超出课堂本身功能和学生能力现状的无用教学，避免出现老师高谈阔论，学生所获甚少的尴尬局面。

（三）开好法学课程，夯实法学功底

法律英语是涉外律师培养的语言基础，国内法则是法学专业能力的基础。事实上涉外律师业务中大量存在着协助外国企业、公民和国际组织适用我国法律进行法律活动的问题。涉外律师项目的学生，在经历过法律硕士全国统一联考之后，均有一定法学基础。因此在国内法教学上，就应该做到删繁就简，有所取舍。不同于普通法系国家，我国适用成文法典，属于典型的大陆法系国家。大陆法系的教学特点是以讲授课为主，课程比较成体系，有利于学生学习和建构法学知识体系。

法学学科具有触类旁通的特点，在一些基础和核心的原则上不同法系间也能做到互通。因此，就涉外律师培养项目，国内法教学部分应以法理学、民法学、刑法学和三大诉讼法为主，并补充其他国内法学辅助课程。在授课方式上，不应强行采取全英文授课模式，而更应当重视法律专业知识的教授和逻辑的连通，事实上语言充其量只是媒介，中文英文并无高低之分，只是在涉外律师的培养上需强化法律英语的学习。涉外律师项目的学生都具有法学基础，在教学上就应当快速过完国内法部分，后期采用中英文对照，适当援引国外部门法知识，进行比较学习。

在完成国内法教学后，就可以进入国际法律规则的教学。实际上，国际法律规则

---

① 事实上，很多法律硕士研究生就连诸如"刑法""民法""行政法"等简单法律用语的法律英语称谓都不尽知晓。

有其独特的历史渊源和形成发展，在这部分教学上就可以适当加大对英语的引入，中英文双语教学，提升学生的学业水平。在国际法教学的部分，国内高校倾向于以学生演讲（presentation）的形式来代替正常的授课流程，老师希望通过这种倒逼学生输出的方式来促进学习。笔者曾多次体验过此类课堂，事实上效果并不好。"presentation"可以作为基本教学内容完成以后，课堂或者期末考核的一种方式，而不能取代课程讲授本身。

在国内法和国际法教学的基础上，即可深入对国别法的学习，这也是涉外律师培养过程中最重要的环节。涉外律师项目旨在培养一批跨文化、跨学科、跨法域，懂政治、懂经济、懂外语的德才兼备的高层次复合型、应用型、国际型法治人才。项目所招收的学生背景多样，既有法学本科也有非法学本科，既有人文社科类学生也有理工类学生，真正意义上实现了跨学科的交叉融合。在此基础上，就应该充分发挥学生跨学科的优势，实现差异化培养。对国别法的学习正是这样一个契机，目前国内高校几乎没有院校能够独立承担起对涉外律师人才培养中全部国别法的教学。事实上，绝大部分高校对国别法的教学仅停留在英美法导论部分，受制于师资力量，也受制于教学资源。因此，最好的做法就是与国外高校进行联合培养。现在国外高校主流的法学硕士项目都是一年制的 LLM 项目，内容包括对所在国 Legal system 的全方位学习，还有高校推出了特色项目，非常适合对涉外律师国别法的教学①。

就我校而言，我校法律硕士专业学位（涉外律师）研究生，有德语专业、法语专业、日语专业、俄语专业出身的学生，这都能为未来跨法域学习提供良好基础。一方面，高校应不断开拓国际化交流渠道，为学生搭建平台，针对不同背景的学生，选派往不同的国家和地区，通过国别法的学习实现真正意义上的跨法域复合型人才培养；另一方面，高校要不断完善师资队伍，引入一批具有国外 LLM，JD，SJD 学位的学者，以此来补足自身在国别法教学上的不足。

在国内法、国际法和国别法教学的基础上，涉外律师的教学就进入深水区了。如前所述，涉外律师作为"高精尖"人才，精就体现在对"国域法"的学习。"国域法"，顾名思义，一国特定领域内的立法。涉外律师的培养不能仅仅停留在法学体系表面，还要深入进去，对领域内的问题进行研究，包括领域内立法、司法、执法、守法和法律监督。这也是涉外律师人才培养的精髓所在。法律学科包罗万象，但律师最终必须进入某一特定领域，从事相关活动。在这个问题上，高校应充分发挥自己的优势和特长，结合法本或者非法本学生的学科背景，打造属于自己的涉外律师人才培养品牌。以中南财经政法大学为例，中南财经政法大学充分挖掘和发挥自身人才培养优势，

---

① 以复旦大学为例，复旦大学在涉外律师人才的培养上，采取第二学年将该项目所有学生全部送往对象国学习，充分发挥涉外律师联合培养的优势。

依托"经法管"优势学科群和以知识产权法与民商法为强项二级学科，设置了涉外知识产权、涉外商贸法律与实务、涉外税收法律与实务、涉外仲裁与诉讼四个方向，实行"高校＋涉外律所"联合培养，推行"三导师制"，联合校内国际教育学院开展"学生混合培养"①。

涉外律师人才培养项目是为了建设一支法学功底扎实、具有国际视野、通晓国际法律规则的德才兼备的高层次复合型、应用型、国际型法治人才，而我们的目标是培养一批差异性的涉外律师人才队伍，而不是同一螺丝工厂生产的螺丝钉，千篇一律。一通则百通，完成一国特定领域内法律问题的学习，就可以将目光放至多国，最终成为行业领域内的"尖子"，这也是涉外律师未来应努力的方向。

此外，还有一个问题需要做说明，涉外律师乃至法律硕士是以实务为导向，为凸显这一导向，高校在涉外律师的培养方案中设置大量以实务为名的课程，完全轻视了对理论课程的教学。这一点是不可取的，须知实务分析是建立在理论教学的基础上，没有理论支撑的案例教学，无异于无源之水、无本之木。霍姆斯大法官曾说过"法律的生命在于经验，而不在于逻辑"，而这一话语是建立在特定背景下。当时的美国法律体系里，法官们只注重抽象的逻辑推理，而无人注重实践，霍姆斯大法官才因此提出上述言论，希望能引起法官们对实践的重视，而并非强调逻辑的学习不重要。因此实践教学应当建立在理论教学的基础上，在课程设置上也应如此。

三、结语

综上所述，涉外律师人才培养应在以法律英语为先导的前提下，以国内法和国际法为基础，扩展到对国别法的学习，并最终深入对国域法的研究。结合涉外律师培养方案，可大致设置以下教学培养阶段：第一学年第一学期完成法律英语基础和国内法的教学，第二学期完成法律英语读写和国际法的教学；第二学年完成联合培养院校国别法教学；第三学年完成国域法学习，并以此为基础完成专业实习和学位论文。总之，"十年树木，百年树人"，涉外律师作为高层次复合型、应用型、国际型法治人才，其培养过程必定是漫长的，在学校期间完成其基础核心能力的培养，实操能力在实务领域进一步不断打磨提升。

---

① 以上海政法学院为例，该校则依托上海合作组织，对接国家"一带一路"倡议、上海合作组织区域法律服务需要及上海卓越全球城市建设需求，将涉外律师的培养方向划定为"一带一路"与上海合作组织法律实务；国际争议解决和涉外投资法律实务三个方向，并设置相应课程，特色鲜明、方向明确，有利地发挥自己的优势，能够为学生提供充足的课程资源和实践机遇。

参考文献

［1］我国实施法律硕士专业学位（涉外律师）研究生培养项目［J］. 学位与研究生教育，2021（03）.

［2］杜成子. 我国涉外律师培养现状、问题和路径［J］. 前沿，2021（04）.

［3］赵勇、颜宝成、王泽众、李兰雷. 涉外律师人才培养的现状及思考［J］. 中国司法，2020（08）.

［4］李西臣. 论法律硕士专业实务能力的培养［J］. 高教学刊，2022，8（20）.

［5］张法连、李文龙. 我国涉外法治专业人才培养体系构建研究［J］. 语言与法律研究，2019，1（01）.

［6］李建忠. 论高校涉外法律人才培养机制的完善［J］. 浙江理工大学学报（社会科学版），2017，38（04）.

［7］习近平. 论坚持全面依法治国［M］. 北京：中央文献出版社，2020.

［8］周强. 最高人民法院工作报告——2018年3月9日在第十三届全国人民代表大会第一次会议上［J］. 中华人民共和国全国人民代表大会常务委员会公报，2018（02）：11.

（作者单位：中南财经政法大学法律硕士教育中心）

"数智时代"税务专业硕士培养质量提升与模式创新[*]

薛 钢

摘 要： 在推进国家治理体系与治理能力现代化建设的进程中，要充分发挥税收的基础性、支柱性、保障性作用，就需要强有力的税务人才保障。税务专业硕士正是为了培养更多符合社会需求的高层次税务专业人才而专门设置的研究生教育项目。近年来，伴随着"数字中国"战略的提出以及"以数治税"税收征管改革的推进，原有的税务专业硕士模式面对"数智时代"的变化，产生了明显的不适应性。本文介绍了目前税务专业硕士培养所面临的"数智时代"变局，分析了传统税务专业硕士人才培养增加"数智"元素的现实意义，并从调整人才培养方向、优化教学课程内容、创新教学培养模式、拓展人才培养机制与完善师资队伍建设五个方面，提出应对"数智时代"挑战的税务专业硕士人才培养模式的改革建议，以期为中国式现代化建设培育拔尖税务专业人才。

关键词： 数智时代 税务专业硕士 人才培养

一、税务专业硕士培养面临的"数智时代"变局

随着我国经济的快速发展以及纳税意识的不断提升，税收在国家治理中扮演着越来越重要的角色，税务机关、企事业单位、中介机构等相关行业乃至全社会对于高素质税务人才的需求也日益迫切。税务专业硕士（master of taxation，MT）正是为了响应

---

* 本论文是 2021 年湖北高校省级教学改革研究项目"课程思政在税收专业课程建设中的应用：元素汲取、教学创新与质量保障"；中央高校教育教学改革项目"'数智'时代税收专业课程改革与培养创新"；湖北省宣传部"深度学习——研究阐述党的二十大精神"专项课题的阶段性成果。

这种社会需要，完善税务人才培养体系而设置的研究生专业学位项目。该项目旨在培养具备良好的政治思想、学术道德和职业精神，具有逻辑思维、法律意识、风险意识、战略意识等学术素养，以及税务合规处理、税收政策分析、税收战略规划、税务风险管理等能力的高层次、应用型、复合型税务人才。

依据国务院学位委员会、教育部联合印发的《专业学位研究生教育发展方案（2020～2025）》，专业学位教育要面向国家发展重大战略，面向行业产业当前及未来人才重大需求，面向教育现代化，大力提升专业学位研究生教育质量。税务专业硕士是我国专业学位研究生教育的重要组成部分，在实现中国式现代化的进程中，重视税务专业硕士的培养质量，提升税务专业硕士的培养水平，有助于充分发挥税收在国家治理体系与治理能力现代化建设中的基础性、支柱性、保障性功能。

党的二十大报告指出，高质量发展是全面建设社会主义现代化国家的首要任务。目前，我国正处于从高速发展转向高质量发展的关键时期。"十四五"规划中提到，要加快数字化发展，打造数字经济新优势，协同推进数字产业化和产业数字化转型，加快数字社会建设步伐，营造良好数字生态，建设数字中国。党的二十大报告中也再次强调，要加快发展数字经济，促进数字经济和实体经济深度融合。因此，在我国未来经济发展的过程中，数字经济将成为高质量发展的重要领域。

税收在国家治理中发挥着基础性、支柱性与保障性作用。2021年3月，随着中共中央办公厅、国务院办公厅《关于进一步深化税收征管改革的意见》的发布，标志着我国税收征管改革从"以票管税"进入"以数治税"时代。该《意见》明确提出，新的税收征管体制将通过税收制度与税收征管全方位、多层次的改革创新，在税收征管数字化升级和智能化改造的基础上，实现精准高效的智慧税务治理目标。这表明，在未来相当长的一个时期，数据信息将成为企业发展、社会发展、国家发展中的重要资产要素。而且，未来的税收治理也会伴随着数字化、智慧化的推进展示出与以往完全不同的状态，也会为国家治理提供更多的税收力量与税收方案。

党的二十大报告指出，教育、科技、人才是全面建设社会主义现代化国家的基础性、战略性支撑。税务专业硕士研究生教育肩负着为国家培养涉税高级专门人才的责任。很明显，无论是"数字中国"战略的实现还是"以数治税"改革的推进，对于税务硕士培养而言，它都要求税务专业硕士人才培养模式应该主动变革，不忘立德树人初心，树立适应"数智时代"需求的培养理念，不断优化培养体系、课程设计、师资队伍和教育方式。

二、传统税务专业硕士人才培养增加"数智"元素的现实意义

目前，依据2020年出版的《专业学位研究生核心课程指南》，税务专业硕士培养

方案设置有税收理论与政策、中国税制、国际税收、税务管理、税收筹划五门核心课程。虽然，在不同的培养单位，可能所设计的课程名称有所不同，但基本上是按照上述指南进行课程安排，所涉及的专业知识模块也大体划分为以下五个领域：税收理论与政策主要涵盖税收原理、经济学理论与政策研究；中国税制主要涵盖商品税、所得税、财产税等税收实体法制度设计与实务应用；国际税收主要涵盖国家间税收管辖权、重复征税与协调、税收协定与反避税理论和实务应用；税务管理主要从征税主体角度介绍税务程序法相关征管、稽查理论和实务应用；税收筹划主要从纳税人角度介绍合理合法控制税负的理论与实务应用。

很明显，大数据、数据分析、人工智能等"数智时代"新技术的出现对于传统税务专业硕士课程内容与培养模式产生了巨大挑战。中南财经政法大学对于作为全国税务专业硕士最大招生规模的人才培养单位之一，应该积极应对"数智时代"的要求进行改革。其现实意义在于：

（一）有助于提升学生涉税数据信息分析能力

传统税务专业硕士培养过程中过多依赖于理论分析、逻辑推导、执业经验对经济社会中的税收问题进行定性判断。在此基础上，"数智时代"更需要采用数据、信息来发现、分析、解决社会、经济、税收现象。这就要求摆脱以往单纯从税收理论的价值判断演化为以数据化、可量化相结合的研究方式，培养学生在税收专业领域信息与数据的搜集、分析、决策能力，从而强化税收数据分析在经济运行研判和社会管理等领域的深层次应用。

（二）有助于帮助学生熟悉税收征管真实场景

传统教学模式更多实现课堂教学，引入"数字化＋智能式"教学模式，与目前我院人才培养专业综合改革相结合，通过实现税务专业硕士相关课程体系与内容的整合，能够探索出适合税收专业特色的仿真教学的管理机制、运行模式和相应管理制度，让学生切身体验正在改革巨变之中的税收实践。

（三）有助于增强学生就业市场核心竞争优势

一般而言，信息只有转化成数据才能更好地创造价值，但是这种转化过程不仅需要规模巨大的信息基础和高效快捷的处理工具，更需要复合型的专业人才。因此，"数智时代"的涉税工作需要大量的能够实现数据智能化处理的高精尖技术人才。这就表明高素质的税务专业人才在"数智时代"不仅要熟悉税收、财务等业务知识，更需要具备一定的"数智思维"，并且能够掌握相应的科学技术应用能力。在目前财经类就业市场高度同质化的情况下，增强税务专业硕士培养的数字化能力，有利于形成在就业市场中的竞争优势。

（四）有助于获得学生对专业硕士项目认同感

目前，全国税务专业硕士培养单位共有 57 家，在培养内容方面存在明显的同质性，也存在生源的竞争性。如果本校专硕培养点能够在数字化、智能化方面占得先机，并且能通过与相关部门的高度合作，扩大对现有师资队伍与人才培养的数智化水平，实现教学质量和实践技能的深度结合，有助于在本专业领域获得更高的社会认同感与学科美誉度。

三、"数智时代"税务专业硕士人才培养模式创新

（一）紧跟市场需求，调整税务专业人才培养方向

市场需求方的满意度是衡量高等学校人才培养质量的重要标准之一。"数智时代"背景下，对于税务专业人才的需求正在产生结构性变化，一方面，简单的、低端的咨询服务类税务工作已经不能为税务专业硕士提供更多的就业岗位，容易被智能化的科学技术手段与其他专业人员所替代，而且薪资水平也无法达到税务专业硕士的心理预期；另一方面，相对较好的税务工作岗位则需要相匹配的综合素质与能力，这就需要对企事业单位、中介机构的税务人才需求进行充分的调研。

很明显，税务专业硕士的出口主要包括税务机关、企事业单位与会计师事务所、税务师事务所、律师事务所为代表的中介机构，三方的人才需求各有不同，既存在着对于专业知识与综合素质的共性需求，也存在着不同立场与职业范围之间的差异性。这就需要在充分掌握市场用人单位需求的基础上，及时调整税务专业硕士的培养方向，并通过课程体系对于不同单位的个性化人才需求在专业知识、基本技能、思维模式上予以"赋能"。

在这个过程中，无论是哪一个就业领域，都无法逃避"数智时代"对社会发展与社会治理的深刻影响。税务专业硕士的学生具有扎实的税收专业基础，但是以往思维更多擅长理论辨析、业务操作与逻辑推导，这与未来企业数字化发展的普遍化、税收政策评价的精准化与征管实践的智能化等新趋势还存在明显的差距。在培养方案与培养能力方面必须在原有基础上提升科学素养与"数智"思维，并且在全面提高人才培养质量的基础上，着力造就高素质、强技能、会创新的拔尖税务专业人才。

（二）应对数智挑战，优化税务专业硕士课程体系

1. 开设符合"数智时代"要求的税务专业新课。当前，包括人工智能、5G、物联

网、大数据等在内的数字技术创新进入一个前所未有的活跃期，而传统税收专业教育很大程度上仍难以摆脱"工业化"的印记。必须增设符合税收治理实践的税收数据分析与应用课程，全面深化税务专业教育改革，推动"工业化教育"向"数字化教育"转变，运用数字技术促进学习环境、教学方式和教育管理的转型升级，集中在税收数据获取、整理、分析、应用等方面，依据现有的本科与税务专业硕士全程培养大纲，增加大数据分析方法、税收经济分析、数据爬虫技术、税收政策模拟等新课，增强税务专业硕士教学课程的技术性与科学性。

2. 调整符合"数智时代"要求的常规课程内容。传统的税收征管实践工作以业务流程为核心，强调税款的纳税申报—税收征管—税务稽查等业务环节的前后逻辑，而"数智"时代的税收征管将以税收数据为驱动，重在数据搜集—数据分析—数据应用，最终借助税收数据的全过程管理实现提高纳税人、缴费人遵从度的税收治理目标。这种"以数治税"模式将完全改变以往税收制度、税收政策、税收征管课程的教学体系，必须在原有专注于法条、制度、政策、规定的教学内容中，增加"数智"因素的内容，实现传统教学与先进税收治理理念的融合，研究与讲授"数字经济""智慧税务""以数治税"等前沿内容，才能够保障税务专业硕士课程体系的与时俱进。

（三）应用数智技术，创新税务专业硕士教学模式

通过仿真模拟、沉浸体验，在实习、实践教学环节增加实践性，在教学方式方面实现融合，实施不同人才培养目标的模拟仿真教学平台与实习模块。税务专业硕士人才培养方向主要有两个：一个是面对市场，为企业、中介机构等市场主体培养高素质的办税人才；另一个是面对政府，为税务机关、财政、海关等监管主体培养高素质的管税人才。因此，在运用数智技术推进税收仿真模拟实验项目与平台建设的过程中，可以针对学生的就业导向，将税务实验教学划分为两种不同的税收虚拟仿真实验模块：一个是以企业和中介机构等市场用人单位的身份，通过涉税实务模拟平台训练学生的办税能力；另一个是以税务监管单位的身份，通过税收征管模拟平台训练学生的管税能力。同时，依据实验目标的差异性，通过课程单项实验、课程综合实验、专业综合实验等不同设计内容提升学生的专业理解与实际应用能力。

目前，仿真教学软件平台的通用性与专业性直接影响到仿真教学质量。但是由于其建设周期长、投入大，已经成为高校仿真教学的短板之一。一方面，要依据"以数治税"与"智慧税务"的高要求，在现有仿真模拟教学开发的基础上，跟踪企事业单位与税务机关办税软件开发的实际应用场景，完善其原有功能，更好地满足"数智"税收教学的需要。另一方面，积极与税务机关以及从事数字化、智能化涉税服务的企事业单位合作，为学生提供更加合适的实习实训基地，提升"数智"涉税业务的处理能力。

（四）拓展培养机制，形成税务专业硕士培养合力

1. 从课内向课外拓展。目前，税务专业硕士的培养规模在不断扩大，而且吸引了不同专业背景的学生报考，生源的学科背景更加趋向于多元化。但是，按照培养计划的安排，大多数培养单位的在校学习时间只有一年，第二年就面临着实习、论文与求职的压力。因此，单纯依靠在校课内学习是难以保障多领域、多学科的融合培养目标，需要充分利用课外时间，借助现代化教学方式，为学生提供菜单式的单元学习机会。自2018年起，本税务专业硕士培养点利用暑假在课外免费开设"财税菁英训练营"，为学生讲授数据收集、分析与研究的方法，并于2020年后采取线上线下同步授课方式，扩大学生的受益面。为了让税务专硕学生尽快形成数据思维，自2022年起，对于新录取的税务专业硕士研究生要求在入学前通过网上购课的方式学习"数据爬虫技术""python编程语言"等，学院根据上课记录与课程完成情况给予学费返还。通过课内培养向课外培养的拓展，激发学生学习兴趣，有效利用学习时间，增强人才培养力度。

2. 从校园向社会拓展。为使专业学位研究生教育不同于学术研究生的教育，相应的课程设置、管理模式、导师指导、学位论文等方面均与学术研究生的相应特点有所区别，能够实现上述区别的核心就是更紧密的产学研结合。尤其在"数智"技术运用与课程开发方面，无论是企业、政府还是中介机构，相关数字化、智能化的发展远远领先于课本知识的介绍。在这个过程中，需要拓展校外社会培养力量，吸引他们积极参与高校学科建设、人才培养方案制定、教育教学资源开发、教学项目改革等工作，通过研究项目合作、教材联合开发实现资源共享，创建学生培养及课题研究中理论联系实际的良好环境，促进教育培养与科技研发、产业发展紧密结合。

（五）提升师资素质，打造高素质税务专业师资团队

"数智时代"税务专业硕士高素质人才培养需要新理念、新范式、新经验，而这些新人才培养方式又需要高素质教师梯队，将专业知识扎实、技能领域完善的师资队伍作为支撑。从中南财经政法大学税务专业硕士现有的师资力量看，年长教师具有深厚的税务专业基础，但是在数据信息技术能力方面存在知识短板；年轻教师具有一定的数据信息分析能力，但是缺乏到事务所、企业、税务局征管机构接触一线业务的机会，难以将相关数据信息分析与税收具体业务相结合，相关新进教师也基本没有安排到实践部门挂职锻炼的机会。因此，整体上师资力量还无法完全符合"数智时代"税务专业硕士的培养需求。为适应"数智时代"的发展，应该加大相关专业带头人的引进或培育、整合师资队伍，根据专业发展定位和特色，倡导"专业＋技能"的教师培养模式，充实专业特色发展中急需"数智税收"课程的建设梯队。同时，要加强专业

教师税务专业知识与科技能力的同步培训，对"数智税务"进行集群化师资队伍建设，进而实现国内税务专硕培养点在该领域的师资集群品牌效应。

参考文献

［1］郭嘉仪，方莉君."三位一体"的税务专业硕士实践教学模式研究［J］.科技资讯，2022，20（13）：167-171.

［2］朱柏铭.提升税务硕士专业学位研究生的法律素养［J］.研究生教育研究，2021（05）：58-64.

［3］李建军.面向国家和行业需求，培养国际化的高素质税务硕士［J］.公共经济与政策研究，2020（01）：211-215.

［4］汤凤林，何万波.新时代税务专业硕士培养课程体系改革［J］.合作经济与科技，2020（02）：144-147.

［5］郝晓薇，吕敏.专业课程教学中税务硕士批判性思维训练探讨——兼谈"中国税制"教学实践［J］.公共经济与政策研究，2020（01）：205-210.

［6］解建立.基于供给端高校税务硕士专业学位研究生培养模式研究——互联网+大数据背景下的思考［J］.河北经贸大学学报（综合版），2019（03）：88-92.

（作者单位：中南财经政法大学财政税务学院）

以产教融合促进金融专硕数字化复合型人才培养

肖春海

摘　要：数字经济和金融科技的快速发展，催生了对数字化人才的需求。随着金融行业数字化转型的加速，金融行业的数字化复合型人才缺口显著扩大。我国金融行业急需大批"懂金融业务＋懂数字技术"的复合型人才，需要高校及时满足社会需求，提供新型人才培养服务。对国内高校金融专硕项目的调查表明，现有培养模式面临挑战，在人才培养标准、培养模式和课程结构等方面存在明显不足。国内高校应以产教融合为导向，推动数字化复合型人才培养的转型，在金融专硕项目框架设计、课程体系、实践培养和师资队伍等多环节进行改革探索，有针对性地提升学生的"数字力"，实现面向金融行业的数字化复合型高端人才培养目标。

关键词：金融业数字化转型　金融专硕　数字化复合型人才　数字力　产教融合

2021 年 10 月 18 日，习近平总书记在十九届中央政治局第三十四次集体学习时强调，把握数字经济发展趋势和规律，推动我国数字经济健康发展。时任国务院副总理刘鹤在 2021 年金融街论坛年会开幕式上致辞提出，更加重视金融科技。充分发挥金融科技在弥合"数字鸿沟"、提升普惠金融能力方面的作用，提升金融服务质效。数字经济与金融科技深度融合形成数字金融新业态。数字经济和金融科技的快速发展，催生了对人才的需求。现阶段，金融行业数字化转型存在较大的数字化人才缺口，尤其对"懂业务＋懂技术"复合型人才的需求快速增加。时代的发展给国内高校金融专硕人才的培养带来机遇，也带来挑战。

一、金融业数字化转型加速发展

（一）国家政策的强力推动

2019 年，中国人民银行印发《金融科技（finTech）发展规划（2019～2021 年）》，明确提出三年金融科技工作的指导思想、基本原则、发展目标、重点任务和保障措施，建立健全金融科技"四梁八柱"顶层设计，全面推进以银行业为主的金融行业数字化转型战略。2022 年 1 月，中国人民银行编制并印发《金融科技发展规划（2022～2025 年）》。该规划依据《国民经济和社会发展第十四个五年规划和 2035 年远景目标纲要》制定，提出新时期金融科技发展指导意见，明确金融数字化转型的总体思路、发展目标、重点任务和实施保障。在"十三五"时期金融科技发展的基础上，规划提出"十四五"时期金融科技发展愿景，明确金融科技发展的指导思想和基本原则、发展目标，确定重点任务和保障措施。作为金融科技发展的主管部门，中国人民银行对金融科技发展做出密集的战略性规划，体现出通过金融科技的全面应用以促进金融业数字化转型的重要性及紧迫性。

（二）金融行业的快速发展

当前，金融数字化转型已处于加速发展期。银行业一马当先，以高强度投入为支撑启动数字化转型进程，并已收获体制架构优化、人才储备及经验积累等方面的初步成果。国内主要银行相继于 2015～2017 年完成战略性的新一代核心业务系统架构开发，开始数据治理架构建设，尝试数字化金融业务与产品创新，同时推进业务线上化、服务智能化，探索数字化业务场景及生态建设与拓展。2019 年以后，银行业数字化发展进入加速阶段，资金、人才、资源投入全面加强，以工商银行、建设银行、招商银行等为代表的国有大行、股份制商业银行等，开启了金融科技子公司模式的体制性探索。

现阶段，在银行领域，金融科技已初步实现对经营管理的全面渗透。云计算以 IaaS，PaaS，SaaS 等形式支撑银行系统向云端迁移，部分银行已开始打造私有云；银行所利用的大数据的维度、规模增长，质量快速提高；人工智能已全面应用于前、中、后端的诸多环节；区块链覆盖面急剧扩大，已逐渐成为金融业务的"基础设施"；5G 为银行提供了新的线上导入渠道；基于大数据、人工智能技术的多种生物识别技术成为远程服务、线上服务的基本标配；物联网正支持银行业务由 C 端（数字消费金融）转向 B 端（数字产业金融），进而实现对公业务数字化的"复兴"；卫星遥感技术成为让农民、农户实现"贷款自由"的"黑科技";元宇宙(Web 3.0)已有银行试水虚拟银行、虚拟行长和虚拟员工。

在政策与市场的双重驱动之下,证券业、保险业、基金业等行业中的金融企业纷纷跟进数字化转型。在技术与投入加持下,金融科技已在这些企业的诸多业务条线与经营管理决策活动中扮演重要角色,覆盖业务经营、产品创新、市场开拓、风险管理、内部控制及后台支持等领域。

金融数字化已成为国家金融发展战略共识,未来 8 ~ 10 年是金融科技高强度投入期,金融数字化进程将加速,对数字化人才的需求将显著增加。2019 年《中国金融行业人才发展报告》指出,随着大数据、人工智能、云计算、区块链等新兴技术对金融行业重新赋能,金融人才需求正在经历一轮快速变革。未来几年,金融机构的紧缺急需人才类型中,排在前列的是以金融科技人才为代表的复合型人才以及高级专业技术人才。

二、数字化复合型人才是金融行业的迫切需求

(一)数字化复合型人才的含义及类型

数字化复合型人才,指的是既掌握计算机、统计等数字技术,又懂业务经营与管理的跨学科、跨专业的人才。数字化复合型人才可以分为两类,一类是计算机等技术背景出身,熟悉业务与管理的人才;另一类是业务专业背景出身,掌握数字技术能力的人才。金融行业数字化复合型人才,指的是既具有系统的金融、经济专业基础理论与知识技能基础,又掌握数字化技术能力,能够适应金融行业数字化转型需求的人才。按照上述分类,金融行业数字化复合型人才也可分为两种类型,即数字化技术型人才①和数字化应用型人才。数字化技术人才"既懂技术,又懂业务",职责侧重于技术端,主要服务于技术开发领域,如系统开发和系统运维等。数字化应用型人才则"既懂业务,又懂技术",职责侧重于业务端,主要服务于产品创新、业务运营与管理决策,如产品经理、业务运营和管理等。数字化应用型人才是本文分析的对象②。

(二)金融行业数字化复合型人才缺口扩大

近年来,金融行业对数字化人才的需求出现"井喷"现象。这一动向首先反映在数字化技术型人才的需求方面,集中于系统开发、数据体系建设和运维领域(对应开

---

① 也可称为信息科技人员,指在金融行业从事开发与运维工作的人员。
② 本文主题为金融硕士学位研究生培养,因此对金融行业数字化复合型人才的界定,定位于数字化应用型人才培养。

发岗、数据岗和运维岗）。从 2017 年以后，银行业出现体制性、系统性数字化转型的动向，开始专设系统开发和数据机构，替代之前纯粹的第三方外包，技术岗位人员及对应的管理人员规模随之急剧上升（见图 1）。

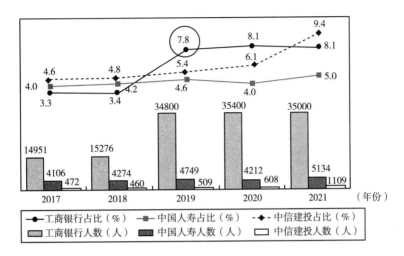

图 1　2017～2021 年国内大型金融机构金融科技人才数量及占比

资料来源：各金融机构年报数据、金融科技人员包含信息科技人员、专业技术人员等。统计口径可能存在较大差异。有的可能侧重于技术型人才，有的可能两者都包括在统计口径中，甚至统计范围更广。

与此同时，银行业对应用型人才需求正在集中释放，表现在两个趋势上。第一，对数据分析人员需求急剧上升。金融业数字化意味着业务、产品与管理等活动的数字化，即之前的人工操作被数字化、智能化及流程化的软件运行所替代，甚至完全转为数据驱动。因此在这个阶段，需要大量运用数据模型，即以海量数据分析为支撑的模型化体系建设。比如，RPA 已经大量替代重复性、机械性的人工操作；人工智能支持的 OCR 极大地节省了人工识别和录入操作；人工智能客服已经替代 90% 以上的客服工作，等等。在这个过程中，银行需要解决大量的数据分析任务，以有效完善模型体系，这就催生了对数据分析岗位及人员的集中需求。第二，各业务条线对具有数据理解能力员工的需求上升。随着越来越多的业务转向线上，其底层逻辑则由原来的信息化转为数字化、智能化，即依靠数据与模型支撑，比如"千人千面"精准营销，需要对客户精准画像。模型中大量规则来自一线经验的提炼，同时也需要新维度数据的交叉验证。两者都需要广大的一线员工或管理人员提供线索，即"贡献新规则"和"发现新数据源"，而且需要不断反复进行，即持续迭代。因此，银行业当前正处于大量需要"既懂业务，又懂技术（数据）"的复合型干部员工的阶段。这类需求中的业务骨干与中基层管理人员，正是金融专硕培养人才的目标。

当前，国内金融行业在数字化人才队伍上存在着缺口，主要表现为"总量缺，结构差"特征。一方面，金融机构数字化转型是整体性转型，以数字化框架重构业务经营管理体系，自上而下推动，必然带来大量的数字化经营管理人才需求，但金融机构现有人力资源难以满足，新员工总体上难以满足需求。另一方面，高层次数字化复合型人才缺口加剧。无论是金融机构内部存量人力资源，还是新招聘员工，比如校园招聘，都难以在短期内培养出具有架构思维、精通业务及执行能力的中高层管理人员与业务骨干。金融机构只能采取大量社会招聘方式弥补缺口，但在实际操作中遇到诸多问题，例如引进人员的业务熟练度、环境适应能力和企业文化理念等方面都有一定的调适与磨合难度。艾瑞咨询的调查表明，96.8%的被调研机构存在金融科技人才缺口；77.5%的金融科技人才来源于应届生校园招聘；54.8%的机构认为新员工的金融科技技能和经验不足。本文作者近期调研发现，国内头部国有银行的省级分行对数字化复合型人才及人才储备的需求规模，约占全辖行人员的10%，存在着约6~9个百分点的缺口。其中，中高端数字化人才缺口几乎覆盖所有业务条线和部门。

三、金融专硕面临人才培养转型的挑战

（一）金融专硕人才培养现状

金融专硕（Master In Finance，MF 或 MFin），即金融专业硕士学位研究生项目。发展金融硕士专业学位的宗旨是为我国金融改革和发展培养既有扎实的专业知识和技能又有宽广的国际视野和卓越的实践能力的金融专业人才，即高层次、应用型金融专业人才。

金融专硕项目的目标，是为金融领域培养出掌握良好理论知识和熟练专业技能，兼具领导力和执行力潜质，能够成长为行业内中高层管理者或业务精英的金融专门人才。教育部《专业学位研究生教育发展方案（2020~2025）》指出，发展专业学位是学位与研究生教育改革发展的战略重点。专业学位研究生教育主要针对社会特定职业领域需要，培养具有较强专业能力和职业素养、能够创造性地从事实际工作的高层次应用型专门人才。金融专硕毕业生在进入行业领域的早期，应该具备较强的适应能力，能够迅速掌握相关工作技能，上岗并符合岗位要求，能够尽快将所学知识、掌握的技能与工作要求结合起来。因此，与本科毕业生相比，金融专硕应该具备更强的研究问题、系统解决问题的能力，能够适应行业发展的前沿要求；与博士研究生、学术型硕士相比，拥有更明显的实践知识与技能优势，适应面更宽。

金融专硕历经多年发展，由最早阶段的34校联考，到2011年进入全国入学统一考试招生阶段，进而发展至今。经过金融专硕教指委推动和国内高校的建设，金融硕士项目已经得到长足发展，为金融行业提供了大批毕业生。截至2021年，国内已有

191 所高校举办金融专硕项目，每年招生、毕业总规模近万人。各高校结合自己学科优势，探索各具特色的金融专硕项目，产生了金融投资、金融运营与管理、风险管理等多元化培养方向。

近年来，为满足金融数字化转型需要，国内高校的金融硕士项目在金融科技方向上进行了探索尝试。例如，中央财经大学于 2018 年设立金融科技专业硕士研究生项目，在金融专硕下面制订独立的金融科技培养方案，通过夏令营选拔本科计算机科技与技术、智能科学与技术等专业的优秀学科进入该项目。该项目 2019 年实现首批招生。再如，中南财经政法大学于 2019 年设立金融专硕金融科技方向，于 2020 年实现招生，至今已招生 100 余人，毕业 70 人，就业状况良好，方向集中于银行、证券公司等金融机构。

（二）金融专硕人才培养面临金融业数字化发展的挑战

1. 金融业数字化转型要求金融专硕毕业生拥有"数字力"。"数字力"，即数字化能力（digitalization capacity），是指个人或组织适应数字经济发展，掌握与应用数据科学技术的能力。人才"数字力"（digitalization capacity for individual，DCI）是指个人为适应信息技术发展，学习与掌握数据科学知识与技能，并将其应用于工作和学习的综合能力，是数字经济发展过程中个人数字素养与技能的综合。数字力是数字化复合型人才素养的内核，也是人才培养的核心标准。金融行业领域的"数字力"可以分解为系统开发与编程能力、算法开发和优化能力、数据建模与分析能力、业务数据规律的感知能力、数字运营能力及技术支持保障能力等多个维度。对于金融专硕毕业生来说，"数字力"主要集中于编程能力、算法能力、数据建模与分析能力、数字运营能力等，其中与金融产品、业务场景紧密联系的数据建模及分析能力是最核心的要求。

在金融行业迈入全面数字化转型阶段，金融专硕应该具备更强的"数字力"，包括数字理解能力、数字应用能力。以对金融业务知识与技能的理解为基础，能够实现数据应用，尤其是金融业务场景下数字规律的洞察，即金融行业对人才所需的"知数、懂数、用数"。"知数"要求能够了解金融业务所涉及数据的维度、特征及范围；"懂数"要求能够洞察数据与指标所内涵的规律，以及数据之间的关联度，具有数据与业务相结合的敏感性；"用数"要求具备结合业务场景与产品特性需求的建模能力，解决产品优化完善问题的能力。这三个维度构成金融行业数字化复合型人才画像的核心。

2. 高校金融专硕项目"数字力"培养存在的不足。面对金融业数字化转型进入加速阶段，对高校专业人才，尤其是高端人才培养的金融专硕项目提出了新的需求。为此，作者结合自身教学、硕士培养指导，以及校企合作等工作，对金融专硕数字化人才培养改革进行了系统调研，重点调查了金融行业数字化人才需求特征（即人才画像），以及高校金融专硕在校学生培养情况①。调查结果表明，高校管理者与教师都已认识到"数字力"的重要性，学生对此的认知也日渐清晰。学生问卷调查结果表明，被调查者普遍认为数字化转型对金融行业至关重要。超过52%的同学觉得自己"基本了解"金融行业发展的前沿实际，以及对人才素质的需求；但超过43%的同学认为自己对这方面不太了解（见图2）。

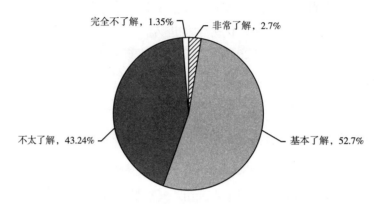

图2　金融专硕学生对金融行业发展及人才素质需求了解程度的自我评价

有将近1/3的同学认为掌握数字化应用技术对个人在金融行业发展有较大好处；超过半数的同学觉得掌握数字化应用技术对其在金融行业发展有很大好处（见图3）。

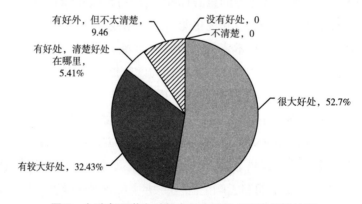

图3　金融专硕学生对数字化应用技术重要性的认识

---

① 调研分为三个部分。一是高校调研，包括中南财经政法大学和国内部分开设金融专硕项目的高校。调研分为在校内金融专硕相关课堂上进行问卷调查，对金融专硕教学体系、课程体系和保障体系开展走访调查。作者连续两年分别对中南财经政法学金融专硕两个年级的金融专硕进行了问卷调查，论文运用了2022年6月的调查数据，对象为2021级金融专硕学生，样本量是74，其中包括金融科技方向专业硕士研究生19名，此时2021级金融专硕的课堂学习已基本完成；二是业界调研，调研对象为金融机构及其客户，通过访谈、考察等方式，了解金融数字化转型情况；三是通过金融机构挂职工作，深入了解金融业数字化转型现状、规律及面临的挑战。通过多方面调研，作者能够进一步刻画金融行业数字化应用型人才画像，业界需求与高校培养之间的关系。

　　绝大部分学生认为，掌握数据处理和数据分析能力对今后的职业发展有用或者很有用；只有不到10%的同学认为这些能力"可能有用"（见图4）。

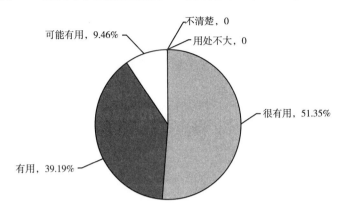

图4　数据处理与数据分析能力重要性认识

　　目前的现实是，少部分高校的探索仍然处于早期阶段，大部分高校尚未做出相应调整，在人才培养质量及效率方面都存在着很大的提升空间。调研结果表明，国内高校金融专硕的培养方式、培养内容与培养效果，与金融行业对数字化复合型人才的需求之间存在着较大差距。具体来说，表现在如下三个方面：

　　（1）高校金融专硕数字化复合型人才培养体系尚处于探索期。

　　第一，金融专硕在校学生"数字力"有待提高。学生问卷调查表明，超过82%的同学认为自己需要学习朝提升"数字力"方向发展；只有约4%的同学认为自己在这方面有很强的能力；还有约12%的同学认为自己在这方面能力属于较强层次（见图5）。

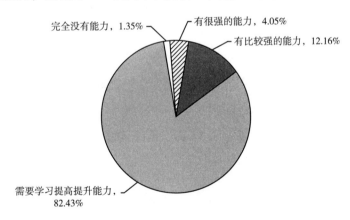

图5　金融专硕学生"数字力"自我评价

　　在对自己的数据分析能力进行评价时，只有不到7%的同学认为自己的数据分析能力强；大部分同学认为自身数据分析能力一般；还有约28%的同学认为自己数据分析能力不行（见图6）。

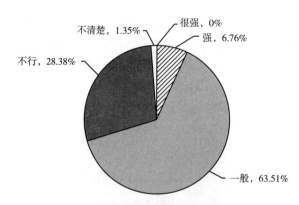

图6　学生数据分析能力自我评价

第二，数字化复合型人才培养标准缺失。"数字力"如何衡量，数字化复合型人才画像的特征和指标维度如何做到精准，数字化动态发展过程中相关指标如何优化等，都是制定数字化复合型人才标准的难题。目前，金融业界和学界都在进行探索，但尚未有明确的权威标准。标准的缺失，必然导致高校培养导向不明，氛围不够浓厚。现阶段高校对"数字力"培养的理解不一，进而导致做法千差万别，缺乏普遍意义和推广价值。

第三，高校尚未找到和业界实践的结合点，缺乏平台机制，缺乏全面合作的机会。由于高校和金融行业一线之间缺乏有效的交流平台和联结机制，高校教师和学生与国内外金融行业数字化发展的实践前沿距离较远，对金融科技实际运用情况的直观体会不强，理解缺乏深度。问卷调查中，有将近2/3的同学认为自己对金融行业数字化的理解程度一般；只有约17%的同学认为自己理解得比较深入；还有约12%的同学认为自己理解得不够深入（见图7）。

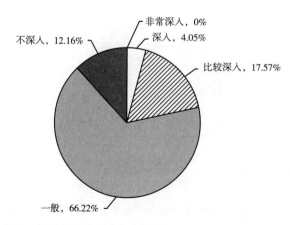

图7　金融专硕学生对金融行业数字化理解程度自我评价

一方面，金融业界，尤其是金融科技领域对高校培养导向的牵引力不足，反过来则弱化了高校人才培养工作对业界进步的推动作用。究其原因，还在于校企合作不够深入，协同性不强，产教融合深度不足。

（2）金融专硕项目课程设置与现实需求及学生期望之间存在差距。目前，大部分高校金融硕士项目开设课程仍然沿用传统模式，偏重于金融专业基础课和金融专业课（必修课与选修课），统计类（经济计量类）、决策优化类、计算机类课程偏少，甚至只有点缀性质的少数课程，既无法为学生提供足够的数据技术能力，也无法形成知识教授、技能悬链的系统，学生知识呈现出"碎片化"特征。如少数开设了金融科技专业或方向金融专硕项目的高校，其金融科技课程就是将金融知识和计算机知识简单相加，没有深度融合，缺乏统一的标准。

在作者进行的问卷调查中，课程设置的局限性及带来的影响有较为明显的反映。在影响"数字力"培养的诸多因素中，有50%的同学认为专业背景和课程设置会制约自己提升数字能力（见图8）。如果金融专硕学生缺乏信息类、数据分析类专业背景，例如本科阶段专业不在这些专业范围内，而硕士阶段又缺乏相应的课程教学与训练的话，学生将会在数据技术能力方面存在较大缺失。

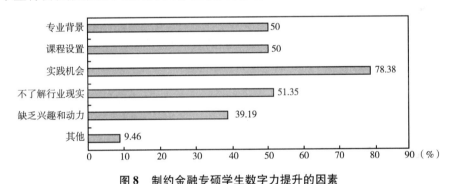

图8 制约金融专硕学生数字力提升的因素

对于现有课程体系中的知识是否满足未来面对数字化的需求这个问题，约54%的同学认为不能满足未来面对数字化的需求；约36%的同学则觉得基本能满足未来面对数字化的需求；还有不到10%的同学认为两者差距较大（见图9）。

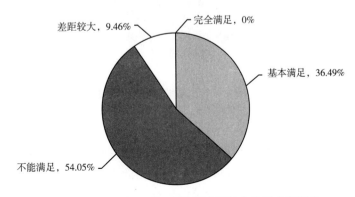

图9 金融专硕学生对课程体系满足数字化需求的评价

对于现有教学和训练方式对学生数据分析能力的提升问题，多数同学认为其不能满足提升自己数据分析能力的需求（见图10）。

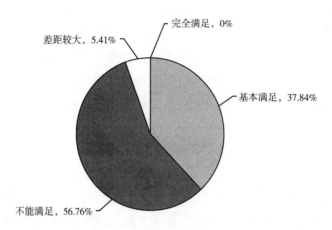

完全满足，0%
差距较大，5.41%
基本满足，37.84%
不能满足，56.76%

图10 金融专硕学生对教学与训练方式满足数据分析能力提升需求的评价

对于在"数字力"中居于较高维度的编程能力，超过2/3的同学觉得编程能力对今后的职业发展有用；约27%的同学认为编程能力对今后的职业发展可能有用（见图11）。问卷调查结果表明，金融专硕学生的编程能力普遍较为薄弱，且大部分金融专硕项目对编程能力要求不高，课程设置偏少甚至缺乏，同时也缺乏与实际业务项目相吻合的编程应用训练。

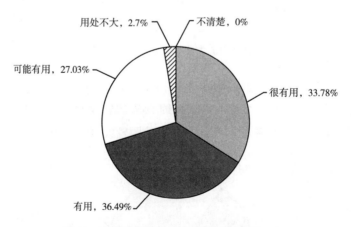

用处不大，2.7%
不清楚，0%
可能有用，27.03%
很有用，33.78%
有用，36.49%

图11 金融专硕学生对编程能力作用的理解

总体来说，学生对自身未来发展定位与现实之间差距的认识较为清楚，也表达出对提升自身"数字力"的需求。根据问卷调查结果，在回答"你觉得自己是否有能力朝数字化/金融科技方向发展？"问题时，超过82%的学生认为自己需要学习提升能力（见图12）。

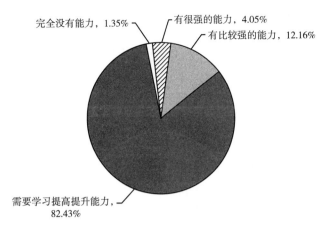

图 12　金融专硕学生对自身数字能力的评价

课程的问题源于培养的定位不准，以及培养方案不合理。随着金融行业数字化发展进程加快，金融专硕学生对数字技术能力的需求日益增长，与旧模式下的培养方案之间产生了一定程度的错位。

（3）实践环节薄弱制约学生技能培训的效果。阻碍、制约提升金融专硕学生数字能力的因素多种多样。如图 8 所示，最重要的阻碍因素是缺乏实践机会，超过 78% 的同学认为实践机会会制约自己提升数字能力；超过 51% 的同学认为不了解行业现实也会造成一定阻碍。值得注意的是，超过 39% 的同学对提升数字能力缺乏动力和兴趣。其原因可能在于缺乏实践场景和氛围，学生没有体验感，导致其对数据分析等应用价值"无感"；或可能是因为教学枯燥，知识"碎片化"，降低了相关课程及训练的吸引力。

现阶段，国内高校金融专硕提供给学生的技术类、产品类实践机会少、接触面窄且深度不够，导致专业实践流于形式。实践训练的纵深不够，学生实战经历过少，导致学生从实践环节获取的数字化相关新知识、新技能不足以支持其从业需求。调查表明，业界反映部分金融专硕毕业生运用金融科技解决实际问题的能力不足，原因主要在于"业务无感，技术无方"，即既不了解数字化业务的基本规律，也不了解支撑新型业务的底层数据技术原理①。近年来涌现出的"金融科技师②"也出现过类似现象，获"金融科技师"职业认证资格的院校毕业生缺乏解决实际问题的能力，原因则在于实践训练不足。

---

① 该结论来自对头部国有大行省级分行、市级分行业务部门和金融科技部门（含数据部门）的调研。

② "金融科技师"全称是"中国银行业金融科技师"，由中国银行业协会联合建行大学、深圳大学、香港科技大学发起，2019 年 9 月首次认证培训开班。该项目旨在为行业提供国际接轨的金融科技从业人员顶级能力认证，打造"培、考、战、评"四位一体的高端金融科技人才认证体系，培养懂业务＋懂技术，具备国际视野＋本土应用能力的复合型人才队伍。

四、以产教融合推动金融专硕高质量数字化复合型人才培养

（一）建设完善产教融合导向的培养框架

金融专硕项目使命是一流金融应用人才培养，以均衡的知识和技能训练适应就业后的工作环境和事业发展要求，必然要求学生对行业、企业有较为充分的了解，熟悉标准，适应环境。为达此目的，需要高度强调产教融合的导向价值。在产教融合框架下，以校企合作，协同培养复合型人才。在金融行业数字化加速背景下，产教融合对金融专硕高质量数字化复合型人才培养来说至关重要。

产教融合属于职业教育范畴①，是指各级职业学校和普通本科高等院校（特别是中西部地区普通高等院校）根据所设专业积极开办专业产业，把产业与教学密切结合，相互支持，相互促进，把学校办成融人才培养、科学研究、科技服务为一体的产业性经营实体，形成学校与企业浑然一体的办学模式。产教融合是产业与教育的深度合作，是院校为提高其人才培养质量而与行业企业开展的深度合作。面向金融行业数字化复合型人才需求的金融专硕，需要有意识地加强产教融合框架建设。

产教融合框架之下，高校和金融机构合作的价值在于：第一，金融机构能够提前挖掘高潜力的优质人才，经培养后成为企业发展的业务骨干与管理人才；第二，持续的应届生资源能够支撑金融机构人才储备，改善员工工龄结构、学历结构、专业结构和知识结构；第三，数字化人才对复合能力要求更高，学生的学习能力、求知欲更强，可塑性更高；第四，在工作实践场景中教学，有利于提高学生的实践能力和工作适应性。通过产教融合机制，由高校和金融行业共同探讨并不断完善数字化复合型人才培养标准。

产教融合框架下，高校与金融机构的合作方式可以进行三个方面的创新探索：第一，探索"1＋X"证书制度，"1"为院校颁布的学历证书，"X"代表由社会培训评价组织开发并颁布的职业技能等级证书。现阶段可以考虑联合建设银行引进"金融科技师"证书，或者"特许全球金融科技师 CGFT"认证项目等②。通过证书认证，金融机构可提前识别与选拔人才。第二，加强实训基地和实验室的联建共建。金融机构提

---

① 《中华人民共和国职业教育法》第四条规定，"职业教育必须坚持中国共产党的领导，坚持社会主义办学方向，贯彻国家的教育方针，坚持立德树人、德技并修，坚持产教融合、校企合作，坚持面向市场、促进就业，坚持面向实践、强化能力，坚持面向人人、因材施教。" 2014 年 6 月，国务院召开全国职业教育工作会议，并印发《关于加快发展现代职业教育的决定》，明确提出"到 2020 年，形成适应发展需求、产教深度融合、中职高职衔接、职业教育与普通教育相互沟通，体现终身教育理念，具有中国特色、世界水平的现代职业教育体系"。2017 年 12 月国务院又印发《关于深化产教融合的若干意见》，进一步完善了职业教育发展的政策体系。

② "特许全球金融科技师 CGFT"认证项目由上海高金金融研究院推出。

供资金、软硬件设备或平台，支持高校建设实验室、实践基地、实践教学资源等，提高实践教学质量。金融机构可提前培养和选拔人才，学生可提前接触工作场景，更好实现由学生向职工的转变，实现"订单式"人才培养效果。第三，建立可持续的校园人才选拔计划或比赛合作机制。由金融机构提供某领域课程与实战训练或组织校园竞技比赛。学生收获专业技能与实践经验，获得结业证书等奖励，竞赛优胜者获得金融机构从业或面试机会。以中央财经大学为例，2019年，在中国银行业协会、中国支付清算协会和兰州银行的支持下，成立CUFE-BOL金融科技创新联合实验室。中央财经大学和兰州银行利用该实验室共同开展数字技术在银行业务场景的应用研究。通过教师牵头带领研究生组建合作研究团队方式，让金融专硕研究生参与数据建模和产品设计环节。

（二）优化课程体系

课程优化的原则是将提升多维度数字力的课程进行有机融合。金融专硕课程开设需要金融学为基础，以统计学、计算机应用学科等学科为支撑，培养具有扎实的金融学科理论基础，深入的数据分析和处理能力，坚实的系统开发与实践能力，复合型高层次金融人才。高校金融专硕项目可在借鉴国内外先进经验和成熟做法的基础上，合理拓展课程范围，跨学科开设课程，开设跨学科课程。具体来说，金融专硕教学课程设计及优化，在学位基础课中可以开设多元统计分析，面向对象的程序设计（C++）与数据结构课程；在专业必修课中开设数据库与数据挖掘，PYTHON、R语言，最优化理论与算法等课程；在专业选修层次开设金融大数据，大数据处理技术，软件工程，决策支持系统，量化投资，金融风险管理，蒙特卡洛技术及应用数量金融等课程。上述课程的开发与教学大纲编订，需要紧跟业界发展形势。可考虑由学校和有战略合作关系的金融机构共同制定，充分吸纳业界专家的意见和建议。与此同时，各学校应坚持特色办学，走自主发展道路，根据国家金融专硕教指委的规定，根据自身办学和人才培养需求合理设置课程和课业负荷标准。

（三）加强实践培养环节

现阶段能够有效突破金融专硕人才培养瓶颈的抓手，就是在产教融合框架下，利用校企合作机制，加强实践培养力度，通过实战型培养方式尽快拉近高校与金融业界的距离，提高课堂教学和校内培养的针对性。

在校内教学环节，可以考虑利用校企共建实验室，引入业界实验资源，包括平台共享、项目案例、数据、场景标准等，打造高仿真度的实验条件和实验教学内容。在校外实践环节，进一步完善实践培养标准。通过落实实践合作单位、实践基地等资源条件，提供有价值的实践工作机会，帮助金融专硕学生完成数字化相关的实践工作，在满足实践单位工作要求的基础上，获得具有高质量的实践性工作成果，包括案例分析、产品设计与金融实践问题解决方案、调研报告或基于实际问题分析的政策建议报告等。通过实践活动充分培养金融、统计和计算机方面的交叉型研究及应用能力。对于中南财经政法大学来说，可以深化和建行的合作，以建行作为实践单位，利用总行直属的南湖数据中心、湖北省分行等单位的合作关系，共同打造跨校企、支持资源共享的平台机制，让学生在校内教学环节就能够获取实践、实验资源。同时，充分利用双方的科研项目合作机制，在数字化转型领域加强合作，由建行提供业务建模、数据分析和数字运营需求和工作条件，比如适合的数字驱动的金融场景，合作导师和指导教师共同指导学生完成项目任务。

在金融专硕毕业论文环节，在教育部教指委引导下，加强应用导向，以校企合作为基础，引导学生紧密结合数字化经营实践问题选题，鼓励金融产品设计，数字化应用方案设计等实践性类型论文。

探索与专业化培养机构的合作模式。目前，由于对金融科技人才的巨大需求，一批专门从事金融科技人才培养的专业机构应运而生，例如中关村互联网金融研究院、北京金融科技产业联盟"金融科技大讲堂"等。高校可以加强与专业机构合作，利用专业机构与金融业联系紧密、实践资源丰富的优势，探索共建培养标准、双方共享资源的人才培养模式。

（四）打造复合型师资队伍

金融专硕师资队伍应该加强自身数字化复合型能力建设。一方面优化校内师资结构，倡导"双师型"教师培养，遴选一批专业背景、知识结构、研究方向和兴趣意愿均符合要求的中青年教师，与数字化经营条件较好的金融机构、专业化培养机构合作，培养校内教师理论研究能力与数字化实践应用相结合的能力，完善教学知识体系；另一方面需要利用好校外师资资源，引进符合条件的校外教学力量，邀请合作金融机构和专业化培养机构提供数字化业务经营骨干、管理专家提供实践教学，作为对校内课堂教学、实验教学的有益补充。

做实"双导师制"，用好校外导师。金融专硕培养需要切实落实校外合作导师的指导工作，充分发挥其行业引导及作用。现阶段校外合作导师的遴选引进，应该侧重于业内数字化经营人才，建立数字技术人才合作导师专家库。同时需要落实"双导师制"指导工作，把工作做实做细，切实激发合作导师的积极性，充分利用好合作导师的优势与特长，消除顾虑，扬长避短，切实发挥"双导师制"的效能。

参考文献

[1] 白儒政. 加快数字金融建设的着力点与思考 [J]. 金融科技时代，2021，29（12）：48 - 51，56.

［2］崔濑月，武晓琳，洪文兴．Bank 4.0 语境下的银行人才数字化实践［J］．现代商业银行导刊，2022（02）：33 – 39.

［3］高峰．加快培养数字化人才赋能银行数字化转型［J］．中国银行业，2022（02）：29 – 31.

［4］胡萍．数字金融人才培养是金融科技高质量发展关键［N］．金融时报，2021 – 08 – 09（007）.

［5］刘日龙，郝国强．数字金融和资本市场安全研究［J］．财会月刊，2022（13）：152 – 160.

［6］刘勇，曹婷婷．金融科技行业发展趋势及人才培养［J］．中国大学教学，2020（01）：31 – 36，59.

［7］马彧崧，张爽．"数字金融"背景下金融学专业的教学创新与实践研究［J］．通化师范学院学报，2020，41（11）：122 – 126.

［8］王清星．普惠金融、金融科技与技术技能型金融人才培养［J］．高教学刊，2022，8（25）：150 – 154.

［9］杨柳．专家：复合型人才是发展金融科技的关键［N］．经济参考报，2021 – 07 – 29（005）.

［10］郑剑辉．数字金融背景下《金融监管》课程教学研究［J］．科技创业月刊，2022，35（01）：132 – 134.

（作者单位：中南财经政法大学金融学院）

会计专业硕士研究生人才培养："1+2+2"模式的实践探索

——以中南财经政法大学会计学院为例

张昭妍

摘　要： 会计专业硕士研究生教育主要是为了培养具有高端应用型、复合型和国际化会计、财务专门人才。当前的培养模式存在培养目标趋同、课程建设单一、导师指导不够、实践创新不足等问题。本文以中南财经政法大学会计学院会计专业硕士研究生"1+2+2"培养模式为例，提出以夯实研究生思想政治引领和价值引领为基础，打造课程硬实力和导师软实力，创新实习实践和暑期游学两种体验的培养模式，并取得了良好的效果。

关键词： 会计专业硕士研究生教育　实习实践　双导师制

随着我国经济社会的快速发展，各行各业对高层次应用型人才的需求持续增加，专业学位研究生的招生比例逐年增加，预计未来将达到研究生招生总人数的2/3[1]。我国会计专业硕士自2004年起进行试点工作，截至2021年底，全国会计硕士专业学位研究生培养单位从最初的21家发展到298家。经过近20年的发展，我国会计专业硕士教育在培养目标、课程教学、师资队伍、实习实践等方面都形成了一定的专业特色，较好地满足了经济社会发展对高层次应用型会计人才的需求。

进入新时代，传统的培养模式逐渐显现出不足，急需进行教育模式和运行机制的改革创新。中南财经政法大学会计学院是最早一批会计硕士专业学位（MPAcc）培养单位，经过多年的实践探索，逐步发展形成具有学院和会计专业硕士特色的研究生培养模式，为社会输送了大量高端会计人才。

一、"1+2+2"模式提出的背景

会计专业硕士研究生设立的初衷主要是培养具有较强发现问题、分析问题与解决问题能力的高端应用型、复合型和国际化会计、财务专门人才。近20年来，我国在会计专业硕士教育上不断实践探索，招生规模不断扩大，社会影响逐年增强，培养制度日趋完善[2]，取得了显著性成果。但也存在培养目标趋同、课程建设单一、导师指导不够、实践创新不足等问题。

（一）培养目标趋同

培养目标是会计专业硕士研究生教育的核心，直接影响着培养方案的制订、培养方式的选择以及课程体系的设置。长期以来，各高校硕士研究生培养主要是以学术型为主，受传统学术型研究生教育惯性思维"重学术创新"的影响，培养目标与培养方式都带有明显的学术型研究培养痕迹。这就使会计硕士专业学位研究生培养目标定位不清晰，培养方式与学术型研究生趋同，专业学位特色不明显，无法适应培养高层次、应用型会计专门人才的要求。

（二）课程建设单一

会计专业硕士研究生的定位是培养高端应用型、复合型和国际化会计、财务专门人才，但不少研究生培养单位在课程设置上与学术型趋同，将课程分为公共必修课、专业必修课和专业选修课三类。这种划分方式与管理学大类课程的差异不大，无法体现MPAcc课程的应用特色。不仅如此，MPAcc课程设置还存在着公共基础课占比较大、专业必修课和专业选修课划分不清晰、实践课程实际占比较低、体现时代发展的新课程（如人工智能会计等）、国际准则最新动态课程较少，课程知识陈旧等问题。

（三）导师指导不够

研究生导师是研究生培养的"第一责任人"。根据会计教育指导委员会要求，培养单位基本都采取实行"双导师制"或"导师组"的形式，让会计专业硕士研究生在读期间同时接受来自学校的专业导师和校外实践导师的指导。但在实际执行过程中，受限于导师专业能力、实践能力、时间精力等多种因素的制约，"双导师制"或"导师组"流于形式，缺乏执行力度，效果不显著。一方面，校内导师长期从事理论教学和研究，实践经验相对不足，在专业实践环节参与度不高，缺乏实质指导；另一方面，校外导师受精力和时间限制，不能将更多时间投入会计专业硕士教学和学生指导上，再加上职责不清晰、交流联系不密切，许多培养院校的校外导师并不能真正指导学生，影响会计专业硕士培养的应用导向和质量。

（四）实践创新不足

根据会计专业硕士培养要求，会计专业硕士在读期间应根据实践计划高质量完成不少于六个月的实习实践。但由于实践场地、项目经费、协同企业缺乏等因素的限制，实践教学存在诸多问题，对学生实践能力的培养不足。首先，大多数 MPAcc 培养单位能够提供的实习基地和实习岗位数量有限，学生常常会自行联络实习单位，实习的目的性不强，同时也缺少监督；其次，一些实习单位出于对财务资料的保密需要，仅给实习生安排简单重复工作，导致创新、实践能力的培养难以取得实质性的突破；最后，部分学生实习的意愿不高，主动性不强，在实习过程中经常会出现应付交差等现象。这些都导致了实践教学难以达到预期目标，直接影响 MPAcc 教育的质量。

二、"1+2+2"模式的内涵与实施

中南财经政法大学会计学院在 2004 年成为全国首批 21 家会计专业硕士学位（MPAcc）教育试点单位之一。学院于 2004 年专门成立了会计硕士教育培养中心，进一步加强资源配置，发挥集体智慧指导会计专业硕士的培养。近 20 年的发展，会计学院（会硕中心）研究生教育始终坚持"以质量为导向，以特色显优势，以创新促发展"的人才培养理念，积极探索培养体制机制改革，总结出一套具有学院特色、适用于会计专业硕士研究生的"1+2+2"培养模式。该培养模式以夯实研究生思政引领和价值引领为基础，将政治性、创新性、实践性和应用性作为专业研究生培养的核心，多年来培养了一大批高端应用型、复合型和国际化会计、财务与审计人才，取得了系列显著性、标志性成果。

"1+2+2"培养模式中的"1"指的是一个基础，夯实研究生思想政治引领和价值引领这个基础；第一个"2"指的是两种实力，即打造课程硬实力和导师软实力；第二个"2"指的是两种体验，即创新实习实践和暑期游学两种体验。此模式坚持将思政元素贯穿研究生培养管理全过程，通过打造会计专业硕士研究生培养中的 2 种实力，创新研究生培养中的 2 种体验，有效解决了会计专业硕士研究生培养中创新意识不够，创新能力缺乏，实践能力欠缺、专业实践与工作实际联系不够紧密等问题，为会计专业硕士研究生培养提供了新思路和新方法。

（一）夯实一个基础，提升研究生思想政治素质

习近平总书记曾经多次指出，我们党以及国家的蓬勃发展需要不断培养大批高素

质德才兼备的高层次人才[3]。长期以来，会计学院（会硕中心）坚持立德树人的根本任务，坚持以德为先、育人为本，在首批"全国党建工作标杆院系"的直接领导下，不断加强研究生思想政治教育，贯彻落实"三全育人"理念，确保人才培养阵地牢固可靠。

1. 加强研究生党建工作。规范研究生党员发展流程，大力发展研究生党员，加强研究生党支部建设。以研究生样板党支部培育项目、研究生理论宣讲会、研究生党建主题演讲比赛等为引领，引导全体研究生学党史、感党恩、跟党走的坚定信念。组织好新时代研究生思政金课，科学道德和学风建设宣讲教育活动，邀请理论专家或榜样典型定期为研究生上党课。

2. 加强课程思政和思政课程。把立德树人工作内化到培养方案制定和课程建设全过程，形成学生思政、教师思政、课程思政、学科思政、环境思政"五位一体"的思政格局。学院目前共有10门国家级精品课程、10本一流精品特色教材和3门国家级一流课程思政示范课程。"内部控制与风险管理"课程入选教育部课程思政示范课程，该课程教师入选课程思政教学名师和教学团队。

3. 深入挖掘学科思政元素。充分利用郭道扬教授中国会计通史的学科特色，挖掘中国会计史中的历史因素、爱国情怀，增强研究生理想信念、厚植爱国情怀、加强品德修养、增长知识见识、培养奋斗精神、增强综合素质，教育引导学生争做"爱国、励志、求真、笃行"的时代新人。

4. 加强导师政治理论水平素养。导师是研究生培养的第一责任人，通过导师队伍建设，不断提高导师政治理论水平，使各位导师牢固树立为党育人、为国育才的使命意识，以德施教，言传身教，积极实现全方位、全过程育人，努力培养满足党和国家事业发展需要的高层次会计专业人才。

（二）打造两种实力，增强研究生专业应用能力

1. 加强课程体系建设，打造会计专业硕士研究生培养的硬实力。中南财经政法大学会计学院一直将MPAcc课程建设和教学工作置于MPAcc培养的中心位置。学院（中心）围绕以"职业能力和创新能力为核心"的立体培养机制，构建了以"基础理论、应用技能、素质拓展、前沿探索"为主体的创新型课程体系，打造会计硕士培养的硬实力。

（1）构建体系完备的课程体系。学院（中心）以会计职业资格为导向，将知识传授、能力培养和职业素养有机结合，围绕公共必修课、学科基础课、专业必修课和专业选修课四大类别进一步完善专业课程设置，突出会计专业特性。一方面紧扣行业发展需求和时代变化，开设"大智移云与会计审计数据分析"等方向课程。另外，凸显优势研究领域，将顶级科研成果应用于课程建设，开设"会计审计史"特色课程。另

一方面每年更新课程体系建设计划，对新设课程进行招标，由经验丰富的老师担任课程建设的牵头人，并对每门课程的建设情况进行跟踪监督和验收考核，以保证课程的建设质量。

（2）深化课程改革，引入实务专家授课。结合培养目标，中心已经开发了"财会审前沿问题研究""企业并购与资产注入"等多门要求聘请实务专家参与讲授的课程。上述课程采用理论讲解与案例教学、校内导师与实务专家"双结合"的授课方式，大大提高了教学的实操性，使学生能够更多地聆听和接触到实务领域最前沿、鲜活和实用的知识，显著提升了学生的实践认知水平。

（3）借力"互联网＋"不断创新教学方式。根据课程特点采用以案例教学、企业调研、沙盘模拟、小组讨论等多样化的教学方式；针对专业必修课和专业选修课，能够理论联系实际，全部课堂均采用案例教学，授课与讨论安排恰当。教学方式也与时俱进，充分利用线上互动，增进师生交流，丰富课程内容和形式，改善教学质量。其中，"内部控制与风险管理"课程借助"爱课程"平台的线上资源，充分采用"线上＋线下"相互结合的教学方式取得了非常好的教学效果。

2. 加强师资队伍建设，打造会计专业硕士研究生培养的软实力。目前，各MPAcc培养单位基本都实行"双导师制"，但在实际执行过程中，受限于导师专业能力、实践能力、时间精力等多种因素的制约，"双导师制"流于形式，缺乏执行力度，效果不显著。

为预防和解决"双导师制"流于形式的问题，构建理论联系实践的导师队伍，会计学院（中心）主要采取两个措施：（1）"引进来"。建立高校和优质企业、事务所的产学关系。引进实务界成功人士、高层主管和财务专家担任合作导师、客座讲师。由合作导师和实物精英向学生传递行业的职业需求，指导学生职业规划路径；打造"产教融合育人大讲堂"，邀请优秀的企业家及经理人走进课堂，为学生开展职业化讲座；邀请他们参与会计专业学生案例教学、论文指导、实践单位指导老师等。截至2021年12月31日，我校会计学院在聘期内的会计专业硕士合作导师共计有202位，为我校会计专业硕士研究生人才培养起到了重大作用。（2）"走出去"。积极为导师定期走入企事业单位创造条件，以提高教师的实践能力。

另外，学院（中心）通过积极组织会计专业硕士导师参加全国MPAcc师资培训班、高校教师课程思政教学能力培训会、研究生导师培训会、科研系列培训活动等方式，不断提升研究生导师的专业水平和指导学生的能力。同时，通过积极开展科学道德和学术规范教育、师德师风教育，在会计专业硕士课堂教学中强化思政教育的方式，帮助会计专业硕士学生树立正确的人生观和价值观，营造了融洽、和谐的师生关系。此外，积极落实《研究生导师指导行为准则》文件精神，将政治表现、师德师风、学术水平、指导精力投入、育人实效等纳入会计专业硕士导师评价考核体系，强化每一位会计专业硕士导师的"红线"意识，使每一位会计专业硕士导师都能将立德树人落实到日常工作中。

（三）创新两种体验，提升研究生创新实践能力

1. 创新专业实践体验，提升研究生实践应用能力。会计硕士专业实习实践不是狭隘的实习，而是包括行业实习、专业案例大赛、实地调研、案例研究与开发，创新创业和职业资格考试等多个方面[4]。中南财经政法大学会计学院（会硕中心）为了进一步强化学生实习实践能力，提升会计专业硕士职业能力，从多方面对实习实践进行了系统化探索。

（1）加强顶层设计和制度建设，保障实习实践效果。制定《中南财经政法大学全日制 MPAcc 研究生专业实习管理办法（试行）》《中南财经政法大学会计学院校外实践基地教学管理制度》等。在校外实习中，做好制度安排，将实习的要求和标准写进培养方案，明确专业实践的目标、任务和考核要求，并且在实习过程中通过实习计划、实习周记、实习鉴定表和实习报告等环节和要件进行控制与监督。

（2）推进校企协同创新。会计学院（会硕中心）前后共计建立了 26 家教育实践基地和协同创新平台。与中铁大桥局共建的校企协同创新实习实践基地获批全国 MPAcc 示范性联合培养实践基地和湖北省校企协同创新研究生工作站。每年，这 26 家教育实践基地源源不断地为学院研究生提供实习岗位和实习培训，平均每年每家提供 4~5 个实习岗位，为我院会计专业硕士研究生开展实习实践工作提供了更多选择机会。

（3）推进实践育人体系。多年来，学院将案例大赛作为训练学生实习实践能力的重要手段。鼓励所有学生报名参加全国 MPAcc 案例大赛及相关专业案例赛事，以专业案例大赛促进学生进企业实地调研，提高知识整合应用和解决问题的能力[4]。鼓励学生参与案例研究与开发，学院在会计专业硕士研究生培养方案中也专门规定了案例调研的学分。将案例大赛、案例研究与学位论文写作统一起来，在提升专业实践能力的同时，也解决了学位论文的选题和案例素材。另外，积极组织学生参加各级创新创业大赛、研究生创新项目、职业资格考试等项目。通过鼓励学术参赛达到提升研究生实践应用能力的效果。

2. 创新游学活动体验，提升研究生综合创新能力。会计专业硕士研究生在读期间应开展不少于规定时间的实习实践。除了专业实习实践活动以外，学院为提高硕士研究生生源和培养质量，吸引优秀学生第一志愿报考我院（中心）硕士研究生，并鼓励硕士研究生在读期间勤奋学习，团结拼搏，也进行了新的培养模式探索。

2020 年，会计学院党政联席办公会专题研究了"如何充分利用国内外优质社会资源，不断提高会计学院硕士研究生培养质量，巩固会计学院研究生招生吸引力、就业影响力的良性循环"。2021 年，出台了《会计学院（会硕中心）硕士研究生特别奖学

金评定办法》。该办法规定学院将设学业奖学金共 80 名，每年根据实际情况，在 7～8 月间组织获奖硕士研究生集体赴境外高水平大学和知名企业，或境内高水平大学和知名企业短期游学（不超过两周），并且学院（中心）承担每人 1 万元的游学费用。

2022 年暑假，经过精心规划，周密组织，学院（中心）2021 级硕士研究生共 80 人，齐赴厦门国家会计学院开展财会审一流研究生拔尖人才培养——拔尖研究生赴境内高水平大学和知名企业交流学习活动。

游学活动是对日常课程教学和专业实习实践的积极补充，对提高会计专业硕士研究生的综合实践能力有极大的促进作用。此项游学活动的课程安排体现出三个结合。第一，课程＋思政结合。在课堂安排中既有关于俄乌战争国际形势和经典文学的课堂授课，也有参观厦门经济特区纪念馆的实践教学，让同学们悟历史，观现实，接受大思政课程的教育。第二，课程＋理论前沿结合。课程专题皆为国际前沿的理论专题，授课教师皆为该领域国内国际前沿的专家学者。他们用自己的理解，将最新的研究成果转化为课堂"干货"，带领同学们遨游于财会审理论前沿。第三，课程＋产教融合。除了课堂讲授外，课程还实地走访厦门知名企业参观，同学们和企业负责人面对面访谈，学习企业先进管理文化与实务经验，围绕"职业发展"的主线，同学们在与企业零距离的碰撞中，对自己职业生涯的规划逐渐清晰。

从同学们对游学活动的反馈看，大家对所有的课程安排，每个专题讲座，每次参观访问都非常满意，总体满意度高达 98% 以上（见表 1）。此次游学活动，搭建了厦门国家会计学院与中南大会计学院相互交流和合作的平台，未来双方将进一步加强长期战略合作，形成育人合力，共同培养新时代的财会审一流研究生拔尖创新人才。

表 1　　　　　　　　　　游学活动课程安排

序号	课程
1	管理会计新思维：业财融合
2	企业会计准则新变动热点难点
3	ESG 与企业可持续发展——从价值创造到共享价值创造
4	现场教学（厦门经济特区纪念馆）
5	财务转型 财务共享 财务信息化
6	会计理论研究——新的思考
7	现场教学（ABB）
8	人工智能、区块链与财务金融的未来
9	俄乌战争与中国国际环境的新评估
10	文学经典与人类文明
11	现场教学（美亚柏科）
12	现场教学（凌云玉石博物馆）

三、1+2+2 模式的建设成效

（一）学生实践技能提升，人才培养质量加强

该培养模式实施以来，中南财经政法大学会计学院会计专业硕士研究生实践能力得到提升，学院人才培养质量加强。该培养模式中，鼓励学生参与专业实习、案例大赛、案例研究与开发，创新项目申报、撰写实践题材论文和职业资格考试等多个方面的实践类活动，学生的专业水平和实践技能得到发展。

会计专业硕士研究生连续参加了历届湖北省 MPAcc 学生案例大赛，蝉联四连冠。在全国 MPAcc 学生案例大赛中也屡获佳绩，分别于 2014 年、2019 年获全国 MPAcc 学生案例大赛冠军和一等奖。20 多篇教学案例入选全国 MPAcc 教学案例库，5 篇获得优秀；3 篇会计硕士专业学位论文获得全国 MPAcc 优秀硕士论文。学生屡获"湖北工匠杯""福思特杯"全国大学生审计精英挑战赛奖项。

（二）学生就业质量提升，用人单位满意度高

近年来，毕业生就业率连续保持在 97% 以上，基层就业、艰苦行业就业和考博比率逐年提升。对毕业生发展质量开展跟踪调查，结果表明，毕业生基本能适应、胜任岗位工作，60% 的毕业生在毕业 5 年内得到岗位晋升，众多毕业生已走上中高层管理岗位，部分毕业生在行业内已享有较高的社会声誉。

针对用人单位对毕业生意见反馈开展跟踪调查，结果表明，会计专业硕士研究生人才培养质量符合专业定位，毕业生具备了较高的专业素养，与用人单位期望保持一致。大部分企业认为本学位点培养的毕业生在团队领导能力、学习领悟能力、沟通协调能力、任务执行能力、主动尽责能力、创新思维能力方面较为突出。

未来，学院（中心）将贯彻落实党的二十大精神，继续面向国家及行业的重大需求，培养一批政治过硬、思想素质好、专业基础实、动手能力强的毕业生，进入国家机关、大型银行工作，继续创造就业率高、就业质量高的良好局面。

（三）学科发展稳步提升，荣誉成果获奖颇丰

由于人才培养成果突出，"1+2+2"培养模式下取得了多项成绩。学院（中心）2016 年获全国"会计硕士专业学位综合改革"试点单位，2018 年获全国会计硕士教指委 AAPEQ 认证 A 级成员单位。学院（中心）与中铁大桥局集团有限公司共建的教育实践基地于 2015 年评为"全国会计硕士专业学位示范性联合培养实践基地"；学院

（中心）与中铁大桥局集团有限公司共建的校企协同创新研究生工作站 2021 年获批湖北省省级研究生工作站。

"1+2+2"培养模式是基于会计专业硕士研究生培养实践探索的成果。未来 MPAcc 教育将随着数字化时代财务转型的深入进一步改革创新。MPAcc 教育培养单位在教学中探索实践，在应用中检验和调整，不断更新 MPAcc 教育模式，形成适应时代发展的成熟培养模式、方法和机制体系，必将对社会作出更大的贡献。

参考文献

[1] 赵娜，许海英，刘建生．分类培养模式下专业学位研究生培养的思考 [J]．教育教学论坛，2021（10）：13.

[2] 张彬．会计硕士专业学位研究生培养现状及对策研究 [J]．现代商贸工业，2022（11）：24.

[3] 钟凤英，廉启悦，冷冰洁．MPAcc 能力整合的创新协同教育机制研究 [J]．经济研究导刊，2022（05）：15.

[4] 向传殿．新时代会计专业硕士人才培养改革研究 [J]．财会通讯，2022（11）：12.

[5] 池海文，谢文彬．数字化时代高端会计人才培养模式研究 [J]．工作交流，2021.

[6] 李保婵，黄森．会计专业硕士课程思政的探索与实践——以政府绩效管理课程为例 [J]．教育观察，2021（11）：44.

（作者单位：中南财经政法大学会计学院）

▶▶▶ 专业及课程
建设研究

高质量专业学位研究生教育体系的建设研究

杜中敏　杨青龙

摘　要： 本文主要探讨如何建设高质量的专业学位研究生教育体系。首先，通过分析当前我国专业学位研究生教育发展现状，指出提升专业学位研究生教育质量的重要意义；其次，结合现实指出当前的专业学位研究生培养主要存在身份认同危机、培养质量不高、脱离现实需求三方面问题；最后，综合以上分析，立足高校院系等培养单位视角，针对建设高质量的专业学位研究生教育体系从生源输入、培养过程以及毕业输出三个环节给出建议。

关键词： 专业学位　研究生教育　高质量发展

近年来，我国硕士研究生报考人数急剧上升。2017 年之前，研究生报考人数均在 200 万人以内平缓增加。2017 年首次突破 200 万人，达到了 201 万人。此后研究生报名人数迅速增长，2022 年首次突破 400 万人和 450 万人，达到了 457 万人，相比 2021 年的 377 万人增长了 80 万人，增幅高达 21.22%，相比 2017 年翻倍不止。通过对考研动机的调查分析，就业压力过大是导致研究生报名人数暴涨的主要原因，在就业高压和新冠疫情的双重影响下，大量应往届本科生希望通过考研提升自身的知识水平和能力，提升学校和学历背景，以获得更好的就业机会。他们对于研究生期间的未来选择面向就业而不是进一步的学术深造。基于此，国务院学位委员会和教育部在 2020 年 9 月 30 日印发的《专业学位研究生教育发展方案（2020 ~ 2025）》中明确提出要扩大专业学位研究生招生规模，到 2025 年，使专业学位研究生招生规模达到学术学位研究生招生规模的两倍。

扩大专业学位研究生招生规模的前提是要提升其培养质量，否则就是盲目扩招。但是，我国现行的研究生培养在专业学位研究生和学术学位研究生之间并没有明确区分，培养领域界限不明，培养方案同质化严重，而欧美等发达国家的专业学位研究生培养模式经过长期的探索，已经形成了与学术学位研究生截然不同的、相对成熟的产教融合培养模式，兼具学术性与职业性。因此，进一步创新专业学位研究生培养模式，不断提升专业学位研究生教育质量水平，建成产教融合、应济时需的专业学位研究生教育体系意义重大。本文试图从提升专业学位研究生教育培养质量的重要意义、当前专业学位研究生教育体系存在的问题以及如何完善专业学位研究生教育体系三个方面去阐述关于如何建设高质量专业学位研究生教育体系的一点思考。

一、提升专业学位研究生教育质量的重要意义

（一）经济高质量发展的必然选择

党的十九大提出，如何满足人民日益增长的美好生活需要已成为中国特色社会主义进入新时代面临的主要矛盾。与之相对应的，我国经济正在经历增长动力转换、经济结构优化、发展方式转变、迈向高质量发展的关键阶段。传统的主要依赖廉价劳动力成本、原材料消耗和破坏环境带来的粗放式增长模式已经难以为继，新型集约式增长需仰赖劳动者素质的提升、技术进步的积累以及管理模式的改善。经济的高质量发展，在产业结构上体现为劳动密集型、资源密集型产业正在向知识密集型、技术密集型产业转变；在产品结构上体现为以低技术含量、低附加值产品为主正在向以高技术含量、高附加值产品为主转变。基于以上现状，各行各业都对从业人员的知识能力、技术水平和职业素养提出了更高要求，更高水平的、面向就业市场的专业化人才培养也就十分必要。

（二）建设创新型国家的重要路径

随着5G、大数据、新能源等新兴产业经济蓬勃兴起，全球经济正在经历新一轮的产业变革和科技革命，各国之间围绕着技术创新带来的新的经济增长引擎的竞争与博弈逐渐白热化，实现中华民族伟大复兴正在经历关键机遇和挑战期。习近平总书记明确提出要加快建设创新型国家，努力实现科技自立自强。建设创新型国家，其一是要系统推进基础研究和关键核心技术攻关，以突破美国等竞争对手施加的经济掣肘和技术封锁；其二是要全方位推动科技成果的有效应用和转化，为经济增长形成一批创新增长点、增长带、增长极，而实现以上两点都需要大量创新型、复合型、应用型人才。专业学位研究生教育是培养高层次人才和科技创新的主阵地，对于提升整个社会的实践创新能力都发挥着不可替代的作用。

（三）研究生教育改革的内在要求

研究生教育位于国民教育的顶端，在过去很长一段时间里，研究生毕业后大多是作为科研型人才输入高等院校等科研机构，研究生培养的目标导向也是注重艰深理论的学习和科研能力的提升。但随着社会发展和经济增长，研究生的主要就业渠道和就业偏好也发生了变化，大量研究生涌入金融机构、互联网大厂、高科技企业、政府机关等产业部门，在科技创新、产品研发、数据分析、社会治理、政务服务等领域发挥着重要作用。基于此变化，对研究生教育的改革已成为大势所趋。2020 年 7 月 29 日，习近平总书记在全国首次研究生教育会议上明确要求研究生教育要"瞄准科技前沿和关键领域，深入推进学科专业调整，提升导师队伍水平，完善人才培养体系，加快培养国家急需的高层次人才"，指明了研究生教育改革方向。专业学位研究生教育兼具学术性和职业性，以实现产教融合、培养应用型人才为目标导向，提升其教育培养质量正是顺应了研究生教育改革的内在要求。

二、当前专业学位研究生教育存在的问题

（一）定位不清造成身份认同危机

1991 年，我国为了区别于学术学位而设立了首批专业学位。诞生之初，专业学位研究生教育主要面向在职人员，帮助他们实现能力提高和学历跃升。彼时，专业学位研究生教育为了适应在职人员的需要主要实施非全日制培养。但自从非全日制研究生纳入全国统考后，在职人员就读难度增加，大多数就读非全日制的研究生是出于被动调剂，而非全日制研究生在就业市场上难以免于歧视，就业竞争力远低于全日制研究生，导致非全日制的招生计划无法完成，各大高校随之逐步减少非全日制的招生计划，主要实施全日制培养。至此，专业学位研究生教育主要面向人群由在职人员转变为了应届本科毕业生，专业学位与学术学位逐渐趋同，只是培养目标定位不同。但是时至今日，由于专业学位的学制比学术学位短，而整体培养模式差不多，社会大众对专业学位的认识存在偏差，认为专业学位是学术学位的"压缩版"，重学术学位、轻专业学位的观念仍然存在，导致一些考生即使为了就业报考研究生也会因"社会认可度"的问题而更加青睐学术学位。

（二）条件限制造成培养质量不高

与致力于培养科研人才的学术学位研究生定位不同，专业学位研究生教育致力于

培养高层次应用型人才。在学生的培养过程中，既要求学生具备一定的理论知识基础，也要求学生具备从事特定岗位的实践能力与职业素养。专业学位教育的特性要求培养单位密切关注社会经济发展，动态调整培养方案以及时适应相关岗位的实际需求。但是部分高校院系在专业学位研究生培养方案的制定过程中，并没有明晰培养目标，使得专业学位的就业属性没能得到很好体现，更多是照搬学术型硕士的培养方案，对专业学位研究生的培养没有形成清晰的发展理念和有效措施。还有部分高校受限于师资水平、教学条件等方面的限制，专业学位设立时间不长，培养过程和培养质量没有达到预期。

（三）结构僵化造成脱离现实需求

新版学科目录中，共设置了 67 个专业学位类别，而这些类别的设置大部分是根据政府及教育主管部门的宏观调控，由各专业学位研究生教育指导委员会对各高校进行安排和协调，这种自上而下的结构管理模式造成我国专业学位类别设置仍不够丰富，设置机制不够灵活，个别类别发展缓慢，无法快速响应经济社会发展的需求变化。在专业学位类别的设置上，应快速响应经济社会发展的需要，使之更具针对性和实用性，在实践中逐步探索出符合中国国情和就业市场的新模式，不能脱离实际，要培养出满足社会需求的高水平人才。

三、如何建设高质量的专业学位研究生教育体系

如何建设高质量的专业学位研究生教育体系，从培养单位的角度来说就是要做好生源输入、培养过程、毕业输出的全过程质量管理。

（一）生源输入环节

提升专业学位研究生培养质量的前提是提升生源质量，具体来说是要做好以下三方面工作：

1. 增强学科实力。学科实力是任何一个高校院系的立身之本，也是吸引优质生源的关键因素，院校的知名程度、学科的建设水平、导师的学术能力都在很大程度上影响着考生的决策。因此，培养单位要重视人才梯队建设，努力打造一支有理想信念、有道德情操、有扎实学识、有仁爱之心的新时代优秀导师队伍，不断产出高水平学术成果，提升学科建设水平，推动学院各项事业高质量发展，吸引优质生源报考。

2. 强化招生宣传。高校院系应不断强化导师在招生宣传当中的主体意识，通过"走出去、迎进来"模式吸引生源。所谓"走出去"，是指通过举办线上、线下招生宣讲会等方式鼓励导师到生源集中的高校定点宣传院校的科研实力、专业特色和招生政

策等信息。所谓"迎进来",是指通过举办夏令营、"校园开放日"等活动搭建起与优质生源沟通交流的良好平台,同时起到更为广泛的招生宣传作用。

3. 提升管理服务。高校院系应牢固树立"以生为本"的教育理念,积极为广大考生提供招生政策的咨询服务,不断优化网络信息化平台服务功能,通过官方网站、微信公众号等各类公共平台及时为考生推送考试公告、招生政策等信息,建立起院校和考生之间的良性互动和有效沟通,使考生能够安心备考。

(二)培养过程环节

提升专业学位研究生培养质量,其关键在于以实践创新为导向。具体来说,可以从以下几个方面做起:

1. 重视实践教学。高校院系在制订专业学位研究生培养方案时,为区别于学士学位研究生培养模式,往往降低了理论学习要求,但却没有相应提升实践型教学内容的占比和质量,导致专业学位研究生的质量并不能完全契合用人单位的需求。专业学位研究生在培养过程中应当得到系统性的职业训练,制订培养方案时不仅要学习专业知识,也应该提升软件学习、企业见习等社会实践活动的占比。培养单位也可以邀请行业专家参与到学生课堂教学过程中,对标用人单位实际用人需求,不断促进学生理论知识与实践经验的有效融合,提升学生解决实际问题的能力,促进专业学位研究生培养质量的提高。

2. 加强导师建设。研究生培养不同于本科生培养的最大区别就在于导师是学生培养的第一责任人。然而当前的现状是,校内导师多为科研型导师,无法为专业学位研究生提供有效的职业引导。基于此,教育部要求针对专业学位研究生实行"双导师制",即校内导师和校外专家共同指导制度,校内导师为第一导师,负责研究生的全面指导工作;校外专家为第二导师,指导研究生培养的实践环节。加强导师队伍建设是提高硕士生培养质量的根本举措,各培养单位只有真正贯彻落实"双导师制",才能真正提升专业学位研究生教育质量。

3. 延长基本学制。长期以来,大多数专业学位研究生的基本学制都是两年。由于培养年限短,专业学位研究生往往在第一学年承受着繁重的课业压力,且多为基础课和公共课,难以真正学习到专业前沿知识,也无法和导师进行深入交流。此外,由于专业学位研究生的毕业考核很大程度上还是参照学术学位研究生毕业论文的样式,导致专业学位研究生不得不花费大量时间,进行学术训练,真正留给实践实训环节的时间并不多。因此,延长基本学制已经成为越来越多高校提升专业学位研究生培养质量的选择。

(三)毕业输出环节

1. 完善毕业考核机制。作为人才培养的输出考核环节,当前专业学位研究生学位论文的写作要求与学术学位研究生并无二致,这一点与其向职业过渡的培养目标是相悖的。培养单位应强化专业学位研究生毕业论文的应用导向,推动专业学位与学术学位毕业考核内容的分类评价,鼓励专业学位研究生采取案例分析、产品开发、调研报告等多种形式来呈现学位论文写作,使得学位论文真正反映出专业学位研究生的实践应用与创新能力。

2. 做好就业指导服务。面对当前的就业高压,加强就业指导服务是提升专业学位研究生教育质量的重要环节。培养单位一方面可以通过访企拓岗、实习基地建设等方式主动对接就业单位,为学生拓宽就业渠道;另一方面可以通过召开就业动员大会、就业指导课讲座、经验分享会等形式为学生提供就业指导服务。高度重视就业工作,为专业学位研究生搭建好从学校走向市场的桥梁,引导毕业生坚定就业信心、保持平常之心,积极主动就业,主动提升适应国家战略需要的职业素养,让个体奋斗与强国宏图同频共振。

参考文献

[1] 钟秉林. 高质量高等教育体系建设进程中的重要事件——写在新版《研究生教育学科专业目录》颁布之际 [J]. 教育研究, 2022, 43 (09): 98 – 106.

[2] 朱金明. 我国专业学位研究生教育质量保障体系研究 [D]. 天津: 天津大学, 2020

[3] 陈元元. 日本硕士专业学位研究生教育研究 [D]. 保定: 河北大学, 2017.

[4] 刘闻闻. 农业推广专业学位研究生教育质量管理建设的研讨 [D]. 上海: 上海交通大学, 2015.

[5] 陈静. 我国专业学位研究生教育发展问题研究 [D]. 重庆: 西南大学, 2013.

[6] 程俊. 专业学位研究生教育质量保障体系研究 [D]. 南京: 南京农业大学, 2010.

[7] 把握规律, 深化改革, 建设高质量学位与研究生教育体系 [N]. 人民日报, 2010 – 01 – 28 (002).

[8] 国务院学位委员会 教育部关于印发《专业学位研究生教育发展方案 (2020~2025)》的通知 [A/OL]. [2020 – 09 – 30]. http://www.moe.gov.cn/srcsite/A22/moe_826/202009/t20200930_492590.html.

[9] 习近平对研究生教育工作作出重要指示强调 适应党和国家事业发展需要 培养造就大批德才兼备的高层次人才 [EB/OL]. [2020 – 07 – 29]. http://www.gov.cn/xinwen/2020 – 07/29/content_5531011.htm.

[10] 教育部关于印发《研究生导师指导行为准则》的通知 [R/OL]. [2020 – 11 – 04]. http://www.moe.gov.cn/srcsite/A22/s7065/202011/t20201111_499442.html.

[11] 习近平. 决胜全面建成小康社会 夺取新时代中国特色社会主义伟大胜利 [N]. 人民日报, 2017 – 10 – 28 (001).

(作者单位: 中南财经政法大学统计与数学学院)

研究生课程的价值与转化

——"教与学"的自洽[*]

周靖承

摘　要： 研究生课程是研究生教育改革的基本点和着力点，尤其是要充分认识研究生课程的价值，突出系统思维的五个要素、强化产出导向的三层结构、实现价值转化的五个维度。因此，关键点就在于落实并持续提升研究生课程教学的质量与效果，这一过程蕴含了教与学的深层逻辑，即教与学的自洽。

关键词： 研究生课程　课程教学　系统思维　产出导向　价值转化

2020 年 7 月 29 日，习近平总书记在召开的全国研究生教育会议上强调，研究生教育在培养创新人才、提高创新能力、服务经济社会发展、推进国家治理体系和治理能力现代化方面具有重要作用。时任国务院总理李克强作出批示指出，着力增强研究生实践能力、创新能力[1]。

我国研究生教育以"立德树人、服务需求、提高质量、追求卓越"为工作主线，培养创新人才方阵，构建一流大学体系，取得了历史性成就。十年来，从学科目录角度讲，形成了涵盖 14 个学科门类，113 个一级学科、47 个专业学位类别的学科专业目录，覆盖了国民经济和社会发展的主要领域。200 多个学位授予单位自主设置了 700 多个交叉学科点[2]。2022 年 9 月 27 日，教育部召开教育这十年系列第 15 场新闻发布会——"数说教育十年"，数据显示我国已经成为世界研究生教育大国。在研究生层次，2021 年全国在校生规模达到 333.2 万人，比 2012 年增加了近 1 倍。"双一流"建设高校在学研究生 195.4 万人，占全国 58.7%[3]。研究生教育规模的扩大，已经并将继续对教育质量提出越来越严峻的挑战[4]。

新时代高等教育应在学科建设、专业建设、课程建设、教学改革等各要素各环节

　＊ 项目支持：中南财经政法大学校级研究生教育教学改革项目《项目管理中的系统工程原理》（31422211302）。

寻求合力点，引导和形成高等教育质量效应[5]。高校需要转变质量观需要克服路径依赖[6]。为顺应我国研究生教育高质量发展的战略要求，当前研究生课程评价的重心正从教程向学程转型[7]。高等教育变革的驱动因素包括但不限于：教学与研究的关系、对教学的理解、教育技术[8]。课程教学是大学的第一职能，也是大学治理体系的一个环节，大学治理与课程建设密切相关[9]。课程对研究生培养的作用是通过一个完整和科学的课程体系来综合地实现的[10]。

一流大学研究生教育改革的深处和难处是课程教学，研究生课程建设的内在逻辑是坚持教育性与研究性相结合[11]。强化研究生课程建设，完善课程体系和革新课程教学，成为一项亟待研究的重要课题[12]。学术生涯抑或是学术训练是费力的，而课程并不仅仅局限于所教授的内容[13]。课堂教学革命是从观念、模式、内容、途径、方法、技术到制度的整体性和系统性的变迁与再造，其中，教学本质观革新是实现课堂教学革命的先决条件[14]。通过基于办学使命构建具有层次性的课程体系，以知识和能力为核心开展研究生课程教学[15]。但是，研究生实践创新能力培养存在协同乏力问题，主要体现在多元主体参与不足、培养合力难以形成与培养机制尚待完善等[16]。以博士研究生课程设置为例，应至少遵循强调研究方法训练、与研究方向相结合以及强调应用知识能力三种取向[17]。课程是实现人才培养目标的主渠道。由于对研究生教育属性和定位的认识存在误区，加之专业化知识形成的壁垒，当前研究生课程既存在硕士生和博士生课程体系缺乏层次性的问题，又存在学术学位和专业学位课程缺乏差异性的问题[18]。

因此，研究生课程建设或改革，应当着力体现其价值与转化。那么，最为基本和根本的就是实现"教与学"的自洽。

一、研究生课程的系统思维——"五个要素"

（一）课堂教学是研究生课程的硬基础

广泛而言，所谓课堂，并非是受过专门教育的人直接认识和感知的一类处所——教室，那里有教师、有黑板、有学生，而是有教师和学生所在的场合、情境或处所，无论是现实的还是虚拟的。课堂是教学组织的形式，是师生交流的途径，是不受其他活动打扰的相对固定的时空。当前研究生教学得到了高度重视，课堂教学形式有弹性、教学内容有张力、教学方式有塑性，但是容易忽略一个问题——课堂教学是教师这一主体与教室这一客体的高度组合，形式、内容、方式等方面要有"真东西""强逻辑""实效果"。所谓"真东西"，是指教师的真才实学应在课堂上得以彰显；所谓"强逻辑"，是指教师讲授内容和过程能够反映理论或方法的来龙去脉，内容之间的联系和区别，抑或归纳、抑或演绎；所谓"实效果"，应当是在有限的课堂容量里打通学生的"任督二脉"，使之有醍醐灌顶之感，也就是重在梳理知识、阐释重难点、强调思辨，达到举一反三之效果。

（二） 教师教法是研究生课程的发动机

教育方法简称教法，教法包括教学过程中教师与学生共同达成教学目的、完成教学要求所采取的行为方式，且受制约于教学内容，具体可以是讲授法、讨论法、演示法、练习法，还可以是情境教学法、情感陶冶法、自学反馈法。教法是教师教授法和学生学习法的统一。研究生教育以学生为中心，一般来说，研究生相较于本科生有更好的行为自觉和认识能动，这也就保证了研究生课程的教学不再是也不应当是教师的教法处于主导地位。教师的教法要依据学生的学习法，两者也要做到价值观念的协调统一。形象而言，教师的教法，无论是打包知识还是剖析理论，是要让学生能够意识到这种教法的合理性、有效性，产生共鸣，从而对教授内容产生兴趣和认同，进而体现出教师和学生之间的有效反馈。研究生课程所倡导的教法，应当是一种良性互动。在这个意义上，不能唯讲授法而论，教师教法要起到发动机的作用，产生一种激励、引导、增益的惯性，让作为教学中心地位的研究生受到激发并反馈于教师。

（三） 内容更新是研究生课程的能量源

随着社会经济和科学技术的发展，知识和信息呈现出指数增长的态势。一门研究生课程，涵盖的理论、视角、观点、方法、计算、案例和应用都会不同程度地更新，甚至产生了许多交叉科学的新发现。从这一点上来看，研究生课程相较于本科生课程在内容上应是"活"的。只有知识的创造和再加工，才能创新理念、更新视角、改进方法、产生发现。理论的源头、方法的基础，是研究生对课程建立认知的起点，需要的是自学以及自学后的自我评估与反馈，而不是教师细致入微的讲授和对知识点的强调。研究生课程有更新的内涵，视角、观点、方法、过程、应用等方面都可以重新梳理、改进与创新，是将新的知识和认识赋予到研究生课程之中——这才是研究生课程的能量所在。教师对专门化理论方法体系的掌握、加之自身经验，融合新研究、新动态、新发展，才能产生"熟能生巧、举一反三"的效果，保证内容更新的有效性。如果说内容更新是研究生课程的能量源，那么教师的研究探索则是内容更新的有效保障，这也就意味着研究生课程应当也必须与教师的科学研究相关联。

（四） 学生习得是研究生课程的轨迹线

习得，是指由反复学习、练习而获得（知识或能力）[19]，也有个体在后天环境中通过练习所获得和建立的条件反射的含义[20]，对应英语单词是 acquisition[21]。首先需要定义的是"学生习得"。简言之，更容易让人趋同的理解是学生对知识的理解、领会，进而巩固，最后能够运用。这反映出学生个体应能够接受知识并对其进行自我加工。换言之，就是将知识信息转化为个体所能理解的意义的过程。如果从字面上理解，"习得"一词包括了"学习"与"获得"，学习有模仿之意，获得则蕴含了掌握之本。研究生课程教育更强调学生习得，更加侧重"得"，不能加以掌握和运用的学习，是不能描绘出研究生课程知识（理论方法体系）由外在信息转化为研究生内在意识的曲线。而这种转化是隐性的，关键一环在于接受课程的研究生如何进行转化。教师或研究生都能有意识地认识到知识的传授或学习一般而言是符合由易到难、由浅入深、由表及里的规律，但是知识从传递到转移，再到转化，从教师到学生，也反映出了由直到曲的特点，既有拐点，也有间断点；既有前进，也有往复。研究生的习得，表面上看，是要求研究生个体能够自主串联起知识点；深层次看，则是要求他们能够自主地以掌握一门理论或一套方法来审视，实现对知识加以分析、同化、区分、扬弃。

（五）应用创新是研究生课程的标的物

教学，也就是"教"与"学"，是教师和学生之间存在的权利义务关系，是一种标的。而标的物，来源于一种粗浅、不太专业的"认识"——广义上说是知识，狭义上说是课程。但事实上，不论是知识还是课程的说法，这些指的是"教"或者"学"的对象，而不能够称其为标的物。教学有标的，但是标的物似乎不太明确。正是标的物的不明确，让教育者和学习者难以形成自身义务的自觉。研究生课程是辅助和加速研究生科研入门的，并非完全等同于得成绩、修学分。如果要求约定一种研究生课程教与学的标的物，低级阶段是理论与方法的掌握与应用，高级阶段则是其转化与创新，无论是解决问题方面，还是探索发现方面。从研究生课程来看，要明确这种标的物，势必对研究生生源质量有高标准要求，也势必对研究生培养体系有更高要求。提出应用创新是研究生课程标的物的观点，实则是强化研究生课程的机制和作用应当是明确有效的。从研究生教育高质量发展的角度来看，分别适用于学术型硕士的创新拔高课程（群）、专业型硕士的集成应用课程（群）的设计与落实，成为重中之重。

二、研究生课程的产出导向——"三层结构"

研究生课程作为研究生培养中不可或缺的环节，也是根植于大学教育体系之中，容易在教学层次定位上跑偏，产生"教师满堂灌""与本科生所学无异"的典型现象及问题。而这两个问题，分别指向教师、研究生这两个群体的行为或感知，并且这两种问题存续已久且不能回避。之所以如此，是因为教与学的主体，特别是研究生课程参与的两大主体，缺失了对研究生课程产出导向及过程的高度认同和高度自觉。

研究生课程的产出不仅仅是传递知识、补充知识信息，也不是仅限于更新知识逻辑，而是在于转化，从知识向能力实现转化。这种转化应当包括三个层次：一是最底层的专业知识；二是中间层的素养意识；三是顶层的能动实践。专业知识层次，强调的是专业化、系统化的知识及其紧密的内在逻辑，务必使研究生显著感知；素养意识，强调的是唯物辩证的认识论，将观点、角度、框架内化为一种素质，随时可升华为意识的外化；能动实践，强调的是在实践中、在分析和解决问题的过程中所表现出来的能力，是一种主动实践的能力，更是一种解决问题且提升认知或升级实践的能力，故而称之为能动实践。研究生课程（群）就是要通过专业化、系统化的课程教学，实现对研究生的激励，让他们能动地进行知识到意识、素养到能力的转化，并且保证这一过程是积极有效的。

三、研究生课程的转化路径——"五个维度"

研究生课程的转化路径就是教师教向学生学的传递路径，但不是表面意义上的一种过程，而是研究生课程价值借助于课程知识载体的传递和获得。从教师的角度来看，是传递知识、教授方法、演绎运用、构建能力、展示思维的"五位一体"过程。相对应地，从研究生的角度来看，那也就不仅仅是学习知识的唯一过程了，而是学习知识为基础并且加上了掌握方法、复现应用、提升能力、形成思维的"五位一体"过程。

那么，接下来的问题就是这种传递路径如何实现有效转化？通过什么样的行为，我们能够定义这种转化是具备可达性的？如果说研究生课程是为了发掘和发现从事研究工作的对象，那么就产生了对研究生的期望——培养使其成为能够创新创造的一类群体。"创新"就是这种可达的行为，主观能动性上有意识地去创新，如此这般，也就是实现最高层次的转化路径。下一步，如何才能实现创新？那就需要有能力去做，无论是解决问题还是梳理信息或者逻辑推理，都要有内在素养，都要有外显能力。相较素养能力是更容易去观察和评价的，结果是一个考查点。而更进一步，解决问题，特别是解决复杂问题所需要的能力培养是多种的、多源的、多层的、多段的，这就要求构建能力网。那么如何构建能力网呢？一种答案就是通过织牢的方式。

接下来，自然而然地，从高级层次到低级层次依次要考虑的问题就是通过什么样的路径来衡量"能够应用""掌握方法""理解知识"？运用解析推理的方式，可以提出"反馈""串联""锚固"相结合的路径,分别作用于"应用""方法""知识"。反过来,我们也用"知识点—锚固""方法线—串联""应用面—反馈""能力网—织牢""多智体—创新"来系统地反映研究生课程价值的转化,既有层次,又有路径。总体上看,这是五个维度,从小到大、从局部到整体,也反映出研究生课程价值最大化应当达成的程度——"点、线、面、网、体"的有机组成和高度统一,尽管这种说法可能有将教育者或者被教育者客体化之嫌。但这种转化机制的解析,似乎更能够直观地描绘出我们对研究生课程价值转化的系统认知。

四、结语

研究生课程是教师和研究生的主客体统一,也是教与学的辩证统一。研究生课程教学应注重系统思维贯彻、产出导向引领、转化路径实现,是"五个要素""三层结构""五个维度"的有机组合。教师落实研究生课程教学应强化系统体系和靶向机制。

参考文献

[1] 新华社. 习近平对研究生教育工作作出重要指示强调:适应党和国家事业发展需要 培养造就大批德才兼备的高层次人才,李克强作出批示 [EB/OL]. (2020 - 7 - 30) [2022 - 12 - 02]. http://www. qstheory. cn/yaowen/2020 - 07/30/c_1126302536. htm.

[2] 教育部. 我国专业学位硕士研究生招生比例已超60%,正大力推进专业学位博士研究生培养 [EB/OL]. (2022 - 9 - 27) [2022 - 12 - 02]. http://www. moe. gov. cn/fbh/live/2022/54875/mtbd/202209/t20220927_665414. html.

[3] 教育部. 2021 年全国共有在学研究生 333. 2 万人 [EB/OL]. (2022 - 9 - 27) [2022 - 12 - 02]. http://www. moe. gov. cn/fbh/live/2022/54875/mtbd/202209/t20220927_665392. html.

[4] 教育部. 规模位居世界第二 研究生教育如何增量又提质 [EB/OL]. (2022 - 6 - 15) [2022 - 12 - 02]. http://www. moe. gov. cn/fbh/live/2022/54521/mtbd/202206/t20220615_637713. html.

[5] 陈廷柱. 警惕高等教育质量项目化 [J]. 大学教育科学,2019 (5):11 - 12.

[6] 陆晓静,罗鹏程. "双一流"建设高校本科人才培养与质量保障双向互动的实证研究 [J]. 湖南师范大学教育科学学报,2020,19 (03):45 - 54.

[7] 田莉,孙亚玲. "学程"视角下研究生课程评价的解构与重构 [J]. 天津市教科院学报,2022,34 (1):34 - 40.

[8] Pamela Roberts. Higher education curriculum orientations and the implications for institutional curriculum change [J]. Teaching in Higher Education,2015,20 (5):542 - 555.

[9] 胡莉芳. 高等教育的课程问题 [M]. 北京:中国人民大学出版社,2018:100.

[10] 汪霞. 论研究生课程的连贯性设计 [J]. 学位与研究生教育,2019 (07):36 - 42.

［11］胡莉芳．教育性与研究性———一流大学研究生课程建设的内在逻辑［J］．清华大学教育研究，2022，43（01）：62－69．

［12］魏薇，徐芳．研究生课程建设应把握的几个关系：从理性省思到行动方略［J］．山东教育，2022（Z4）：111－115．

［13］Sarah Barradell，Simon Barrie，Tai Peseta．Ways of thinking and practising：Highlighting the complexities of higher education curriculum［J］．Innovations in Education and Teaching International，2018，55（3）：266－275．

［14］刘振天．高校课堂教学革命：实际、实质与实现［J］．高等教育研究，2020，41（7）：58－69．

［15］缪学超，易红郡．如何构建衔接性的研究生课程体系———基于布里斯托大学教育研究学科的考察［J］．现代大学教育，2022，38（03）：57－66．

［16］柯朝晖．研究生实践创新能力提升的多元协同路径探究［J］．现代大学教育，2021，37（5）：105－111．

［17］包志梅．我国高校博士生课程设置的现状及问题分析———基于48所研究生院高校的调查［J］．研究生教育研究，2021（02）：53－60．

［18］汪霞．研究生课程层次性设计的改革：分性、分层、分类［J］．苏州大学学报（教育科学版），2019，7（04）：55－64．

［19］李行健，季恒铨．学生多功能汉语词典［M］．成都：四川辞书出版社，2010．

［20］杨治良．简明心理学辞典［M］．上海：上海辞书出版社，2007．

［21］张厚粲，孙晔，石绍华．现代英汉－汉英心理学词汇［M］．北京：中国轻工业出版社，2006：602．

［22］习近平．高举中国特色社会主义伟大旗帜 为全面建设社会主义现代化国家而团结奋斗———在中国共产党第二十次全国代表大会上的报告［EB/OL］．（2022－10－25）［2022－12－02］．http：//www.gov.cn/xinwen/2022－10/25/content_5721685.htm．

［23］教育部．培养创新人才方阵，构建一流大学体系———十年，研究生教育铸就辉煌［EB/OL］．（2022－6－25）［2022－12－02］．http：//www.moe.gov.cn/fbh/live/2022/54521/mtbd/202206/t20220615_637664.html．

（作者单位：中南财经政法大学信息与安全工程学院）

基于网络靶场竞技平台的认知
差异教学模型研究[*]

孙夫雄　张家豪　冷炳坤

摘　要： 产教融合和校企共建的目的是培养市场需求的高素质人才，本文以校企共建的网络靶场竞技平台为实践环境，提出了一种量化衡量校企之间认知差异和研究生自身认知差异的教学模型。研究模拟生物意识聚集和专注的行为，在简化注意力机制的基础上构建了认知差异神经网络模型，教学方案以认知差异模型为基础展开，具有动态循环和循序渐进的特点。方案实施结果表明模型能客观地挖掘出认知差异，使教学方案的动态调整具有数据支撑，校企之间的合作具有针对性，为打通产教融合"最后一公里"提供了一种解决思路。

关键词： 产教融合　校企共建　网络安全　认知差异模型　注意力机制

一、引言

2014 年中央网络安全和信息化领导小组成立，提出没有网络安全，就没有国家安全；没有信息化，就没有现代化的指导精神[1]。在当今世界，信息化发展很快，网络安全威胁和风险日益突出，国家级、有组织的高强度网络攻击，对一个国家来说都是一个难题。鉴于此，网络实战能力是检验合格网络安全人才的重要标准之一，许多高校通过产教融合和校企共建的方式，引进企业的实战经验和贴近实战的虚拟实验平台，以提高案例开发和实践教学水平，提升研究生实践能力，为培养高层次应用研究型人

---

* 资助项目：中南财经政法大学产学结合育人样板团队项目——基于云计算网络空间安全攻防实训基地，项目编号 CXJH202105；中南财经政法大学学科融合育人样板团队项目——机器学习与金融应用创新学科融合育人团队建设，项目编号 XKRH202101。

才打下基础。如何有效提高校企共建实践平台的绩效是目前的难点之一，本文结合本校的网络攻防靶机校企共建平台，研究基于认知差异教学模型的教学方案。

二、网络安全人才培养存在的问题及对策

在信息安全专业的培养计划中，网络安全占据了重要的教学任务，在网络安全中网络攻防占据了主导作用，网络攻防可以将密码学、计算机病毒、防火墙、网络安全、操作系统、数据库、WEB 安全等一系列的知识串连起来，对学生网络安全知识的掌握至关重要，所以网络攻防是网络安全核心内容。但在我学院相关专业却难以开展相应的实践，由于没有一个贴近实战的综合网络攻防平台，仅仅使用个别的、松散的、不连贯的实验在特定环境下来验证所学知识、掌握工具的使用技能，是显然无法满足我校网络安全教学中突出综合性、真实性、实用性、开放性及实践性的需求，还需要通过综合型的网络攻防实战来将零散的知识应用到实际的网络渗透与攻防测试当中，以达到真正发散性、创新性及学以致用的目的。通过产教融合和校企共建的模式，在经费有限的情况下，不但可以快速建设网络攻防产学研实训基地，而且还能引入企业的专业知识和经验，为研究生提供良好的实训环境，较大提高科学研究及学科建设水平，为培养信息安全高级人才提供有力保证。

2014 年，在国务院颁布的《国务院关于加快发展现代职业教育的决定》中提出"产教融合、特色发展"，开始从国家层面推进产教融合[2]。许多学者在产教融合模式研究上取得了卓越的研究成果。黄元英和张立彬分别研究了产教融合下地方高校课程体系的建设[3][4]。张云等探讨了校企深度产教融合的方式和方法，包括办学理念、培养计划制订、师资建设、教材编制、教学方案等方面的深度合作[5]。牟延林研究了新时代下的办学形态，从国家产业结构需求分析、行业人才需要、岗位能力需求等方面探讨高校办学理念的定位、教学质量的提升、理论和实践相结合的教学方案制订，为高校和企业实现产教融合提供了理论指导方向和实践路径[6]。陈羽凡等针对网络安全产教融合中动力不足、成果转化有限、合作机制尚不健全等问题，提出了优化网络安全产教融合顶层设计、健全完善网络安全人才培养评价认证体系等有意义的建议[7]。张娴研究了安全企业结合学校实际情况，将人才培养的目标与行业企业需求进行紧密对接，将课程通用标准和行业标准深度融合的方式[8]。曹鹏飞等提出了采用 OBE 构建网络安全专业人才培养方案，构建校企深度协同育人生态圈，实现多方共赢[9]。

文献调研显示当前产教融合、校企共建的模式研究基本采用定性和政策性的研究分析方法，为校企合作提供了有建设性的意见和指导方向，但缺乏可操作性的实施细节与评估方法。鉴于此，本文研究模拟生物意识聚集和专注的行为，借鉴注意力机制

框架，研究基于校企共建平台的认知差异教学模型，旨在提供客观且可操作的实施方案，通过量化的分析以指导教学方式和方法的改进与提升。

三、认知差异模型研究

（一）注意力机制

意识的聚集和专注使灵长类动物能够在复杂的视觉环境中将注意力引向感兴趣的物体，例如猎物和天敌（见图1）。

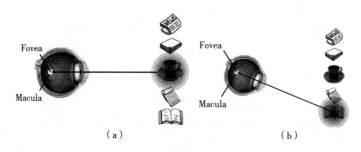

（a）   （b）

图1   意识的聚集和专注

图1中有五个物品：一份报纸、一篇研究论文、一杯咖啡、一本笔记本和一本书，非自主性提示是基于环境中物体的突出性和易见性，所有纸制品都是黑白印刷的，但咖啡杯是红色的。换句话说，这杯咖啡在这种视觉环境中是突出和显眼的，自动而且不由自主地引起人们的注意。图1（a）显示，如果只使用非自主性提示，则将选择偏向于感官输入，意识将聚集和专注咖啡。使用自主性提示即主观上找书，则意识将从一开始的注意转到物品书上，如图1（b）所示。

有关文献模仿生物观察行为提出了注意力机制，即在看到整体信息的时候，会主动发现重要信息并分配更多的注意力到目标部分，以获取更多与之相关的信息[10]。注意力机制能够在稀疏数据中提取重要的信息。注意力机制涉及三个基本概念：查询 Q（Query，表示自主性提示）、键 K（Key，表示非自主性提示）和值 V（Value，感官输入，即图1的物品），其中键和值是成对的[11]。

（二）模型构建

校企共建的网络靶场竞技平台包括6个实战模块：夺旗闯关、主机渗透、攻防对抗、取证溯源、企业环境渗透、安全加固，每个实战模块包含多个题型或任务，不同任务涉及不同的理论知识，以致要求学生掌握的相关知识多样且繁杂。研究生基本上学习过大多数的知识点，具备完成任务的能力，但由于缺乏实操经验以致对理论知识的细节掌握程度较低，使学生的实战成绩并不理想。因此，需要定期依据学生知识储量和实践能力，动态调整教学方案。在产教融合机制下，可以将企业的专业工程师引入实践教学环节，以弥补高校课堂教学的不足，但是多个学者在研究中发现这样的合作机制存在动力不足或绩效不高的问题。问题主要表现之一是企业和学校对学生的知识背景和实践能力不了解，而学生一方面对自身知识掌握程度的认知不清，另一方面对企业传授的知识和方法不理解或不感兴趣，也就是说多方存在认知差异。

鉴于上述问题，本文模拟生物意识聚集和专注的行为，研究网络安全实战教学的评估模型，目的是缩小校企之间的认知差异和学生自身认知差异，使企业聚集高校培养的短板，提升产教融合的绩效。认知差异教学模型设定如下：

（1）值 V：设为知识点 v_i，其中，$i=1$，$\cdots$，N，其中 N 是知识库总量；

（2）键 K：设为学生对各个 v_i 掌握程度，作为知识点的非自主性提示。通过问卷调查的方式获得，设学生人数为 C，则 K 的维度为 $C \times N$；

（3）查询 Q：设为所执行任务涉及的知识点 $q_i \in V$，$i=1$，$\cdots$，N，则 Q 的维度为 $M \times N$，其中 M 是任务总数，M 等于 C 个学生完成任务数的合计，可以重复。Q 是稀疏矩阵，作为知识点的自主性提示。

模型 M 的总体框架如图 2 所示。

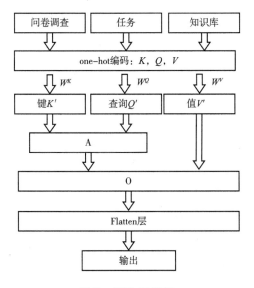

图 2　模型 M 结构

图 2 中：

1. 问卷调查结果经过归一化处理后形成键 K，维度为 $C \times N$，其中 C 是学生的人数，对知识点的掌握程度值设为 $0 \sim 1$，即键 K 代表了学生对自身知识掌握程度的主观认知，K 的维度为 $C \times N$。

2. 利用 one-hot 独热编码完成知识点的编码，形成知识特征向量 q_i 和 v_i，向量维度为 N，则 Q 维度为 $M \times N \times N$，而 V 的维度为 $N \times N$。

3. 模型对每个样本组 $[K_i, Q_j, V]$ 完成的计算，其中，$i = 1, \cdots, C$，$j = 1, \cdots, M$，即模型训练数据集大小为 $C \times M$。

（1）设置参数矩阵 W^k，其维度为 $N \times 1$，采用式（1）实现初始化：

$$W^k = \frac{1}{C} \sum_{i=1}^{C} K_i \tag{1}$$

并保存初始矩阵 W^k 为 W_{old}^k，代表所有学生对自身认识的平均程度。键 K' 定义如式（2）所示：

$$K' = W^K \times K_i^T \tag{2}$$

其中，K' 的维度为 $N \times N$。

（2）简化注意力机制中的参数矩阵 W^Q 和 W^V，将它们设置为单位矩阵 W^I 且不参与模型训练，对角线上元素取值为知识库中第 i 个知识点出现的概率 $p = \text{count}(v_i)/N$，其中 count（.）是计数函数。W^I 维度为 $N \times N$。则查询 Q' 和值 V' 定义如式（3）、式（4）所示：

$$Q' = W^I \times Q_i \tag{3}$$

$$V' = W^I \times V \tag{4}$$

其中，V' 和 Q' 的维度为 $N \times N$。

（3）注意力汇聚将查询 Q'（自主性提示）和键 V'（非自主性提示）结合在一起，计算注意力矩阵 A，定义如式（5）所示：

$$A = V' \times \text{softmax}((K' \times Q')/\sqrt{N}) \tag{5}$$

其中，A 的维度为 $N \times N$。矩阵相乘会放大原有矩阵的标准差，放大的倍数约 $\sqrt{N}$。为了将标准差缩放回原来的大小，所以要除 $\sqrt{N}$。softmax 是归一化指数函数。

（4）基于注意力矩阵 A，实现对值 V'（感官输入）的选择倾向 O，定义如式（6）所示：

$$O = A \times V' \tag{6}$$

4. Flatten 层是将 O 的维度转化为 1 维向量即 $1 \times N^2$。

5. 输出层采用函数 softmax 输出多分类预测，类别设为任务完成度 o 结果，设 3 个等级：（1）完全没有解题思路，表示 $o = 0$；（2）完成部分步骤，表示 $o = 1$；（3）成功解题，表示 $o = 2$，完成度 o 采用 one-hot 独热编码。

模型采用多分类的交叉熵损失函数 $Loss$，定义如式（7）所示：

$$Loss = \sum_{i=0}^{2} p(o_i) \ln(q(o_i))$$ （7）

其中，$p(o_i)$ 为第 i 类的真实分布即标签 $label$；$q(o_i)$ 为预测为该类的概率。

模型的训练分为 2 个阶段：

第 1 阶段的训练目的是消除问卷调查数据的主观性，使学生对自身的认知度和任务实际完成度相契合：构造训练集 $X^1 = [K, Q, V, label]$，其中 $label$ 表示标签即各个任务真实的完成度。训练过程中，通过梯度反向传播，更新参数 W^k。模型训练结束后通过加权更新矩阵 W_{old}^k，定义如式（8）所示：

$$W_{new}^k = \pi W_{old}^k + (1 - \pi) W^k$$ （8）

其中，π 为加权系数；W_{new}^k 代表校验后的所有学生对自身认识的平均程度。

第 2 阶段的训练目的是检验学生对自身的认知度和成功完成任务的需求之间的差异。构造训练集 $X^2 = [K, Q, V, 2]$，将固定 $label = 2$，且将参数矩阵 W^k 初始化为 W_{new}^k。训练过程中，通过梯度反向传播，更新参数 W^k，模型训练结束后计算认知差异矩阵 δ，定义如式（9）所示：

$$\Delta W^k = I(\| (W^k - W_{new}^k) \| > \theta)$$ （9）

其中，$I()$ 为指标函数；参数 θ 为过滤阈值。矩阵 ΔW^k 中非零元素表示认知差异大于 θ 的知识点。也就是说，通过本文提出的模型可以科学和客观地发现学生对自身认知度和成功完成任务的需求之间较大差异的知识点，进而进行有数据支撑的调整教学方案，使校企的合作能有针对性地提升学生的实践能力，缩小市场需求差距。

四、教学方案实施

教学方案以认知差异模型为基础展开，如图 3 所示。

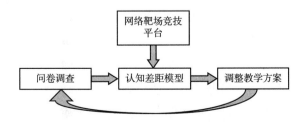

图 3　基于认知差异模型的教学方案

图 3 中的教学方案实施过程：首先，采用问卷调查的方式，收集学生对各个知识点的了解，即对学生知识背景进行调查，数据的主观性较强，不足以反映真实的实践能力；其次，将调查数据和实战操作结果数据输入认知差距模型进行训练，然后输出差异矩阵；最后依据从差异矩阵选择的知识点调整教学方案。教学过程采用循环渐进的方式展开，目的是帮助校企更准确地掌握学生具备的知识储备和实践能力，进而有针对性地开展校企合作和教学内容设计。本次实验中进行了 8 次网络安全实战对抗实验，完成 2 轮教学方案的实施，第 1 轮包括前 4 次实验，第 2 轮包括后 4 次实验。期间收集问卷调查报告数 C：20 份和 18 份，每轮选择的任务数 $M = 10$，则相关数据采集如下：

1. 知识库 V。统计网络靶场竞技平台中所有任务涉及的知识点，构造词典即知识库。取前 $N = 20$ 个频率较高的知识点，包括密码应用、JavaScript 脚本、"中国菜刀"使用、网络编程、http 协议、汇编语言、逆向分析、python 脚本语言、Web 服务、SQL 语言等。采用 one-hot 独热编码实现向量编码，得到维度为 20×20 的键 V 矩阵。

2. 非自主性提示 K。每轮使用匿名性的问卷调查报告方式收集，调查学生对上述 20 个知识点的掌握程度，分为 4 个等级：（1）高（能灵活运用）1；（2）中（基本能灵活运用）0.6；（3）低（基本了解）0.3；（4）完全不了解 0。问卷调查报告示例如表 1 所示。

表1　　　　　　　　　　　　　　　　问卷调查报告

X/Y	高	中	低	完全不了解
密码应用	1	2	3	4
JavaScript 脚本	1	2	3	4
"中国菜刀"使用	1	2	3	4
……				

每份问卷调查报告整理后经 one-hot 向量编码，得到维度为 20×20 的键 K 矩阵。

3. 自主性提示 Q。采集该轮实训中每个任务涉及的知识点进行编码，即将键 V 矩阵中涉及的知识点保留，没有涉及的清零，得到矩阵 Q。

依据图 2 构造模型结构，设置参数 $\pi = 0.5$ 和 $\theta = 0.3$。第 1 轮训练集共有 200 个样本组，而第 2 轮有 180 个样本组。完成第 1 轮教学方案，筛选出差异较大的知识点，包括 http 协议、SQL 语言、"中国菜刀"使用等。例如，对于 http 协议整体学生的认知程度较高，但模型依据实践结果显示学生对实战中细节的运用仍不清楚，其他知识点也存在类似的问题。由于课堂教学缺乏环境以致很难演示，就需要企业专业人士弥补该短板。通过第 1 轮再学习后，第 2 轮的实验结果有了进一步提升，一方面学生对该方案实施有了较好的理解，比较认真地填写调查报告，以致差异较大的知识点比较聚集，体现了教学方案循环渐进的特性。

五、总结

本文模拟生物意识聚集和专注的行为，提出了基于注意力机制的认知差异模型，并进而制订了基于认知差异模型的教学方案，以校企共建的网络靶场竞技平台为实践环境，检验学生综合运用所学知识的能力和网络安全实战水平。通过量化分析，挖掘校企之间的认知差异和学生自身认知差异，使动态调整培养方案和教学内容有着科学的依据，同时也能使企业聚焦高校培养的短板，提升产教融合的绩效。本文的教学方案为打通产教融合"最后一公里"提供了一种解决思路。在未来工作中，将进行更多实验以进一步完善模型结构和参数。研究发现，任务的完成是分阶段的，各个阶段涉及不同的知识点。下一步工作是分析某类任务的知识链，制订提升学生综合运用知识能力的教学方案。

参考文献

［1］中央网络安全和信息化领导小组成立：从网络大国迈向网络强国［EB/OL］．中华人民共和国国家互联网信息办公室［2014 - 02 - 27］．http：//politics. people. com. cn/n/2014/0227/c70731 - 24486583. html.

［2］中华人民共和国教育部．国务院关于加快发展现代职业教育的决定［EB/OL］．［2014 - 5 - 2］．http：//www. moe. gov. cn/jyb_xxgk/moe_1777/moe_1778/201406/t20140622_170691. html.

［3］黄元英．产教融合 2.0 时代地方高校的课程建设［J］．商洛学院学报，2018，32（02）：37 - 40.

［4］张立彬，孙培梁等．产教融合 2.0 视域下课程体系建设探索实践［J］．教育教学论坛，2020（23）：238 - 240.

［5］张云，郭炳宇．拥抱行业：跨入深度产教融合 2.0 时代［J］．中国高等教育，2017（22）：46 - 48.

［6］牟延林．产教融合 2.0 时代的办学形态［J］．中国高等教育，2018（02）：22.

［7］陈羽凡，丁雨晗．我国网络安全产教融合路径，挑战与对策研究［J］．工业信息安全，2022（07）：8.

［8］张娴．基于产教融合，校企共建"网络安全训练平台"的人才培养模式探索［J］．科技风，2021（35）：3.

［9］曹鹏飞，李杰，叶传标．网络空间安全专业人才培养产教融合研究［J］．计算机时代，2022（02）：93 - 96.

　　［10］Volodymyr Mnih，Nicolas Heess，Alex Graves，Koray Kavukcuoglu. Recurrent Models of Visual Attention［J］. CoRR，2014，abs/1406. 6247.

　　［11］刘建伟，刘俊文，罗雄麟. 深度学习中注意力机制研究进展［J］. 工程科学学报，2021，43（11）：1499 - 1511.

（作者单位：中南财经政法大学信息与安全工程学院）

科技自立自强战略下的研究生
科技法学课程建设
——目标导向、框架设计与路径选择

刘　鑫

摘　要： 科技法学课程建设是增强研究生科技法律知识与应用能力的有效举措，并担负着为我国适应新兴科技变革和参与全球科技竞争培育法律人才的重要使命。实践中，应以新时代科技自立自强为指导思想，并分别以推进科技进步和回应科技创新为建设指引展开科技法学总论及分论的框架设计。与此同时，还应以习近平法治思想为基础积极推进科技法学课程思政，运用翻转课堂教学法实现科技法学课程的有序开展，以及通过教材及案例的合理编制不断优化完善科技法学课程框架。

关键词： 科技自立自强　科技法学　课程建设

一、引言

党的二十大报告提出，要"实现高水平科技自立自强"。这不仅是我国社会主义现代化发展的重大目标，同时也更是新时期我国推进科学技术创新，攻克科技难题、应对科技挑战的战略指引。科技法学作为科学技术研发与应用的法律保障，无疑也承载着助力科技自立自强的历史使命，并在我国研究生的教育工作中担负着培育科技法制专门人才，推进科技领域法治进程的关键任务。鉴此，为实现科技自立自强理念在研究生培养过程中的充分贯彻，有必要立足当前新发展阶段的全新科技创新诉求，通过科学合理的框架设计与路径选择，积极推动研究生科技法学课程建设，并以不断完善的课程安排、不断优化的教学模式培育高水平的科技法治人才，助力高水平科技自立自强，促进创新驱动发展。

二、研究生科技法学课程建设的目标导向

科技自立自强是新时期我国科技发展的战略抉择，面对新兴科技创新模式变革以及国际科技竞争形势变化所带来的严峻挑战，须以本土科技创新的高质量供给展开应对[1]。在此基础上，为科技创新活动提供制度保障的科技法律规范，也同样需要在新兴科技变革日渐深入与全球科技竞争日趋激烈的背景下，做到与时俱进，对科技创新实践中所出现法律难题及时予以回应。因此，在当前新发展阶段科技自立自强的新征程下，研究生科技法学课程则承担着为我国适应新兴科技变革提供法律人才保障，以及为我国参与全球科技竞争提供法律人才支持的时代重任。

（一）为我国适应新兴科技变革提供法律人才保障

面对当前风起云涌的新兴科技变革，科技法学的课程建设应与时俱进，以大数据、云计算、基因编辑、人工智能等新技术为基础，展开与新时期科技创新发展诉求相契合的课程架构设计，培育能够有效应对现代科技挑战的法律人才。自 20 世纪中后期以来，科技迭代周期显著缩短，对于经济社会影响显著的新兴科技变革此起彼伏，从改变信息传播模式的网络技术到影响生命繁衍机制的生物技术，再到由算法及数据所驱动、并颠覆人类社会伦理基础的人工智能技术，不断涌现的新兴科学技术带来了社会生产力的急剧提升和人们日常生活的剧烈变革，同时也诱发了一系列亟须通过科技法律制度优化加以应对的实践风险[2]。因此，在科技法学的课程建设过程中，为确保课程设计与教学安排的现代性，无疑也应从新兴科技变革所引发的各项法律问题着手，分别以信息网络、生物基因、数据计算、人工智能等新兴科技所带来的相关法律挑战为专题，有针对性地进行具体化的课程内容框架建设，从而实现科技法学课程为我国适应新兴科技变革提供法律人才保障的建设目标。

（二）为我国参与全球科技竞争提供法律人才支持

面对当前日趋激烈的全球科技竞争，科技法学的课程建设应放眼世界，以国际社会在科技创新与交流过程中的利益博弈与冲突为基础，推动与科技创新全球化趋势相耦合的课程体系安排，培育能够妥善处理国际科技争端的法律人才。伴随着全球科技革命的不断深入，科技创新逐步成为影响国际竞争的核心要素。从美国的国家创新战略到德国的工业 4.0 计划，世界各国纷纷面向未来展开科技创新的战略部署与行动规划，以抢占未来全球科技制高点，并在新一轮的国际竞争中赢得先发优势[3]。我国经过了改革开放四十余年的快速发展，科技创新能力飞速提升，取得了一系列举

世瞩目的科技成就。未来我们应持续推进创新驱动发展，加快"卡脖子"领域的科技攻关，在全球科技竞争中完成从跟随者逐步向领军者转变。因此，在科技法学的课程建设过程中，为增强课程设计与教学安排的国际化水平，无疑也应从当前世界各国的科技创新政策着手，立足我国本土科技创新现状，以实现科技自立自强为目标，以创新驱动发展为战略指引，展开具有全球视野的课程内容框架建设，从而实现科技法学课程为我国参与全球科技竞争提供法律人才支持的建设目标。

三、研究生科技法学课程建设的框架设计

长期以来，学界对于科技法的法律地位存在较大争议，呈现出行政法一部分说、经济法分支说、综合性法律部门说、领域法说、特殊部门法说等诸多理论学说[4]。但也正是学者们激烈的理论论争，致使科技法学课程并未形成相对统一的体系框架，既有以科技法规类型为基础的课程内容设计，也有以科技创新流程为基础的课程架构安排[5]。由此，为进一步理顺研究生科技法学课程建设的框架设计，有必要从研究生教育教学的现实需要出发，在实现科技自立自强的课程建设思想指导下，分别展开以推进科技进步为核心的课程总论建设和以回应科技创新为重点的课程分论建设，从而形成科学、合理的研究生科技法学课程设置，并为科技与法律融通型研究生培养提供有效课程供给。

（一）以科技自立自强为要旨的课程建设指导思想

科技自立自强是当今世界百年未有之大变局下，我国推进科学技术事业发展、开展创新型国家建设的方向指引与行动指南[6]。科技法学作为贯穿科技创新活动全程的特色法学研究生课程，在内容设计与教学安排上也当然应以科技自立自强为要旨，明确在坚守国家科技安全底线的基础上，促进我国科学技术快速进步和推进我国科学技术持续创新的课程建设指导思想[7]。进而言之，为实现研究生科技法学课程对于科技自立自强战略的充分贯彻，在促进科技进步和推进科技创新的指导思想引领下，课程建设的具体思路无疑也从两个层面予以展开，既要从现有科技法律规范出发，对一般性的科学技术进步给予有力的法律保证，同时也要从未来科技发展趋势入手，对新兴的科学技术创新给予适时的法律回应。

（二）以推进科技进步为核心的课程总论建设安排

在我国法律体系中，《科学技术进步法》《促进科技成果转化法》《专利法》等是专门性的科技法律规范，其中《科学技术进步法》是政策性的科技基本法，而《促进

科技成果转化法》《专利法》等法律规范则是与科技基本法相配套的科技单行法。此外，以《民法典》合同编"技术合同"专章为代表，各个部门法中事实上还存在诸多附属性的科技法律规范[8]。基于此，在研究生科技法学课程的建设中，应以作为科技基本法的《科学技术进步法》为中心，以《促进科技成果转化法》《专利法》等单行科技法，以及《民法典》合同编"技术合同"专章等附属科技法为主要内容，并在推进科技进步的核心指导思想下，从特定科技社会关系着手，展开涉及科技政策法律制度、科技研发法律制度、科技转化法律制度、科技交易法律制度等多个维度的课程总论建设安排，从而以科学、合理的总论性课程架构设计，保证研究生科技法学课程教学活动的逻辑化运行[9]。

（三）以回应科技创新为重点的课程分论建设安排

在不同的科技领域中，创新模式存在较大差异，尤其是当前新兴科技的发展使创新活动对于研发环境与市场需求的依赖性越发强烈。基于此，在研究生科技法学课程以推进科技进步为核心的总论建设安排下，应从不同的科技领域中创新模式的特征出发，以信息科技法律制度、生物科技法律制度、环境科技法律制度、智能科技法律制度等具体化、类型化的科技法律制度为例，有针对性地展开课程分论建设，并通过对科技创新诉求的有效法律回应，增强研究生科技法学课程教学活动的实践性，使课程总论中从科技研发、转化到交易的各项法律规范内容能够在特定的科技领域中被予以充分的场景化呈现，并结合相关科技创新市场失灵的具体样态，提出有针对性的科技法律策略，从而以覆盖多元科技创新模式的分论性课程架构设计，实现研究生科技法学课程教学活动的体系化展开[10][11]。

四、研究生科技法学课程建设的路径选择

为实现培育科技与法律融通型研究生的课程建设目标，在体系化的科技法学课程建设框架之下，还需提高课程教学站位，科学施教，以高效的教学方式、方法提升广大研究生的科学素养与法律意识[12]。为此，在研究生科技法学课程的建设过程中，应首先在习近平法治思想的价值引领下进行课程思政探索，并在此基础上，运用翻转课堂教学法展开课程实践，通过教材及案例编制完善课程框架，从而推动研究生科技法学课程的高质量运行，为我国科技创新发展提供法律人才层面的保障与支持。

（一）秉持习近平法治思想，推进科技法学课程思政

在研究生科技法学课程建设中，为实现思想政治教育与专业教学内容融会贯通的

课程思政目标，应当在遵循课程教学规律和坚守质量底线基础上，充分发挥授课教师的主观能动性，以当前马克思主义法治理论中国化最新成果的习近平法治思想为价值引领，将全面依法治国与创新驱动发展两大国家发展战略统合到研究生科技法学的具体课程教学过程之内，并从中进一步提炼、总结出习近平科技法治思想作为开展课程思政的理论指南[13]，从而以此为基础实现课程思政和课程教学的耦合共进，使广大研究生能够通过科技法学课程树立起与中国特色社会主义现代化发展目标相契合的科技法治观，为成为将来国家科技事业所需要的法治人才奠定基础[14]。

（二）运用翻转课堂教学法，展开科技法学课程实践

在研究生科技法学课程建设中，为增强研究生在课程教学活动中参与度，使其由被动的知识接受者转变为主动的知识探索者，应当广泛应用翻转课堂教学法，改变传统的单一讲授式课堂教学机制，使选课研究生能够在科学技术从研发到应用的具体情境中，以参与式的互动性学习方式深入系统地掌握科技法学知识[15]。尤其是在科技法学分论的课程教学活动中，翻转课堂教学法的应用无疑能够使选课研究生通过"课前学习＋课上主动学习"的课堂运行模式，更加全面、高效地了解不同技术领域的科技法律问题，并结合科技法学总论中的相关知识有针对性给出法律对策，从而实现科技法学课程总论与分论内容在教学实践过程中的融会贯通，达到在研究生科技法学课程教学中理论与实践相结合的关键目标[16]。

（三）通过教材及案例编制，完善科技法学课程框架

在研究生科技法学课程建设中，为保证研究生科技法学课程教学工作的有序开展，应当积极推进配套教材及相关案例的编制，使科技法学课程内容不断丰富、课程架构不断优化。通常而言，作为高校教学工作的重要内容，研究生教材建设直接关系到研究生教学质量的提升和教学改革的效果[17]。科技法学课程也并不例外。内容丰满且框架合理的专业教材无疑是研究生科技法学课程良好教学效果的关键保障。此外，为进一步提升课程教学质量，还应在研究生科技法学课程专门教材建设的基础上，回归法律实践，从实务工作的重点、难点问题入手，以大数据技术为保障构建体系化、现代化的科技法学课程教学案例库，为选课研究生提供充足的探讨材料，从而以全方位的立体式教学资源保障研究生科技法学课程的高效运行[18]。

五、结语

在当前科技自立自强的战略引领下，作为科技与法律交叉融通的重要课程，科技

法学对于广大研究生科技素养与法律知识的提升具有显著效果，其不仅是研究生课程改革的关键探索，同时也更是"新文科"背景下"一流课程"建设的重要内容。通过课程框架的科学设计与教学路径的合理选择，研究生科技法学课程建设工作目前稳步推进，未来随着课程建设的不断深化，研究生科技法学课程的积极作用将进一步显现，充分发挥其为我国适应新兴科技变革及参与全球科技竞争培育科技法治人才的社会效用。

参考文献

[1] 樊春良. 面向科技自立自强的国家创新体系建设 [J]. 当代中国与世界，2022（03）：79 - 80.

[2] 刘鑫. 从合作分工到机器代工：科技变革诱致发明人地位转变问题研究 [J]. 社会科学论坛，2022（04）：110 - 117.

[3] 万钢. 全球科技创新发展历程和竞争态势 [J]. 行政管理改革，2016（02）：11 - 16.

[4] 曹昌祯. 科技法在法律体系中定位问题的再思考 [J]. 上海政法学院学报（法治论丛），2006（01）：1 - 3.

[5] 朱涛. 论中国科技法的双重体系及其建构 [J]. 科技与法律，2016（05）：862 - 864.

[6] 范芙蓉，秦书生. 中国共产党科技自立自强思想百年演进 [J]. 科技进步与对策，2021（18）：1 - 7.

[7] 汪正飞. 科技进步和科技安全——对于科技法基本原则的法理学思考 [J]. 科技与法律，2006（03）：19 - 22.

[8] 易继明. 开创科技法学研究的新局面 [J]. 社会科学家，2006（03）：90 - 92.

[9] 谭启平，朱涛. 科技法的调整对象重述 [J]. 科技与法律，2011（02）：11 - 18.

[10] Emanuela Arezzo, Gustavo Ghidini. Biotechnology and Software Patent Law [M]. Cheltenham：Edward Elgar Publishing Limited，2011：42 - 45.

[11] 阳东辉. 论科技法的理论体系架构——以克服科技创新市场失灵为视角 [J]. 法学论坛，2015（04）：44 - 52.

[12] 蒋宗礼. 提高课程教学站位 [J]. 中国大学教学，2021（Z1）：35 - 41.

[13] 易军. 习近平法治思想进入法学研究生培养体系的意义与实践 [J]. 教育评论，2022（10）：67 - 74.

[14] 洪早清，袁声莉. 基于课程思政建设的高校课程改革取向与教学质量提升 [J]. 高校教育管理，2022（01）：38 - 46.

[15] 郭建鹏. 翻转课堂教学模式：变式—统一——再变式 [J]. 中国大学教学，2021（06）：77 - 86.

[16] 杨春梅，章娴. 研究生翻转课堂有效教学评价框架研究 [J]. 学位与研究生教育，2022（01）：71 - 79.

[17] 孙益，陈露茜，王晨. 高校研究生教材建设的国际经验与中国路径 [J]. 学位与研究生教

育，2018（02）：72 - 76.

［18］唐琳．法学专业课程交互式教学案例库的构建与应用——以民法系列课程为例［J］．海峡法学，2020（01）：114 - 120.

（作者单位：中南财经政法大学知识产权研究中心、知识产权学院）

我校设置国家安全法学研究生专业之学科定位及理据[*]

肖 鹏

摘 要： 维护和保障国家安全是我国的头等大事。在研究生层次自主设置国家安全法学专业是我校的重要举措。针对国家安全法学专业应定位于国家安全学一级学科之下还是法学一级学科之下，学界有争议，可从三个层次分析。从汉语语法上讲，"国家安全法学"是偏正短语，"法学"是中心词，"国家安全"是定语；从哲学相关原理上讲，"国家安全法学"的质的规定性是"法学"，"国家安全"是其属性；从学科成立条件上讲，国家安全法学以国家安全法律体系为研究对象。因此，国家安全法学专业应定位为法学与国家安全学交叉融合形成的法学一级学科之下的新兴专业。设立国家安全法学专业，是贯彻落实总体国家安全观和党的二十大精神，加强国家安全法治建设的重大举措；贯彻落实立德树人根本任务，培养高层次国家安全法治人才的神圣使命；加强国家安全法学学科、学术和话语体系建设的时代要求；新文科建设和我校法学一流学科建设的客观要求。因此，我校设立国家安全法学专业有必要性。我校具备坚实的学科支撑、优质的师资队伍、良好的教学科研条件和健全的研究生培养体系。因此，我校在研究生层次设立国家安全法学专业具有可行性。

关键词： 研究生 国家安全法学专业 学科定位 必要性 可行性

党的十八大以来，在以习近平同志为核心的党中央坚强领导下，在总体国家安全观的指引下，我国的国家安全法治建设及教育、研究取得了长足的进步。在国家安全法律的宣传教育方面，2015 年 7 月 1 日颁布的《国家安全法》要求将国家安全纳入国民教育体系并确定每年 4 月 15 日为全民国家安全教育日；教育部发布了《大中小学国

---

　　[*] 基金项目：湖北省教育科学规划 2019 年度一般课题"全媒体时代大学生国家安全法律素养培养路径研究"（2019GB012）。

家安全教育指导纲要》。在党的二十大报告中再次强调，全面加强国家安全教育，提高各级领导干部统筹发展和安全能力，增强全民国家安全意识和素养，筑牢国家安全人民防线[1]。这为研究生国家安全法治人才教育培养工作指明了方向。

自 2020 年 12 月 30 日国务院学位委员会、教育部发布《关于设置"交叉学科"门类、"集成电路科学与工程"和"国家安全学"一级学科的通知》[2]以来，学界在此前以刘跃进教授为代表的学者们国家安全学研究基础上，掀起了对国家安全学研究的热潮，成果层出不穷。法学界也展开了对在高校自主设置国家安全法学专业的热烈讨论。高校纷纷设置国家安全学和国家安全法学专业，招收研究生①。国防大学、中国人民大学、西南政法大学、西北政法大学等高校，先后成立了国家安全学院或国家安全研究院[3]。中南财经政法大学成立了国家治理学院。

关于高校设置国家安全法学专业的学科定位，学者们展开了广泛讨论，有不同代表性观点。刘跃进认为，国家安全学应该定位为学科门类，可在此门类下设置多个一级学科，国家安全法学属其中之一，在国家安全法学一级学科下再设国家安全法原理等多个二级学科或专业方向[4]。王林就新文科建设的核心内涵、国家安全法学专业建设、国家安全法学人才培养机制进行了论述，认为国家安全法学是国家安全学和广义法学的交叉学科，其学科定位与课程设置是该专业建设所面临的最大的争议[5]。王林还就国家安全法学学科构建的背景、课程设置的原则、课程设置方案进行了研究，赞同刘跃进的观点，认为国家安全学应是学科门类，国家安全法学是其下之一级学科[6]。舒洪水和马瑜从国家安全法学专业建设的重要性、学科定位、建设原则、建设路径四个方面进行了探讨，认为应将其归属于国家安全学一级学科下的二级专业[7]。

有鉴于此，本文围绕我校在研究生（含博士研究生、硕士研究生）层次于法学一级学科下自主设置国家安全法学专业这一主题，以总体国家安全观为指导，从国家安全法学的学科归属和我校自主设置国家安全法学研究生专业的必要性、可行性两个方面依次展开论述。

---

① 据笔者对 2023 年全国招收研究生相关专业或方向的高校所作的初步统计：设国家安全法学专业的高校有 1 所，为西北政法大学；设国家安全学专业的高校有 21 所，为中南财经政法大学、山东大学、云南师范大学、东南大学、陕西师范大学、南京大学、上海政法学院、新疆大学、外交学院、郑州大学、复旦大学、中国政法大学、西南政法大学、大连海事大学、武汉理工大学、西南财经大学、南开大学、西北师范大学、国际关系学院、中央财经大学、华东理工大学；设国家安全专业方向的高校有 17 所，为中央财经大学、山东大学、中国政法大学、新疆大学、云南师范大学、复旦大学、南京大学、上海政法学院、西南财经大学、华东理工大学、武汉理工大学、东南大学、南开大学、西南财经大学、西北师范大学、中国政法大学、郑州大学（在这些高校，国家安全专业方向所属专业分别为宪法学与行政法学、思想政治教育、马克思主义理论、政治学、政治学理论、军事法学，国际政治，国际政治与国际法治、国防经济、应急管理、公共管理、图书情报与档案管理等）。

一、国家安全法学专业应定位为法学一级学科下的二级学科或专业

学科是大学进行人才培养和科学研究的基本功能载体和工作单元，是相对独立的知识体系，指科学领域或一门科学的分支。随着国家安全形势的变化和各种新科技的涌现，国家安全问题日益具有复合性、交叉性和多面性，仅靠单一学科理论已无法解决。构建交叉融合的新学科势在必行。因此，2020 年 12 月 30 日，国务院学位委员会、教育部印发通知，新设置"交叉学科"学科门类（学科代码 14），并在此学科门类下首批设置"国家安全学"一级学科（学科代码 1402），要求各单位结合实际情况，加强该两个一级学科的建设，做好人才培养工作[2]。如前所述，很多高校抓住设置国家安全学一级学科的机遇，设立了国家安全学二级学科或专业并招生。西北政法大学则在法学一级学科下自主设置了国家安全法学专业，招收硕士研究生。

我校自主设置国家安全法学专业，首先要明确其学科定位。

在国家安全法学专业的学科定位上，学者们主要有两种观点：一是将其定位于国家安全学一级学科下的二级学科或专业，理由是国家安全法学以国家安全法律体系为研究对象，其最终落脚点更贴近国家安全学[7]；二是将其定位于法学一级学科下的二级学科或专业，理由后详。

国家安全学与国家安全法学既有共性也有区别。共性是它们都具有交叉性与融合性、继承性与创新性、理论性与实践性。区别主要在于各自研究对象的不同：国家安全学以总体上的国家安全、影响国家安全的因素、危害国家安全的因素以及国家安全保障等方面的基本现象、本质及规律等为研究对象[8]；而国家安全法学的研究对象则是以《国家安全法》为核心的国家安全法律体系[9]。简言之，前者研究国家安全问题；后者研究国家安全法律问题。

国家安全学一级学科属交叉学科门类；法学一级学科属法学学科门类。国家安全法学专业定位于哪个一级学科之下更合适？下面从汉语语法、哲学相关原理和学科存在的条件三层次作分析，以寻求正确的答案。

从汉语语法上讲，"国家安全法学"是偏正短语中的"定中短语"，结构为定语＋中心词。"法学"是中心词，"国家安全"是定语。"法学"是主要内容，"国家安全"是对中心词的归类和界定，说明中心词的属性。即，"国家安全法学"所指的"法学"是有关"国家安全"方面的。

从哲学关于质的规定性原理上讲，"国家安全法学"的质的规定性是"法学"，是其成为其自身并区别于其他学科的内在规定性，"国家安全"只是表现法学这种质的规定性的属性。

从学科独立存在的条件上讲，研究对象界定是学科构建的起点[10]。只有有专属的具排他性特征的研究对象，才能构成独立的学科。研究对象是区别不同学科的主要标志。国家安全法学以国家安全法律体系为研究对象，应归属于法学学科。

由此可见，上述将国家安全法学专业归属于国家安全学一级学科的观点欠妥：将研究国家安全问题的学科之"冠""戴"在研究国家安全法律问题的专业"头"上，"张冠李戴"；因"落脚点"贴近国家安全学就决定国家安全法学专业"头"即学科的归属，首足异处，就好比，经济法学落脚点是保障经济繁荣发展，但不能因此将它归于经济学学科。鉴于此，国家安全法学专业是法学一级学科（法学门类下）与国家安全学一级学科（交叉学科门类下）交叉融合形成的法学一级学科下的二级学科或专业。简言之，国家安全法学专业是属于法学一级学科之下的二级学科或专业；是一门具有交叉性与融合性、继承性与创新性、理论性与实践性的新兴专业。将来，如果国家采纳了前述刘跃进教授的意见，将国家安全学上升为学科门类，再将国家安全法学设置为此门类下的一级学科也是合理的。

二、我校设置国家安全法学专业的必要性与可行性

明确了国家安全法学专业的学科定位，只是解决了"国家安全法学专业是什么"的问题。接下来就须回答"为什么我校应设置国家安全法学专业"的问题，即设置该专业有何必要性和可行性。

（一）我校设立国家安全法学专业的必要性

1. 设立国家安全法学专业，是贯彻落实总体国家安全观和党的二十大精神，加强国家安全法治建设的重大举措。2014年4月15日，习近平总书记在中央国家安全委员会第一次会议上首次提出并在其后多次阐述了总体国家安全观。总体国家安全观的核心要义可概括为"五大要素"和"五对关系"。"五大要素"即"以人民安全为宗旨，以政治安全为根本，以经济安全为基础，以军事、文化、社会安全为保障，以促进国际安全为依托[11]"。"五对关系"即"既重视发展问题，又重视安全问题；既重视外部安全，又重视内部安全；既重视国土安全，又重视国民安全；既重视传统安全，又重视非传统安全；既重视自身安全，又重视共同安全[12]。"

国家安全体系在不断丰富和发展。首次系统提出的"11种安全[12]"，经2015年颁行《国家安全法》新规定金融安全等构成要素，再到2020年2月14日强调"把生物安全纳入国家安全体系[13]"等过程，国家安全体系发展成为包括政治、国土、军事、经济、文化、社会、科技、信息、生态、资源、核、海外利益、太空、深海、极地和生物16个领域并动态发展的总体国家安全体系。

总体国家安全观是中国特色国家安全思想发展的新阶段，是习近平法治思想的重要组成部分。其重要理论特色主要体现在人民性、系统性和开放性三方面。总体国家安全观是指导国家安全法治实践和国家安全法学学科专业建设与人才培养的"总理念"[10]。

与总体国家安全体系相应，规定总体国家安全的法律也是总体的。所谓总体国家安全法，不是单指一部《国家安全法》，而是指以宪法相关规定为核心、以《国家安全法》为主干、以规范各领域国家安全事务的法律法规为要素所构成的法律体系。既有基本法，又有基本法律以外的其他法律；既有传统安全领域的法律，又有非传统安全领域的法律；既有全国适用的法律，又有适用于特别行政区的法律；既有法律，又有法规；既有国内法，又有国际法。

党的二十大报告指出，国家安全是民族复兴的根基，社会稳定是国家强盛的前提。必须坚定不移贯彻总体国家安全观，把维护国家安全贯穿党和国家工作各方面全过程，确保国家安全和社会稳定。

为了贯彻落实总体国家安全观、习近平法治思想和党的二十大精神，充实完善总体国家安全体系及其法律体系和有效实施相关法律，我国需要扩充专门人才储备并加强专门人才的理论积淀。国家安全法学专业，是以高层次、高素质、复合型、创新型国家安全法学法治专门人才为培养目标，以总体国家安全观指导下的国家安全法律体系为研究对象。因此，设置国家安全法学专业正是践行总体国家安全观和党的二十大精神，加强国家安全法治建设的重大举措。

2. 设立国家安全法学专业，是贯彻落实立德树人根本任务，培养高层次国家安全法治人才的神圣使命。2021年4月，习近平总书记在清华大学考察时指出，要坚持把立德树人作为根本任务，把服务国家作为最高追求，为党育人、为国育才[14]。在党的二十大报告中强调，全面加强国家安全教育，增强全民国家安全意识和素养，筑牢国家安全人民防线。这为高校在国家安全法治领域落实立德树人的根本任务，为党育人、为国育才指明了方向。要维护国家安全，必须增强全体公民尤其是高层次人才的国家安全法治意识并提升其法治素养。

研究生是未来建设国家和维护国家安全的主力军，其国家安全法治意识和法治素养直接关系到国家安全和国家现代化事业。因此，对研究生进行国家安全法治意识和法治素养培养，既是高校落实立德树人根本任务的重要举措，也是维护国家安全的客观需要，还是提高研究生防范国家安全风险能力的必由之路。因此，作为国家安全斗争的前沿阵地，高校应认识到对研究生进行国家安全法治意识和法治素养培养的重要性，采取强有力的措施切实加强研究生培养教育。

设置国家安全法学专业，正是高校重要措施之一。对研究生进行系统的国家安全法律专业教育，不论从专业方面还是从课程思政方面，都能使研究生系统掌握国家安全法律知识，理解法律精神，增强法治意识，提高运用法治思维和实施法治行为的素质、修养和能力，成为社会主义事业的合格建设者、可靠接班人和国家安全的坚定维护者。这种培养效果不仅可以辐射影响法学和其他专业的学生，还可以造福全社会。

3. 设立国家安全法学专业，是加强国家安全法学学科、学术和话语体系建设的时代要求。构建有中国特色、中国风格、中国气派的学科体系、学术体系和话语体系（简称"三大体系"），是我国哲学社会科学建设的重要使命。国家安全法学新兴专业的设立，不仅有利于其上位学科法学一级学科及其交叉学科国家安全一级学科的建设，更有助于其自身"三大体系"的建设。

（1）国家安全法学学科体系建设。国家安全法学所具有的国家安全学与法学的交叉学科属性，决定了其学科体系的交叉性与融合性。国家安全法学学科体系大致可分为三类。一是国家安全法学基础学科，即对国家安全法学自身结构、规律、思想、历史等进行研究而形成的学科，主要包括国家安全法学基础理论、思想史（中外）、制度史（中外）等。二是国家安全法学专门学科，即由其内部分化而来的学科，如国家安全立法学，国家安全执法与司法学、国家安全法律监督学等。三是国家安全法学交叉（分支）学科，即由各领域国家安全学与法学交叉而形成的学科，如政治安全法学、经济安全法学等。当然，目前国家安全法学还未上升为一级学科，其分支学科还只能作为专业方向来办。如果将来国家根据刘跃进教授的意见，将国家安全法学设置为国家安全学门类下的一级学科[4]，以上分支学科方可按性质相近等标准进行整合后设为二级学科或专业。

（2）国家安全法学学术体系建设。应紧密结合理论与实践，建设以下四方面的学术体系。一是建立国家安全法学学术组织。如，可在学生中成立国家安全法学研究会；也可以由我校牵头，在湖北省法学会下设国家安全法研究会，还可在其下再设若干专业委员会如政治安全专业委员会等。二是构建国家安全法学学者共同体。共同体不仅要吸纳本学科的学者，还要广泛吸引国家安全部门及相关实务部门的人员和海外学者，并采取"双导师制"培养本学科人才。三是本着"立足中国、借鉴域外，背靠历史、把握时代、面向未来"的精神，加强国家安全法学学术理论创新。

（3）国家安全法学话语体系建设。要从提升国内和国际两方面话语权的视角，加强兼具"硬权力"和"软权力"特征、作为言说体系的国家安全法学学科话语体系建设。尤其要通过融入国际话语体系，发出中国声音，拿出中国方案，贡献中国智慧，增强我国在国家安全法学领域的国际话语权。

4. 设立国家安全法学专业，是新文科建设和我校法学一流学科建设的客观要求。设立国家安全法学专业，契合了新文科建设的需要。新文科以问题为导向，运用"跨界"思维，强调在文科各学科之间、文科与理工农医等学科之间，使用交叉融合的思维方式解决问题。这种"跨界"思维也体现在"新法科"和"新法学"的建设中[15]。新文科并非对传统文科的全面否定，而是为了弥补传统文科在解决新时代出现的新问题（如国家安全法律问题）等方面的不足而出现。新文科建设之"新"主要体现在"四新"[6]上。一是新理念。即中国文科（当含法学学科）的发展，要摈弃"言必称西方"的理念，坚持走中国特色的发展道路。二是新思维。其核心是学科的交叉融合，要求在文科中引入自然科学的思维。国家安全法学非属传统文科，只有通过学科交叉、文理（工农医等）融合，运用新思维、新手段、新方法才能完成培养高素质国家安全法学专业人才的任务。三是新体系。即构建具有复合性多样性的学科体系。国家安全法学学科体系，不仅包括国家安全法学基础理论等传统文科内容，还包括生物、网络等理科内容。由此形成文理交融的新学科体系。四是新目标。即以解决实践中存在的问题为目标。国家安全法学研究的是系统思维下的总体国家安全，其目标是用法治手段解决问题，维护国家安全。

设立国家安全法学专业，是切合我校高等教育"双一流"建设需要的重要任务。我校法学学科于2017年9月正式入选国家"双一流"建设学科名单[16]，开始"双一流"学科建设。2018年8月，教育部等三部委印发的指导性意见中提出，要"加强国家战略、国家安全、国际组织等相关急需学科专业人才的培养[17]"。设置国家安全法学专业，正是为了法学学科走特色发展、内涵发展道路，加强学科与特色专业建设，寻求学科发展新的突破口和新的增长点，培养国家急需的国家安全法学理论研究人才与法治实务人才。这也是我校法学学科双一流建设的重大时代任务。目前，西北政法大学已在法学一级学科下自主设置了国家安全法学专业硕士点。作为老"五院四系"之一和"一流法学学科"建设单位之一，我校不能落于人后，应顺势发展法学学科，自主设置国家安全法学专业博士和硕士授权点。

同时，设置国家安全法学专业，也是我校经法管等多学科资源交叉融合，建设"财经政法深度融通、特色鲜明的世界一流大学"的内在要求。

（二）我校设立国家安全法学专业的可行性

设置一个新专业，仅有必要性不行，还必须具备充分的可行性。可行性主要体现在学科建设、教师队伍、教学科研条件和培养体系等方面。我校的现实情况和发展趋势表明，我校具备设置国家安全法学研究生专业的可行性。

1. 具备坚实的学科支撑。首先，从学校的层面讲。我校是以经济学、法学、管理学三大学科为主，紧密融通并相互支撑，兼有哲学、理学、工学学科门类学科的具有传统和比较优势的大学。法学学科与经济学、管理学等学科的交叉融合，正是我校的特色所在。经济学科、管理科学与工程学科、哲学学科等学科都有很强的学科学术实力，可分别为国家安全法学专业相关方向提供理论、智慧和智力支持。

其次，从法学学科层面讲。法学学科起源于 1949 年创办的中原大学政治学院，至今已有 73 年的办学历史和学术积淀，形成了自己的传统优势。从设置本专业来说，目前在社会治理法学、社会安全法学、经济安全法学、文化安全法学、生态与资源安全法学、信息安全法学、国际安全法学等方向已有较好的研究基础。目前，法学学科以法学院、国家治理学院为主体，兼有知识产权学院、刑事司法学院、法律硕士教育中心等。目前拥有法学一级学科博士、硕士点和法律硕士专业学位授予权。有多个国家级和省部级研究基地和研究中心以及校设研究院（所）。同时，还在全国设有几十个教学、科研以及人才培养的实训实习基地，为国家安全法学专业的教学、科研、人才培养等工作积累了丰富的经验，奠定了坚实基础。

2. 具备优质的师资队伍。拟设立的国家安全法学专业各方向都可由国内著名法学家、知名学者领衔，有由教授、副教授组成的教学科研团队，其中博士、硕士研究生导师达数十人，团队实力雄厚，结构较为合理。

3. 具备良好的教学科研条件。我校是国家"211 工程"和"985 工程"优势学科创新平台项目重点建设高校，于 2017 年入选国家首批"双一流"建设高校（法学学科入选首批"双一流"建设学科名单）。学校教学基础设施完善，校园面积大而建设美丽，馆藏图书充足、多媒体等硬件设施齐全，无线网覆盖面广，办学条件优良。科研实力雄厚，如，2022 年度国家社科基金重大项目立项数在全国入榜的 104 所高校中名列第 12。

4. 具备健全的研究生培养体系。我校健全的研究生培养体系表现在三个方面。一是有完备的紧紧围绕教学内容、教学对象、教学方法等关键问题，着力构建起来的具有政治性、思想性、科学性、时代性和系统性的授课体系；二是有以申报项目为合作载体，师生共建的复合型科研团队；三是从严把握培养质量关，建有一套严格的学术论文指导机制。

三、结语

作为国家安全法学交叉学科的国家安全学，自 1998 年起就有学者对其进行研究。特别是随着总体国家安全观的提出、2015 年《国家安全法》的颁布和国家设立国家安全学一级学科决定的做出，相关研究更是形成热潮，并带来该学科的迅猛发展，研究成果不断涌现，且有 21 所、17 所高校分别招收国家安全学专业研究生和国家安全学方向研究生。与此相较，直至目前，有关国家安全法学学科建设的研究成果有限，且只有西北政法大学一所高校在法学一级学科下自主设立了国家安全法学专业招收研究生。总的说来，国家安全学一级学科建设刚起步，还有很多问题需要深入研究。而对国家安全法学学科专业建设的研究更显不充分不深入，尤其是对其学科定位问题研究不多，有的定位欠准。这将直接影响该专业的建设质量和研究生的培养质量。

鉴于上述，本文首先从汉语语法、哲学相关原理和学科成立的条件等方面，对国家安全法学专业的学科定位进行了初步探讨，认为应将其定位于法学一级学科下的二级学科或专业。其次，对我校在研究生层次设立国家安全法学专业的必要性与可行性进行了讨论，认为设置此专业，是加强国家安全法治建设、培养高层次国家安全法治人才、加强法学学科"三大体系"建设、加强新文科与法学一流学科建设以及助力我校建设世界一流大学的需要，有非常的必要性；我校设置此专业，有坚实的学科支撑、优质的师资队伍、良好的教学科研条件和健全的研究生培养体系，具备充分的可行性。

参考文献

［1］习近平. 高举中国特色社会主义伟大旗帜，为全面建设社会主义现代化国家而团结奋斗——在中国共产党第二十次全国代表大会上的报告［N］. 人民日报，2022 – 10 – 26（01）. 以下凡引该报告，皆不另作注。

［2］国务院学位委员会，教育部. 关于设置"交叉学科"门类、"集成电路科学与工程"和"国家安全学"一级学科的通知，学位［2020］30 号，360A22 – 07 – 2020 – 0016 – 1［EB/OL］.（2020 – 12 – 30）［2022 – 08 – 08］. http：//www. moe. gov. cn/srcsite/A22/yjss_xwgl/xwgl_xwsy/202101/t20210113_509633. html.

［3］毛欣娟. 论当前我国国家安全学学科建设中的几个基本问题——基于中国知网的相关数据分析［J］. 北京警察学院学报，2020（01）：5.

［4］刘跃进. 刘跃进国家安全文集（下册）［M］. 北京：中国经济出版社，2020：265.

［5］王林. 新文科背景下的国家安全法学专业建设与人才培养研究［J］. 情报杂志，2021（10）：187.

［6］王林. 国家安全学下的国家安全法学专业课程体系研究［J］. 情报杂志，2022（03）：102.

［7］舒洪水，马瑜. 多学科交融的国家安全法学专业建设探究［J］. 法学教育研究，2022（01）：54.

［8］刘跃进. 加快国家安全学理论研究与学科建设［EB/OL］.（2019 – 07 – 09）［2022 – 08 – 08］. http：//org. cssn. cn/xspj/xspj/201907/t20190709_4931418. shtml

［9］兰迪. 简论国家安全法学［EB/OL］.（2021 – 06 – 06）［2021 – 06 – 06］. https：//cati. nwupl. edu. cn/bgpl/rdsp/549. htm.

［10］余潇枫，章雅荻. 广义安全论视域下国家安全学"再定位"［J］. 国际安全研究，2022（04）：15.

［11］习近平. 坚持总体国家安全观，走中国特色国家安全道路［N］. 人民日报，2014 – 04 – 16（01）.

［12］总体国家安全观研究中心课题组，傅小强. 党的二十大精神指引国家安全新征程［J］. 国

家安全研究，2022（05）：12.

[13] 习近平．完善重大疫情防控体制机制，健全国家公共卫生应急管理体系［N］．人民日报，2020－02－15（01）．

[14] 王鹏．为党育人，为国育才——以习近平同志为核心的党中央关心学校思想政治工作纪实［N］．人民日报，2021－12－02（01）．

[15] 杨宗科．适应新时代新要求，建设"新法科""新法学"［J］．法学教育研究，2020（01）：31.

[16] 教育部，财政部，国家发展改革委．教育部、财政部、国家发展改革委关于公布世界一流大学和一流学科建设高校及建设学科名单的通知，教研函［2017］2号，360A22－07－2017－0005－1［EB/OL］．（2017－09－21）［2022－08－08］．http：//www. moe. gov. cn/srcsite/A22/moe_843/201709/t20170921_314942. html.

[17] 张烁．三部委联合印发指导意见，引导高等学校走内涵式发展道路："双一流"，怎么建［N］．人民日报，2018－08－28（12）．

（作者单位：中南财经政法大学法学院）

新文科建设背景下科教融合育人模式的探索与实践

——以世界经济二级学科为例*

杨 波 高小莉

摘 要： 新文科建设明确提出要把人才培养与科学研究紧密结合，理论研究与实践探索紧密结合，为推动研究生教育改革，提升人才培养质量提供了良好契机和重要指引。科教融合已成为我国培养创新型、拔尖型、卓越型人才的重要渠道，并成为推动中国学科建设高质量发展的关键环节。中南财经政法大学世界经济学科积极响应新文科建设，立足于培养高层次拔尖创新型研究生人才，构建经管法融通型以及学科融合型人才培养模式，从导师团队建设、培育复合型人才、学科融合发展、留学生教育、协同育人体系五个方面，展开科教融合育人模式在世界经济领域的实践与探索。通过深耕本学科领域，加强科教融合发展以及积极对外交流，世界经济学科在师资队伍建设、科研成果、教学成果、社会服务以及人才培养等多个方面取得重要成绩，其相关经验可以为经济学等社会科学发展提供借鉴。

关键词： 新文科建设 科教融合育人 研究生教育 世界经济学科

党的二十大报告提出，加强基础学科、新兴学科、交叉学科建设，加快建设中国特色、世界一流的大学和优势学科，同时还强调产教融合、科教融汇。学科建设作为连接人才培养和科学研究的纽带，是推进科教融合和学科发展形成良性循环的重要抓手[1]。科教融合育人模式符合创新人才发展的内在特质，对于构建系统知识体系、培养科学思维、激发创新意识具有重要意义[2]。可见，在新文科建设的背景下，科教融合已成为我国培养创新型、拔尖型、卓越型人才的重要渠道，并成为推动中国学科建

* 项目资助：本项目受 2021 年度研究生拔尖人才培养项目"世界经济团队科教融合育人模式研究"资助（编号：31422210404）。

设高质量发展的关键环节。

研究生教育是建设高质量教育体系和创新型国家的重要支撑[3]，新时代对发展中国特色研究生教育提出了新的任务和挑战[4]。中南财经政法大学世界经济学科积极响应新文科建设，立足于培养高层次拔尖创新型研究生人才，构建经管法融通型以及学科融合型人才培养模式，将科教融合育人模式应用于世界经济学科人才培养的实践中，积极推进教学、科研、实践紧密结合，通过多种途径推动教师把国际前沿学术发展、最新研究成果和实践经验融入课堂教学，同时让学生通过参与课题研究、论文写作、国际交流等科研活动，在科教融合方面取得了一系列较为突出的成果。

一、世界经济二级学科的历史沿革与发展现状

（一）历史沿革

世界经济系隶属于中南财经政法大学经济学院理论经济学一级学科下的二级学科。经济学院于 2000 年获得理论经济学一级学科博士学位授予权，作为理论经济学的二级学科之一——世界经济专业同时获得招收博士和硕士研究生的资格。2001 年开始招收硕士研究生，2002 年开始招收世界经济专业博士学位研究生。经过 20 余年的发展，世界经济专业在经济学院从无到有，从小到大，不断成长壮大，呈现出蓬勃向上、多个研究方向齐头并进的发展势头，现已成为经济学院主要的研究生招生培养专业之一。

此后，为顺应经济全球化和国家经济发展战略的需要，在世界经济学科资源的支撑下申报专业硕士项目，于 2011 年开始招收国际商务专业硕士，定位于培养综合素质高的"懂经济、善管理、晓法律、通外语"的复合型国际商务专业人才。

在 20 多年的发展历程中，世界经济专业和国际商务硕士专业持续培养经济学和管理学全面融通的经济管理人才，大量毕业生在各级政府、涉外企事业单位等工作，为中国经济走向世界提供了人力资源支持。

（二）学科方向布局

世界经济学科以李小平、朱延福、佘群芝、杨波、蔡玲、代谦等知名学者为带头人，形成了以开放经济学研究、国际经济周期研究、国际经济合作研究、当代国际贸易问题、国际投资问题研究、地区经济与国别经济等多个研究方向，呈现多方向齐头并进的发展势头。

其中开放经济学研究方向主要研究开放经济学的基本理论，包括开放经济的动因、机制、阶段，开放经济的运行、风险、控制，中国对外开放政策与体制变迁、开放绩

效、开放前景等问题。国际经济周期研究方向主要研究全球化背景下国际经济的增长、波动及其形成的周期性规律。国际经济合作研究方向主要研究"一带一路"倡议的推进与实施问题，特别是中国与沿路国家的经济、技术和文化方面的合作问题。当代国际贸易问题方向主要研究在当代国际贸易政策下贸易所带来的新的环境问题，主要是污染转移、环境变迁和跨国治理等问题。国际投资问题研究方向主要研究中国企业的对外直接投资问题，企业跨国经营中的投资区位、产业、方式的选择等问题。地区经济与国别经济方向主要研究"一带一路"国家经济问题以及该区域内国际经济组织，如东盟、阿盟、非盟、上合组织、亚洲开发银行、亚洲基础设施开发银行等问题。

世界经济学科围绕六个主要方向开展学术研究，以期为中国提高对外开放水平，加快构建国内国际双循环新发展格局提供理论支持和对策研究。

（三）师资队伍建设状况

目前世界经济学科已经建立了一支综合力量较强、年龄结构合理的师资团队。现有博士生导师5人，硕士生导师18人，校外合作学术硕士和专业硕士导师30余人。其中，目前已经荣休的学科创始人朱延福教授曾任我校研究生院院长，在《中国社会科学》等权威期刊发表学术论文，获得教育部、财政部、湖北省等多个部门和省份的表彰。目前的学科带头人李小平教授为我校经济学院院长，拥有国家级青年人才、国家级领军人才、教育部新世纪优秀人才等称号，多次在《经济研究》杂志发表学术论文。此外，博士生导师佘群芝、杨波、蔡玲、代谦等教授也长期深耕世界经济学科，取得许多重要研究成果和奖项。

同时，全部18位硕士生导师均具有博士学位，并且具有出国留学或访学的经历，近年来取得国家级社科基金、教育部人文社科基金十多项，在《统计研究》《数量经济与技术经济》等知名刊物发表论文上百篇。此外，世界经济学科每年通过人才柔性引进机制从国内外知名高校和研究机构引进人才，并聘请校外导师，为世界经济学科建设、高水平论文发表、国家级课题申报、人才培养以及学生就业提供支持和保障。其中代谦教授系世界经济学科从厦门大学全职引进的特聘教授；黄维乔教授、洪嘉阳教授系世界经济学科从美国西密歇根大学柔性引进的兼职教授。

总之，新文科建设对世界经济学科建设和发展提出了新的要求，即人才培养与科学研究紧密结合，本科教育与研究生教育紧密结合，理论研究与实践探索紧密结合。科教融合育人模式是世界经济学科在新形势下，提高人才培养质量，推动学科建设适应新时代发展需求的重要选择。

二、新文科建设背景下世界经济科教融合育人模式的实践

结合新文科建设的具体要求以及世界经济学科发展现状，在充分利用学科资源的基础之上，世界经济学科从导师团队建设、培育复合型人才、学科融合发展、留学生教育、协同育人体系五个方面，展开科教融合育人模式在世界经济领域的实践与探索。

（一）通过导师团队建设构筑科教融合人才培养基础

世界经济学科通过对内加强师资水平建设，对外积极引入高质量教师人才，推动高水平师资团队建设，为高质量研究生人才培养保驾护航。

一方面，世界经济学科加大人才引进力度。每年持续从厦门大学、武汉大学等境内外重点高校引进优秀青年博士，利用省级人才工程和"文澜学者"等人才柔性引进机制先后从中国社会科学院、美国西密歇根大学、悉尼科技大学等国内外知名高校和研究机构引进十多位省级人才工程入选者、"文澜学者"讲座教授、海外兼职教授等。同时积极引进校外导师，聘请校外研究机构、政府部门、企业高管等为学生开展系列讲座及就业指导等工作，为培养复合型人才提供了重要的校外师资保障。

另一方面，积极打造跨学科的师资研究团队。世界经济学科依托"法与经济学科群"国家一流学科建设点和国家级创新引智基地等，鼓励校内师资与国内外高校及科研机构合作，积极组建了国际贸易与环境、"一带一路"区域价值链建设、国际能源经济等方向的多个跨学科研究团队。同时加强"双师型"教师队伍建设，引进和培育具有扎实专业理论知识与丰富实践经验的"双师型"教师，进一步增强教师的综合素质和专业实践技能。

（二）通过理论与实践相结合培育复合型人才

世界经济学科以复合型人才培养为目标，通过引入前沿理论、加强案例教学、鼓励学科竞赛等多种方式，将中国乃至世界前沿科研成果融入研究生教学，以提高世界经济研究生的理论水平和实践能力。

在提升研究生理论水平方面，世界经济学科注重建立与国际接轨、符合国情的课程体系。通过专业人士、教师和毕业生的调研交流讨论，结合市场评价，对课程体系进行科学调整，体现"宽口径，厚基础，通专结合"的原则。此外，以培养创新意识为目标，积极引入教师的科研成果以及前沿理念，并通过聘任或邀请校内外、国内外高水平专家学者为高层次客座教授，为世界经济专业硕士生和博士生授课。

在增强研究生实践能力方面，积极改革研究生课程体系，增加应用性、操作性强

的专业课，通过提高案例教学比例，有效提升了学生对理论如何在实践中应用的理解。此外，积极开展校政、校企与国际合作，同外经贸企事业单位联系，开展实习基地建设，开办企业家论坛系列讲座，实现教学与实践零距离。

（三）通过学科融合发展培育创新型人才

世界经济学科充分利用学校和理论经济学学科的教研资源，通过经、管、法融通教育，打破学科壁垒，加强学科融合发展。

一方面，围绕"经管法融通"目标，结合学校财经和政法专业深度融通的鲜明特色，深化专业综合改革。通过打造理论经济学与英语、法律等一级学科交叉"合纵协同"模式和平台，增加全英文或双语教学类课程和此类课程教学的比例，建立以世界经济专业课程为主，且贯通英语法学专业知识的培养体系，实现大多数专业必修课为全英文授课或双语授课，有效地提升了研究生经管法融通能力、跨界整合能力以及创新能力。

另一方面，充分利用理论经济学一级学科长期的理论积淀，鼓励世界经济研究生与其他经济学科学生积极合作，在充分调动研究生自主学习能力与积极性的同时，有效开拓了研究生在经济学领域发现问题、探究结症、解决问题的思维和能力，实现世界经济学研究生拔尖人才科研能力的突破。

（四）通过发展留学生教育服务国家"一带一路"建设

世界经济学科通过发展留学生教育，提升科教融合发展的国际化水平，并通过留学生教育提高人才培养的国际化水平，服务于国家"一带一路"建设大局。

一方面，世界经济学科响应国家"一带一路"倡议号召，打造高水平的经济学博士留学生培养体系。为弥补留学生汉语能力不足的问题，为留学生开设了一系列全英文课程。通过全英文授课将专业课教学内容与国际前沿经济理论接轨，结合博士留学生的特点和特长，引导他们聚焦"一带一路"沿线国家相关经济问题，全面提升博士留学生科研能力。

另一方面，坚持国际化与中国化相结合的科研教学思路，提升博士留学生的科研能力。通过引入导师学生合作、中外学生合作、国外高校合作、国内高校横向合作等多种科研合作平台，指导博士留学生在发挥自身科研特色的基础上，弥补其在专业基础、研究方法、科研资源等方面的不足，使其科研水平能够达到国际高水平期刊的要求，同时鼓励他们参加国际国内学术会议和校内学术研讨。此外，增进博士留学生对中国教育、中国经济以及中国社会发展的认知与理解，为培养"知华友华"的国际化人才作出贡献。

（五）通过打造科教融合平台构建协同育人体系

世界经济学科汇聚高校、社科院等优势资源，建立跨学院、跨学科、多学科融合教育、科研一体化的共享型协同育人体系，积极推动国际交流与合作，提升国际化水平。

一方面，深入实施"研究生创新教育计划"，强化创新能力的培养。鼓励研究生参加科研课题立项、各类竞赛、讲座、论坛等创新实践活动，并搭建科研基地、智库等各类科研平台，以国内高水平学术竞赛、实践竞赛为依托，开展研究生自主研究与实操训练。同时加强校企合作搭建实训平台，开办"青研菁英·企业家论坛"系列讲座，与行业标杆企业和政府部门合作建立协同育人基地，提高研究生的实践能力。

另一方面，加大对学术型世界经济研究生与应用型国际商务专业硕士赴国外高水平大学开展"短期境外交流项目""短期海外科研训练"、境外联合培养等各种项目的支持。依托"创新型国际人才培养项目""中外合作办学项目"等，派出多名学生赴境外合作院校交流学习、参加国际学术论坛并做主题报告。借鉴国外教育发展和学科建设的先进经验，世界经济学科积极开展国际交流与合作，通过双边交流、技术合作、专家互访、合作办学等途径，促进学科和专业的建设与发展。

三、世界经济科教融合育人模式取得的主要成绩

在全国新文科建设背景下，世界经济学科将科教融合育人模式运用到学科建设中，分别在师资队伍建设、科研成果、教学成果、社会服务以及人才培养等多个方面取得重要成绩。

（一）师资队伍建设质量高

世界经济学科通过对内加强师资水平建设，对外积极引进国内外知名经济学者，正逐步建立健全以高水平科研创新能力教师为核心的研究创新型师资团队和实践技能型师资团队。近年通过从英国伯明翰大学、法国 ESSEC 商学院、香港城市大学、北京大学等引进大量优秀博士，提高了教学团队的年轻化和国际化水平。

目前，世界经济学科已经构建出老中青相结合的师资队伍，年龄结构合理，现有专任教师 20 余人，其中博士生导师 5 人，硕士生导师 18 人，包括教育部青年长江学者、国务院政府特殊津贴专家等。大多数研究生导师都有在研国家级及省部级项目，能够较好地引导学生参与到高水平的科研项目中。教师结构以中青年教师为主，其中绝大多数教师具备海外留学经历，能够进行全英文授课的教师占比超过 50%，90% 以

上的专业必修课为全英文授课或双语授课。

（二）科研成果突出

世界经济学科团队通过深耕本学科领域，加强科教融合发展以及积极对外交流，坚持教学科研双向提升战略，在国家级项目、学术专著以及高水平论文发表等诸多方面取得重要成果。近年来世界经济学科累计出版专著 20 余部，在《经济研究》等国内知名期刊发表论文 100 余篇，在 *China & World Economy* 等 SCI/SSCI 期刊发表论文数十篇，国家社科基金、国家自科基金、教育部人文社科项目立项十多项，国家社科基金重大项目一项。

世界经济学科在相关科研领域产生较大的学术影响力，屡次获得相关奖项，包括教育部高校人文社科优秀成果二等奖、湖北省社科成果二等奖、安子介国际贸易研究奖等多个有影响力的奖项。

（三）教学成果丰富

世界经济学科广泛开展教学研究活动，获得一系列教学项目和教学成果奖项。近五年获批多项教学研究和教改项目，其中余群芝教授主讲的"国际经济学"获评国家级一流精品课程；"国际商务"获评湖北省一流本科课程；国际经济学教研室获评为湖北省本科高校优秀基层教学组织；国际商务本科专业获评国家级一流本科专业。

世界经济学科在不断夯实课堂教学的基础上，还积极推动多元化学术平台建设。通过邀请美国教授来校进行系列讲座和教学，例如，邀请美国内布拉斯加大学的冯志钢教授连续几年线上讲授"高级宏观经济学"课程，邀请美国西密歇根大学经济学系主任黄维乔教授的《怎样撰写研究论文并在英文期刊上发表》系列讲座，以及洪嘉阳教授的《英文论文写作及如何发表》系列讲座等，与国际高校和科研院所建立了长期的学术合作，为师生建立了国际科研合作的平台。

（四）社会服务成效显著

世界经济学科团队在坚持理论教学与研究的同时，国家重大战略性问题献计献策，为我国推进高水平对外开放体制提供智力服务。近年来，世界经济学科团队承担国家及部委课题，省、市政府委托课题，提供研究报告、调研报告，提供决策建议等数十项。

此外，世界经济学科团队教师通过担任武汉市人民政府参事、武汉市政府咨询委员会委员、九三学社湖北省经济委员会主任、民建湖北省经济委员会委员等职务，通过参政议政的方式为湖北省、武汉市建言献策，多次获得相关部门的表彰和奖励；另一方面，通过担任中国建筑材料集团有限公司等央企或上市公司的外部董事等职务，积极对部分企业的经营管理提出有益建议。

（五）人才培养硕果累累

世界经济专业研究生在导师团队带领下，其科研、实践能力均表现突出，毕业生就业情况良好。近年来，有超过数十人次在校级、市级和国家级创新项目等学术活动和学科竞赛中立项或获奖，累计在《经济研究》等国内外重要期刊发表论文多篇，荣获"安子介国际贸易研究奖"学术鼓励奖等奖项。有超过50%以上的毕业生签约国内外各大银行、投资公司、外贸企业、国际商务部门等。根据学生能力达成跟踪评价和用人单位的反馈，本专业毕业生整体素质较高，具有出色的社会适应能力和较高的专业水平和专业能力。

其中，世界经济专业2018级博士研究生 PSZ 在 *China & World Economy*、《统计研究》《财经研究》等刊物上发表十多篇文章，获得安子介国际贸易研究奖学术鼓励奖、中国经济学年会博士毕业生学术新星、全国经济学研究生学术年会优秀论文一等奖、湖北省第八届长江学子等奖励，并作为特聘副教授留校任教。

近五年来，世界经济学科共招收来自加纳、孟加拉国、泰国、斯洛伐克、巴基斯坦等"一带一路"国家二十余名博士研究生，部分留学生毕业后在母国高校任教，用高水平科研成果服务自己国家，且为"一带一路"建设提供人才支撑和智力支持。同时，也有部分留学生继续留在中国，其中，有位2018级博士留学生（A. M.）毕业后，作为唯一的外籍教师受聘海南大学经济学院，目前在 SCI/SSCI 期刊累计发表英文论文四十余篇，同时在十多家英文知名期刊任审稿人或客座编辑。

四、适应新文科发展的经济学科教融合育人模式的经验

新文科建设适应了国家发展对新型人才的需要，也为经济学人才培养质量进一步提升提供了良好契机和重要指引。在新文科建设的背景下，世界经济学科积极推进科教融合育人模式在人才培养中的实践，在师资队伍建设、科研成果、教学成果、社会服务等方面取得了一定成果，其相关经验可以为经济学等社会科学发展提供借鉴。

（一）坚持学科融合化发展

学科融合是科教融合育人模式的重要抓手和关键基点，要推动科教融合育人模式在经济学科的广泛应用和实践，必须坚持以学科融合推动科教融合。通过打破学科间壁垒，推动跨学科跨专业交叉融合培养、教学与科研实践融合培养、创新创业与专业教育相结合，构建融通性、创新型人才培养体系。

（二） 立足中国化人才培养

新文科建设要求研究生教育立足中国社会经济发展现状，积极响应新时代发展要求，同时科教融合育人模式也强调要培养理论与实践相结合的复合型人才。经济学作为社会科学的重要组成部分，要将人才培养目标定位于服务社会发展和国家需求，关注时事热点，把握先进科学研究发展方向，为实现中国式现代化培养人才。

（三） 面向国际开展科教活动

当前科学技术的发展离不开全球智慧的汇集，经济全球化更成为大势所趋。培养经济学拔尖创新人才需要不断开拓国际视野，面向全球经济发展问题，寻求共同进步的对策。同时更需要通过畅通国际学术交流渠道，建立完善的人才交流体系，吸纳不同国家人才的智慧，在更广阔国际平台上进行先进理论的交流、交融与交锋，推动学术前沿的发展与进步。

参考文献

[1] 刘继安，盛晓光．科教融合的动力机制、治理困境与突破路径——基于中国科学院大学案例的分析 [J]．中国高教研究，2020 (11)：26 - 30.

[2] 向小薇，周建中．科教融合培养创新人才的实践、问题与建议 [J]．中国教育学刊，2022 (10)：1 - 6，54.

[3] 洪大用．研究生教育的新时代、新主题、新担当 [J]．学位与研究生教育，2021 (09)：1 - 9.

[4] 耿有权．新时代中国特色研究生教育发展的理性思考 [J]．学位与研究生教育，2021 (12)：69 - 73.

（作者单位：中南财经政法大学经济学院）

税务专业硕士课程建设产教融合探索案例研究

——以中南财经政法大学为例*

解洪涛

摘　要：本文分析了税务专业硕士培养中单纯依赖校内师资带来的课程开设不足等问题，指出了产教融合推动课程建设的迫切性，总结了当前产教融合推进的普遍问题。归纳了依靠产教融合推动完善课程建设在税务专业硕士培养中的实践做法，讨论了对接企业、税务师事务所、税务机关过程中双方合作需求和分歧。总结了课程建设的成效，产教融合课程建设拓宽了学生的知识体系，创新了校企合作办学的新模式，提升了产教协同育人的教育效果。最后，针对当前制约产教融合课程建设深入推进的制度障碍提出了政策建议。

关键词：税务专业硕士　产教融合　课程建设

2020 年国务院学位委员会、教育部发布了《专业学位研究生教育发展方案（2020~2025）》。方案指出，发达国家高度重视专业学位发展，设置类型丰富、适应专门需求的专业学位，有力支撑了经济社会发展。未来发展专业学位将是学位与研究生教育改革发展的战略重点。在大幅提高招生规模的同时，方案也指出要大力提升专业学位研究生的培养质量，其关键途径是深化产教融合。党的二十大报告再次强调了产教融合对于推进教育改革的重要性。本文分析了税务专业硕士课程建设中产业融合模式的探索过程，总结了财政税务学院和税务师事务所、税务机关等实务部门共同制订税务专业硕士培养方案，共同开设涉税实务课程，共同探索实践课程教材编写的经

---

　　* 本文为中央高校教育教学改革项目"RCEP 背景下中南财经政法大学与德勤事务所联合开展税务专业硕士国际税案例分析能力提升计划"（课题号：31422210905）、"'数智'时代税收专业课程改革与培养创新"（课题号：31412210917）的阶段性成果。

验，分析了制约产教融合仍存在的制度障碍，提出了推进专业硕士课程建设产教融合的政策建议。

一、推进专业硕士课程产教融合的紧迫性及面临的障碍

（一）税务专业硕士培养课程体系存在的问题

税务专业硕士由 2010 年国务院学位委员会第 27 次会议通过设置。目前，共有包括北京大学、中国人民大学、厦门大学、复旦大学、中央财经大学、上海财经大学、中南财经政法大学等 50 余所院校作为培养单位。该研究生学位教育旨在培养具有明确职业导向，面向税务机关、大型企业、税务中介机构及司法部门的高端税务应用人才。经过十余年的发展，税务专业硕士形成了比较完整的教学模式和课程体系。但面对国内税收征管环境数字化、智能化转型，大批中国企业走出去对智慧税务人才、国际化税务人才、的急需，已有课程体系已显得不能适应。此外，对毕业生长期跟踪显示，现有课程体系中缺乏对综合商业技能的培养，成为制约税务人才职业长远成长的瓶颈。

当前课程体系设置存在的主要问题包括：首先，课程体系设置受全日制学硕课程体系设置的影响较大，课程理论化倾向明显，专业性、职业应用性不足。如针对当前税收征管改革前沿的智慧税务内容在课程中缺乏体现。其次，在专业课设置上，虽强调税务专业知识基础，但缺乏商业运作模式课程设置，导致学生难以全面理解税收管理的商业背景。此外，依法治税理念的贯彻要求未来的从业者熟悉税收行政法规，但相关课程的设置较为薄弱。总体上，尽管各所学校的培养目标中，均阐明所培养学生的职业导向，但专业课设置未能完全体现与职业发展一致。以中南财经政法大学 2018 版的培养方案列出的培养目标为例：

本学科面向税务、司法等国家机关、企业、中介机构等相关职业，培养具有从事税务相关职业所需的专业知识与技能的高层次、应用型专门人才……，具有扎实的经济学理论基础，了解管理学及法学发展的最新动向；系统掌握现代税收理论、实务与技能，能综合运用税收和会计、法律等相关专业知识，具有良好的战略意识和风险意识，具有较强的税收规划能力和解决税收实际问题的能力[①]。

将 2018 年培养目标与当时课程设置对照，可以发现，培养方案中过多的经济学课程仍强调经济学理论的掌握。忽视了未来毕业生的工作场景，特别是企业管理实践课

---

① 引用自 2018 年 7 月版《中南财经政法大学税务硕士专业学位研究生培养方案》，资料来自内部培养方案资料。

程的缺乏。即未考虑到毕业生进入税收征管机关岗位，或在企业从事税收风险控制工作，对管理技能、企业内控体系建立技能的培养。随着财务和税收征管的智能化，对未来在大型企业从事税收管理的毕业生还需深入了解信息化管理的相关知识。这些都需要在课程中加以体现。此外，涉税行政法学案例课程的设置一直偏弱。随着征管法对行政复议和行政诉讼条件的降低，未来大量的从业者可能涉及税收行政诉讼内容，但相应的法律课程一直缺乏（见表1）。

表1   中南财经政法大学税务专业硕士的必修课程设置（2018）

课程类型	课程名称	学分	开课学院
专业（基础）课	现代经济学（含宏、微观经济学）	3	经济学院
	中国经济问题	2	经济学院
	税收理论与政策	3	财税学院
	中国商品税制专题	2	财税学院
	中国所得税制专题	2	财税学院
	中国财产税制专题	2	财税学院
	国际税收专题	2	财税学院
	税收管理与税务稽查专题	3	财税学院
	税收筹划专题	2	财税学院
	企业财务会计理论与实务	3	会计学院

（二）利用产教融合推进课程体系改进的紧迫性

专业硕士课程设置和课程内容缺乏实践性和职业导向的根本原因在于现有绝大多数师资缺少实践经历。指出，当前许多高校专业学位培养模式在招生、课程设置与教学、管理模式、导师指导、学位论文等方面均不同程度地存在着与学术型培养模式趋同的倾向，导致全日制专业学位研究生培养无专业学位特色[1]。的一项调查显示，教育单位"闭门办学"的现象较为严重，专业学位研究生培养单位与政府、企业、中介机构等用人单位间缺乏对学生培养质量信息沟通、互动和反馈[2]。

采用产教融合模式可以有效地弥补现有培养单位师资缺乏导致的课程开设缺陷。将"产教融合"育人关键环节在资源、信息、制度等要素整合的广度和深度进行分类，提出"弱融合""形式融合""局部融合""强融合"4种类型[3]。研究指出，案例教学和实践教学的融合是实现"强融合"的必然形式。对200多所高校的11828名专业硕士研究生进行调查，发现产教融合已经引起各高校重视，但在很多方面仍处于理念层面[4]。研究特别指出，教学资本的融合对提高研究生实践能力有明显帮助。指出，全日制专硕在进入企业实践工作前究竟需要哪些专业理论知识作为前提准备，应当增加哪些方向、哪些种类的选修课程，长期在企业进行亲身实践的校外行业企业专家最具有发言权。[5]

（三）制约产教融合建设课程的制度障碍

尽管各培养单位已经认识到产教融合在提升专业硕士研究生培养质量上的重要性，但目前仍有很多制约产教融合的障碍因素存在。指出，目前制约产教融合的障碍有四方面：一是办学观念落后，封闭式办学理念根深蒂固。二是运作逻辑障碍，高校内部行政体系不支持产教融合，如人为设置合作门槛。三是管理机制存在障碍，管理者更多地扮演监督职责。四是考核机制障碍，科研导向始终制约着教师投入产教融合培养模式建设。[6]

二、税务专业硕士课程产教融合教学模式探索：
中南财经政法大学的实践

中南财经政法大学是最早获批税务专业硕士培养的院校之一，税收学拥有长期的办学历史，相关理论研究和实践教学均有深厚积淀。但如前分析，面对税收征管的数字化、智慧化转型，大型企业对税收风险内控体系建设的需要，越来越多的纳税人需要中介机构提供涉税行政复议和行政诉讼等服务，税务专业硕士的课程设置滞后社会需求明显。近 3 年，中南财经政法大学税务专业硕士培养点开始着力探索课程产教融合模式，积极寻求与税务机关、中介机构和大型企业集团合作，推动相关单位以多种形式参与办学，促进产教融合供需对接，以不同路径为税务专业硕士开设产教融合课程（见表 2）。以下就各产教融合课程案例进行具体阐述。

表 2　　　　　　中南财经政法大学税务专业硕士产教融合课程建设探索案例

课程名称	师资	课程属性	学分	开课时间	开课地点	依托单位	教学特点
税收信息化管理与智慧税务	企业软件工程师、税务局管理干部	专业选修课	2	2020年起	学校为主，部分安排学生到税务局现场观摩	德勤勤跃数字科技（上海）有限公司、湖北省税务局征管和科技发展处、武汉东方赛思软件股份有限公司	①校外单位合作开设；②校外单位提供全部师资；③以校外单位为主设计课程大纲和教学内容；④讲授税务机关的数字化征管改革和企业端实现智慧税务管理的系统实现

课程名称	师资	课程属性	学分	开课时间	开课地点	依托单位	教学特点
企业运营模式与税收风险管理	税务师事务所高级经理、税务局干部	专业选修课	4	2020年起	学校	上海德勤永华会计师事务所（武汉税务分所）、湖北省大企业税收和服务管理局、武汉华政永安税务师事务所、税友软件集团股份有限公司	①校内、校外合作开设；②校外师资为主；③校内外合作设计课程大纲和教学内容；④讲授不同行业的业务模式及面临的特有税务风险
涉税行政诉讼和行政复议案例分析	税务师事务所高级经理、税务局干部	专业选修课	2	2020年起	学校	致同（武汉）税务师事务所、湖北中韬华益税务师事务所、湖北省税务局稽查局、财讯税管理咨询有限公司	①校内、校外合作开设；②校外师资为主；③校内外合作设计课程大纲和教学内容；④讲授企业面对行政处罚中发起的行政复议和行政诉讼案例

（一）税务专业硕士产教融合课程案例一："税收信息化管理与智慧税务"

该课程的建设，教学师资主要从德勤勤跃数字科技（上海）有限公司、湖北省税务局征管与科技发展处、武汉东方赛思软件股份有限公司等与学校签署了校企合作的单位进行选拔，其中主要为软件工程师和税务信息化项目实施经理，看重其亲身参与电子税务局及税务征管模块的开发和维护、企业税收管理智能化系统开发的经验。并同时考察其教育背景、实践能力、授课经验等，建成一支7人的教学团队。根据教指委税务专业硕士培养要求和校外专家对目前开展业务所需知识技能的认识，将事务所、软件开发公司、税务机关认为的税务专业硕士必须掌握的管理信息系统设计基本理论，大数据存储、整理挖掘、可视化展示技术，区块链技术在税收征管中的应用等内容写入教学计划。制定了教学大纲及教学内容，课程已于2021年起开设。在教学资源投入方面，学院和事务所、税务局共同从教学场地和经费保障方面为该课程提供资源投入，保障学生有机会参观税务机关的智慧办税厅，体验区块链技术的信息传递过程，学校为校外导师授课支付授课酬金，保障并推进课程的运行及管理。

（二）税务专业硕士产教融合课程案例二："企业运营模式分析与税收风险管理"

在课程建设中，由税务师事务所和税务局专家与校内教师组建联合授课团队，校内师资教学由具有项目实践经验的教师组成，如艾华教授自身也是武汉华政永安税务师事务所的创办人，全面负责校内实践平台的课程教学及指导；企业师资由上海德勤永华事务所武汉税务师分所的高级经理组成，同时吸收了湖北省税务局大企业管理与服务局的税收领军人才，由于其深入参与了国家税务总局《千户集团税收风险指引》的编纂，对各行业的税收风险有深入了解。课程教学大纲和教学内容，由校内教师和事务所及税务机关专家联合讨论确定。将课程分为教学和实践环节，教学环节主要讲授企业运营业务模式、企业收入形式、成本构成、相关运营环节涉税风险特征；实践环节由学生组成项目组，按照事务所和税务局提供的脱敏案例素材，完成大型企业的运营模式分析、财务状况分析、本企业税务与行业平均税负对比、主要税收风险的产生过程和涉税内控体系完善方案分析。课程包括了 4 学分 64 学时，已于 2020 年起开设。课程考核采取项目展示与风险分析案例竞赛的形式，由校内教师、事务所、税务局专家综合衡量评价实践能力给出打分。财政税务学院从实验场地和经费保障方面为课程提供资源投入，事务所和税务局提供脱敏的素材案例，并给予每个项目组一定项目竞赛奖励，也用于事务所和税务局的培训案例开发。在整理授课案例基础上，学院教师和产业导师共同编写了《企业涉税风险》教材。

（三）税务专业硕士产教融合课程案例三："涉税行政复议和行政诉讼案例分析"

在建设过程中，由致同（武汉）税务师事务所和湖北省税务稽查局作为牵头方组织校外专家组建教学团队。共同制定教学大纲和教学内容，由致同（武汉）税务师事务所和湖北省税务稽查局根据税务专业硕士培养要求和用人单位对人才培养的要求，就相关课程专题——涉税行政处罚程序、行政复议和行政诉讼案件分析的课程大纲和内容提交学院，经学院学位评审会委员会、研究生院审批通过。教学安排采取多种形式，授课时间充分考虑了校外导师的安排，在不影响教学内容的前提下，可以适当调整授课顺序，此外选课学生可以直接到事务所的涉税行政复议和诉讼案例的现场分析；学分设置为 2 学分 36 学时，该课程已于 2020 年春季学期起开设。由任课教师选择多种知识应用及技能的考核方式。学院提供经费保障、学生外出实践安全的管理，为课程提供资源投入与支持。向事务所和税务机关教师支付授课酬金，设立产学融合课程项目工作组，由学院负责研究生的教学秘书担任课程组秘书，负责实践外出安排事项。

三、中南财经政法大学税务专业硕士产教融合课程模式探索成效分析

中南财经政法大学在探索税务专业硕士产教融合课程教学模式的改革过程中，包

括研究生课程建设项目的课程群 2022 年获得湖北省优秀教学成果一等奖立项，目前正申报教育部教学成果奖项。具体实践成效包括如下方面：

（一）课程体系缺陷得以弥补，产业教学资源得到充实

依托产教融合模式，以往单独依靠校内师资无法开设或勉强开设的课程得以开设或教学内容得到了极大提升。智慧税务、大企业涉税风险管理、涉税行政法律案例分析等课程的开设极大弥补了学生知识体系的不足，改善了学生对市场和社会需求的不适应。极大丰富和提升了教学资源，校外师资包括四大会计师事务所的高级合伙人、上市公司的财务总监、大型软件开发企业的高级工程师、税务机关的业务领军人才，一些课程的开设逐渐覆盖到其他学院。

（二）青年教师实践技能得到提升，搭建起了多重合作平台

依托产学融合教学项目，一批青年教师参与其中，与研究生一起在校外导师的指导下开展案例分析，税务实践技能得到了提升。不仅有助于其教学质量和研究生培养质量的提高，也有助于发现现实中的研究问题，助力科研。产学融合教学也为用人单位发现优秀人才提供了便利，在校外导师亲身参与教学过程中，更能发现潜在的优秀员工。在产学合作过程中，学院也与普华永道等知名事务所签订了优秀毕业生提前入职的选拔协议。

（三）税务专业硕士的实践和创新能力大幅提升

产教融合课程的探索，以实践技能提升为导向，以培养高质量职业人才为目标，以综合素养和应用实践能力相结合为核心，改善了专业硕士课程落后于实践的现状，大幅度提升了专业硕士研究生的实践和创新能力。2020 级进入华为财经、腾讯新业务部、德勤事务所等企业毕业生反馈：学院产教融合课程提前开启了实践业务，接触到了行业中的实际应用，帮助学生很快融入业务，获得职场提升。

四、推进税务专业硕士产教融合课程建设中仍面临的问题及建议

投入不足仍是面临的直接问题，各培养单位税务专业硕士学费在近两年均有大幅提升。然而在预算管理上，学校和学院对于专业硕士学费的分配和使用均没有清晰的方案。在绩效评价上也缺乏项目的投入资金归集和产出指标的细化评价，导致投入不足。仅以支付产业导师课程课酬为例，均没有配套专项资金。需要以讲座费形式一次

一审批，流程烦琐。课酬支出参照学术交流讲座标准，4小时讲座劳务支出1500元，与德勤等事务所合伙人、总监、高级经理的时间价值和收入水平严重不匹配，课程建设的长期性难以维系。此外，学生集体外出到实践单位现场观摩学习的支出均没有形成固定化预算支出形式。

行政管理体系的僵化挫伤改革的积极性。研究生培养管理机构一方面以年度指标考核形式推进产教融合合作；另一方面又人为设置门槛和障碍阻碍其深入运行。产教融合往往以校企合作、聘任产业导师为基础。在导师聘任过程中，研究生院人为设置高学历标准、高级职称标准，没有实事求是地看到很多行业导师仅有本科学历，也没有高级职称。但实践领域的专家并不能完全套用学术标准。

学科评价与学位培养点评价不区分，导致培养单位领导对专业硕士培养关注不高。税务专业硕士的培养单位大多依托于传统的应用经济学——财政学学科点。教育部对应用经济学学科的评价，乃至双一流学科建设的评价，主要仍是看高水平论文的发表和国家重大课题的承担。且学生实践能力提升效果显现存在很大的滞后性，对产业升级和社会进步的推动效果也是隐性的，难以短期内转化为直接的考核指标。这都导致学院领导在资源投入上的策略性行为，对专业硕士实践能力的提升重视不足。除此之外，对大多数青年教师的考核也以论文和纵向课题为主，广大青年教师缺乏提升实践技能的积极性。

基于以上推动产教融合课程建设中遇到的问题，建议国务院学位委员会和教育部对专业硕士学科点评估强化实践技能培训、校企横向项目相关指标，弱化论文和纵向课题的评价。进一步在教育部层面制定制度，打破产业导师聘任唯学历、唯职称的标准，进一步实事求是，放权给一线的培养单位聘任产业导师，推动产教融合。此外，配合事业单位预算一体化和财务制度改革，细化对专业硕士培养的资金保障要求和绩效考核指标，为产教融合一线改革工作提供充足的资金支持是短期内急需解决的问题。

参考文献

［1］王永哲．我国全日制专业学位研究生培养的学术化倾向及改革对策［J］．研究生教育研究，2016，（08）：22–25.

［2］周文辉，陆晓雨．专业学位硕士研究生课程教学现状及改革建议——基于研究生教育满意度调查的分析［J］．研究生教育研究，2014，（12）：60–64.

［3］马永红，刘润泽，于苗苗．我国产教融合培养专业学位研究生：内涵、类型及发展状况［J］．学位与研究生教育，2021（07）：12–18.

［4］刘润泽，马万里，樊文强．产教融合对专业学位研究生实践能力影响的路径分析［J］．中国高教研究，2021（03）：89–94.

［5］蔡小春，刘英翠，熊振华，庞倩茹．全日制专业硕士产教融合课程教学路径的案例研究——以上海交通大学为例［J］．高等工程教育研究，2019（02）：161-166.

［6］吕忠达，段肖阳，王家荣．论地方高校产教融合障碍及其破解之道［J］．高等教育评论，2021，9（01）：241-247.

（作者单位：中南财经政法大学财政税务学院）

新时代税务硕士培养质量提升探索

——建立与职业需求相衔接的课程体系*

庄佳强

摘　要： 税务硕士作为专业学位教育的一种类型，其以实际应用为导向，以职业需求为目标的教学要求，决定了职业胜任能力是税务硕士人才培养质量评价的一个核心标准。针对税务专业研究生人才培养与实际岗位需求之间存在的结构性矛盾，财政税务学院自 2016 年以来，针对税务硕士，确立了"重素质，重构建"的人才培养目标，搭建与职业资格相结合的课程体系，深入贯彻课程思政，有力提升税务硕士培养质量。面对新时代研究生教育高质量发展的新要求，税务硕士项目着力打造与职业需求相衔接的"实践型、实战型"课程体系，通过优化课程设置、重构课程模块，在提升税务硕士培养质量上展开持续探索。

关键词： 专业学位　课程体系　课程建设

一、导论

在全面建成小康社会之后，我国经济社会高质量发展对研究生教育提出了新要求，人民日益增长的美好生活需要也包含了对高质量研究生教育的新期待。高质量发展是新时代研究生教育的突出表征和核心主题，是迈向研究生教育强国的必经之路。2021年我国在学研究生达到 333.2 万人，成为研究生教育大国，其中专业学位在学研究生人数超过 60%。硕士专业学位研究生侧重要求实践应用创新能力，其培养目标是掌握

---

　* 本文系 2021 年湖北高校省级教学改革研究项目"课程思政在税收专业课程建设中的应用：元素汲取、教学创新与质量保障"（课题号：2021169）的阶段性成果。

某一专业（或职业）领域坚实的基础理论和宽广的专业知识、具有较强的解决实际问题的能力，能够承担专业技术或管理工作、具有良好的职业素养的高层次应用型专门人才。

在新时代，高质量的全日制专业学位研究生教育面临着如何吸引优质生源、如何在培养中体现职业导向，如何提高全日制专业学位研究生的实践能力和应对将来的就业压力等各个方面的挑战。因此，将专业学位与职业资格认证进行有效对接，建立以职业资格认证为依据的研究生教育外部质量评价标准，使专业学位研究生教育以社会、企业需求为标准来衡量自身的教育质量和人才培养质量，有利于更好地引导高等教育培养高层次应用型人才的方向，实现人才培养的"量身定做"，造就更多的应用型复合人才。

税务硕士作为专业学位教育的一种类型，以培养具备解决实际问题能力的高层次应用型人才为目标，要求学生系统地掌握税务职业领域的专业知识和解决问题的能力。这一以实际应用为导向，以职业需求为目标的教学要求，决定了职业胜任能力是税务硕士人才培养质量评价的一个核心标准。而从形式来看，作为培养职业胜任能力重要形式的职业资格衔接制度，也是实现专业学位研究生教育良性发展的有效途径。探索促进税务硕士专业学位教育与职业资格有效衔接的培养模式，对于深化专业学位研究生教育改革，提高专业学位教育水平和人才培养质量具有重要意义。

二、我校税务硕士的成绩和挑战

财政税务学院自2011年开始培养税务硕士，在设立之初，就对税务硕士培养中如何体现职业导向，如何加强其实践能力和应对就业压力等问题进行了深入思考。在连续几年与校外导师、税收从业人士和已毕业学生的访谈中，发现税务专业研究生人才培养与实际岗位需求之间的结构性矛盾始终存在，包括课程设置中对税收实务前沿触及不足，与社会需求不匹配，与税收专业人士接触不够等问题；在教学过程中对教学方法创新不足、学生实践技能锻炼不到位等问题。

为有效应对这一问题，学院于2014年、2018年分两次对税务硕士培养方案进行了修订和全面改革，按照税收从业人员对税收技能专业课程重要性的排序，在不改变税务硕士专业学位教指委所指定的课程名称和基本课程内容的前提下，围绕职业发展需要，以职业能力和综合素养的提高为重点调整优化了课程授课内容。在修订思路上，探索将专业学位与职业资格认证进行有效对接，尝试建立以职业资格认证为导向的研究生教育外部质量评价体系，使税务硕士研究生教育真正以社会、企业需求为衡量标准。在具体实施上，从以下四个方面进行了培养方案调整。

一是确立"重素质，重构建"的人才培养目标。在突出实践性与职业性的基础上，着重学生综合素质的培养和个人知识的构建。在课程取向上除了确保职业考试内容全覆盖外，还强调为税务硕士学生提供剖析和解决税收实际问题的理论基础和可以"举一反三"的范例，为学生提供更深刻认识税收作用和功能的机会。

二是构建与职业资格相结合的课程体系，确保了税务师职业资格考试内容的全覆盖。职业实践性是专业学位区别于学术型学位的本职差异。参照税务师职业资格考试科目规划设计课程内容，在知识体系上力求覆盖资格认证考试的知识点，在实践教学环节要求上尽量与资格认证考试的能力要求一致（见表1）。

表1   税务师职业资格考试内容与税务硕士课程

税务师职业资格考试科目	税务硕士课程	开课学期
税法（一）	税收理论与政策；商品税制专题；关税与出口退税	1、2
税法（二）	所得税制专题；财产行为税制专题；国际税收专题	1、2
涉税服务相关法律	税收管理与税收救济；税务稽查与税务审计	1、2
财务与会计	财务会计理论与实务	1
涉税服务实务	涉税服务实务；税收筹划研究	2

资料来源：2019 版税务硕士培养方案和税务师考试大纲。

三是强化实践环节。税务硕士在学期间必须保证不少于半年的实习实践，可采用集中实践与分段实践相结合的方式。反馈调查表明，85%的用人单位和90%的学生认为参加社会实践或到企业实习是提高就业竞争力的关键；90%的用人单位欢迎有实际工作经验的学生。

四是贯彻课程思政。以习近平新时代中国特色社会主义思想为指导，在课程设置中坚持知识传授与价值引领相结合，坚定中国特色社会主义道路自信、理论自信、制度自信、文化自信。全面落实专业硕士人才培养的育人目标

自 2019 版培养方案实施以来，我院参加税务师职业资格考试的学生参考率和通过率都在逐步提高，学生参加税务师、注册会计师考试人数占比在 90% 以上。2018 ~ 2022 年，全科通过税务师考试的人数为 16 人；通过 3 科人数为 20 人；通过 2 科人数为 140 人。注册会计师通过 3 科以上人数为 120 人。

从 2019 级、2020 级已就业的学生来看，面向职业需求的培养模式取得了一定的成效，就业结构与培养目标有很强的一致性。毕业生的就业率为 97% 以上，就业面向以企业为主，税务机关为辅，包括大型企业（45%）、金融机构（13%）、知名会计师事务所（12%）以及部分省市的税务局（20%）。

但是，也需要看到近年来各院校税务硕士专业发展均较为迅速，并且逐渐走出了自己的办学特色。比如中国人民大学依托其所在的财政金融学院，从金融税收、国际税收等多个方向提高其税务硕士的含金量。上海财经大学依靠区位优势，通过与知名会计师事务所、知名企业合作，积极引入社会力量参与税务硕士课程建设，学生就业率高并且质量好。中央财经大学在税务硕士中加强国际税收、税收筹划等领域的建设力度，其国内影响力持续上升。另外，随着近年来税务律师行业的快速兴起，部分政法类高校与华税等知名税务专业律所合作，培养税法专业人才。但是在税务硕士教指委的培养体系中，仍以财经专业为主，对税务硕士法律知识的培养重视程度稍显不足，但很多高校已经认识到这一趋势。

从我院实际情况来看，税务硕士招生规模逐年扩大，从2012年的首批28人，到2022年增加到126人，2017年、2018年两年我院招生规模均为全国第一。报考人数也逐年增加，从2012年的不足百人增加到2022年的过千人，专业知名度有所上升。但是生源质量逐步下滑，除本院学生外，生源基本以非双一流学校为主，并逐步增加，跨专业考生数量也在逐步提高。这在提升学缘丰富度的同时，也产生了一些不容回避的问题，包括同一课堂内不同学生税收基础知识储备差异较大，个别学生无法有效吸收课堂知识，并且明显缺少接收课堂信息的基础知识；部分学生毕业论文质量很难得到有效提升；此外，随着专业就读人数的不断增加，学生的就业难度开始提升，税务硕士就业市场开始呈现出从供不应求向供略过于求的转变，用人单位在对税务硕士的面试中对税务专业知识的考查也在持续上升。

因此，如何提升我校税务硕士培养质量，创新我校税务硕士学科特色，提高我校税务硕士项目在全国的影响力，增加税务硕士就业的含金量，成为我校税务硕士专业建设的关键环节，而构建与职业需求相衔接的税务硕士培养模式是一种可行的探索路径。

三、构建与职业需求相衔接的课程体系与
课程内容的探索

目前，我校税务专业硕士课程设置已经全面覆盖了税务师职业资格考试的五门课程。通过吸收借鉴国内外一流高校税务硕士项目的课程设置，在2021年的新一轮税务硕士培养方案的修改中，从多个方面对面向职业需求的课程设置和课程内容进行了改革（见表2）。

表2　部分国内外高校税务硕士项目课程比较

培养模式	中南财经政法大学	中国人民大学	上海财经大学	中央财经大学	英国牛津大学	美国纽约大学
学制	全日制	全日制/非全日制	全日制/非全日制	全日制	非全日制	全日制/非全日制
	2年	2年	2年	2年	2年	2年
公共基础课	外语；马克思主义与社会科学方法论；中国特色社会主义理论与实践研究；税务硕士职业伦理与论文写作	外语；中国特色社会主义理论与实践研究；自然辩证法概论	财税专业英语；社会主义经济理论；计量经济学；管理经济学；中级财务会计	外语；中国特色社会主义理论与实践研究；2选1（马克思主义与社会科学方法论、自然科学概论）		
专业必修课	财政理论与财政政策；税收政策与税收政策；中国商品税制专题；国际所得税制专题；国际税收专题；税收救济与管理专题；税务稽查与税务审计；财务会计理论与实务	税务筹划专题；税务代理专题；税务稽查专题；税务行政；互联网税收；财务报表分析；企业税务风险管理；税收理论专题；中国税制政策	财产税理论与实务；税收理论与实务；国际税收理论与实务；税务研究与写作；税收征收管理研究；企业税务风险内部控制研究；专业服务机构税务研究	专业英语；中国税收制度与实务；国际税收管理；税收筹划理论与实务；税收与专业论文综合案例研究；税务管理；财税法研究	国际税收原理与税收原理；税收研讨	税收政策（4选1：税收政策与公共财政，比较税收政策，国际税收政策、联邦预算政策）；税收管理（4选1：税收总论，税收程序，税收执法与管理）
专业选修课	税收筹划理论研究；税务代理实务；关税与出口退税；财产行为税；比较所得税制；企业涉税发展战略；税收风险管理；Python与税收信息化管理；数据分析；中国财税史	税收相关法律专题；投资环境与中国税制；国际税收前沿；国际税收原理；企业重组税收；金融税收专题；海外投资税收专题；高级税收会计；公司金融；中国经济问题	会计学；基础财务会计；行政法规概论；SAS/SPSS/STATA应用；计算机应用；前沿税收政策专题研究；前沿财政政策专题研究；中国税制研究；比较税收；财务税收会计专题；报表分析；公共选择理论；公司税制理论与实务专题	财务报表分析；关税与出口退税；公司财务；出口退税；纳税评估；税务代理；税务稽查；税务会计；国际税收协定；国际税收筹划与反避税；比较税制	比较企业所得税；税收实务中的道德问题；税收与公共政策；欧盟税收法；公司金融税收；税收与富裕；全球财富税；转让定价；美国国际税收；高级欧盟税；税收制；当前税法；比较税制；税收与人权；税收会计；英国税；税收与增值税；所得税	分四个方向（税收理论，企业税收、国际税收，不动产税收）；公司税（1，2）；不动产交易税；国际税收（1，2，3）；合伙税、并购税务、导管实体税、子公司税务、高管薪酬税务、税收协定、转让定价、增值税、遗产与赠与税、信托与不动产所得税（1，2）、不动产规划、慈善税务

资料来源：上述课程均取自各高校可获得的最新版培养方案，纽约大学同时开设国际税收和税收硕士项目。

首先，进一步优化课程体系，着力打造形成"实践型、实战型"的课程体系。课程体系是专业硕士培养工作的重点和中心，是体现培养目标的重要载体。税务硕士专业学位研究生培养目标的实践去向定位必须以职业实践的方式达成，职业实践性是专业学位区别于学术型学位的本职差异。一方面，参照税务师职业资格考试科目规划设计课程内容，在知识体系上力求覆盖资格认证考试的知识点，在实践教学环节要求上尽量与资格认证考试的能力要求一致。对于税务师职业资格考试与税务硕士教育内容一致的课程，探索允许通过税务师考试该门科目的学生直接申请免修课程。另一方面，完善以学生为中心的教学方式，建立专业硕士个性化的课程体系。针对目前税收数字化、智能化的快速发展，在已经开设"税收信息化管理"的基础上，加大税收信息化的课程建设力度，开设"Python与税收数据分析"。在税收信息化和税收大数据的背景下，针对企业税收合规的迫切需求，在开设《税收与企业发展战略》的基础上，增设《企业涉税风险管理》，以契合企业当前对税务人才的需求实际。

其次，重建课程模块设计。针对理论课与实践课比例失调的现状，增加实践课与专业方向课，明晰课程内容与实践环节，及时增加教学需要的前沿课程。将培养方案划分为必修课程模块、专业方向必修模块、社会实践模块、学位论文（设计）模块四个模块。通过划分专业方向，增加这四个模块间的组合模式，允许学生根据自身兴趣和专业背景进行选择。对于专业基础掌握较好的同学，鼓励他们在特定专业领域进行深入学习，根据所选择的专业方向完整学习全部系列课程；对于兴趣宽泛的同学，则允许他们对不同专业的课程进行选择学习，降低其获取更专业领域知识的门槛，增加其对税收知识的了解。

在课程设置中进一步突出实践性与职业性，探索基于特定专题以核心课程、专业研究课程及实践类讲座相结合的课程学习和培养。在课程取向上为税务硕士学生提供剖析和解决税收实际问题的理论基础和可以"举一反三"的范例。以税收管理这一专题知识为例，课程组探索从税收程序角度入手（包括对税务机关发布的各类涉税规范性文件进行审查，提出质疑，给出改进意见等）开展课程教学。在第一学期的"税收管理与税收救济"课程上，以向学生介绍"税收征管法"以及相关的"行政强制法""行政处罚法""行政诉讼法"等基本内容为主，让学生能够了解进而部分掌握税收业务的程序性规定。学生通过课程学习熟悉税收政策与税收业务的具体运用环境，并掌握税收实务的主要工作及其处理方法。在第二学期，以案例探讨的方式，邀请校友进行线下讲座，以典型案例来开展实战，依托校友提供的资源，与校外导师共同设计案例讨论大纲，目前完成了包含税务行政处罚听证、税务行政复议、税务行政诉讼三类行政行为的三个典型案例。在案例讨论中，为学生提供全套证据材料（包括企业账簿凭证、税务检查全部卷宗等资料），并就案例与学生展开讨论，引导学生甄别实务中的重难点，以及税收政策和规章的具体适用，让学生通过准实战活动提升其知识应用能力。

再次，进一步突出税务硕士的职业实践性，探索推行"双证书"制教育。在学生毕业时，既有高校的毕业证，还能够在毕业 1~2 年内获取税务师职业资格证。尝试通过与税务师职业资格考试机构的沟通与合作，探索硕士学位研究生课程与部分职业资格证书考试科目的豁免和互认。此外，积极参与"数字税务师"项目建设，通过与上海东方数字财税技术发展研究院合作，完成了《企业涉税风险》教材。目前该教材已经被纳入"数字税务师（中级）"认证项目的系列教材中，在培养方案中新增"企业涉税风险管理"课程，帮助学生直接面向职业资格考试。

最后，建设具备职业资格的专业学位研究生教育师资队伍。加强教师在相关行业的职业胜任能力培训，积极激励引导教师参加相关行业职业资格考试，为开展课程建设与实践环节建设奠定基础。加强智力引入，促进校内外人员的交流互通，聘任相关行业具有高级职业资格证书的从业人员担任兼职教师，丰富了教师队伍的实践经历。

参考文献

［1］郭蕾，贾爱英，生玉海. 对专业学位研究生教育与职业任职资格教育结合的思考［J］. 学位与研究生教育，2010（12）.

［2］洪大用. 研究生教育的新时代、新主题、新担当［J］. 学位与研究生教育，2021（09）.

（作者单位：中南财经政法大学财政税务学院）

文化传承背景下研究生财政史学课程建设探讨[*]

赵兴罗

摘　要： 财税文化是中国传统文化的重要组成部分，在中国式现代化进程中，迫切需要我们研究中国财税历史，挖掘、整理和提炼优秀的中华财税文化。财政学、税收学专业研究生史学课程是传承和弘扬中华传统财税文化的重要平台和载体，通过研究生财税史学课程建设，财税文化得以在新时代传承和创新。论文结合笔者多年从事研究生财政史学课程的教学实践，尝试从文化传承背景下探讨财政学、税收学专业研究生财政史学课程的定位、为什么要加强史学课程建设以及如何建设三个方面的问题。

关键词： 财税文化　财税史学课程　文化传承

课程建设在研究生教育和学科建设中居重要地位。研究生财政史学课程在财政学、税收学的研究生培养计划中属于专业主干课程，是财税专业研究生掌握完整的财税理论知识体系以及科学研究的重要环节。研究生财政史学课程是传承和弘扬中国财税文化的重要载体，而文化是一个国家的软实力，党的二十大报告提出了在中国式现代化进程中坚定文化自信。在文化传承背景下，我们应当认真学习中国财税历史，挖掘、整理、提炼、传承和创新优秀的中华传统财税文化。本文结合笔者多年来从事研究生财政史学课程的教学实践，尝试从文化传承视角探讨财税专业研究生史学课程的定位、为什么进行史学课程建设以及如何建设三个方面的问题，期望在我国高校研究生教育中重视财税史学课程建设，为财政学科发展及培养治国理财人才作出贡献。

---

　　[*] 本文为湖北省教学研究项目：中国优秀传统财税文化教育的研究与实践（课题编号：2022153）的阶段性成果。

一、文化传承背景下财税专业研究生史学课程的定位

探讨文化传承背景下的研究生财政史学课程建设，有必要分析研究生财政史学课程与财税文化二者的内在关系。

文化最早出现在《易经》贲卦的象辞："刚柔交错，天文也；文明以止，人文也。关乎天文以察时变，关乎人文以化成天下①。"其本意就是"以人文以化成"。学界一般认为，文化是人们认定和遵循社会的伦理、道德和秩序。财税文化也可以从广义和狭义两个层面来理解。广义的财税文化是指历史上人们在财税实践中所创造的物质和精神财富，包括财税思想、财税制度和财税物态形态的文化总和。狭义上的财税文化是指在国家财税分配活动过程中理财的价值观念、理财理论、理财的精神成果等，其核心和灵魂是财税思想和财税理论。

财政学、税收学专业研究生培养方案设置的专业课程"中国财政思想与制度变迁"是一门以中国历史上各个时期政治家、理财家的财税理念、财税实践、财税意识活动以及国家财税制度变迁为依据，梳理、总结中国历史上的财税历史价值观、财税伦理道德、财税思维方式及其发展规律的历史科学。从财税文化的角度看，研究生财政史学课程《中国财政思想与制度变迁》的任务，实质上就是对人类的财税实践和意识活动所创造的思想和精神文化层面进行挖掘、整理和总结，从而形成系统的财税思想，使之能够为新时代治国理政提供历史镜鉴。

总之，无论是从广义还是狭义的财税文化来看，财税专业研究生的财政史学课程定位都应当是中国财税文化的一部分，而且还是一个重要的组成部分。在中国五千多年的史籍书林中，由文字记录的财税实践，蕴涵着丰富的财政思想和精深的安邦治国智慧。学习中国历史上的财税思想，探寻历史上财税制度变革成功的经验和失败的教训，为新时代治国理财提供重要的历史借鉴，既是研究生财税史学领域亟待研究的重大课题，也是新时代传承和弘扬中华优秀传统财税文化的迫切需要。

二、文化传承背景下为什么要加强财税专业
研究生史学课程建设

文化是一个国家、一个民族的灵魂。因而，弘扬中华优秀传统文化，坚定文化自信是研究生培养的重要使命。完成这一使命，需要我们进一步强化财税史学教育，加

---

① 《易经·贲卦》。

强研究生财政史学课程建设是新时代文化传承的必然要求。

（一）财税史学为提高治国理财能力提供思想文化渊源和智力支持

研究生财税史学为推进国家治理体系和治理能力现代化提供思想文化渊源和智力支持。中华民族在实践中积累了丰富的财政思想和精深的安邦治国的智慧，成为中国财政历史文明的精髓，也是我们取之不尽、用之不竭的文化宝藏，构成了中华传统文化的重要部分。十八届三中全会提出"财政是国家治理的基础和重要支柱"，十九届四中全会指出文化传统是一个国家选择其治理体系的重要因素。这些都说明了财经历史文化对构建国家治理体系的重要影响，中国历史上的理财思想与理财制度都为中国式现代化提供了重要的思想文化渊源，为新时代提升治国理政能力提供了强大的智力支持。

（二）财税史学课程是传承和弘扬中国财税文化的重要载体

财税专业研究生史学课程是传承和弘扬中国财税文化的重要载体，也得益于研究生财税史学课程的教学。例如，本校财税专业研究生开设的《中国财税思想与制度变迁》，就是把中国财税思想的研究成果，传授给财税专业的研究生，使之能够掌握财税思想演变的规律并能树立正确的"以人为本"的理财观。在研究生财税史学课程教学中，不仅应当向研究生们传授中国历史上财税思想演变的基本史实和分析财税制度变迁的得与失，更重要的是向他们传达一种正确的治国理财观或科学的财税价值取向，总结中国历史上财税制度的优劣与朝代更替和国家兴衰存亡的关系，总结财税制度变迁的规律，客观上使研究生财税史学课堂成为传承和弘扬中国传统优秀财税文化的平台。

财税专业的研究生是我国治国理财第一线的主力军，毕业后他们将走向全国各地的财经管理工作岗位，他们具有什么样的理财观，具有什么样的人文情怀和治国理念，就决定了我国治国理财队伍的整体素质和水平，决定着我国治国理财能力的高低，中国传统财税文化教育对于他们做好理财工作具有潜移默化的作用。从这个意义上来说，研究生财税史学课程建设决定着新时代我国治国理财人才队伍的状况，这就要求必须重视财税史学的学习，提升人文素养，引导学生重视财税文化的历史，"我们必须尊重自己的历史，决不能割断历史。"只有重视史学课程建设，真正了解中国财税历史文化，才能坚定文化自信，中国财税文化也才能通过课堂教学的传播而发扬光大，也才能有力推动中华优秀传统财税文化在新时代得到创造性转化和创新性发展。

（三）财税史学为治国理政提供历史经验借鉴

历史就是对过去的记录和总结，总结经验教训离不开历史学习，从历史学习中获得治理国家的经验并汲取历史教训，从而提升治国理政的能力，这是一个十分重要的软实力。中国在几千年的文明史中积累了大量治理国家的经验，新时代在治国理政中，很有必要从历史中总结经验教训，进而汲取和提炼治国理政的智慧。正如习近平总书记提出的"历史是最好的教科书""历史是最好的老师"，因此，他经常倡导领导干部要多读一点历史。

财税专业研究生的财政史学课程正是总结历史上治国理财经验教训的一门学科，它是以中国历史上的财税思想与财税制度为研究对象，探究财税发展变化的规律，分析财税制度变革的性质、特点、影响因素、变化规律的一门学科。通过学习，学生能够理解、梳理中国财政思想与制度变迁的主要轨迹，总结财政制度变迁的规律、影响因素、历史意义以及对新时代中国特色社会主义建设的历史借鉴，旨在提高学生的史学素养，传承和弘扬中国历史上优秀的财税思想，为推动新时代治国理财能力的提升起到积极作用。

学习财政史学课程，学生能够从财政历史发展中总结历史规律。例如，历史上著名的理财家都提出了以人为本、节用爱民、轻徭薄赋等财税理念，并将这些理念付诸行动，制定了促进社会经济发展的财税政策。通过总结梳理中国历史上的财政理论、财税制度的发展演变过程，从其财税发展过程中总结特点、经验教训，以便为现实的财政体制改革提供借鉴和指导，这些都需要财税专业的研究生从财政史课程学习中善于总结和思考。当然，历史提供的也并不都是经验，历史上国家治理中不成功的人和事也不少。通过阅读中国财税历史，也有助于学生从这些反面典型中吸取教训。

（四）财税史学有利于研究生史学素养的培养

财税专业研究生人才培养必须重视财经史学课程建设。财税专业研究生人才培养要求"以德为先，价值引领"，坚持以德育人，培养研究生的家国情怀，培养研究生的史学素养，而这些也都离不开财经史学课程的学习。专业史学课程有利于培养学生的专业底蕴，提高学生的专业素养和人文素养。例如，研究生在毕业之后走上工作岗位，就成为国家治国理财第一线队伍中的一员。因此，必须在课堂上教育研究生坚定文化自信，工作中做到清正廉洁、胸怀祖国、爱岗敬业，培养他们的家国情怀。为此，在财税史学的课程授课中，就可以有意识地选择历史上为民谋利的"名臣"作为典型案例。例如，历史上出现的著名理财家管仲、桑弘羊、王安石、杨炎、张居正、狄仁杰、范仲淹等，他们的理财事迹很值得后人学习。

作为财税专业的研究生，要求他们不仅重视熟读历史，而且还要学史和用史，做到学以致用，理论联系实际，提高分析问题和解决问题的能力，提升研究生治国理财的能力和本领。首先，需要学习古人确立以人为本的理念，勇担历史责任使命，做好人民的公仆，把国家治理好。其次，要在读史中比较、反思得出"真知"，结合新时代的要求，传承、弘扬和创新中国传统财税文化。

三、文化传承背景下如何建设研究生财税史学课程

前文分析了研究生财政史学课程的定位和重要性。那么，在文化传承背景下如何建设研究生财政史学课程呢？本文结合自身长期从事财税专业研究生史学课程教学的体会，认为当前研究生财政史学课程建设的重点应当体现在转变理念、师资队伍建设、教学方式方法改革、学习氛围等方面。

（一）转变理念

专业史学课程是确保学生专业知识结构完整的必修课程。研究生的专业知识结构包括三大板块：一是专业基本理论；二是专业研究方法；三是专业史学，这三大板块缺一不可。专业史学与专业知识具有不可分割的内在联系和统一性。专业史学解释了专业知识的来龙去脉，一方面，财税史学本身就包含着丰富的历史实践过程和深刻的理论思维；另一方面，财税史学是财税发展的客观过程和历史经验科学的抽象与总结，是财税发展规律的思想反映。既然财税专业研究生史学课程在研究生专业知识结构中具有重要作用，那么，学校、学院领导、任课教师及研究生都应转变教育理念，改变"学史无用"的观念。思想是行动的向导，对财税专业研究生财税史学课程在思想和理念上重视，决定着该课程建设在行动上、在课程建设政策措施上的力度和长度。

（二）师资队伍建设

人才是第一资源。文化传承背景下加强研究生财税史学课程建设离不开师资队伍，新形势下培养一批掌握现代财税知识、具有财税史学素养且懂得教育教学方法的教师十分重要，构建起一支知识结构合理、学历、年龄结构层次合理的师资梯队十分关键。

一是知识结构。财税史学教师不仅需要具备扎实的财政学、经济学功底，而且还需要具备一定的中外历史、古文、政治学和教育学功底。

二是定期组织公开课和观摩课。担任研究生财税史学的老师轮流上一次观摩课，请其他老师提意见。通过公开课、观摩课等活动相互学习、相互切磋交流，集体研讨和设计财税史学的教学方法、教学环节和教学步骤，采取多种措施提高授课效果和教学质量。

三是加强任课教师的学习交流，鼓励老师走出去，积极参加学术和教学经验交流活动，有助于提高教师教学科研的能力。

四是提升教师的课程思政能力。教师课程思政教学能力主要包括课程思政教学基本能力、课程思政教学理解能力、课程思政教学实施能力和课程思政教学的自我评价与改进发展能力。由于中国历史上的财税文化、财税理念、财税精神、财税道德等，

都需要教师在授课时，将之自然衔接与嵌入课堂教学相关的知识点中，因此，教师的课程思政能力对传承和创新财税文化，充分发挥教师对研究生在财税理念和财税精神方面的精心指导和培育作用。

（三）教育方式和教学方法探索

1. 改革教学内容、教学手段和考试方式是课程建设的具体化。文化传承背景下，需要结合财税史学的特点，在教学内容、教学方式和教学方法方面进行改革。由于财税专业研究生史学课程自身具有枯燥、单调、理论与现实联系不明显等特点，一些先进的教学手段很难在课堂上运用，尤其是难以将我国悠久深厚的中华财税文化直观地展现在学生面前，学生难以亲身感悟到史学课程所包含的深刻意蕴以及对当前我国活生生的经济现实的重要指导价值。因而，教师探索多种教育教学方法就显得至关重要。

本人在从事财税专业研究生史学课程教学中，常用的有文献导读法、案例教学法、小组讨论法、现场教学法等教学方法，可依据实际情况选择其中的一种或多种方法。任课教师要积极探索多种教学方法，提升课程教学质量和水平。例如，在讲授依法理财时就可以选择案例教学法。譬如，列举了朱元璋"惩贪三大案"，包括空印案、郭桓案、欧阳伦驸马案，通过这三大案来分析新时代文化传承背景下如何依法理财、依法治税以及传承廉洁奉公的理财文化。这种方法可以将财政史学的许多案例纳入课堂，以案例分析为切入点，让学生通过对历史案例的分析了解和掌握财税文化对新时代我国财税改革的历史启示。

2. 改进课程思政方式方法，培养研究生的家国情怀。这是传承财税文化行之有效的方式，课程思政的本质就是要求聚焦本专业类课程自身蕴含的思想政治资源，结合财税历史文化的"德教"和育人特点，深入挖掘研究生史学课程蕴含的思想政治教育资源，实现价值塑造、知识传授和能力培养有机融合。例如，本人在研究生"中国财政思想与制度变迁"授课过程中，采取"知识点＋"课程思政方法。"知识点"就是选择专业课程中的专业知识点，挖掘该知识点所蕴含的思政元素。"＋"就是思政元素通过什么样的载体实现课程思政目的，运用多种教学手段将课程思政具体实施于专业课的课堂教学过程中，收到了良好的课程思政育人的效果。

3. 充分利用多媒体与网络资源。新时代多媒体与网络技术的发展为教学方式改革提供了有力帮助，在财税史学课程教学中运用多媒体等手段，课程的基本理论、历史案例、文献导读、影音影像资料等更形象、直观地增加了教学效果，提高了研究生学习财税史学的兴趣。同时，利用网上资源，线上线下结合等方式，拓展财税专业研究生史学学习的知识面。

（四）拓展一批具有财税文化性质的课程群

研究生是我国在中国式现代化进程中治国理政的主力军，要提升他们的治国理财能力，推进治国理政现代化，就必须使研究生具备一定的人文素养，掌握中国历史上优秀的、经典的理财思想、财税理念、财税伦理道德、理财精神等。研究财税文化必然研究财税历史，因为财税历史课程有助于学生全面了解中国，正如，欲知大道，必先知史。历史是一个民族、一个国家形成、发展及其盛衰兴亡的真实记录。透析历史、反思历史、总结历史，我们可以从中吸取教训、总结经验，更能清醒头脑、明确方向。为了更好地传承中国财税文化，非常有必要在研究生培养方案中设置一些具有财税文化性质的课程群。例如，财税学院已经在全校研究生中开设了一门全校研究生公选课"新时代财税文化的传承和创新"，这门课程将中国历史上的财税理想、道德、民族精神、价值取向等精神成果纳入研究对象，目前已经连续多个学期上课。教学实践证明这门课程非常有助于研究生对中国历史上优秀财税文化的了解，这类具有文化传承性质的研究生财政史学课程群仍需要进一步开发和拓展。

（五）形成读史、学史、用史的学习研究氛围

历史是最好的老师，重视历史是中国共产党人的优良传统。领导干部以史为师，读点历史，可以以史明志，修身养性，并提高治理能力。历史是最好的老师，中国财税历史文化蕴含着丰富的治国理政的经验，倡导财政学税收学专业研究生读史、学史和用史，这是培养治国理财人才的"必修课"。

为了更好地培养治国理财人才，高校应当允分利用传承财税文化的专业史学课堂这一平台和载体，引导研究生广泛阅读史籍文献、学习历史文化、分析历史实事、剖析历史经验教训，拓展研究生学习财税史学的空间，形成读史、学史、用史的良好学习研究氛围，进而达到文化传承背景下加强财税专业研究生史学课程建设的目的。

参考文献

[1] 齐海鹏，孙文学. 中国财政思想史略 [M]. 大连：东北财经大学出版社，2010.

[2] 孙文学，王振宇. 谈《周礼》中的财税文化 [J]. 地方财政研究，2010（5）：72－79.

[3] 赵兴罗. 读史、懂史和用史：财政史学体验式学习探讨 [J]. 高等教育评论，2018（01）：63－72.

[4] 赵兴罗. 新时代中华优秀传统财税文化的传承和创新 [J]. 财政监督，2019（10）：67－71.

[5] 毛泽东选集（第2卷）[M]. 北京：人民出版社，1991：707.

[6] 习近平. 以史为镜、以史明志，知史爱党、知史爱国 [J]. 求是，2021（12）.

（作者单位：中南财经政法大学财政税务学院）

金融专硕"金融衍生工具"课程
思政教学探索

刘向华

摘　要： 党的二十大报告指出，要加快构建新发展格局，着力推动高质量发展。本文以党的二十大报告为指引，探讨如何在金融专硕专业课程"金融衍生工具"中进行课程思政，引导学生思考金融衍生工具如何促进中国式现代化推进国家新发展格局和高质量发展，从我国实际出发着力解决中国问题，从而提高金融人才培养质量。在课程教学中，阐述金融衍生工具的合理运用为国民经济平稳运行、产业转型升级和企业健康发展提供重要途径，助力金融服务实体经济。在课程设计中，探讨运用金融衍生工具服务产业链风险管理、服务三农问题、推动绿色发展、服务人才激励、管理金融机构风险、化解中小企业融资难问题，以及金融科技在金融衍生工具市场的应用推动科技创新和金融业转型升级。通过构建课程思政体系推进金融专硕人才高质量培养和新文科建设。

关键词： 课程思政　人才培养　金融衍生工具　课程教学

一、"金融衍生工具"课程思政的重要性

全面推进课程思政建设，是落实立德树人根本任务的战略举措。高校经济管理金融类专业课程教学，在学习借鉴西方理论方法的同时，要提高政治站位和思想认识，充分发挥课程建设和课堂教学的作用，在知识传授和能力培养中进行价值观和研究问题中国化的引导，使课程教学与思政形成协同效应，构建全员全程全方位育人格局和体系，从而全面提高高校经济管理金融人才培养质量，推进新时代新文科建设新发展格局。

"金融衍生工具"课程是金融专硕专业基础课程之一，是引导金融专硕研究生了解金融领域最新发展、应用金融服务实体经济的重要课程。西方市场经济在多年的发

展过程中，已形成比较完善的金融市场，金融衍生工具市场作为管理商品市场、证券市场风险和金融机构、企业面临风险的重要渠道，在市场经济中发挥着重要作用。结合我国国情，如何以中国式现代化实现全面推进中华民族伟大复兴、以中国式金融推进我国经济健康发展，是课程教学的重要目标。在课程教学中引导研究生在新时代中国特色社会主义建设背景下了解我国新时代金融市场理论、金融创新、定价模型、风险管理、投资交易并应用于实践，是课程要解决的关键内容。

"金融衍生工具"课程教学应归到运用金融衍生工具推进以人民为中心，实现共同富裕，助力乡村振兴和产业升级，加快构建新发展格局，着力推动国民经济高质量发展，完善社会主义市场经济体制，促进环境保护、绿色发展和人与自然和谐共生。金融是经济的核心。课程应以党的二十大报告和各项方针文件精神为主旨，通过课程教学实践，将各项政策与课程教学相结合，提高认知和觉悟，引导学生运用最新金融创新工具管理风险、提高收入、保障供给、稳定经济，解决我国现阶段各领域面临的实际问题，发挥应有作用。

二、以党的二十大报告精神为指导思想进行课程思政内容设计

在百年未遇之大变局下，国际国内形势复杂，对经济发展、市场变革、生产生活造成不确定影响，价格波动变大，使得不论政府组织，还是企业机构、家庭和个人都要面对不确定性风险，需要运用市场化手段进行风险管理，确保经济平稳运行发展。金融衍生工具在西方发达国家起源较早，金融衍生工具市场在近 50 年发展较为迅速，已作为一种重要的管理风险的手段受到各方面的广泛应用。在 2008 年美国次贷危机后，对金融衍生工具应用和监管的反思也促进金融衍生工具市场的新发展，我国也明确了金融服务实体经济的宗旨。合理运用金融衍生工具，能为国民经济平稳运行、防范系统性风险、产业转型升级和企业健康发展提供重要途径。

党的二十大报告指出，要着力提升产业链供应链韧性和安全水平，确保重要产业链供应链安全。金融衍生工具作为管理风险的重要工具，课程教学可以运用金融衍生工具服务产业链风险管理。基差交易是以期货价格加基差作为现货交易价格的贸易方式，是国际大宗商品交易的通用模式，我国企业也在逐步采用这种方式，还创新了含权贸易、二次点价等新的模式。例如，期货公司或其风险管理子公司，作为中间企业，可以在与上游原材料销售企业签订的销售合同中，将合同销售价格暂定为签约日期货价格＋基差－看涨期权价格，根据点价时期货结算价与合同销售价格暂定价格进行比较，最终结算价选择二者中较大者；期货公司或其风险管理子公司与中游贸易中间商

或下游制造企业签订的销售合同中，将合同销售价格暂定为签约日期货价格＋基差＋看跌期权价格，根据点价时期货结算价与合同销售价格暂定价格进行比较，最终结算价选择二者中较小者。通过期货公司签订的两个销售合同，上游企业、期货公司、下游企业三方都实现了保值盈利，畅通和明确了产业链上下游企业的产品定价和风险管理。

党的二十大报告指出，全面推进乡村振兴，坚持农业农村优先发展，巩固拓展脱贫攻坚成果，加快建设农业强国。结合金融衍生工具管理价格风险的功能，可以运用金融衍生工具服务"三农"问题。"保险＋期货"模式，是近年来我国推出的保障农民、涉农企业的收入、稳定农产品价格的重要方式。根据中国期货业协会发布的数据显示，2021年5月至2022年5月共有67家期货公司为玉米、大豆、生猪、棉花以及天然橡胶等15个品种农产品提供保障，累计开展项目1907个，承保货值达421.98亿元，项目覆盖农户163.77万。在"保险＋期货"模式中，农户以购买农产品价格保险的方式，与保险公司通过保险合同明确保险保障价格，同时支付保险费作为补偿，将到期时期货合约价格小于保险保障价格的风险转移给保险公司；保险公司在考虑农产品期货合约价格的基础上设计保险合约，设计农产品目标价格保险，在保险合同规定的时限内，由于保险合同责任免除以外的原因导致农产品期货合约价格小于保险保障价格时，保险公司根据保险合同进行赔付，同时保险公司向期货公司购入执行价格为保险保障价格的场外看跌期权，并支付一定的期权费，将从农户处转移来的风险全部或部分转移给期货公司；期货公司可购买相应品种的场内期权、利用期货复制场外期权或直接创设场外期权来对冲风险，没有场内期权可对冲风险时，大多数期货公司会卖空交易所上市的对应农产品期货合约来进行对冲，最终风险被分散转移到期货市场中。

党的二十大报告强调推动绿色发展，促进人与自然和谐共生。绿色衍生品是绿色贷款、绿色债券等绿色金融之外一个重要的发展方向，尤其是绿色期货。绿色期货是指为支持环境改善、应对气候变化和资源节约高效利用的经济活动，即对环保、节能、清洁能源、绿色交通、绿色建筑等领域的项目投融资、项目运营、风险管理等所提供的金融服务。绿色期货是为应对气候变化、可再生能源以及其他环境挑战的期货，如碳排放权期货、电力期货、天气期货、环境质量指数期货以及与绿色发展相关的贵金属和有色金属期货等。我国于2021年设立的广州期货交易所，即将推出一系列绿色期货，包括以工业硅、锂、钴等新能源金属、电力、氢能、天气指数等以及金融资产如绿色债券、绿色股票、绿色基金等为标的物的标准化可交易合约。不同于其他商品期货，绿色期货的影响范围更为广泛，涉及环境、能源、经济等多个方面，而且主要是围绕新能源、新产业的发展。发展绿色期货是对绿色资源类交易有效且必要的补充和保护。发挥期货市场价格发现、规避风险的功能，可以使绿色资源类交易价格更有代表性和竞争力，同时又能对绿色资源类交易现货头寸起到保护作用，有助于建立符合国内需求、对接国际规则的绿色金融市场体系。

党的二十大报告指出，深入实施人才强国战略，坚持尊重劳动、尊重知识、尊重人才、尊重创造，完善人才战略布局，加快建设世界重要人才中心和创新高地，着力形成人才国际竞争的比较优势，把各方面优秀人才集聚到党和人民事业中。运用金融衍生工具，通过合理薪酬规划，可以留住人才、激励人才，引导人才进行科技创新。可以对公司高管、核心技术人才实施股权激励计划，也可以为员工持股计划、股票期权计划，化解企业委托代理问题，创新长期激励机制吸引人才，服务科教兴国、科技创新。企业通过股票期权、限制性股票、绩效股票、股票增值权、虚拟股票等方式赋予各类人才，其中股票期权和限制性股票是应用得最多的两种方式。股权激励计划在美国、欧洲等发达国家经过了长期发展，制度趋于完善，我国可以借鉴其发展经验。自2005年证监会发布《上市公司股权激励管理办法（试行）》，该文件正式将上市公司纳入股权激励的范畴。自2010年以来，有累计超过2000家A股上市公司实施过股权激励，尤其2021年，就有700多家公司实施股权激励计划。近十几年来，科创板和创业板企业实施股权激励计划占比上升，尤其创业板。股权激励计划的实施，提高了公司的效益、增强了公司高管、高级技术人才、员工的工作积极性，推动了科技企业和科技创新的快速发展。

党的二十大报告指出，加快建设现代化经济体系，要构建高水平社会主义市场经济体制，充分发挥市场在资源配置中的决定性作用。信用衍生品作为管理信用风险的主要工具，可以加强金融体系服务实体经济的能力和改善企业融资环境，有助于管理金融机构风险和化解中小企业融资难问题，信用衍生品市场对我国市场经济发展有着重要作用。2010年，我国首次推出信用衍生工具，即中国银行间市场交易商协会发布的信用风险缓释合约（CRMA）和信用风险缓释凭证（CRMW）两类产品。2016年在CRMA和CRMW的基础上，新增信用违约互换（CDS）和信用联结票据（CLN）两类信用风险缓释工具。此后上海证券交易所、深圳证券交易所推出信用保护工具试点，信用衍生工具已较为完整地覆盖我国银行间与交易所债券市场。信用衍生品是金融机构调节风险敞口、锁定投资收益的重要手段。金融机构可以通过信用衍生品交易，达到调整自身风险收益状况的目的，从而提升金融市场效率。以我国中小银行为例，与大型银行相比，部分中小商业银行受益于精细化经营等优势，持有资产收益率相对更高。此类银行有购买信用风险缓释工具调节风险敞口、通过降低风险资产权重提升信用扩张能力的动机。同时，信用衍生品交易也提升了交易对手方的收入。信用衍生工具的发行，也可以使中小企业发布带有信用衍生合约的债券进行融资。一方面可以使企业解决银行对于中小企业的融资限制；另一方面可以在中小企业评级方面予以帮助。例如，2018年11月，民营企业红狮控股集团有限公司拟发行总面值为3亿元的公司债券，中诚信国际给予主体评级为AA＋，债券主承销商国泰君安证券为公司债券发行配套信用保护合约，提高了发行效率、降低了发行成本，最后债券成功发行认购。2020年11月，国泰君安证券与上交所上证链合作完成了全市场首笔区块链CDS业务，服务民营企业融资，助力实体经济。2021 年 4 月，中国外汇交易中心、上海清算所联合发布"CFETS-SHCH 民企 CDS 指数"，市场参与者开始开展对应的指数交易。发展信用衍生品市场也有助于解决我国当前金融市场的分层问题。从金融机构资产端来讲，受经济下行压力加大、不确定性上升的影响，金融机构风险偏好明显下降，表现为民营企业融资困难上升，民营企业债、次级债发行难度加大。我国已在尝试通过信用风险缓释工具对民营企业债券进行增信。从金融机构负债端来讲，中小商业银行同样面临上游银行风险偏好下降导致下游中小银行同业融入受限和流动性管理困难上升的问题。推出中小银行同业存单的信用风险缓释工具，可以帮助解决中小银行流动性困境。此外，境外专业化投资者在对人民币资产进行投资时，往往需要通过衍生品市场，对汇率风险、利率风险和信用风险进行对冲，我国信用衍生品市场的发展对我国金融市场开放、人民币国际化进程均有重要意义。

党的二十大报告指出，必须坚持科技是第一生产力，创新是第一动力，深入实施创新驱动发展战略。金融科技在金融衍生工具市场的应用，推动了科技创新和金融业转型升级。金融科技基于大数据、人工智能、云计算、区块链等一系列技术全面应用于金融领域，从而降低金融服务的成本和门槛，提高金融服务的效率。金融与科技的结合在银行业等传统金融市场中应用较早，而以期货市场为代表等金融衍生品市场作为金融市场重要组成部分之一，与金融科技的融合发展也在探索中不断进步。大数据技术的应用在期货市场中较为广泛，主要通过对数据搜集整合，来达到对期货市场的穿透监管；人工智能则主要应用于期货客户智能投顾平台的开发、优化投资模型和策略等；云计算技术则用来实现期货行业的业务隔离，保障期货公司自身和客户数据及资金的安全；区块链技术开发智能合约、实现智能记账，对保障交易安全和实现期货交易量的增加都有重要作用等。金融科技在期货交易、结算、风控、监管等方面的应用，让更多的交易者能够进入期货行业，享受相关金融服务。无论是期货公司、期货交易所，还是客户，都需要一个便捷安全的行业环境，金融科技的前沿技术都将发挥不可或缺的作用。

三、构建课程思政体系推进新文科建设

新文科要求高校的人才培养模式从学科导向转变为需求导向，培养知中国、爱中国、堪当中华民族复兴大任的新时代文科人才。金融专硕要培养具有扎实的经济管理和金融学理论基础，富有创新和进取精神，较强的从事金融实际工作能力的高层次、应用型金融专门人才。金融专硕课程更要体现前沿性、交叉性和实践性，增强学生的家国情怀、国际视野和创新能力，树立正确的世界观、人生观、价值观和理想信念，在课程学习中"德智体美劳"全面发展。

联系党的二十大报告和课程内容，有运用金融衍生工具服务产业链风险管理、服务三农问题、推动绿色发展、服务人才激励、管理金融机构风险、化解中小企业融资难问题，以及金融科技应用等主题可以进行课程思政。在具体课程思政实施过程中，构建以专业课课程和专业课专任教师为主的多层次课程思政体系，通过课堂教学、专题讨论、课后调研的课程教学思政方式，加强教材、案例、数据库、实验平台、实习基地多方面建设，利用课堂、线上、网络、实地等各种综合教学形式，深入对党和国家文件精神的解读和贯彻，强化教学中的思政目标，挖掘思政元素，创新教学方法，提高课程教学和课程思政质量。在专业课程专任教师的课程思政之上，广泛吸纳思政课教师和相关部门人员参与，通过走进课堂、参观访问、定期研讨、网络平台交流等形式，分析党和国家高校思政教育新政策新要求、课程思政建设新动态新进展，促进经验分享和资源共享，及时研究解决教师和学生在课程思政实践中遇到的问题和困难，推动课程思政教育改革不断深入。

通过课程教学与课程思政相结合，让学生接触现实金融问题和我国国情实际情况，理解金融创新、套利定价、风险管理思想，利用金融专业知识分析具体问题，思考如何提高我国在国际市场的定价权话语权以及如何提升我国金融机构和企业的风险定价和管理能力，提出中国特色的建设和解决方案。通过课程教学与课程思政相结合，培养具备良好的政治思想素质和职业道德素质，充分了解金融理论与实务，系统掌握投融资管理技能、金融交易技术与操作、金融产品设计与定价、财务分析、金融风险管理以及相关领域的知识和技能，具有较强的解决金融实际问题能力的高层次、应用型、复合型金融专门人才，培养学生成为新时代新文科专业人才。

参考文献

[1] 常亮，王磊，杨春薇. 研究生课程思政教育的价值旨归与实践 [J]. 黑龙江高教研究，2021 (06)：101-106.

[2] 秦春生，赵守月，高夯. 信息技术与研究生教育的深度融合：背景，内涵与路径——以公费师范生教育硕士培养为例 [J]. 学位与研究生教育，2021 (06)：8.

[3] 邢文利，裴丽梅. 圈层式协同育人：研究生课程思政新模式 [J]. 教育科学，2021 (05)：29-35.

[4] 徐岚，陶涛. 跨学科研究生教育培养模式创新——以能力和身份认同为核心 [J]. 厦门大学学报：哲学社会科学版，2018 (02)：10.

[5] 叶飞，尹珺瑶，田鹏. 研究生课程思政建设要素模型建构及实证分析——基于 SECI 理论的混合研究 [J]. 研究生教育研究，2020 (04)：29-34.

（作者单位：中南财经政法大学金融学院）

"双碳"战略背景下的金融硕士
课程思政创新研究

——以"固定收益证券"课程为例*

张　戡

● ● ●

摘　要："双碳"战略作为意义深远、影响重大的顶层设计，是金融硕士课程思政不可缺少的重要主题。以"双碳"战略为背景，实施金融硕士课程思政创新，对于提高金融硕士的政治思想素质和职业道德素养至关重要。本文以"固定收益证券"课程为例，围绕金融硕士人才培养目标，研究了"双碳"战略背景下的金融硕士专业课程思政创新模式。通过设置理论模块、案例分析模块和课程论文模块等三个模块，将"双碳"战略与金融硕士"固定收益证券"课程思政相融合，引导学生深刻理解"双碳"战略的重大意义，准确把握"双碳"目标下的中国特色固定收益证券市场发展方向，熟练掌握"双碳"主题的固定收益证券相关专业技术，并由此进一步完善金融硕士课程思政体系，提高课程思政教学质量。

关键词："双碳"战略　金融硕士　课程思政　固定收益证券

一、引言

国务院学位委员会发布的金融硕士专业学位设置方案中，金融硕士的培养目标是"培养具备良好的政治思想素质和职业道德素养，充分了解金融理论与实务，系统掌握投融资管理技能、金融交易技术与操作、金融产品设计与定价、财务分析、金融风险管理以及相关领域的知识和技能，具有很强的解决金融实际问题能力的高层次、应用

---

* 基金项目：中南财经政法大学研究生教学教改项目（KCJS202206）。

型金融专门人才"。

上述培养目标一方面强调了政治思想素质和职业道德素养在金融硕士培养中的重要地位;另一方面明确给出了金融硕士在解决金融实际问题方面的专业定位。因此,在金融硕士的培养过程中,既要强化思政教育,也要把思政教育与金融市场实务紧密相连。

"双碳"是指碳达峰和碳中和。习近平主席在 2020 年 9 月 22 日第 75 届联合国大会上提出我国"二氧化碳排放力争于 2030 年前达到峰值,努力争取 2060 年前实现碳中和"以来,各部委也相继出台多项相关文件,标志着"双碳"战略已经进入全面实施阶段。

2022 年 10 月 16 日,党的二十大报告提出,积极稳妥推进碳达峰碳中和,立足我国能源资源禀赋,坚持先立后破,有计划分步骤实施碳达峰行动,深入推进能源革命,加强煤炭清洁高效利用,加快规划建设新型能源体系,积极参与应对气候变化全球治理。二十大报告中的这一论述,进一步彰显"双碳"战略的重大意义。

因此,在金融硕士人才培养中,将"双碳"战略与课程思政深度融合,对于学生提高政治站位,透彻理解国家的大政方针,明确专业学习的目标和方向,具有重要的现实意义。

二、文献综述

已有文献的相关研究主要分为两个方面:

1. 硕士研究生课程思政。一是研究生课程思政教学体系。要在充分认识研究生课程思政教学改革意义的基础上,深刻把握研究生课程思政教学改革的基本规律,加强集中统一领导,统筹规划顶层设计,发掘课程思政元素,建立"大思政"格局下协同育人的研究生课程体系[1][2][3];二是高校研究生思政课存在的问题。高校研究生思政课存在教学规模不均衡、课程设置和机构设置不规范、师生比不合理、教学班级过大等问题,需要加强研究生思政课的机构和平台建设,加强研究生思政课相关制度和机制建设,提高研究生思政课教师队伍的素质,加强研究生思政课实践教学[4];三是研究生课程思政教学路径。要围绕立德树人这一根本任务,基于自身学科特色与不同学科的研究生专业课程结构特点,积极探索课程思政的嵌入式、支撑式和补充式等多种建设路径[5][6]。

2. "双碳"战略与课程思政。"双碳"战略发布以来,关于如何将其与课程思政相结合的研究主要有三类:一是将"双碳"战略引入专业课的必要性以及可实施的基本策略[7];二是如何从课程专业属性出发,践行"低碳-可持续"理念,在课程思政中体现"双碳"战略元素[8][9]；三是在"双碳"战略背景下如何构建课程专业思政体系[10][11][12]。

已有文献研究主要集中在研究生课程思政教学的意义、思政教学体系的构建以及"双碳"战略在部分理工科专业课程思政中的引入方式和实施策略等方面，但是有关金融硕士课程思政的研究甚少，未见有关"双碳"战略与金融硕士课程思政创新相结合的研究。因此，研究如何将"双碳"战略融入金融硕士课程思政，具有较强的理论意义和实践意义。

三、"双碳"战略与金融硕士课程思政

（一）金融硕士课程思政存在较大的提升空间

金融硕士课程思政是金融硕士人才培养不可或缺的重要环节。从发展现状来看，在以下三个方面可以进一步优化和创新：

一是开发和拓展思政教育主题。金融硕士专业课与金融市场实务紧密相连，金融行业的专业性对课程思政提出了更高要求，同时金融行业的不断变化与发展，又需要教师及时结合时事政治以及国家的重大战略、决策和部署，积极引入新的课程思政主题。

二是充实和更新思政教育的内容。我国金融市场的改革进程不断加快，发挥着支持实体经济的重要功能，也在持续地为课程思政提供新的素材。

三是调整和优化课程思政的实施方案。基于金融硕士高层次、应用型的人才培养导向，金融硕士课程思政可在案例教学中就如何引入思政教育、思政理论如何与金融实务相联系等方面进行完善和创新。

（二）"双碳"战略是金融硕士课程思政不可缺少的组成部分

"双碳"战略的实施将持续数十年，需要金融市场提供长期的、有力的、多样化的支持。将"双碳"战略整合到金融硕士课程思政中，一方面能够让学生深入理解"双碳"战略的背景、目的、意义、影响和行动路线；另一方面能够让学生主动地从"双碳"战略出发，认识金融市场的相关反应和变化，积极运用金融专业理论去把握投资机会，设计金融产品，支持"双碳"战略的顺利推进，从而提高学生以习近平新时代中国特色社会主义思想为指导，分析和解决金融市场实践问题的能力。

（三）"双碳"战略契合"固定收益证券"课程思政创新要求

1. "固定收益证券"课程在金融硕士培养方案中具有重要地位。"固定收益证券"

是金融硕士的重要专业课程。无论是在投资银行还是商业银行或者其他金融机构，都有大量的金融硕士从事固定收益证券的发行、交易以及产品设计工作。固定收益证券是现代金融市场中的重要金融工具和基础性金融资产：一方面，固定收益证券以其品种多样性、条款复杂性和对利率的敏感性而在交易定价、风险管理和产品设计等方面存在诸多难点；另一方面，固定收益证券市场是金融市场体系的重要组成部分，无论从融资、流动性和经济调控等市场功能来看，还是从交易规模和产品种类等市场特征来看，固定收益证券市场都已成为金融市场的基石之一。

2. 固定收益证券是实施"双碳"战略不可缺少的融资工具。固定收益证券品种繁多，条款灵活，市场交易规模巨大，能够在发行人和投资者之间达成良好的平衡，满足双方各自的需要。"双碳"战略发布以来，市场上已经出现了大量"碳中和"主题的固定收益证券创新品种。因此，让金融硕士研究生以"双碳"战略为线索，学习和掌握相关固定收益证券产品的设计方法，对于增强金融硕士的专业能力，为"双碳"战略的成功实施作出贡献，具有重要的现实意义。

四、"固定收益证券"课程思政创新模式

（一）"双碳"主题的思政教学模块

主要从宏观和微观两个方面进行设计，分三个单元进行教学。在宏观层面上，以习近平主席关于"双碳"战略的论述为主线，全面梳理中央各部委关于"双碳"战略的法规文件，分析"双碳"战略的内涵、背景、现状、总体目标和实施路径。在微观层面上，把握"双碳"主题的固定收益证券特点，分析相关产品的设计思路，引导学生将"双碳"战略与固定收益证券的专业技术和分析工具相结合，从更高的政治站位上思考如何以固定收益证券为工具、以固定收益证券市场为平台，推动"双碳"战略的顺利实施。

1. 单元一："双碳"战略解析。

（1）"双碳"战略相关基本概念。主要讲解碳达峰、碳中和、碳交易、碳税、碳汇、碳排放强度、碳价格、碳捕集等"双碳"战略相关基本概念以及定量指标的计算方法。

（2）"双碳"战略顶层设计。主要讲解"双碳"战略的形成过程、总体架构、核心政策和演进趋势，帮助学生全面理解"双碳"战略的顶层设计。

2021年3月以来，"双碳"行动纲领逐步确立了"1＋N"政策体系。"1"是我国实现碳达峰、碳中和的指导思想和顶层设计；"N"则包括能源、工业、交通运输、城

乡建设等分领域、分行业碳达峰实施方案，以及科技支撑、能源保障、碳汇能力、财政金融价格政策、标准计量体系、督察考核等保障方案。

2021年10月24日，党中央、国务院印发了《关于完整准确全面贯彻新发展理念做好碳达峰碳中和工作的意见》（以下简称《意见》），作为碳达峰碳中和"1＋N"政策体系中的"1"正式发布。《意见》提出了构建绿色低碳循环发展经济体系、提升能源利用效率、提高非化石能源消费比重、降低二氧化碳排放水平、提升生态系统碳汇能力等五个方面主要目标，明确了碳达峰碳中和工作重点任务：一是推进经济社会发展全面绿色转型；二是深度调整产业结构；三是加快构建清洁低碳安全高效能源体系；四是加快推进低碳交通运输体系建设；五是提升城乡建设绿色低碳发展质量；六是加强绿色低碳重大科技攻关和推广应用；七是持续巩固提升碳汇能力；八是提高对外开放绿色低碳发展水平；九是健全法律法规标准和统计监测体系；十是完善政策机制。

2021年10月26日，国务院印发《2030年前碳达峰行动方案》（以下简称《方案》），作为碳达峰碳中和"1＋N"政策体系"N"中为首的政策文件发布。《方案》聚焦2030年前碳达峰目标，对推进碳达峰工作做出总体部署。《方案》要求，将碳达峰贯穿于经济社会发展全过程和各方面，重点实施能源绿色低碳转型行动、节能降碳增效行动、工业领域碳达峰行动、城乡建设碳达峰行动、交通运输绿色低碳行动、循环经济助力降碳行动、绿色低碳科技创新行动、碳汇能力巩固提升行动、绿色低碳全民行动、各地区梯次有序碳达峰行动等"碳达峰十大行动"，并就开展国际合作和加强政策保障做出相应部署。

"1＋N"相关文件的出台，标志着我国"双碳"路径逐渐细化，明确了未来实现"双碳"目标的发展方向和具体方案。

（3）"双碳"战略行动路线。主要讲解"双碳"战略的重要时间节点以及每一个阶段的主要目标和行动方式。

第一阶段（2020～2030年）：碳排放达峰。主要任务是降低能源消费强度，降低碳排放强度，控制煤炭消费，大规模发展清洁能源，继续推进电动汽车对传统燃油汽车的替代，倡导节能和引导消费者行为。

第二阶段（2030～2045年）：快速降低碳排放。主要减排途径转为可再生能源，大面积完成电动汽车对传统燃油汽车的替代，同时完成第一产业的减排改造。

第三阶段（2045～2060年）：深度脱碳，参与碳汇，完成"碳中和"目标。工业、发电端、交通和居民侧的高效、清洁利用潜力基本开发完毕，以碳捕集、利用与封存（CCUS）、生物质能碳捕集与封存（BECCS）等兼顾经济发展与环境问题的负排放技术为主。

2. 单元二："双碳"战略的重大意义。主要从四个方面讲解"双碳"战略对我国的影响，帮助学生深入认识"双碳"战略的重大意义。

（1）"双碳"战略对国际地位的影响。"双碳"目标的实现将使中国的国际地位得到显著提升，并且"双碳"目标实现进程中的优势也将使我国在能源、贸易和外交上获得更大的话语权。

（2）"双碳"战略对国内经济体系的影响。"碳中和"战略将推动我国加快建立健全绿色低碳循环发展经济体系，从技术研发、设备升级等多个领域全面提升生产效率，构建以国内大循环为主体、国内国际双循环相互促进的新发展格局。

（3）"双碳"战略对国内金融行业的影响。"碳中和"战略将促进我国金融行业的绿色低碳转型，完善绿色金融发展政策和监管体系，推动更多符合条件的绿色企业上市融资，加大碳减排金融支持工具的创新力度，加快绿色投融资模式的成熟。

（4）"双碳"战略对我国经济增长方式的影响。我国正处在从依靠人口红利和投资拉动增长转为依靠知识、技术、治理来推动增长的发展阶段，"双碳"战略有助于进一步加快经济增长方式的转型。与此同时，"双碳"战略实施所带来的投资也将提供经济增长的新动能，是提高全要素生产率的重要来源。此外，与"双碳"战略推动下的经济绿色转型伴随而来的是系统性创新，既包括科学技术创新，也包括组织方式创新，同样有利于全要素生产率的提升。

3. 单元三："双碳"战略与固定收益证券。着重讲解"双碳"战略与固定收益证券之间的关系。"双碳"战略在推进过程中，需要强有力的融资支持，固定收益证券是不可缺少的融资工具。如何针对"双碳"战略的需要设计合适的固定收益证券产品，是金融硕士必须掌握的专业技术。

通过介绍"双碳"战略发布后的固定收益证券市场发展态势，可以让学生直观地感受到"双碳"战略为固定收益证券市场提供的发展机遇：2021 年，我国共发行与碳中和相关的资产支持证券 284 只，规模超过 1180 亿元，是 2020 年发行量的四倍多。这些碳中和资产支持证券涉及的领域主要包括低碳交通、可再生能源、水资源管理、低碳建筑等。产品的基础资产种类日趋多元化，主要包括光伏和风电设备的租赁收益权、绿色商业建筑抵押应收账款、电价附加收益等。碳中和资产支持证券有力地保障了碳中和目标的实现，促进了低碳金融创新，有效降低了碳减排企业的融资成本。

（二）"双碳"主题的固定收益证券案例分析模块

本模块主要通过案例分析的方式，帮助学生从专业角度透彻理解"双碳"战略对企业融资行为的影响，熟练掌握"双碳"主题的固定收益证券条款设计、产品定价和风险控制方法。本模块具体包括以下四类案例：（1）"碳中和"资产证券化产品；（2）"碳中和"债券；（3）"碳中和"结构性产品；（4）"碳中和"信用风险缓释合约。

上述每类案例都要力求体现"双碳"战略的要求，突出"双碳"主题的固定收益证券区别于普通固定收益证券的特征。下面以"双碳"主题的固定收益证券产品中具有代表性的"碳中和"资产证券化产品为例，说明案例教学应引导学生掌握的关键专业技术：

（1）"碳中和"资产证券化产品的基础资产。"碳中和"资产证券化产品的基础资产必须符合国家有关"双碳"目标的政策。根据中国银行间交易市场协会在2021年3月18日发布的《关于明确碳中和债相关机制的通知》，碳中和类的资产证券化产品的基础资产可以涉及如下领域：①清洁能源类项目（包括光伏、风电及水电等项目）；②清洁交通类项目（包括城市轨道交通、电气化货运铁路和电动公交车辆替换等项目）；③可持续建筑类项目（包括绿色建筑、超低能耗建筑及既有建筑节能改造等项目）；④工业低碳改造类项目（碳捕集利用与封存、工业能效提升及电气化改造等项目）；⑤其他具有碳减排效益的项目。

（2）"碳中和"资产证券化产品的碳中和属性认证条款。①基础资产项目的决策和管理程序。"碳中和"资产证券化产品的本质特征在于其基础资产涉及的项目能够真正实现二氧化碳排放量的减少，因此在设定绿色认证条款之前，首先需要用严格的程序对项目进行环境效益评估和二氧化碳减排量的计算。②碳中和属性的界定。基础资产项目是否能够真正产生二氧化碳减排效益、是否具有碳中和属性，最主要的判断标准是看该项目是否被列在绿色债券和碳金融相关政策目录之中。③项目环境效益。需要使用量化的环境效益指标来判断和分析项目具体的环境效益。判断项目环境效益的主要指标包括节能量、二氧化碳减排量、二氧化硫减排量、氮氧化物减排量和细颗粒物减排量等。

（3）"碳中和"资产证券化产品关键绩效目标的设计原则。①关键绩效目标的选择应当符合国家可持续发展战略的要求。②关键绩效目标需要能够被客观量化计算，从而在确定目标值后可以进行比较判定。③关键绩效目标能够事后进行校验和多次测算。④关键绩效目标需要反映一个时间段内的可持续性发展情况。

（4）"碳中和"资产证券化产品的挂钩条款。挂钩条款的作用是对发行人达成碳排放效益目标进行激励和约束，即将发行人的二氧化碳减排量与"碳中和"资产证券化产品的票面利率水平或者赎回条款相挂钩。挂钩条款主要分为两类：①挂钩票面利率条款。当产品发行后，发行人在规定的时间内无法完成碳减排目标时，票面利率可以向上浮动，导致发行人的利息支出增加；当票面利率上浮之后，如果发行人完成后续的碳减排目标，且补偿性地完成前期未完成目标时，票面利率可以再向下浮动，以此来鼓励发行人达成碳减排目标。②挂钩赎回条款。在碳减排量与票面利率挂钩的基础上，可以设置强制赎回条款。当产品票面利率连续多次上浮后，发行人依然无法完成碳减排的目标值时，发行人必须赎回该产品，以此来对发行人的行为进行约束，促使其切实完成碳减排的目标。

（三）"双碳"主题的课程论文模块

本模块主要是指导学生基于"双碳"战略的视角，完成"双碳"主题的固定收益证券新产品设计或者已有产品分析的课程论文，要求学生充分运用在思政教学模块中掌握的"双碳"战略理论以及在案例分析模块中掌握的关键技术，从而同步提高思政素质水平和专业技术能力。课程论文既为学生提供了实际运用"双碳"战略背景下课程思政学习成果的机会，又考查了学生对"双碳"战略的掌握情况以及将其运用在固定收益证券专业领域分析问题、解决问题的能力。

五、结论

以"双碳"战略为背景，实施作为金融硕士"固定收益证券"课程思政创新，通过思政教学模块、案例分析模块和课程论文模块加以综合推进，能够为"固定收益证券"课程的专业教学提供正确的政治导向，并与专业教学实现全面融合，使研究生课程思政的成效最大化。

"双碳"战略为金融硕士课程思政注入了新元素，提供了新方向。紧密结合"双碳"战略实施课程思政创新，能够有力地推动金融硕士课程思政与时俱进，提升研究生专业课思政教育水平，实现金融硕士人才培养目标。

参考文献

[1] 王茜. "课程思政"融入研究生课程体系初探 [J]. 研究生教育研究，2019（04）：64 – 68.

[2] 张永奇. 新时代背景下研究生思想政治理论课的改革创新——基于显性教育和隐性教育相统一的课程共同体模式 [J]. 学位与研究生教育，2019（10）：14 – 18.

[3] 郝晓美. 高校研究生课程思政教学改革论 [J]. 学校党建与思想教育，2020（23）：73 – 75.

[4] 刘经纬，李军刚. 高校研究生思想政治理论课教学问题对策——以黑龙江省高校为例 [J]. 黑龙江高教研究，2015（01）：158 – 161.

[5] 蔡小春，刘英翠，顾希垚，等. 工科研究生培养中"课程思政"教学路径的探索与实践 [J]. 学位与研究生教育，2019（10）：7 – 13.

[6] 张亮，廖昀喆. 我国研究生课程思政建设的形势，问题与对策——基于南京大学的思考与实践 [J]. 社会科学家，2021（04）：150 – 154.

[7] 朱文文，刘桂芳，吕盛祥. 将双碳战略嵌入物流与供应链管理课程的必要性及基本策略分析 [J]. 物流工程与管理，2022，44（09）：176 – 178.

[8] 宋先雨，梁克中，武卫荣，等. "双碳"背景下化工类专业建设与改革 [J]. 广东化工，2021，48（22）：202，209.

[9] 李芳芹，曾卓雄，仇中柱，等．"双碳"背景下的高等燃烧学课程教学改革与探索 [J]. 科技视界，2022（11）：62-64.

[10] 吕明，蔡红，葛争红．碳达峰碳中和背景下工程管理专业思政体系研究 [J]. 山西建筑，2021，47（18）：196-198.

[11] 刘魏巍，卢晨轩，张金，等．"双碳"背景下"运输工程导论"课程思政教学的有效路径 [J]. 西部素质教育，2022，8（10）：30-32.

[12] 劳俊华，吕淼华，许为民．研究生思想政治教育的模式、体制和队伍 [J]. 中国高教研究，2005（11）：33-35.

（作者单位：中南财经政法大学金融学院）

基于扎根理论的课程思政推进学风建设的有效路径研究

——以"科技论文写作方法"研究生课程为例*

刘雅琦　王玲玉　吕凯华

摘　要：学风建设是高校系统工程建设的重要一环，良好学风树立可以全面提升学生综合素质，课程思政与学风建设目标一致、内容联系，为学风建设提供保障，探究课程思政推进学风建设的有效路径对推进高校教育改革具有重要意义。本研究以"科技论文写作方法"课程为例，对管理科学与工程专业 23 名研究生进行了深度访谈，依据扎根理论，运用 Nvivo11.0 质性分析工具对访谈资料进行三级编码，分析课程思政推进学风建设的有效路径，并提出进一步发展的对策和建议。结果表明课程思政推进学风建设的着眼之处是学生主观能动性，核心实现路径为专业知识传授、学习价值引领和科研能力培养"三位一体"。通过显隐教育协同的方式实现思政育人元素有效嵌入专业课程，进而促进建设良好学风。因而，可在课程思政推进学风建设的进一步实施中，注重课程思政与专业课程同向同行，达成课程思政与学风建设良性循环。

关键词：扎根理论课程　思政　学风建设　立德树人

一、引言

学风建设是高校系统工程建设的重要一环，学风反映学校的治学风尚，良好的学风建设可以全面提升学生思想品质、价值取向和行为方式[1]。学风建设离不开思政教

＊ 基金项目：湖北省教育改革项目《"新工科"建设背景下国际化人才培养研究与实践》（项目编号：31412111301）。

育，作为思政教育的重要组成部分，"课程思政"是高校以习近平新时代中国特色社会主义思想为指导，以习近平总书记关于教育工作、思想政治工作的重要论述为根本遵循，落实立德树人根本任务的重要举措。课程思政为学风建设提供保障，对推进学风建设发挥着不可替代的作用[2]，也是高校完成人才培养首要目标的必由之路[3][4]。在传统的专业教育中，专业课程注重知识传授与能力培养，本身并没有或较少有思想政治的内容，课程思政要做的就是发掘隐藏在专业课程中的思政元素，在做好专业教育的同时做好思政教育[5][6]。但在高校专业课程教育中，学生主体意识强、个性化程度高，课堂知识传授专业性强，注重培养学生实践能力，德育教育，尤其是思政教育略有忽略[7]。为推进学风建设，探究课程思政如何在课堂中实现势在必行。

本研究从强化思想教育入手，借助扎根理论质性研究手段，分析影响课程思政推进学风建设的因素，进而获得课程思政推进学风建设的有效路径，助力塑造学生积极奋进的世界观、人生观、价值观，有利于树立课程思政育人理念，扎实推进高校学风建设，落实立德树人根本任务。

二、文献综述

学风建设是教育领域的一项大事，是提升人才培养质量必不可少的工作，但随着时代的发展与进步，当前学风建设呈现出了一定的问题。学校方面，学风建设整体性缺失、学校精神引领和约束力落实不够[8]；教师方面，教学质量参差、缺少科学的指导方法、师德师风问题频现[8][9]；学生方面，学习目标不明确、学习态度不端正[9][10]。整体而言，存在理论研究同质化、研究方法单一的情况[11]。

推进学风建设离不开思想政治教育工作这个关键，思想政治教育工作为学风建设提供了坚实的思想基础[12]，二者精神取向紧密联系，都根植于立德树人实践，服务于人才培养目标，作用于学生成长成才，不可割裂[13]。学者从思想政治教育工作对学风建设的影响入手，围绕思政工作的具体实施者、开展方式和外部挑战对学风建设展开研究。首先是具体实施思政工作的教师的思政引领，包括专业课教师和专职思政教师。王蕊（2020）指出，要以教风影响学风，注重教师"大先生"的精神影响，让学生在与教师的交流中受到感染、得到塑造[14]。付兆锋和徐锋华（2015）指出，在学风建设中，应发挥辅导员思政工作者的引领作用，引导学生树立正确价值理念[15]。其次是思政工作的具体开展方式。徐江虹（2022）指出，利用规训的约束力激发学生学习动力，促使其自觉主动学习[16]。窦雅琴（2020）指出，生涯教育将学生的学习动机转化为个体需求，进而驱动学生参与学风建设，提升学风建设的有效性[17]。刘洋溪和杨臣（2021）指出，可以通过典型模范教育熏陶感染的隐性教育方式引领学生提升思想素养、丰富精神世界，促进达成学风建设目标[18]。更为具体的，李璟璐和王道明（2019）指出，朋辈榜样的示范带动能够发挥广大学生的主体性，激发学生参与学风建设的内生动力[19]。另外，网络背景给学风建设增加了一定的不确定性，围绕网络资源给思政工作和学风建设带来的外部挑战，学者进行了研究与探索。王昭（2017）指出，除第一课堂外，还要利用好第二课堂和网络平台，三方优势互助，全场域协同对学生进行价值塑造，在学习生活的各个环节贯穿进行学风建设[20]。董丹辉（2022）指出，一方面，通过思想政治工作，提升学生网络素养、道德意识，培养其信息鉴别、判断是非的能力；另一方面，利用互联网资源加强监督手段，优化学风建设路径[21]。

综上所述，现有研究重点以思政工作为抓手，从思政工作对学风建设的影响出发，以不同角度在理论层面为推进学风建设提供路径选择，但相关实证研究还不够充足。本研究基于扎根理论进行学风建设实证研究，重点关注学生这一学风建设主体，通过调研访谈的方式把握学生对于课程思政和学风建设的态度及意见，并通过课程前后两次访谈结果对比探索课程思政推进学风建设的有效实现路径，以期更好地解决学风建设面临的问题。本研究是对以思政工作推进学风建设领域的完善研究，也是在扎根理论应用于思政教育和课堂教学之后的更进一步。

三、研究设计

作为质性研究的常用方法之一，扎根理论研究方法的运用逐渐趋于成熟，已有研究将其运用于课堂教学领域，结合半结构化访谈和质性分析，探索学生课堂学习的知识建构[22]。另外，扎根理论与思政教育建设具有较强的相融性[23]，如果将扎根理论应用于思政教育研究，是对思政教育研究方法的丰富，有助于把握研究对象，提升思政教育的实效性[24]。学风建设成效体现在学生的思想品质、价值取向和行为方式的转变上，本研究基于扎根理论的质性研究通过与研究对象互动形成文字资料，运用归纳分析法分析资料、形成理论模型，获得解释性理解。首先对文字资料进行统计分析，之后基于扎根理论对文字资料进行质性分析，借助 Nvivo11 对论文写作方法课程中 23 名研究生的访谈资料进行开放性编码、主轴编码和选择性编码，进而归纳、演绎、挖掘出课程思政推进学风建设的影响因素，并深入探索各因素的影响路径。

（一）研究对象及样本

本研究选取"科技论文写作方法"课程上的 23 名 2020 级研究生作为研究对象，

并进行访谈。研究对象的专业为管理科学与工程，研究方向包括管理信息系统方向、数据挖掘与商务智能方向。访谈分为两次，第一次访谈设置在论文写作方法课程开始前，访谈时间为2021年5月，每名研究对象的访谈持续时间为20分钟；第二次访谈设置在课程结束后，访谈时间为2021年6月，每名研究对象的访谈持续时间为30分钟。

（二）数据的收集与处理

本研究以结构式访谈为主，半结构式访谈为辅，访谈的具体内容围绕论文写作方法课程的课程思政和学风建设，其提纲包括两部分，第一次访谈：（1）在"科技论文写作方法"课程上，你期待学到什么内容？为你的论文发表和毕业论文解决什么问题？（2）你怎么看待"课程思政"？（3）什么样的"学风"是你期待的？第二次访谈：（1）课程结束后，学到了哪些与论文写作相关的"课程思政"内容？（2）课程结束后，你对"学风"是如何理解的？最终得到23名2020级硕士研究生的访谈资料数据，数据处理包括四个阶段，即统计分析、开放性编码、主轴编码、选择编码。

1. 统计分析。本研究数据来源为课前课后的两次访谈。在课前访谈中，近两成学生表示不了解"课程思政"建设，如表1类别一所示。有个别访谈对象直言，不清楚课程思政与"科技论文写作方法"课程的联系，认为课程思政是如何平衡课程与科研的一种思维方式。近三成学生对"课程思政"的理解存在较明显的偏差，如表1类别二所示，认为课程思政是对待课程的一种态度，是独立于课堂的，是必要的，但是应受到制约与限制。在"对'学风'的期待"这个问题中，只有约两成的学生谈及"诚实守信""求真务实"等与拒绝学术不端学风相关的内容。另外，大家对学风的期待主要表现在良好的学风可以带给自己什么，对于自己可以给学风建设带来什么有所忽略。

表1　　　　　　　　　　　　　　课程前后访谈回答内容对比

类别	课程前访谈样本内容示例	课程后访谈样本内容示例
类别一：对"课程思政"由不了解到了解	我对"课程思政"建设了解不多，也不清楚它和这门课之间会有什么联系	通过课程，我了解到在科研活动中，要遵守学术规范，讲学术道德
	对于"课程思政"建设，我不是特别清楚。我认为这可能是一种新的思维方式	课程结束以后，我学到了求真务实，绝不弄虚作假的论文撰写态度

续表

类别	课程前访谈样本内容示例	课程后访谈样本内容示例
类别二：对"课程思政"由片面了解到深入了解	我认为，课程思政的含义是我们应该以什么样的态度来对待这门课程。比如尊重老师、尊重课堂	通过本学期的学习，我认为课程思政是指，在学习课程的主体内容的同时，将思想政治的教育融入课程当中，使学生能够在接受专业知识的同时，潜移默化地接受思想政治、学术道德教育
	课程思政建设是高校课堂的一项必要教育活动，但是对于研究生，已经有了自己的处事方式与思考逻辑，可以适时教育但又不必占主要部分	对于学生来说，课程思政的教育能提高学生道德水平，让学生在学术研究的道路上能有正确价值观的引导，避免产生学术不端、抄袭剽窃等行为。对于社会来说，普及课程思政的教育，能帮助大家创造一个合理竞争的科研环境，使得科研工作者能够在有益的环境里为社会做出贡献
类别三：对"学风"理解更加全面	互帮互助的学风是我比较期待的理想学习氛围，同时，只有思想的碰撞才会有意想不到的结果，希望每个人都可以在学术交流中畅所欲言，大胆发表意见	在当代学生中培养良好的学风、形成正向的价值观学习观导向是很重要的。研究生进行学术研究应该以事实为基准，努力务实追求科学，营造积极的学风氛围，将出现更多优秀的科研成果
	我期待的学风氛围是每个学生都能找到自己感兴趣的研究领域，能够有良好的浓厚的学术研讨氛围，同时每个学生也能安下心来在自己研究的领域扎根，能够感受到钻研的乐趣	学风是培养学生科学的学习观，以及学习意志，科研需要一种长久而持续的努力，需要有严谨求实、刻苦钻研的态度，要大胆思考，坚持发展创新型思考以及思辨能力，把学习过程中的被动学习转变为主动学习

在课后访谈中，所有学生均对"课程思政"有了自己的理解与认识，且理解的准确度、认识的深刻性都有了一定程度的提升。认为在"科技论文写作方法"课程的讲授中融入课程思政教育的内容，在进行知识传授的同时进行正确价值观的输送与引导，有助于创造良性科学合理的科研学习环境，培养高质量人才。在"学风"方面，近九成学生谈及学术道德、学术品质，并且意识到自身学习主动性对学风建设的影响，如表 1 类别三所示。访谈对象表示，在学术研究、论文创作中要实事求是，遵守学术规范，树立正确价值观，不抄袭不剽窃，有品质讲道德，用真才实学打造学术形象，用求真务实开辟科研方向，努力成长为可堪大用的栋梁之材。

2. 质性分析。

（1）开放性编码。开放性编码是对原始访谈资料进行逐字逐句的编码，从原始资料中产生初始概念，进而形成范畴。本研究的开放编码过程主要分为：（1）组建编码小组。以人工编码为主，Nvivo 11.0 软件为辅，小组成员共 5 名。（2）逐句逐段摘录。基于内容分析法，将反映课程思政推进学风建设过程的词句进行标识。（3）简化凝练概念。根据摘录内容持续比较分析，保持开放性，形成初步概念。（4）范畴形成。将初步概念进一步提炼抽象，形成范畴[25][26]。之后本研究将开放性编码结果再次判别，去除重复、相关性低等的信息，最后形成的 17 个范畴，如表 2 所示。

表 2 开放性编码范畴化

编号	范畴	原始语句（示例）
1	学术诚信	①强调对学术不端等行为的批判，引导学生正视学术研究，认真投入科研创作，以实验结果为依据，论证文章论点，拒绝学术造假。 ②学术不端行为屡见不鲜，其后果也令人触目惊心，因而课程思政的出现可以进一步避免这样的问题出现
2	理论与实际的结合	①将现在研究的热点与社会热门话题联系起来，不要让学术研究成为空中楼阁，让其尽量解决现在政治社会生活中的问题并始终围绕国家的发展思想，或者对实时的学术不端的热点新闻进行学习批判。 ②在课程学习中尤其是论文写作中，对于思想和政治理论的结合，能够开拓我们的思维，让科学研究更加有实质意义，能够更好地推动科研的创新，能够让我们站在更多元的维度看待问题
3	思政教育的必要性	①作为一名大学生党员，我认为"课程思政"是非常有必要的。 ②思政教育是每一位接受高等教育的学生都应该接受的一项教育。 ③课程思政建设是高校课堂的必要的一项教育活动
4	因材施教	注重因材施教，根据每个学生的兴趣爱好进行个性化教育
5	价值取向	①在课堂中能融入思政元素，不仅是课程改革的需要也是我们自身发展的需要，能帮助我们树立正确的人生观和价值取向，对于每一位同学都大有裨益。 ②课程思政建设可以阐明做学术先做人，很好地培养我们对于学术科研的敬畏感，以严谨真诚的态度对待科学研究
6	个人素养	①既指体现学者个人学术品格的学术风格，也指包括大学在内的整个学术界的学术风气。学者的学风好坏，体现了学者的人品高低和道德素质。学术界的学风好坏，体现了整个学术界的道德水准。学术界的学术风气由大多数学者的学术风格决定。 ②学者的学风好坏，体现了学者的人品高低和道德素质
7	主观能动性	①树立正确学习动机，勤奋进取，独立思考和钻研，努力培养综合学习和研究能力，提高学习质量。 ②好的学风有助于身处其间的学生有一个更好的学习态度和学习行为，在学校中，同学们学习的积极主动性也在很大程度上会对学风建设产生影响，积极主动的学风更有助于学风建设的良性发展
8	师生互动	①学风是老师学生友好探讨问题；学风是学生认真回答老师课上的提问，老师进行补充和指正；学风是学生进行实践演示，老师肯定并提出更好方案。 ②学风是老师凭借着自己多年来学习后所获得知识和感悟带领着学生在学习生涯中更上一层楼
9	严谨认真的学风	①严谨、科学的学风，勤于查证，严格遵守论文写作的规范，数据要具有真实性。 ②学术风气方面，一定要摒弃学术不端的思想，要认真钻研，独立思考，勇于创新
10	和谐互助的学风	①学生之间相互鼓励，相互帮助，取得共同进步。 ②学生之间能有积极的互动交流，有思维的碰撞，能够互助共赢

编号	范畴	原始语句（示例）
11	学习撰写论文的前期准备工作	①综述性论文和专业论文的不同的写作方法，需要提前准备些什么。 ②写作论文需要做好什么样的前期准备
12	论文的写作角度	①文章结论的写作方法，如何在已有结果的基础下，分角度、有建设性地提出自己的观点。 ②论文的写作顺序，由于一篇毕业论文可能需要 50 页以上，显然是很难一气呵成，从头写到尾的，因此，我希望能学到，在着手写作时，可以从哪些方面入手，哪些方面可以留到后期加工时再完善
13	论文的语言表达	①语言表达也是一种值得学习的能力，希望老师在课程中可以涉及有关如何在有限的研究内容下，最大化地凸显我们的研究成果。 ②首先，在中文论文写作时，面对外文文献中的专有名词，无法搜索到恰当的翻译时，单纯使用英文显突兀时该如何处理；希望能够学习到论文写作的基本要素和方法，包括行文逻辑如何更好地提升等。另外，撰写英文论文时，需要注意的中英文写作异同点，特别是英语论文中不该出现的语句结构等
14	论文的写作思路	①在文献综述撰写中也存在一个问题，无法有体系地介绍相关工作，只是像流水线一样介绍哪一个人哪一年做了什么。 ②关于论文写作的结构方面的内容，如何让论文内容更加有逻辑性，并增强论文的严谨性
15	文献资料的搜集与整理	①高效的文献搜集方式、文献整理方式（实际使用某一软件进行操作）、参考文献格式与导出。 ②如何从海量的文献中找到有价值的符合自己研究方向的论文是我在这门课上希望学到的东西
16	选题的策略	①选题的策略，如何发现好的选题。 ②有没有什么经验或者说是方法来帮助我们更好地建立自己的一个具体的研究切入点或者一个想法
17	课题专业化程度	论文的公式的格式和解释应该写到什么程度
18	学科前沿信息	①确定了自己的方向后如何订阅以获得该方向的最新进展。 ②希望可以了解到更多与研究领域相关论文的信息，如有哪些最新的会议，权威的期刊等，提高日常检索效率和质量

（2）主轴编码。主轴编码主要通过识别因果关系和从属关系对开放性编码的独立范畴进行联结，并重新整理得到主范畴[27][28]。在主轴编码中，本研究形成学生主观能动性、专业知识传授、学习价值引领、科研能力培养、良好学风树立、显隐教育协同共 6 个范畴。主范畴及关系内涵如表 3 所示。

2017（11）：38 - 40.

[25] 张新香. 商业模式创新驱动技术创新的实现机理研究——基于软件业的多案例扎根分析 [J]. 科学学研究，2015，33（04）：616 - 626.

[26] 陈晓红，周源. 基于扎根理论的开源软件项目成员间知识共享模式质性研究 [J]. 管理学报，2022，19（06）：901 - 909.

[27] 周文辉，袁鹬. 准硕士生是如何度过"空档期"的？——基于某"双一流"建设高校52名准硕士生的质性研究 [J]. 研究生教育研究，2021（05）：31 - 38.

[28] 李忠. 研究生学术写作与训练的困境及其纾困——基于学位论文写作规范问题的分析 [J]. 学位与研究生教育，2022（04）：12 - 19.

[29] 教育部关于印发《高等学校课程思政建设指导纲要》的通知 [Z]. 2020.

[30] 张凤翠，邬志辉. "三全育人"视域下高校课程思政建设研究 [J]. 社会科学战线，2022（04）：265 - 270.

[31] 李勇，邱静文. 推进专业课教师开展课程思政建设的思考 [J]. 学校党建与思想教育，2021（08）：56 - 57.

[32] 魏士强. 深化"三全育人"改革落实立德树人根本任务 [J]. 中国高等教育，2020（10）：4 - 6.

[33] 韩喜平，肖杨. 课程思政与思政课程协同育人的"能"与"不能" [J]. 思想理论教育导刊，2021（04）：131 - 134.

[34] 王学俭，石岩. 新时代课程思政的内涵、特点、难点及应对策略 [J]. 新疆师范大学学报（哲学社会科学版），2020，41（02）：50 - 58.

[35] 何源. 高校专业课教师的课程思政能力表现及其培育路径 [J]. 江苏高教，2019（11）：80 - 84.

[36] 胡洪彬. 课程思政：从理论基础到制度构建 [J]. 重庆高教研究，2019，7（01）：112 - 120.

[37] 张正光，张晓花，王淑梅. "课程思政"的理念辨误、原则要求与实践探究 [J]. 大学教育科学，2020（06）：52 - 57.

[38] 陆道坤. 课程思政推行中若干核心问题及解决思路——基于专业课程思政的探讨 [J]. 思想理论教育，2018（03）：64 - 69.

（作者单位：中南财经政法大学信息与安全工程学院）

表3   主范畴构建及关系内涵

主范畴	子范畴	节点参考数	关系内涵
学生主观能动性	思政教育的必要性	2	课程思政教育应从实际出发，将社会热点、痛点与实际研究相结合，实现课程思政建设的现实意义
	理论与实际的结合	3	
专业知识传授	学习撰写论文的前期准备工作	3	论文写作方法的知识包括四个方面，论文的选题分析（学习撰写论文的前期准备工作、文献资料的搜集与整理）、论文的基本框架（论文的写作思路）、文章的核心内容（论文的语言表达）、文章的写作顺序（论文的写作思路）（李忠，2022）
	论文的写作角度	7	
	论文的语言表达	8	
	论文的写作思路	6	
	文献资料的搜集与整理	8	
学习价值引领	学术诚信	7	学习价值引领应先从学术诚信出发，阐明正确的价值取向，逐步实现个人素养的提高
	价值取向	6	
	个人素养	6	
科研能力培养	选题的策略	2	科研能力培养的首要能力为创新能力，科学前沿信息为科研能力的培养提供不竭的创新之源。同时选题策略与课题的专业化程度为科研成果的有效产出提供前提保障
	课题专业化程度	4	
	学科前沿信息	5	
良好学风树立	严谨认真的学风	16	通过论文写作方法的课程思政建设，研究对象初步形成严谨认真、和谐互助的学风
	和谐互助的学风	12	
显隐教育协同	师生互动	8	由于专业方向不同，课程在因材施教方面做足准备，良好的师生互动激发了学生的主观能动性
	因材施教	3	
	主观能动性	6	

（3）选择性编码。选择性编码通过描述现象的故事线，梳理和发现核心范畴，并建立核心范畴与其他范畴之间的联系。本研究的核心范畴是论文写作方法的课程思政推进学风建设的实现路径，根据实现路径逻辑线，围绕课程思政推进学风建设这一核心范畴构建学生主观能动性、专业知识传授、学习价值引领、科研能力培养、良好学风树立、显隐教育协同6个范畴的故事线。首先，课程思政的重要性持续增强，条件保障不断落实，这是课程思政推进学风建设的首要前提。全面推进学风建设需要将课程思政融入课堂教学建设的全过程，发挥专业知识传授、学习价值引领、科研能力培养的三方作用，以不同的角度影响学风建设。同时需要注意的是，以上三方作用不是孤立存在的，显隐教育协同成为重要的中介条件。学风建设是高校系统工程建设的重要一环，思政教育是推进学风建设深层次发展的有力手段[1]，作为思政教育的重要组成部分，课程思政的建设实施将带来良好的学风建设，助推高校完成人才培养首要目标任务，因而良好学风树立是课程思政建设的应有之义（见表4）。

表4	课程思政推进学风建设实现机理故事线		
首要前提	实现路径	中介条件	应有之义
学生主观能动性	专业知识传授 学习价值引领 科研能力培养	显隐教育协同	良好学风树立

3. 理论饱和度检验。理论饱和度检验是指检验研究结果是否达到理论饱和，本研究运用随机抽样方法，将获得的样本数据按8∶2的比例随机分为训练集与测试集。本文针对测试集数据进行基于扎根理论的质性分析过程，经过仔细比较分析，未发现新的概念、范畴及范畴间关系，因而本研究的理论模型通过了理论饱和度检验，具有较强的现实解释意义。

四、模型结论阐释

本文从挖掘"科技论文写作方法"课程的思政元素入手，将专业知识与思政教育进行有机结合，达到了"润物细无声"的教学效果，避免了思政教育主题过大与专业知识主题过小以致二者不匹配的问题。

（一）课程思政推进学风建设的有效性

课程前后两次访谈结果的对比显示出课程思政推进学风建设的有效性。课程开始之前，不少同学对课程思政的了解甚少，且认识存在偏差，主要体现在将"课程"与"思政"分离，把"课程思政"简单定义为"态度""活动"。对学风的理解也存在一定的片面性，着重表现为学生在良好学风中的个人收获，较为关注自我。在教学过程中，教师借助自己的专业知识和教学能力，结合时事热点，寻找和挖掘该课程中的思政元素，在课堂教学中融入思政教育，为学生打开了解世情国情党情民情的窗口，鼓励学生将论文创作在中国大地上，引导学生正确价值取向，提升学生专业伦理意识和科学道德素养。课程结束之后，访谈对象对课程思政的了解均有了一定提升，且认识更加全面，主要体现在对"课程思政"的理解呈现出将"课程"与"思政"融合的趋势。在学风方面，访谈对象的视野拓展，跳出自我，关注到通过自身被动到主动的转变给学风建设带来的影响。访谈对象认为在专业课程学习过程中接受思政教育，知识传授与思政教育并行，有助于加强自身道德修养，培养学术规范意识，进而营造科学合理的学术科研环境，构建积极良好的学风氛围。由此可见，课程思政实施让学生们在获取知识的同时提升了道德水平，进而推进学校学风建设，这是学校教育立德树人的重要举措，也是培养高质量人才的必由之路。

（二）课程思政推进学风建设有效路径

通过访谈结果统计对比，并在此基础上通过对编码结果进行分析，进一步探索基于"科技论文写作方法"的课程思政推进学风建设实现路径和内在机理。图1为课程思政推进学风建设有效路径的概念模型。

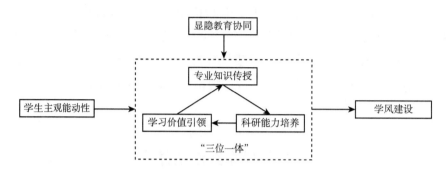

图1　课程思政推进学风建设有效路径概念模型

1. 着眼之处——学生主观能动性。经过两次访谈的结果表明，学生具有较强的主观能动性，课程思政教育接受意愿强。在课前访谈中，虽然学生对课程思政的了解略显片面，但总体上认为思政教育必不可少。授课教师结合课程前访谈结果关注到学生的主观能动性。在授课过程中，将思政元素融入专业课程，确保思政内容与专业课程融合传授，引导学生主体主动接受思政教育，避免生硬教学，进一步激发学生主观能动性，让学生在学习专业课知识的同时接受思政教育，防止专业与思政各自为政，提升学生的课程思政教育接受效果。

在课后访谈中，学生对课程思政理解加深，并表示乐意在专业学习的同时接受思政教育，认为在"科技论文写作方法"课程的学习中不仅收获了论文写作的知识技能、方法技巧，还树立了正确的人生观和价值取向，提升了科学道德素养，带来了严谨认真、和谐互助的良好学风，且理论与实际的结合带来了更加开拓的思维，更加明确科学研究的实践意义。

学生课程思政学习的主观能动性是保障课程思政贯穿于教育教学全过程的前提，既为充分体现隐性思政教育功能提供条件，又为发挥显性理论课程教育作用夯实基础。在瞬息万变的时代大环境中，思政教育工作"因事而化、因时而进、因势而新"，课堂是学生接受思想政治教育的主阵地，相较于思政类课程，专业课程中的思政教育实施一大难题是避免刻意说教，确保课程有"思政性"无"思政味"，充分利用学生的主观能动性解决这一难题。

2. 核心路径——"三位一体"育人。《高等学校课程思政建设指导纲要》（简称《纲要》）明确指出，落实立德树人根本任务，必须将价值塑造、知识传授与能力培养三者融为一体、不可割裂[29]。本研究通过对课程前后两次访谈结果进行对比分析，由"论文的语言表达""文献资料的搜集与整理"等子范畴得到"专业知识传授"的主范畴，由"学术诚信""价值取向"等子范畴得到"学习价值引领"的主范畴，由"课题专业化程度""学科前沿信息"等子范畴得到"科研能力培养"的主范畴，进而得出课程思政建设的核心路径是专业知识传授、学习价值引领与科研能力培养"三位一体"，与《纲要》不谋而合。

"科技论文写作方法"课程在教授学生论文选题、写作方法等内容的同时，注重学生学习价值的引领与科研实践能力的培育，引导学生选择切合社会热点、能够为解决实际问题提供帮助的题目，让学生切实感受到自身所学与国家发展之间的密切联系，进而萌生利用专业知识解决国家社会发展痛点问题的责任感、使命感，从而进一步坚定爱国主义信念与情怀，达到为党和国家培养人才的教学目的。

在专业课程思政建设中，各类课程的核心任务仍是教育教学、人才培养，知识的传授离不开价值塑造的思想基础，并且以社会主义思想武装的专业知识传授为社会主义建设者和接班人的培养提供了全面的思想和知识保障[30]。因而，课程思政实施要围绕"育人"这一核心，牢牢把握专业知识传授、学习价值引领与科研能力培养的"三位一体"实现路径，在专业知识传授的主旋律下，与专业课程中蕴含的思想政治教育内容相结合[31]，培养学生科研实践能力，做到"因地制宜、因时制宜"，对学生个人价值进行塑造，形成类型丰富、层次递进、形式多样的思政教育体系，推进学风建设向好发展。

3. 实现方式——显隐教育协同。在本研究课前访谈中，对于期待通过"科技论文写作方法"课程学习到的内容这一问题，通过编码过程发现，受访同学表示期待习得论文写作选题策略和撰写论文的前期准备工作，提升文献搜集整理和行文语言表达能力，回答主要围绕显性的论文写作专业知识传授和科研能力培养展开。不限于此，在《科技论文写作方法》课程中，教师在显性论文写作知识传授中进行隐性思政教育，让学生在汲取知识的过程中获得文化触动、道德提升与心灵感动，学生难以察觉思政教育目的，不会产生抵触或逆反心理，无声无息达成思政教育目的。

通过课后访谈内容的编码结果可知，专业课程中的隐性思政教育发挥了学习价值引领的作用，如"学术诚信""理论与实际的结合""价值取向""个人素养"等范畴的形成。

在课程思政推进学风建设中，要明确专业课程思政教育不是额外增加专业课程教学任务，而是挖掘专业课程本身蕴含的思政元素，将其贯穿于专业课程讲授之中，在知识传授中融入思政育人元素，显性专业教育与隐性思政教育同向同行，共同发力[32]，达成协同育人效果。专业课程中的思政元素不像思政课中显而易见，需要教育者使用较为委婉含蓄的手段"因势利导，顺势而为"，对于广泛思想活跃、主体意识强烈且具有青春活力的受教育者而言，显隐教育协同发力，专业教学与思政教育并重，让专业课中的思政元素有效传递至学生内心深处，"春风化雨，润物无声"，构成课程思政推进学风建设的实现方式。

4. 应有之义——良好学风树立。通过编码范畴化结果可知，本研究中受访者乐于在师生互动、协作进步、开放创新、严谨认真、和谐互助的学风中学习，对良好的学风期待向往，并且在课后访谈中可以发现，学生对良好学风的期待得到了一定程度的满足，这也是对课程思政建设成效的反馈。

在"科技论文写作方法"课程中严谨认真的态度是良好学术素养培养的基础，问题解决式教学模式为课程思政元素与教学课程的结合提供了切入点，并促进良好学风的树立，进而提升学生的整体综合素质，实现高校人才培育的"育人"与"育才"双育统一。

学风是学校校风的重要组成部分，也是学校校风建设的核心所在[1]，并蕴含于课程思政建设的时代潮流中。在学风建设的过程中，教师与学生相互影响，是学风建设不可割裂的两个方面。教师通过专业课程中的思政元素影响学生，让学生多角度深入接受课程思政教育，构建起正确的世界观、人生观、价值观，增强社会责任感与历史使命感，进而增加学习动力，营造出积极向上、追求进步的学习氛围。课程思政实施为良好学风的树立奠定了基础，良好学风的树立是课程思政建设的应有之义。

五、对策和建议

扎根理论模型结论表明，当下课程思政推进学风建设有效路径清晰，内在机理明确，学生思政教育接受意愿增强，这为课程思政推进学风建设提供了发展基础。据此，本文对课程思政推进学风建设的进一步发展提出以下对策和建议：

（一）课程思政与专业课程同向而行

教学的根本在于育人，在课程思政推进学风建设中，发掘专业课程教育中所需的、蕴含的思政教育内容是必由之路，可使课程思政与专业课程教育共同发展、同向同行[33]，让课程思政成为专业教育的催化剂，让专业教育成为课程思政的落脚点，专业教育与思政教育协同发力，培养可堪中华民族复兴大任的德才兼备时代新人，构建高质量人才培养学风氛围。课程思政与专业课程同向而行，要牢牢把握教书育人主旋律，在专业教育过程中辅以相关课程思政教育内容，在做好知识传输的同时，做好课程思政教育工作，做到"育人"和"育才"的有机统一[34]。如果在探索课程思政推进学风实现路径中忽视了专业教育的发展，结果必将得不偿失，使"德才兼备"变成空想。

不同专业课程所涵盖的知识范围不尽相同，其中蕴含的思政教育元素也有所区别，课程思政与专业课程同向同行的难点之一是将专业课程中的思政元素融入教学中，且不显突兀。为解决这一难题，应着眼于学生的主观能动性，把握住专业知识传授、学习价值引领与科研能力培养"三位一体"的实现路径，将课程思政元素有效嵌入专业课程教育中，显性专业教育与隐性思政教育协同发力，达成课程思政推进学风建设目的。

首先，任课教师应提高政治站位，加强对课程思政的认识，提升自身课程思政意识，主动拓展课程思政内容，在专业教育中注重培养学生爱国主义情怀、专业伦理意识和科学道德素养，提升学生专业认同感，引导学生清晰认识到自身所学与国家所需之间的紧密联系，激发学生主观能动性，将专业所学落地，将知识与行动挂钩，进而激发其报国强国使命感和责任感，鼓励其锐意创新，为专业前沿"卡脖子"问题探索出路[35]。其次，要灵活运用多种教学方法，注重利用网络信息资源和现代化教学工具，如慕课、学习通，结合各类时政热点，针对不同类型专业课程，用合适的课堂教育侧重点在进行专业知识传授的同时进行学习价值引领与科研能力培养，实现课堂教学效果与学生学习主动性的双重提升。例如，在理论类课程中，运用发现教学法，为学生提供问题情境，让学生积极思考、独立探究，发现专业知识中蕴含的思政元素，摆脱传统知识灌输教学方式下学生被动接受的弊端；在实践类课程中，运用案例分析法，创设情境用案例引导学生考虑实际问题，培养学生以小见大的能力，让学生通过迁移式学习和探究式学习明确当前课程的价值导向，做到课程思政与专业课程的高度融合，同向同行；再次，学校可在鼓励课程思政教育的同时，结合自身培养目标、优良传统、办学特色，在教学评价改革过程中，建立课程思政规范制度，逐步形成科学有效的课程思政教学体系，为教师开展课程思政教育提供向导和指引[36][37]。

（二）课程思政与学风建设良性循环

学风建设为高校发展注入源源不断的活力，反映学校的教学质量与治学态度，良好的学风能够提升学生的思想道德水平、引领学生积极价值观念，促进学校教育教学发展。作为思政教育的一大组成部分，课程思政对学风建设影响重大，课程思政的有效实施会带来优良的学风，学风建设是课程思政建设的应有之义。因此，为推进学风建设，应大力进行课程思政建设。

"大思政"教育建设格局要求全方位结合知识教育、社会实践、生活环境于一体。当前教育背景下，高校学生课程思政教育意愿态势较好，课程思政教育体系尚未完善成熟，是大力进行课程思政建设的良好时机。从整体来看，课程思政建设是一项系统工程，解决的是如何培养人才这一党和国家关心的问题，需要全员共同努力，充分发挥学生主动性和积极性。而学生对良好学风抱有期待，且课程思政的建设成效在一定程度上反映在良好学风的树立中，学风建设与课程思政建设互相影响，循环发力，教育引领学生成长成才，成为具有远大理想、坚定信念、道德情操，具备综合素质的高质量人才。

在良好的学风氛围中，教师乐教，学生乐学，这为专业知识传授、学习价值引领与科研能力培养提供了优厚条件，让课程思政建设大有可为，得到发展的课程思政建设也会促使教学学习氛围愈加良好。如果课程思政建设一时无法取得进展，可通过良好学风的营造为课程思政的发展搭建温床，让课程思政实施得到有利条件。同时，作为课程教学的关键一环，课程思政建设应融入教学评价改革中，利用好课程思政与学风的相互作用，让课程思政实施覆盖到每一门课程，增强专业课程的思想性、政治性、针对性，真正实现课程思政的"无时不在""无处不在"，最大限度发挥其协同育人作用[38]，营造和谐开放进步创新的校园文化氛围，将"教书"与"育人"紧紧联系在一起。

本文通过对"科技论文写作方法"课程23名研究生的访谈素材进行扎根理论实践，探究课程思政推进学风建设的有效路径。首先，国家大力倡导课程思政建设，致力于将思政教育贯穿教育教学的全过程，学生思政教育接受意愿强，这是课程思政推进学风建设的首要前提。进一步通过科学编码总结出专业知识传授、科研能力培养、学习价值引领"三位一体"的课程思政建设核心路径和显隐教育协同的课程思政实现方式。另外，课程思政的建设成效反映在良好学风树立上，学风建设是课程思政的应有之义。该课程思政推进学风建设的有效实现路径通过扎根理论质性分析过程形成，且经过理论饱和度检验，不仅体现在"科技论文写作方法"课程中，还可拓展到其他非思政类课程，为专业课程思政推进学风建设提供参考。课程思政建设为良好学风的树立奠定基础，推进学风建设落实落地，见功见效，良好的学风也为课程思政的进一步建设提供了优厚条件，二者良性循环，有利于构建全方位育人大格局，实现立德树人的根本任务。

参考文献

[1] 谭振亚. 学风建设是高校思政教育的永恒主题 [J]. 中国高等教育，2008（20）：23 – 24.

[2] 韩宪洲. 课程思政：新时代中国特色社会主义高等教育的理论创新与实践创新 [J]. 中国高等教育，2020（22）：15 – 17.

[3] 王珩."双一流"建设背景下课程思政的实践路径研究——以中国地质大学（武汉）地质学专业为例 [J]. 湖北社会科学，2020（08）：148 – 153.

[4] 何红娟."思政课程"到"课程思政"发展的内在逻辑及建构策略 [J]. 思想政治教育研究，2017，33（05）：60 – 64.

［5］余江涛，王文起，徐晏清．专业教师实践"课程思政"的逻辑及其要领——以理工科课程为例［J］．学校党建与思想教育，2018（01）：64 - 66.

［6］贾启君．新工科课程思政建设的实践逻辑［J］．中国大学教学，2021（05）：50 - 53.

［7］高珊，黄河，高国举，杜扬．"大思政"格局下研究生"课程思政"的探索与实践［J］．研究生教育研究，2021（05）：70 - 75.

［8］舍娜莉，梁芷铭．浅谈高校学风建设存在的问题与对策［J］．教育与职业，2015（06）：38 - 39.

［9］王涛．基于"三全育人"理念的高校学风建设研究［J］．学校党建与思想教育，2018（15）：76 - 78.

［10］刘海峰，张瑛洁，钟莉．高校学风建设中存在的问题及应对策略［J］．教育与职业，2014（33）：49 - 50.

［11］张文强．党的十八大以来高校学风建设研究述论［J］．学校党建与思想教育，2020（10）：79 - 81.

［12］李建明，李腾龙．高校思想政治教育与学风建设探究［J］．教育与职业，2008（05）：142 - 143.

［13］赵保全，丁三青．习近平关于高校学风建设与思想政治教育关系的论述［J］．思想政治教育研究，2018，34（02）：83 - 89.

［14］王蕊．关于加强新时代高校学风建设的思考［J］．学校党建与思想教育，2020（01）：87 - 89.

［15］付兆锋，徐锋华．高校研究生辅导员参与学风建设的角色定位探析［J］．教育与职业，2015（26）：26 - 28.

［16］徐江虹．规训赋能高校学风建设探究［J］．学校党建与思想教育，2022（21）：78 - 81.

［17］窦雅琴．论高校生涯教育与学风建设的有效互动［J］．学校党建与思想教育，2020（16）：83 - 85.

［18］刘洋溪，杨臣．典型模范人物引领高校学风建设研究［J］．学校党建与思想教育，2021（14）：35 - 37.

［19］李璟璐，王道明．朋辈榜样促进高校学风建设的实践探索［J］．学校党建与思想教育，2019（10）：65 - 67.

［20］王昭．协同视角下的大学生学风建设研究［J］．学校党建与思想教育，2017（15）：92 - 93，6.

［21］董丹辉．网络大背景下高职高专学生的学风建设［J］．山西财经大学学报，2022，44（S2）：88 - 90.

［22］姜强，梁芮铭，赵蔚，杨帆．扎根理论视域下知识建构的动机结构与行为路径研究——面向深度学习的课堂教学结构化变革研究之八［J］．现代远距离教育，2021（04）：14 - 24.

［23］郭鹏，苏畅．基于扎根理论的网络思想政治教育政策话语演变［J］．中学政治教学参考，2020（42）：55 - 59.

［24］吴倩，刘建军．扎根理论在我国思想政治教育研究中的运用［J］．学校党建与思想教育，

立德树人导向下课程思政育人
模式探索与实践

——以研究生课程"老年社会工作"为例*

周红云　罗　赤

摘　要： 立德树人是检验高校育人成效的根本标准，课程思政是落实立德树人的重要举措。中南财经政法大学社会工作硕士点，高度重视课程思政建设，将课程思政落实到每一门课程中。其中，"老年社会工作"是社会工作硕士点养老服务管理方向的核心专业课程，任课教师充分挖掘"老年社会工作"课程中每一章节的思想政治元素，将四个自信、中国梦教育、家国情怀、职业价值观等融入教学中，浸润学生的心灵，使思想政治元素内化于心、外化于行。在教学中，打破传统"教师讲、学生听"的被动教学方式，以立德树人为指引，积极探索和推动教学改革实践，实现思政与专业相结合、教学与研究相结合、讲授与讨论相结合、理论与实践相结合、线上与线下相结合、考试与考核相结合。将价值塑造、知识传授和能力培养三者融为一体，取得良好的课程思政育人效果，使研究生树立正确价值取向、构建专业知识体系、提升综合能力素养。

关键词： 立德树人　课程思政　老年社会工作　价值塑造

一、引言

培养什么人、怎样培养人、为谁培养人是教育的根本问题，立德树人是检验高校

　* 基金项目：中央高校基本科研业务费青年教师创新研究项目"应对人口老龄化的我国社会保障制度改革与优化研究"（项目编号：2722021BX022）；湖北省教育厅人文社会科学研究项目"农村留守老人互助养老模式研究"（项目编号：17G034）；湖北省人文社科重点研究基地湖北非营利组织研究中心项目"社工人才流失问题与预防机制研究"（项目编号：HBNP02017YB001）；"社会保障"湖北名师工作室阶段性建设成果。

育人成效的根本标准，课程思政是落实立德树人的重要举措。中南财经政法大学社会工作硕士点，高度重视课程思政建设，将课程思政落实到每一门课程中。其中，"老年社会工作"是社会工作硕士点养老服务管理方向的核心专业课程，其培养目标是让研究生掌握老年学相关知识以及老年社会工作的理念与方法，为有需求的老年群体及其家庭提供服务，通过专业的方式提升老年人福祉，培养研究生成为推动养老事业和养老产业发展的高素质专业人才。在教学中，任课教师以"润物无声"的方式将思想政治教育融入老年社会工作专业教育中，使立德树人与专业知识技能传授有机结合，充分发挥课程思政的育人作用。

二、"老年社会工作"课程思政元素

任课教师充分挖掘"老年社会工作"课程中每一章节的思想政治元素，将四个自信、中国梦教育、家国情怀、职业价值观等融入教学中，浸润学生的心灵，使思想政治元素内化于心、外化于行，鼓励学生毕业后积极投身养老事业和养老产业，为我国养老服务发展作出贡献。

（一）四个自信

本课程系统讲授中国老年社会工作的发展历史，重点分析党的十八大以来老龄事业和社会工作的重大成就。党的十八大以来，在以习近平同志为核心的党中央坚强领导下，党和政府提出一系列发展老龄事业、加强老年社会工作的新思想、新理念、新战略，采取一系列提升老年人福祉的新举措，广大老年人的获得感、幸福感和安全感显著增强。

围绕党的十八大以来老龄政策法规体系不断完善、养老服务体系建设持续加强、老年健康服务体系建设扎实推进、老年人社会参与持续扩大、老年友好型社会建设稳步推进、银发经济发展环境不断优化等专题进行讲解。除了教师讲授外，还将研究生分组，指导研究生围绕相关主题进行专题研究和小组讨论，总结中国养老服务和老年社会工作的成功经验，增强研究生对党的养老创新理论的政治认同、思想认同、情感认同，坚定中国特色养老服务和老年社会工作的道路自信、理论自信、制度自信和文化自信。

（二）中国梦教育

中国梦的本质是国家富强、民族振兴、人民幸福。发展养老事业和养老产业，推动养老服务高质量发展，满足老年人的美好生活需要，是实现中国梦的必要环节。

在"老年社会工作"的课堂上,任课教师客观分析人口老龄化国情,引导研究生积极地看待老龄化,深刻认识我国将积极应对人口老龄化上升为国家战略的重大意义,避免以"困境"或"负担"的"问题化"视角消极地看待老龄化。当代中国青年的使命是为实现中华民族伟大复兴的中国梦而奋斗,激励当代青年把个人理想融入民族复兴伟大征程,将"青春梦"融入"中国梦",为中国梦的实现贡献自己的青春力量。希望社会工作专业养老服务管理方向的研究生,立志做有理想、敢担当、能吃苦、肯奋斗的新时代好青年,将个人职业规划与国家养老服务需求相结合,使个人职业发展与国家经济社会发展"同频共振"。在校期间,打好扎实专业基础,练就过硬专业本领,毕业后积极从事养老服务管理工作,肩负起青年学子的责任担当,为我国积极应对人口老龄化作出贡献。

(三) 家国情怀

中国具有孝亲敬老的优秀传统文化,通过"老吾老以及人之老""鳏寡孤独废疾者皆有所养""修身齐家治国平天下"等传统文化的讲解,引导研究生树立家国情怀,培养研究生对社会工作专业的热爱,以及对国家、对社会的使命感和责任感。

讲授"湖北省最美社科人"赵曼教授的事迹,引导研究生将"读万卷书"与"行万里路"相结合,扎根中国大地了解国情民情。赵曼教授是中南财经政法大学社会保障、社会工作等学科创始人,公共管理学院开院院长,教育部社会科学委员会委员。赵曼教授几十年如一日,在其工作和研究的领域辛勤耕耘,坚持将论文写在祖国大地上,坚持科研报国,主持的研究成果获湖北发展研究奖特等奖,"'宜昌试验'技术转化成果"入选教育部"改革开放40周年高校科技创新重大成就",带领团队建设人工智能养老基地,获批养老领域国家智能社会治理实验特色基地。

通过学习赵曼教授的事迹,激发研究生的家国情怀,心系民情、关心民生,用脚步丈量祖国大地,用耳朵倾听人民呼声,坚持把实现老年人对美好生活的向往作为理论研究和工作实践的出发点和落脚点,毕业后积极投身养老服务工作,发挥自己的专业所长,在老年社会工作领域发光发热,不断增进老年人福祉。

(四) 职业价值观

社会工作本质上是一种职业化的助人活动,其特征是向有需要的人特别是困难群体提供专业的服务。老年社会工作以老年人的需要为中心,运用专业的助人方法,帮助解决老年人日常生活中的各种问题,使其快乐地、有尊严地和有价值地度过晚年。

从事老年社会工作的毕业生必须具备正确的职业价值观。为此,任课教师高度重视价值观的教育和引导。首先,研究生要树立正确的世界观、人生观、价值观,自觉践行社会主义核心价值观,工作中做到爱岗敬业、吃苦耐劳、诚信友善,对待工作中的每一项事务，做到凡事有交代、件件有着落、事事有回应。再者，要将职业价值伦理落实到养老实践中，始终铭记以人民为中心的价值理念，在老年社会工作中坚持以老年人为中心，贯彻尊重、接纳、案主自决、保密等社会工作原则，尊重老人，关爱老人，善待老人。最后，帮助研究生正确理解助人活动、端正助人态度、坚定助人信念，积极应对实践过程中的问题与挑战，为未来从事相关领域工作打下坚实基础。

三、"老年社会工作"课程思政教学改革模式

在教学中，打破传统"教师讲、学生听"的被动教学方式，以立德树人为指引，积极探索和推动教学改革实践，实现思政与专业相结合、教学与研究相结合、讲授与讨论相结合、理论与实践相结合、线上与线下相结合、考试与考核相结合，提升课程思政的育人成效。

（一）思政与专业相结合

教师平时要花时间、花心思积累课程思政素材，关注养老服务、社会工作等领域的时事新闻，关注学习强国、央视新闻、人民日报、光明日报、参考消息、半月谈、求是网、强国论坛等微信公众号，收看收听新闻联播，分析时事政治与专业的契合点，建设课程思政素材库。在教学时，将思想政治元素融入"老年社会工作"专业课程教学，用习近平新时代中国特色社会主义思想铸魂育人，坚定中国特色社会主义道路自信、理论自信、制度自信、文化自信。在教学方法上，切忌"贴标签""两张皮"式的生搬硬套[1][2]，避免机械单调、冰冷乏味的说教，而是将显性教育和隐性教育相统一，以"润物无声"的方式实现"思政＋专业"的融合。

（二）教学与研究相结合

良好的授课效果建立在扎实的科学研究基础之上。教师团队立足中国老龄工作、养老服务等重大问题开展深入研究，承接了国家社科基金、国家自科基金、教育部人文社科基金等项目，在养老保险与养老服务、老年健康、长期护理等领域取得丰硕的研究成果。在研究的过程中，积极吸纳研究生参与文献收集、问卷设计、入户调查、数据分析、报告撰写等研究工作，全面提升学生的研究能力。同时，在课堂上，组织研究生以项目制的方式，开展老年社会工作情境模拟、项目申报等活动，培养学生将理论应用于实践的能力。

在教学中，为了提升课程思政育人成效，"老年社会工作"课程组定期开展课程

教学研讨，充分发挥任课教师的研究专长，以研究"反哺"教学，将课程思政落实到课程目标设计、教学大纲和教案修订、教材选用、教案课件编写等各方面。

（三）讲授与讨论相结合

教师深入挖掘"老年社会工作"课程各章节的思政元素，精心备课，集体备课，集体"磨课"，打造精品课程。对于理论和知识，主要采用讲授法。讲授法的优点是信息密集，比较系统，有助于为研究生打下专业基础，建构系统的知识体系。

同时，为了提升课程的生动性和吸引力，结合短视频和案例等进行讲解。教师平时积累和建设文献库、数据库、案例库和视频库，从而在教学时信手拈来，娴熟应用。比如央视拍摄的电视专题片《领航》以及《中国这十年》《思想的力量》《领航中国》等栏目都是非常高端优质的思政素材，能够对研究生形成强烈的视觉冲击和听觉冲击，产生心灵上的震撼，留下深刻的记忆。

在教学导论中，提出"你如何看待老年人？""提到老年人，你的第一反应是什么？""我们应该如何对待老年人？"等问题启发研究生进行思考和讨论，激发研究生的学习兴趣，培养研究生的思维能力，变被动接受知识为主动发现问题和解决问题，引导研究生正确看待老年人，树立积极的老龄观。通过中华优秀传统文化中尊老、敬老、孝老等思想的研讨，激发研究生积极为老服务的意识，更好地理解老年社会工作的价值与意义。

（四）理论与实践相结合

"老年社会工作"课程具有深厚的理论基础，涉及心理学、社会学、管理学等多学科，同时也是一门实践性很强的课程。因此，在教学中应将理论与实践相结合。理论方面，系统讲授社会撤离理论、连续性理论、角色理论、活动理论等，奠定学习和研究的理论基础。实践方面，组织研究生以个案工作、小组工作、社区工作等社会工作方法撰写案例或申报项目，通过文献查阅、实地调研等方式，研究养老服务、医养结合、临终关怀、生命历程、社会融入、乡村振兴等老年社会工作专题，总结提炼出可复制、可推广的经验，为老年社会工作实践提供参考。

同时，社会工作硕士点积极推动产教融合，与养老院、医院、社区等合作建立实习实训基地，聘请行业专家担任校外导师，通过校内校外"双导师"联合培养学生。开展"体验式"教学育人活动，组织研究生到养老院、医院、社区等参观和实习实训，将课堂搬到现场，将思政融入实践。比如，带领研究生到泰康楚园、武汉市江汉福利院等单位参观，到武昌区东亭社区调研，到楚馨社会工作服务中心等单位实习，通过"沉浸式"体验，让研究生获得真切感受，产生情感共鸣，并提升应用能力和实践操作能力。

（五）线上与线下相结合

在教学过程中，教师利用信息网络教学的优势，充分运用现代教育技术，通过线上与线下相结合的方式授课。一方面，线下授课。在这种授课方式下师生之间以及研究生之间互动性强，有助于面对面地沟通和讨论，学生课堂发言的积极性较高，讨论的效果也较好。另一方面，线上交流。学生不受时间和空间的限制，随时随地线上学习、提问、答疑和交流。因此，在线下面对面授课的同时，任课教师同时开启学校的企业微信在线同步直播，课后自动生成直播课，研究生可以回放，反复观看，反复思考。同时，授课教师将雨课堂、学堂云、中国大学慕课等学习平台上的相关资源分享给学生，将相关文献、网站、视频、案例等资料分享到课程群，学生自行下载研读和学习，并随时在线研讨，通过线上线下融合的方式，全方位提高授课质量。

（六）考试与考核相结合

在考试方式上，除了通过笔试的方式考查学生对知识和理论的掌握之外，还指导学生组建项目小组进行专题研究，对项目研究成果进行考核。教师根据重大时事热点，设计项目主题，比如，"民生福祉无小事，一枝一叶总关情""奋斗百年路，启航新征程""喜迎二十大，奋进新征程"等，指导社会工作专业学子探索老年社会工作发展之路，讲好中国老年社会工作故事。研究选题包括"积极应对人口老龄化""养老产业发展""人工智能＋养老""'一老一小'服务体系""医疗保障改革""乡村振兴与社会工作""共同富裕与社会工作"等，研究成果包括案例撰写、项目申报、模拟政协大赛等多种形式。

此外，将体验式方法融入课程考核中。例如，社会调查、角色扮演、讲座、辩论等，让学生成为学习的主体[3]。组织学生进行社工与老年人沟通的角色扮演，考核学生的职业价值伦理观以及与老年人沟通的能力；开展老年社会工作相关的社会调查，通过问卷、访谈等方式，对行业专家、一线社工、老年人等进行调查，获得深刻的现场体验；参加学术讲座，把握学术前沿，撰写感悟或总结；小组之间进行辩论，进行思想的碰撞等多种方式，锻炼研究生发现和解决问题的能力，掌握社会工作的实务技巧。

四、"老年社会工作"课程思政育人效果

落实立德树人根本任务，必须将价值塑造、知识传授和能力培养三者融为一体。

"老年社会工作"课程组寓价值观引导于知识传授和能力培养之中，取得良好的课程思政育人效果，使研究生树立正确的价值取向、构建专业知识体系、提升综合能力素养。

（一）树立正确价值取向

通过"老年社会工作"课程的学习，研究生坚定了中国特色社会工作的道路自信、理论自信、制度自信和文化自信，树立了浓厚的家国情怀和正确的职业价值观，为个人发展指明正确方向，将个人理想融入国家发展需求，立志将来在各行各业为中国老年社会工作贡献自己的力量。有的同学立志继续深造攻读博士，将来成为社会工作学科的大学老师，肩负"为党育人、为国育才"的使命；有的同学立志考公务员，在民政、人社、医保等相关领域以人民为中心、全心全意为人民服务；有的同学立志毕业后回到家乡，为乡村振兴作贡献；有的同学立志服务基层，成为一名社区工作者，推动社会基层治理、养老事业发展。

（二）构建专业知识体系

"老年社会工作"作为核心专业课，对于社会工作专业研究生毕业论文的撰写以及未来工作都至关重要。因此，任课教师以立德树人为引领，在传道授业解惑中发挥重要作用。教师通过专业的、娴熟的讲解，让研究生构建起系统的老年社会工作知识体系。掌握专业知识的总体框架，包括社会变迁与老年问题、老年社会工作的理论、老年社会工作的方法、老年社会工作实务。知晓不同类型老年人的状态与需求，包括养老方式、再社会化程度、健康风险等，针对不同的需求采用差异化的社会工作介入方法，从而更好地将所学专业知识运用到具体实践中。

（三）提升综合能力素养

推行课程思政教学改革和考试改革，较好地调动了研究生的学习热情，变被动的"要我学"为主动的"我要学"。通过该课程的学习，不少项目组成功获得研究生创新项目立项。同时，激发了研究生的民生情怀和爱国情怀，为国家富强和民族复兴肩负起使命担当。此外，通过小组研讨和上台展示，较好地锻炼了研究生分析和解决问题的能力、组织协调能力、沟通表达能力、学习和研究能力，以及团队合作精神，推动研究生全面发展和综合素质的提升。

参考文献

[1] 中华人民共和国教育部. 教育部关于印发《高等学校课程思政建设指导纲要》的通知［EB/OL］. ［2020 – 05 – 28］. http：//www. moe. gov. cn/srcsite/A08/s7056/202006/t20200603_462437. html.

［2］李春根, 仇泽国. 高校课程思政元素的挖掘与育人功能——以《社会保障学》为例［J］. 中共南昌市委党校学报, 2021, 19 (01): 52 – 55.

［3］徐丙奎, 何雪松. 互动式体验学习与"社区工作"课程的重构［J］. 华东理工大学学报: 社会科学版, 2005 (02): 122 – 125.

（作者单位: 中南财经政法大学公共管理学院）

国外马克思主义融入马克思主义哲学史教学的意义与路径[*]

颜 岩

摘 要：将国外马克思主义引入马克思主义哲学史教学有助于促进马克思主义哲学史研究方法和范式的变革，增强文本研究和解读能力，更好地认识和把握当代资本主义的新变化，为中国式现代化建设提供思想借鉴。在具体路径选择上，不仅要注重理论观点的直接切入，还要注重现实问题的间接介入，在分析文本时适时引入国外马克思主义的相关理论资源。同时，必须具有划界意识，明确国外马克思主义的边界，做到有批判地借鉴，坚持政治性和学理性相统一、价值性和知识性相统一、理论性和实践性相统一、统一性和多样性相统一。

关键词：国外马克思主义 马克思主义哲学史 教学 意义 路径

习近平总书记指出："学习研究当代世界马克思主义思潮，对我们推进马克思主义中国化，发展 21 世纪马克思主义、当代中国马克思主义具有积极作用。"[1]这表明，一方面，在国内从事哲学社会科学研究尤其是马克思主义理论研究，必须认真学习和充分关注国外马克思主义，另一方面，在高校从事相关学科的教学工作，必须将国外马克思主义思潮纳入其中。国外马克思主义被学界认可并进入教材，有一个较为漫长的发展过程，尽管目前各类教材设有专门介绍国外马克思主义的章节，但在实际的教学过程中却普遍面临课时不足任课教师无法讲授相关内容的困境。众所周知，马克思主义哲学史不仅要阐释马克思和恩格斯哲学思想发生、发展的过程，而且还要讲述第二国际时期的马克思主义、苏俄的马克思主义等，在实际授课中，能讲清楚马克思、恩格斯和列宁的哲学思想就已经非常不错了，至于国外马克思主义，也即马克思主义在

---

    * 本文系中南财经政法大学研究生"课程思政"示范课程建设项目"马克思主义哲学发展史专题"（KCJS202201）的阶段性成果。

20世纪欧洲的发展，一般会在专门的国外马克思主义课程中讲授。但这样一来，国外马克思主义就与马克思主义哲学史割裂开来了，如果再碰到国外马克思主义相关师资的匮乏，学生就可能无法真正接触到国外马克思主义。笔者认为，马克思主义哲学史相关课程必须与时俱进，在课程体系的设置上克服旧有体系和框架的局限，灵活运用各种教学手段，将国外马克思主义的核心元素带入课堂。本文拟解决三个问题：一是为什么要将国外马克思主义思潮引入马克思主义哲学史课程教学？这样做有何意义？二是如何将国外马克思主义思潮引入马克思主义哲学史课程教学？具体的举措和方法是什么？三是引入时的注意事项，重点分析政治立场和根本原则的问题。

一、将国外马克思主义引入马克思主义哲学史教学的意义

国内有一种观点，即认为国外马克思主义不仅不是马克思主义，而且是反马克思主义的。这种观点在20世纪80年代"西方马克思主义"刚刚被引入国内时曾一度盛行，但随着学界对马克思主义和国外马克思主义理解的加深，越来越多的学者意识到二者的关系不是外在的，而是内在的。正因如此，国外马克思主义研究才成为马克思主义理论一级学科下的二级学科。笔者认为，在马克思主义哲学史教学中，适时地引入国外马克思主义至少具有以下三个方面的意义。

第一，将国外马克思主义思潮迎入课堂，不仅有助于学生更加完整地理解马克思主义哲学发展史，而且对于反思传统哲学教科书体系的理论局限性具有重要的启发。历史地看，国外马克思主义是在改革开放以后真正传入中国并产生积极影响的，起初，学界将国外马克思主义视为修正主义，并持一种批判的态度。真理标准大讨论之后，随着思想解放的不断深化，学界开始重新审视国外马克思主义。在马克思主义哲学界，关于苏联哲学教科书体系的反思以及对马克思实践范畴的本体论探讨，无疑都与国外马克思主义有着直接的联系。就马克思主义哲学史学科的发展而言，人道主义和异化以及马克思和恩格斯的学术关系问题，更是直接源于西方马克思主义的"介入"。可以毫不夸张地说，"国外马克思主义理论的传入，让中国学者看到了一个不同于传统教科书体系的新的马克思主义"[2]。事实上，国外马克思主义研究在我国经过四十几年的发展，相关成果已经同马克思主义哲学史的研究紧密融合为一体，这一事实表明，当前要探讨的不是要不要引入的问题，而是如何引入以及如何发展的问题。

第二，国外马克思主义在马克思主义文本研究上所下的功夫值得我们学习和借鉴。习近平总书记在"5·17"重要讲话中提醒我们，"对马克思主义的学习和研究，不能采取浅尝辄止、蜻蜓点水的态度"，"西方研究马克思主义的书，其结论未必正确，但在研究和考据马克思主义文本上，功课做得还是可以的"[3]。国内不少学者强调国外

马克思主义存在两个基本向度：一是对马克思的文本进行精细解读，目的是打破教条主义的理解框架；二是对当代资本主义社会进行全方面的批判，目的是揭示资本主义的新变化和实质。就第一个方面而言，国外马克思主义中有一个重要流派叫"西方马克思学"，该流派专门致力于对马克思生平事业、著作版本和思想理论的学术研究，并强调要超越意识形态的偏见，进行价值中立的客观研究。我们虽然不同意"西方马克思学"制造的"马恩对立论"，但马克思和恩格斯学术思想的关系确实值得研究。实事求是地看，受语言和研究资料所限，在原创性的版本考证和文献学研究方面，我们同"西方马克思学"还存在一定差距。马克思主义哲学史的教学和研究离不开对马克思文本的解读和考证，以《1844 年经济学哲学手稿》为例，该文本的基本结构和写作顺序并非无关紧要，而是直接关联到对马克思异化理论和唯物史观的理解，劳动异化和交往异化孰轻孰重何者为先的问题直接关涉到对马克思整体思想的判定。不难看出，在马克思主义哲学史课程中适当引入国外马克思主义，可以促进对马克思思想相关文本的精细化解读，避免一知半解就哇啦哇啦发表意见的不负责任的做法，进而解决真懂真信的问题。

第三，国外马克思主义对资本主义新变化的分析有助于我们认清资本主义的实质和局限，坚定"四个自信"，应对当前人类面临的重大理论问题和现实问题。习近平总书记指出，"当代世界马克思主义思潮，一个很重要的特点就是他们中很多人对资本主义结构性矛盾以及生产方式矛盾、阶级矛盾、社会矛盾等进行了批判性揭示，对资本主义危机、资本主义演变过程、资本主义新形态及本质进行了深入分析。这些观点有助于我们正确认识资本主义发展趋势和命运，准确把握当代资本主义新变化新特征，加深对当代资本主义变化趋势的理解"[4]。在以往的马克思主义哲学史课程教学中，我们会强调对马克思主义经典作家资本主义批判理论的分析和讲解，但必须承认，当前的资本主义社会已经同马克思和恩格斯所处时代大不相同，大数据、平台运行、时空加速、生命政治等现象的出现，在一定程度上缓和了资本主义社会的矛盾和危机，这就要求我们必须与时俱进，重新认识和理解资本主义社会，并根据马克思主义的基本原理和方法创造性地发展马克思主义。因此，将国外马克思主义的资本主义批判融合到马克思主义哲学史的课程讲解中来既是必要的，也是可行的。

第四，国外马克思主义的现代性批判理论对推进中国式现代化建设具有一定的借鉴意义。"世界上既不存在定于一尊的现代化模式，也不存在放之四海而皆准的现代化标准"[5]，中国的现代化道路和模式只能是"中国式的"和"具有中国特色的"。但是，我们并不能因此否认各国现代化具有共同的特征，否认全人类拥有共同的价值理想追求。国外马克思主义的现代性批判涉及方方面面，我们应该开门搞研究，充分吸收借鉴。但也应注意，对国外马克思主义研究的新成果要有分析、有鉴别，"不能把一种理论观点和学术成果当成'唯一准则'，不能企图用一种模式来改造整个世界，否则就容易滑入机械论的泥坑"[6]。马克思和恩格斯虽然没有专门论述现代化问题,但他们强调共产主义社会必须具备较高的物质生产水平,这就表明现代化是共产主义社会的题中应有之义。国外马克思主义对资本主义现代性条件下的虚无主义、拜物教、工具理性主义等进行了深刻揭露和批判,这对于我们在社会主义条件下利用和改造资本是有借鉴意义的。马克思主义哲学史不仅要勾勒出马克思主义发生、发展的过程,更要与时俱进,充分展示马克思主义的当代性、中国性,这样才能真正做到理论联系实际。

二、将国外马克思主义引入马克思主义哲学史教学的路径和方法

马克思主义哲学史课程的授课学时十分有限,因此在繁多的教学内容中生硬地加入国外马克思主义相关内容,既不现实,也不可取。要解决这个矛盾,唯一可行的路径就是坚持整体性思维,以问题为导向,通过教学案例和课堂讨论的形式将国外马克思主义的基本内容"渗入"教学活动中。具体而言,又可以分为三种情况。

一是理论观点的直接切入,这也是最为常见的一种类型和方式。譬如,在讲授恩格斯的自然辩证法时,一方面要阐明恩格斯在哪些方面发展了马克思的辩证法思想,另一方面要阐明国外马克思主义理论家在自然辩证法问题上有哪些误解,"马恩对立论"是否真的存在?如果不讲这些内容,大而化之地强调马克思和恩格斯观点的"一致性",就不仅会无意识地遮蔽马克思哲学变革的真正意义,同时也会在实践上出现偏差。二是在分析现实问题时间接引入。近年来,数字经济发展迅猛,"正在成为重组全球要素资源、重塑全球经济结构、改变全球竞争格局的关键力量"[7]。然而,经济的数字化发展是一把"双刃剑",它一方面为人们的生活提供便利,促进了国家治理的现代化,但同时也会对国家金融安全构成威胁,导致人对数字产品的过度依赖,进而形成人的异化。资本主义的矛盾和危机是马克思主义哲学史课程的一项重要内容,在讲解这部分内容时如果不能阐明当代资本主义社会的新变化,尤其是数字资本主义的新发展及其影响,就很难让学生信服。因此,引入和分析国外马克思主义思潮,不仅能够为马克思主义的资本批判理论寻找到新的增长点,还能极大地增强课程的时效性和现实感,进而提高教学效果。三是在分析文本时引入国外马克思主义的相关理论资源。一般而言,国外致力于马克思主义研究的学者对马克思的文本都有较为深刻的理解,而马克思主义哲学史研究离不开对这些重要文本的甄别、解析和阐释。譬如,在分析青年马克思的《1844年经济学哲学手稿》时,如果不涉及西方马克思主义理论家对该文本的解读,便很难把问题讲深、讲透;在讲到马克思唯物史观创立前后思想转变时,如果不涉及阿尔都塞的"认识论断裂",便很难理解马克思唯物史观变革的根

本意义以及马克思思想发展的基本脉络；在讲授马克思的政治经济学批判相关内容时，如果不关注国外马克思主义对《政治经济学批判大纲》和《资本论》关系的最新研究成果，不关注当前国外马克思主义学术界对价值形式概念的分析，便很难跳出传统马克思主义教科书体系的框架，阐明马克思政治经济学批判与哲学变革的关系。

此外，就具体的教学方法而言，若将国外马克思主义引入马克思主义哲学史课程的教学，还必须辅助以新式教学手段的改革。国外马克思主义有诸多流派，而且观点各异，要呈现其基本立场和观点，就必须充分利用多媒体技术、雨课堂等现代教学工具，做到与学生的实时沟通、充分互动。这就对相关教师提出了更高的要求，即不仅要自己把问题研究透，还要把问题讲透，从而让学生树立马克思主义的正确信仰，做到真懂真信。

三、将国外马克思主义引入马克思主义哲学史教学的基本原则

笔者认为，将国外马克思主义引入马克思主义哲学史教学，必须遵循以下三项基本原则。

一是必须要为国外马克思主义划界，确定到底哪些思想流派属于国外马克思主义。大体上看，国外马克思主义研究主要"包括立足于各种目的对马克思主义的理论研究而形成的思想流派和国外社会主义理论与实践"[8]。在笔者看来，判定一个西方学者是否可归属于国外马克思主义理论家之列，决不能单凭学者本人的申说，而是要看其是否以马克思主义的基本理论为研究核心和主题，那些在论著中仅涉及片言只语马克思思想的，不能被视为国外马克思主义者，而那些打着客观分析马克思文本旗号，实际上却歪曲马克思思想的人，更不是国外马克思主义者。关于国外马克思主义的范围界定问题，学术界仍存在较大争议，笔者赞同国内学者王雨辰关于国外马克思主义思潮的"五分法"，即认为该思潮"包括西方马克思主义、东欧新马克思主义、西方'马克思学'、后马克思主义和晚期马克思主义五个部分的内容"[8]。

二是必须做到有批判地借鉴，不能全盘照搬。必须看到，国外马克思主义虽然在诸多方面坚持和发展了马克思主义，但仍存在一些认识上的偏差，加上这些思潮主要立足于西方资本主义社会看待问题，其现实语境和面对的问题与中国当前社会大不相同，因此照搬其结论不仅不能解决中国的根本问题，反而会起到负面作用。譬如，某些国外马克思主义者立足于文化和意识形态批判，强调现代社会的病根是文化危机和人的本质的危机，这就忽视了资本主义制度和资本逻辑的影响力，背离了马克思主义的唯物史观。而另一些国外马克思主义者主张废除资本和市场，这种看似激进的做法同样违背了马克思主义，因为马克思强调要"利用资本本身来消灭资本"[9]，对于中国

社会而言，我们当前恰恰需要利用资本和市场，因此这种极端的立场不符合中国实际。

三是必须坚持政治性和学理性相统一、价值性和知识性相统一、理论性和实践性相统一、统一性和多样性相统一。这是 2019 年 3 月 18 日习近平总书记在学校思想政治理论课教师座谈会上提出的重要原则，该原则不仅是针对思政课教师提出的，也普遍适用于其他课程。对于马克思主义哲学史这门课程而言，其内容主要涉及马克思主义哲学产生和发展的过程，如果不能从学术角度和学理层面阐明马克思主义哲学发展的来龙去脉，就无法让学生做到真懂真信，坚持政治性也就成为了一句空话。适当引入国外马克思主义，其根本目的并不仅限于扩大学生的知识面，而是希望通过引入比较的视野，让学生意识到何为马克思主义的活的灵魂以及应坚持何种马克思主义，进而"引导学生增强中国特色社会主义道路自信、理论自信、制度自信、文化自信，厚植爱国主义情怀，把爱国情、强国志、报国行自觉融入坚持和发展中国特色社会主义事业、建设社会主义现代化强国、实现中华民族伟大复兴的奋斗之中"[10]。

总之，将国外马克思主义适度引入马克思主义哲学史课程教学活动中，具有重要的理论意义和现实价值，但必须牢记，一切必须从我国的实际出发，跟在别人后面亦步亦趋不能解决任何问题，建构中国特色的哲学社会科学学科体系、学术体系和话语体系，必须坚持把马克思主义基本原理同中国具体实际相结合、同中华优秀传统文化相结合，"继续推进马克思主义中国化、时代化、大众化，继续发展 21 世纪马克思主义、当代中国马克思主义"[11]。

参考文献

[1] 习近平谈治国理政（第二卷）[M]. 北京：外文出版社，2017：65.

[2] 隽鸿飞. 国外马克思主义在当代中国马克思主义理论史中的定位 [J]. 马克思主义与现实，2022（03）：178 – 184.

[3] 习近平. 在哲学社会科学工作座谈会上的讲话 [M]. 北京：人民出版社，2016：12.

[4] 习近平谈治国理政（第二卷）[M]. 北京：外文出版社，2017：67.

[5] 习近平谈治国理政（第四卷）[M]. 北京：外文出版社，2022：123.

[6] 习近平. 在哲学社会科学工作座谈会上的讲话 [M]. 北京：人民出版社，2016：18.

[7] 习近平谈治国理政（第四卷）[M]. 北京：外文出版社，2022：204.

[8] 王雨辰. 我国国外马克思主义研究存在的问题与反思 [J]. 广西师范大学学报（哲学社会科学版），2020，56（04）：1 – 9.

[9] 马克思恩格斯全集 [M]. 北京：人民出版社，1995：390 – 391.

[10] 习近平谈治国理政（第三卷）[M]. 北京：外文出版社，2020：329.

[11] 习近平. 在哲学社会科学工作座谈会上的讲话 [M]. 北京：人民出版社，2016：9 – 10.

（作者单位：中南财经政法大学哲学院）

"中级计量经济学"线上线下混合教学模式探究[*]

徐 娟

摘 要： 互联网信息技术的发展为线上线下混合教学提供了良好的技术支撑，后疫情时代也使得线上线下混合教学成为常态。计量经济学学科本身的属性要求学生具备较强的数理基础，但学生基础差异较大，给传统教学带来了挑战，而线上慕课给学生提供了反复学习的机会，能解决这一问题。如何将线上线下两种教学模式有效融合起来，保证最佳的教学效果？本文结合中南财经政法大学的研究生课程"中级计量经济学"教学改革项目，对这一课程的线上线下混合教学模式进行了探讨。在教学改革过程中，利用线上与线下的有机结合，设计了"论文导读＋专题学习＋实验模拟＋案例分析"环环相扣、层层递进的教学模式，并根据线上和线下学习的不同特点展开有针对性的考核，同时提供大量的计量资源数据库，例如习题、案例分析、软件操作视频、数据代码等，取得了非常好的教学改革效果。最后，在总结改革效果的基础上，从与大数据分析、课程思政相结合角度对未来进行了展望。

关键词： 中级计量经济学 线上线下 混合教学

一、引言

现代信息技术和互联网信息技术的快速发展，为线上教学成为传统教学的有效补充提供了可能。尤其是后疫情时代，传统教学模式受到了一定的冲击，在中高风险地

---

* 基金项目：湖北省高等学校省级教学研究项目《大类招生背景下"数量方法－大数据应用"复合型人才培养模式改革》（2021168）。

区，经常不得不暂停线下教学，采取线上教学模式。在此背景下，经过这一特殊时期大规模的线上教学实验，线上教学技术已逐渐趋于成熟，为了保证最佳教学效果，线上线下混合教学成为常态。但需要注意的是，混合教学并不是两种模式的简单叠加，尤其对于"中级计量经济学"的学习，如何将二者有效融合起来，保证良好的教学效果，是亟待探讨的问题。本文结合中南财经政法大学研究生课程"中级计量经济学"的教学改革，在介绍"中级计量经济学"课程特征的基础上，探讨线上线下混合教学改革方案，并对未来进一步的改革提出展望。

二、"中级计量经济学"课程特征及改革的必要性

（一）课程特征

计量经济学是高等学校经济学类研究生各专业核心课程之一，是教育部规定的高等学校经济类学科专业 8 门核心课程之一。目前大约98%的经济类专业高校和60%的管理类专业高校都开设了计量经济学课程，已成为开设面最广的少数几门课程之一。计量经济学主要探讨如何运用模型和方法描述经济现象以及定量分析具有随机性特征的经济变量之间的关系。与其他经济学专业核心课不同，计量经济学是一门方法论课程，可以分为初级计量经济学、中级计量经济学、高级计量经济学，初级以计量经济学的数理统计学基础知识和经典的线性单方程模型理论与方法为主要内容；中级以用矩阵描述的经典的线性单方程模型理论与方法、经典的线性联立方程模型理论与方法，以及传统的应用模型为主要内容；高级以非经典的、现代的计量经济学模型理论、方法与应用为主要内容。中南财经政法大学研究生课程"中级计量经济学"定位于中级水平上，适当引入高级的内容。利用观测数据或实验数据，根据经济理论建立模型，并以统计推断方法为主要手段，定量研究经济变量之间的逻辑关系特别是因果关系。理论与现实相结合，用于解释经济现象、检验经济理论、评估经济政策、预测经济走向。

（二）改革的必要性

从长期的教学效果看，传统的教学方式无法满足根据学生的差异因材施教的要求，而课时的限制也很难给学生介绍比较前沿的计量方法。从这两个角度来看，很有必要对"中级计量经济学"进行线上线下混合教学改革。线上线下混合教学模式的优势具体体现在以下两个方面：

1. 从学科本身的特点来看，计量经济学对统计学、数学、经济学等都有一定要

求，学生必须掌握好这些基础知识才能取得较好的学习效果。然而，研究生的本科专业背景存在较大差别，有的学生是跨专业考研，有的学生是本专业保研，知识体系存在较大差异。如果仅仅用传统线下教学，可能导致同一问题有的同学轻松理解，有的同学却不知所云的情况，无法有效地进行针对性教学，而线上慕课学习可弥补这一缺陷，学生依据自身知识背景可以自行学习相关内容，并且掌握学习进度，对于难以理解的部分可以在慕课上反复学习，直至完全掌握。

2. 从学科的现实运用特点来看，计量经济学强调学生利用所学方法，对现实问题展开具体分析。但学生往往对掌握基础知识比较擅长，对综合性的问题不知该如何分析，在实践应用时往往生搬硬套。主要原因在于缺乏对实际案例的学习，线下教学往往由于课时限制，对实际案例的介绍略显不足，而线上学习可以很好地解决问题。通过对实际案例的分析，录制对应的实操案例，结合具体数据、代码的分享，学生可以在线上进行慕课学习时，同步实际演练，掌握具体的实际分析方法与技巧。

以我校的研究生课程"中级计量经济学"为例，在原本的课程设置中，"中级计量经济学"教学课时仅有 48 个学时，课时设置不足，课堂上仅能介绍基础理论部分。对于计量经济学比较前沿的方法，例如动态面板模型、面板向量自回归模型、离散选择模型等均较少涉及，对于基础较好的同学，容易出现"喂不饱"的问题。更重要的是，研究生要锻炼学术能力，要想写出出彩的论文提高科研水平，这些前沿的计量方法必不可少。为了对线下课堂所学内容进行有效补充，进行教学改革，采取慕课录制方式，补充介绍实用性更强、更前沿的计量方法，并录制软件操作视频，有助于学生实操练习。进行线上线下混合教学后，能更加系统地阐述现代计量方法，教会学生如何运用计量经济学模型进行规范的实证分析和政策分析，引导学生学会如何严格地检验经济学的理论和评估社会政策的效果，提升研究生的科研实力，为科研论文的写作奠定坚实基础。

三、"中级计量经济学"线上线下混合教学具体改革方案

（一）教学模式改革

在混合教学中，坚持以"解读经济现象，提高经济分析能力"为根本导向，采用"教师讲授＋学生讨论＋实验模拟"的双主体、三维互动式的教学架构，利用慕课对前沿方法、经典论文进行充分细致的解读，在讲授中贯穿文献导读、理论教学、案例教学、实验教学、课程论文撰写的教学方法，逐渐形成了"论文导读＋专题学习＋实验模拟＋案例分析"环环相扣、层层递进的教学模式。线下教学时，采取研讨式、启

发式教学，激发学生的学习兴趣，鼓励教师吸收学科发展的最新成果，将科研成果转化为教学内容，并将教学活动与实践活动紧密结合起来。线上教学中，采取案例式、专题式教学，对每个专题所讲授的内容都录制相关的软件操作和案例分析过程，并邀请学者专家，进行线上专题学术讲座，开拓学生的学术视野。建立网上教学平台，开发网络教学资源，实行网上辅助教学，以适应学生自主学习的需要，促进学生的个性发展。

就教学内容来看，在线上线下混合教学过程中，课程内容分为线上和线下两部分。线下主要介绍基础理论部分，内容包括计量经济分析导论、单方程模型、经典单方程计量经济学模型、放松假定的经典单方程、计量经济学模型专门问题、联立方程计量经济模型六大块。线上慕课主要介绍现代计量经济学的前沿理论及应用，以专题形式给出，内容包括三大块：面板数据模型专题、向量自回归模型专题、离散选择模型专题。同时，在慕课中，针对不同专题内容，均详细介绍对应案例，并提供数据和代码供同学们学习，对线下教学是一个极好的补充。

就教学形式来看，线下为传统面对面授课，线上为学生自行观看录制的慕课，辅以学习专家线上讲座报告。同时，对于线上课堂，采用线上答疑与线下答疑相结合的方式。采用微信群、在线QQ群等工具为学生提供线上答疑平台，就学习内容随时开展互动交流讨论。整体教学过程中，重点关注以下两点：一是在介绍重要计量经济学具体模型与方法时，注意对计量模型与方法赋予经济解释，并提供启发性的经济学例子；二是有一个统一的逻辑分析框架，将各章节内容串联在一起，有助于学生对现代计量经济学基础理论框架有一个清楚的认识。

（二）考核方式改革

采取线上线下混合教学后，有必要改变传统的考试模式，多样化培养人才。具体体现在以下三个方面：第一，在考核评价基本思路上，不再采取简单的开卷或闭卷考试方式，针对线上线下的学习内容，以及学习重点采取分类考核方式。第二，在考核评价基本内容上，契合人才培养目标，加强针对现实经济问题进行实证分析的能力考核。第三，在考核评价基本保障上，完善考核制度体系，达到师生积极主动执行的制度效果。

具体来看，"中级计量经济学"混合教学针对线上线下分别展开考核。在线下教学中，由于学习的重点在于计量经济学理论知识，更强调原理和逻辑的推导，为后续进一步深入学习奠定基础，因此采取课后练习与随机测试相结合的方式，考查学生对基础知识的掌握情况。在线上教学中，由于学习的重点在于扩充视野，增强对问题的分析能力，因此采取的是小组展示的方式，考查学生对前沿方法的理解情况，并运用所学模型分析实际经济问题的能力。

（三）教学材料改革

采取线上线下混合教学后，需要根据教学需要补充教学材料。尤其是线上教学，采取的是慕课学习、专题讲座的形式，需要培养学生的自学能力。传统的教材、课件及习题等已无法满足教学需求。为了保证教学效果，需要给学生提供大量的教学资料。因此必须补充原有教学材料，建立计量资源数据库，包括建立完善的习题库、实证分析案例、软件操作指南、软件操作代码、经典文献等，提供与每一个所学知识点相对应的相关习题以及案例分析。

四、改革效果及未来展望

（一）改革效果

本项目所提出的线上线下混合教学模式，目前已采用试点方式进行。在试点过程中，学生积极参与学习，慕课点击量高达 15365 多次，并对课程讲解的知识点、结构框架、实际案例和软件操作等内容给予高度评价。同学们普遍认为，运用线上线下混合教学时，能够把慕课学习中产生的疑问及时反馈给老师，实现了师生间深入的互动交流讨论。同时，专题系列的讲座极大地开阔了学生视野，培养了学生对现实经济问题的洞察力，以及分析现实问题的科研能力。

从同学们的反馈来看，线上线下混合教学的效果主要体现以下几个方面：一是有利于保证良好的教学效果。在用慕课进行线上学习时，对不太理解的部分内容能够有针对性地反复学习。对于慕课学习遇到的问题，除了能够线上与老师交流外，还能够利用线下课堂的课间与老师探讨，解决学习中遇到的困惑。二是有利于展示软件操作和实际案例。在慕课进行线上教学时，对所学内容均提供了数据、代码及案例分析PPT，并录制了软件操作过程，能够细致地学习，掌握具体的实践细节。三是有利于实际问题的运用。专家学者在讲座过程中，对现实经济问题进行深入剖析，给学生提供了极好的范例。从课程论文来看，学生基本围绕慕课中讲授的前沿专题，运用相关计量模型，通过软件操作进行实际问题的分析，提升了分析实际问题的能力。

（二）未来展望

在"中级计量经济学"后续的教学过程中，将会进一步加大慕课录制知识范围，尽可能多地覆盖计量经济学前沿方法，同时深入开展线下交流，保证线上线下混合教学效果。从未来的发展来看，有必要从大数据学习及课程思政两方面进一步融合：

一是实现线上线下混合教学与大数据学习分析的融合。"十四五"规划要求构建"国内大循环为主体、国内国际双循环相互促进"的新发展格局。在构建新发展格局的过程中，大数据分析和机器学习，结合数量方法对经济发展规律的探寻，能够挖掘新的经济增长需求，助力双循环格局的构建。因此，计量经济学与大数据应用的结合顺应时代发展的要求，在线上线下混合教学掌握计量经济理论与应用的同时，也需要与当今的热点相联系。当今所聚焦的高频数据、新型数据、智能化分析、机器学习等都和大数据紧密联系，计量经济学理论与方法可以为这些数据提供规范分析的路径，而大数据技术能挖掘更多数据背后的规律，为生产和生活服务。因此，实现中级计量经济学线上线下混合教学与大数据分析相结合，对于计量经济方法的运用来说，构建学生的能力结构，明确学生的学习产出，组织新型的教学构架，具有重要意义。

二是实现线上线下混合教学与课程思政建设的融合。目前，国内的计量经济学教材大多是国外流行的计量经济学教科书的中译本或者英文原版，实证案例大多数基于国外的数据，缺乏对中国现实问题的解释。利用线上线下混合教学时，在案例分析中，增加反映中国经济的实证案例，增加课程思政因素，进一步梳理适合中国国情以及中国经济发展的模型，建立模型独创性方面的"道路自信"。从计量经济学理论与方法中引出思政案例，利用思政案例反映历史与时代发展趋势，反映中国经济的发展。课程的设置和学习均融入课程思政因素，将中国经济问题分析与科学研究结合起来，讲授中国经济学故事的基本研究过程，引导学生将经济学研究主要根植于祖国大地上。对培养学生的家国情怀，融会贯通各科专业基础知识，提高学生的研究写作能力等具有重要意义。

参考文献

［1］王琼，秦汉雨．金课时代慕课教学升级与创新——以宏观经济学慕课为例［J］．高教学刊，2022，8（33）：35–38.

［2］崔晓东，陶敏．"计量经济学"课程线上线下混合教学实践研究［J］．科技风，2021（34）：153–155.

［3］莫李龙，余爱明，朱鹏飞．"后疫情时代"高校线上线下混合式教学思考［J］．东南大学学报（哲学社会科学版），2021，23（S1）：120–122.

［4］杨瑞平，王晓亮．"中级财务会计"Moocs建设与混合式教学创新［J］．山西财经大学学报，2022，44（S2）：146–148.

［5］鲍威，陈得春，王婧．后疫情时代线上线下学习范式和教学成效的研究——基于线上线下高校学生调查数据的对比分析［J］．中国电算化教育，2021（06）：7–14.

［6］李子奈．关于计量经济学课程教学内容的创新与思考［J］．中国大学教学，2010（01）：18–22.

（作者单位：中南财经政法大学统计与数学学院）

▶▶▶ 教育教学管理
模式研究

研究生心理健康社会支持系统的构建[*]

黄丽琼

摘　要： 习近平总书记关于学生心理健康教育和研究生教育的重要批示指示为做好新时代研究生心理健康教育工作提供了根本遵循。家庭、心理健康教育咨询中心、研究生导师和研究生辅导员、朋辈等社会支持作用发挥不足是高校研究生心理健康危机预防体系失效的重要原因。为培养心理阳光、身心健康、人格健全的社会主义现代化国家建设人才，高校要从加强家校协同、加大专业投入、督促教师履职、鼓励朋辈互助等方面发挥研究生心理健康社会支持系统的最大效用，提升研究生心理健康水平。

关键词： 研究生　心理健康　社会支持系统

一、研究生心理健康教育的应然与实然

2020 年，习近平总书记对研究生教育工作作出重要指示，研究生教育在培养创新人才、提高创新能力、服务经济社会发展、推进国家治理体系和治理能力现代化方面具有重要作用[1]。2021 年，全国高校学生心理健康教育工作推进会议指出，党的十八大以来，以习近平同志为核心的党中央高度重视学生心理健康工作，习近平总书记对学生心理健康教育作出了系列重要批示指示，为做好新时代高校学生心理健康教育工作提供了根本遵循。梳理相关文件，可以发现研究生心理健康教育是高质量研究生教育的有机构成，也是研究生思想政治工作的重要内容[2]。

* 基金项目：中南财经政法大学 2022 年基本科研项目（2722022DG009）；2022 年度党建理论研究与实践创新计划项目"党团共建携手行——校研究生会功能型党支部特色品牌创建"（2022DJSJ036）。

（一）研究生心理健康教育的战略部署

党的二十大报告第九部分"增进民生福祉，提高人民生活品质"指出，要"重视心理健康和精神卫生""推进健康中国建设"。国家"十四五"规划建构高质量教育体系的远景目标和新时代人们对于幸福生活的追求，要求"全面推进健康中国建设""健全社会心理服务体系和危机干预机制"。心理健康同生理健康一样，已经成为人们对美好生活的具体追求，并被党和国家作为国家战略纳入部署规划[3]。

教育是培养人的事业，心理育人是"三全育人"格局全方位育人的重要方面，让广大研究生更加心态健康、情绪阳光，是落实立德树人根本任务的应有之义。《中共教育部党组关于印发〈高等学校学生心理健康教育指导纲要〉的通知》对新时代高校学生心理健康教育工作进行了顶层设计。《教育部等八部门关于加快构建高校思想政治工作体系的意见》将"促进心理健康"作为重要内容列入"日常教育体系"。

研究生作为支撑中国经济社会发展和占据新一轮科技革命和产业变革高地的高级专业储备人才[4]，是我国未来发展的中坚力量。心理健康是研究生成长成才的前提条件，研究生心理健康教育是研究生教育的重要组成部分（徐刚等，2017）。《教育部 国家发展改革委 财政部关于加快新时代研究生教育改革发展的意见》在"加强思想政治工作，健全'三全育人'机制"中明确提出"加强研究生心理健康教育、职业规划和就业创业服务"。《教育部关于加强博士生导师岗位管理的若干意见》将心理学知识纳入博士生导师岗位培训内容。《教育部关于印发〈研究生导师指导行为准则〉的通知》将"构建和谐师生关系"列为八项准则之一，要求研究生导师"落实立德树人根本任务，加强人文关怀，关注研究生学业、就业压力和心理健康，建立良好的师生互动机制"。可见，坚持育心与育德相结合，加强人文关怀和心理疏导，促进研究生心理健康素质与思想道德素质、科学文化素质协调发展是高质量研究生教育的应有之义。

（二）研究生心理健康教育的堪忧现状

根据教育部发布的《2021 年全国教育事业发展统计公报》，我国在学研究生333.24 万人，比上年增加 19.28 万人，增长 6.14%；研究生招生 117.65 万人，比上年增长 7.00 万人，增长 6.32%。中国已成为在学研究生规模最大的国家之一[5]。近年来，研究生群体的心理问题逐步得到高校和社会的关注[6]。据澎湃新闻报道，《2019 年研究生心理健康状况与影响因素》调研结果发现，35.5% 的被调查研究生可能有一定程度的抑郁表现；60.1% 的被调查研究生有焦虑问题[7]。博士研究生的心理健康状况更是堪忧[8]。研究生招生规模的扩大使得原本稀缺的研究生心理健康教育资源越发捉襟见肘。仅以某高校为例，研究生寻求专业心理咨询的数量从 2018 年的 99

名增加到 2022 年的 409 名，达到了全校学生心理咨询量的 1/6。虽然在数量和比例上暂时低于本科生，但不可否认的是，研究生一旦出现心理问题，其严重程度大大超过本科生。研究生阶段不再只是面对环境适应、情绪调节、人际关系等单纯的心理障碍，更多的是还要面对毕业困难、科研受挫、就业落差等复杂现实困境，经过被压迫期、自我迷茫期、悬浮期、温室期和新生期等心理危机阶段[9]，轻则造成身心的反应，重则造成自杀的意念甚至自杀未遂。新冠肺炎疫情的发生无疑加重了研究生情绪焦虑。研究生心理健康问题的出现不仅折射出研究生思想政治教育的最大短板和薄弱环节[10]，也反映出研究生心理健康社会支持的长期缺位和严重不足。

二、社会支持系统失效的具体表现

制约研究生心理健康水平提升的影响因素主要包括自身处境的个体性因素和外部环境的结构性因素。个体性因素包括消极完美主义、情绪调节失败、消极的压力应对方式等[6]。外部环境则与社会支持相关。社会支持是指发生心理健康状况前后，个人意识到或实际由外界提供的工具性或情感性的资源。从研究生心理健康状况与社会支持的相关性来看，当研究生能充分利用当下资源时，其心理健康状况就越好[11]。对于研究生而言，社会支持的来源主要包括家庭、心理健康教育咨询中心、教师、朋辈等。研究生心理危机预防体系却频频失效，追根溯源，是社会支持的作用发挥不足[12]。

（一）家庭关怀缺失

家庭是学生成长的重要场所，是学生走向学校、迈向社会的原始出发地，是重要的社会支持系统。和谐的家庭氛围、良好的家风家教，对个人健康素养提升、健康习惯养成具有重要意义[13]。随着学习阶段的不断深入，研究生开始独自面对学业、人际、情感等对外事宜，只有 6% 的研究生和家人住在一起[11]，与家庭的联系、家人的情感联结不再那么紧密。随着研究生面临挑战的高专业性和高难度系数，家人也往往难以再为研究生应对现实困难提供实质性帮助。更为严重的是，大部分出现心理健康状况的研究生多是在情绪情感方面得不到家庭的满足和回应。家庭客观条件的限制，父母不正确的教育理念和不健康的教育方式，不恰当的沟通方式等原生家庭因素甚至成为研究生出现心理健康问题的首要原因。不被家人了解、关心、尊重、理解、认可、支持和爱护使得研究生与家人无法建立有效情感联结，从而失去家庭这一温暖关怀。

（二）专业支持缺位

高校心理健康教育咨询中心一般设置在学生工作部门，属于其下设的二级单位，受其管理和指导，这一行政隶属关系决定了心理健康教育咨询中心的主要工作对象为本科生。长期以来，心理健康教育咨询中心开展新生心理测评、开设心理健康教育课程[14]、建设学院心理辅导站、培养心理委员队伍、开展辅导员心理工作技能培训和心理健康教育活动都主要针对本科生，缺乏对研究生群体的范围涵盖和有效辐射[15]。只有心理咨询和危机干预针对研究生，因此研究生只有在已经出现心理健康状况的情况下，心理健康教育咨询中心的专业支持才会介入。加之高校心理专业力量配备不足[16]，很多发展性、预防性、建设性的工作未能在研究生出现心理健康问题之前得以开展。

（三）教师帮扶缺乏

研究生导师和研究生辅导员是与研究生关系最为密切、日常交集最多的教师。研究生导师作为研究生培养的第一责任人，不仅在研究生学习科研方面负有主要指导责任，也有责任有义务关注他们的思想动态和心理状况[17]。研究生辅导员是研究生成长成才的人生导师和健康生活的知心朋友，"心理健康教育与咨询工作"是辅导员九大工作职责之一。现实来看，高校对研究生导师和研究生辅导员的绩效考核、职称评定和奖励机制等都过分关注科研成果产出而忽视育人成效。研究生导师的时间精力主要用来开展教学科研，研究生辅导员则主要是应付日常管理事务，花在研究生心理健康教育上的时间精力都非常有限。在思想认识上，研究生导师和研究生辅导员也没有将心理健康教育放在其工作职责的重要位置[15]。研究表明，导师排斥感知与研究生的抑郁和攻击性呈显著正相关[18]，高校研究生社会热点事件的频繁发生也从侧面证明研究生导学关系紧张。因此，这两个教师主体为研究生提供的心理支持亦是有限。

（四）朋辈互助缺少

与本科生以成建制班级开展学习、生活、课外活动，人际联结紧密不同的是，研究生班级概念淡化，取而代之的是专业概念。但不同专业的培养方案差异较大，研究生在学习科研生活等安排上具有高度独立性、个体性特征。同时，研究生的团学组织没有本科阶段那么丰富，课外活动也不如本科阶段活跃，研究生的人际交往空间被进一步压缩，处于较为封闭的交际模式，独自一人面对各项任务挑战是生活常态。虽然研究生可以导师所带的科研团队为集体，但很多研究生导师对研究生采取较为松散自由的指导模式，只有少数研究生能被涵盖到导师科研团队中，获得导师和同门的支持。另外，很多高校没有在研究生中配备心理委员这一朋辈支持力量，更谈不上加强心理委员队伍建设，发挥心理委员在心理知识宣传普及和初级心理支持中的作用，因此朋辈在研究生群体中暂未较好发挥支持互助功能。

三、构建社会支持系统的具体策略

研究生心理健康社会支持系统存在来源单一、非专业化、作用发挥效果不好，研究生对社会支持运用不足、体验较差等问题[11]，构建研究生心理健康社会支持系统就显得尤为重要。高校要充分发挥家庭、心理健康教育咨询中心专业咨询师、研究生导师和研究生辅导员以及朋辈的互助力量，建立相互联系、互为补充的社会支持网络，提升研究生心理健康水平。

（一）加强家校协同

家校协同是促进研究生心理健康的有效方式[19]。一方面，高校要以"万名辅导员访万家"活动为契机，通过实地走访和"互联网+"相结合的方式，多与家长联系沟通，让家长知晓研究生的在校表现和思想心理状态，同时也广泛征求家长对于教师和学校工作的意见建议，培养家长及时主动和学校沟通学生情况的意识，建立畅通高效的家校联动机制。另一方面，在心理测评后，对于需要重点关注的学生，高校要通过辅导员及时和家长联系，向家长深入了解学生成长环境和基本情况，并为家长提供心理健康培训，争取家长的关注重视、支持协助，共同致力于研究生心理健康状况的改善和健康水平的提升。

（二）加大专业投入

高校需将研究生心理健康教育纳入心理健康教育统一规划和顶层设计中，可将心理健康教育咨询中心设置为独立的处级职能部门，作为高校下设的二级单位，将研究生心理健康教育工作纳入工作范畴，彻底改变心理健康教育咨询中心只针对本科生开展工作的传统思路和做法。同时，针对研究生心理健康教育与本科生心理健康教育需求的不同，进一步加强心理健康教育师资队伍建设，改变以往主要依赖校外兼职心理咨询师开展专业服务的情况，建设一支以专为主、专兼结合、优势互补、相对稳定、素质良好的心理健康教育师资队伍[20]，在研究生中形成教育教学、实践活动、咨询服务、预防干预"四位一体"的心理健康教育工作格局。

（三）督促教师履职

研究生导师和研究生辅导员虽然不如心理咨询师专业，但也有必要学习心理学相关专业知识，掌握与研究生相处的心理技巧，善于运用心理学知识打造和谐"导学关系"[21]，让研究生在面临困难时愿意和老师倾诉，主动向老师求助，把握提前了解学生思想和心理状况的先机和主动。同时，还应在这两类老师的绩效考核、职称评定和考核评价中对学生心理健康状况的发生和处理成效进行一定考核，充分调动研究生导师和研究生辅导员参与心理健康教育的主动性和积极性，以制度督促研究生导师和辅导员落实心理育人职责。同时，研究生导师和辅导员要在学术指导、就业指导、经济资助、个人价值实现等方面提供力所能及的帮助[8]，促进学生实现可持续发展，推动社会支持网络良性互动。另外，还要加强心理健康工作技能培训，提升教师队伍识别和应对研究生心理危机的意识和能力，重点发挥研究生辅导员和研究生导师在心理育人方面的预防效用。

（四）鼓励朋辈互助

舍友、班级、学生组织、学术团队等构成的人际支持网络，能传达理解、包容、鼓励、赞扬、肯定、安慰等积极心理能量，有效应对研究生心理危机[22]。高校要充分发挥学生主体能动作用[23]，致力于扩大研究生人际交往圈，以社会交往提升研究生心理自助和朋辈互助能力。一方面，要加强研究生学术团队、班级、学生组织建设。繁荣校园学术文化，开展有益身心的文化体育活动，让研究生在以导师为核心的学术朋友圈发掘自身潜力，或者在班级、学生组织等集体中找到集体归属感和个体存在感，在各种学术、文艺、体育活动中实现个人价值，提升心理自助能力。另一方面，要加强研究生心理委员队伍建设，支持学生成立心理健康教育社团，把对心理学感兴趣或者有相关专业特长、热心公益服务的同学，培养成能开展心理健康知识宣传普及、心理健康活动和提供心理支持的行家里手，促进研究生积极进行心理健康自助互助。

参考文献

［1］习近平对研究生教育工作作出重要指示强调．适应党和国家事业发展需要 培养造就大批德才兼备的高层次人才［J］．中国研究生，2020（08）：2.

［2］赵立莹，王小康．基于2019年《全球研究生心理建设行动指南》的实践路径［J］．学位与研究生教育，2021（04）：87.

［3］吕小康．发挥心理学在健康中国建设中的作用［N］．光明日报，2020-02-07（11）．

［4］田丰．研究生的心理焦虑从何而来［N］．光明日报，2021-05-28.

［5］徐刚，马莹．试析当下加强研究生思想政治教育的几个着力点［J］．学校党建与思想教育，2017（06）：94.

［6］周莉，李安祺．研究生心理压力成因和自我调节策略探析［J］．北京教育（德育），2020（09）：72.

［7］张冲．加强研究生心理健康教育刻不容缓［N］．中国教育报，2021-04-15（02）．

［8］金红昊，杨钋．学业支持对博士生心理健康问题的舒解效应——基于全球博士生调查数据的比较研究［J］．研究生教育研究，2021（05）：9-10.

［9］康琪琪，刘裕，余秀兰.研究生心理危机从产生到化解的历程研究——基于有真实经历研究生的访谈［J］.研究生教育研究，2022（01）：42-43.

［10］倪茂晋，陆风."双一流"高校研究生思想政治素质现状特征及提升对策［J］.研究生教育研究，2021（03）：54.

［11］刘珊珊.研究生心理健康社会支持系统的构建［J］.学校党建与思想教育，2020（10）：54.

［12］赵丽琴，阮鹏.研究生心理危机预防体系为何失效？——基于对研究生心理危机个案的分析［J］.学位与研究生教育，2020（04）：45.

［13］何翔.筑牢健康中国的家庭基石［N］.人民日报，2022-11-17（07）.

［14］许晶晶.研究生心理健康课程构建途径探讨［J］.北京教育（德育），2017（06）81-83.

［15］马喜亭，冯蓉.基于积极心理学视角的和谐"导学关系"模式构建研究［J］.研究生教育研究，2018（01）：68.

［16］孙俊华，汪霞.博士研究生心理压力状况、压力源及影响因素研究——基于江苏五所高校的调查数据［J］.学位与研究生教育，2021（07）：50-58.

［17］杜玉春，王建坤，黄天丞，张平.导师在研究生心理健康教育工作中的作用和实现途径探析［J］.北京教育（德育），2017（10）：76-78.

［18］周莉，郭瑾瑾，王兴超，雷雳.导师排斥感知对研究生心理健康的影响［J］.学位与研究生教育，2020（04）：44.

［19］王小五.心理健康教育勿断线［N］.中国教育报，2022-04-22（02）.

［20］景鹏.贯彻三全育人理念 系统化加强高校心理健康教育工作［N］.中国青年报，2022-04-12（09）.

［21］武鸿.基于深度辅导的研究生心理问题识别与应对［J］.北京教育（德育），2022（01）：91.

［22］张娟，赵祥辉.象牙塔尖的压力与纾解：何以推动博士生心理求助？——基于2019年Nature全球博士生调查的实证分析［J］.研究生教育研究，2022（05）：53.

［23］叶晓力，蔡敬民，徐培鑫.美国如何支持研究生心理健康与幸福感——基于CGS最佳实践的分析［J］.研究生教育研究，2022（05）：96.

（作者单位：中南财经政法大学研究生院、党委研究生工作部）

研究生道德教育的实施路径

——基于精致的利己主义者视角

张　璇　张欣怡

摘　要： 新时代背景下，研究生教育肩负培养高层次创新人才的重要使命，是国家发展、社会进步的重要基石。虽然教育体系日趋完善，但是高层次人才依旧短缺，需要高校从研究生的道德教育入手，进一步提升研究生培养质量。当前，中国高校利己主义盛行，研究生以个人利益为先的现象屡见不鲜，思想的功利化倾向显著影响了研究生的道德品质、心理健康、创新品格，究其成因在于现代社会与中国教育以及研究生培养方案的功利性。为实现研究生的全面发展，落实"立德树人"根本任务，培养国家和社会需要的杰出人才，高校需将德育内涵和思政工作契合至研究生价值培养体系中，从改善德育环境，开展德育活动，将德育融入研究生培养方案等方面逐步实施研究生的道德教育。

关键词： 立德树人　道德教育　利己主义　功利化

　　研究生教育作为中国教育的最高水平，旨在培养德才兼备的高层次创新人才，是建设高质量教育体系和创新型国家的重要支撑。教育部、国家发展改革委、财政部联合发布《关于加快新时代研究生教育改革发展的意见》，明确以研究生德智体美劳全面发展为中心，把立德树人成效作为检验研究生教育工作的根本标准[1]。党的二十大报告中再次强调育人的根本在于立德，全面贯彻党的教育方针，落实立德树人的根本任务[2]。

　　然而，在国家大力推进道德教育的背景下，北京大学教授钱理群却提出中国的大学正在培养一群"精致的利己主义者"，即拥有高智商和良好教养，世故老练，擅长表演，且将个人利益作为行事准则的学生。很多教授都曾有过类似经历：某些学生在课堂中认真听讲，积极互动，但不是为了学习知识，而是为了获得推荐信。他们一旦目的达成，就一改往日作风。"精致的利己主义者"的根本问题是道德品质的问题，这种功利的利己主义思想会危害个人身心健康、阻碍个人发展空间，对国家发展有巨大危害。

一、利己主义的表征及危害

"读书实用论"，即以知识的实用性作为学习的唯一评判标准，基于学科对未来发展的有益性来决定学习的动机、内容及时间的分配，这是学生中利己主义者的重要表现。在校期间，他们参加学科竞赛、社会实践等活动，主要是为个人履历增色。他们把升学、就业、保研作为奋斗目标，注重专业知识的学习和技能的培养，学习成绩成为自我实现的重要依据。学生学习主要为个人利益，而不再以国家富强、中华民族复兴为己任；不再尊崇"英雄主义"，精神领袖失去意义，中国高校的学生正在逐步成长为精致的利己主义者。思想的功利化倾向将对学生全面发展造成严重的负面影响，体现在道德品质、心理健康、创新品格三个方面。

（一）道德品质

在利己主义的影响下，学生把成绩当作所谓的"成功"，教育中的竞争促使人际关系愈发复杂。利己主义者以个人利益为先，忽视他人利益和国家利益，过度追求物质和名利，内心缺乏一定的道德标准。高学历成为谋求利益的保护伞，北京某高校的博士因涉嫌诈骗而银铛入狱；大学生借支教为履历镀金，却在社交媒体上对山区学生发表歧视言论。当涉及个人利益时，例如评定奖学金或保研资格审核，学生之间的竞争激烈，纠纷争执屡见不鲜，举报他人事件多发。

利己主义者缺少共情能力，不会在他人需要帮助时施以援手，对他人失败"幸灾乐祸"。功利主义成为冷漠、嫉妒、自私等负面情绪的沃土，真诚、善良不再是他们的行事准则，"利己性"与"利他性"矛盾突出。利己主义者的道德价值理念崩塌，家国情怀缺失，当触及个人利益时，口中是"先为国，后为家"，心中却是"为个人"，无法担当国家使命，无法承担社会责任。

（二）心理健康

大学生群体，包括研究生群体，在学业、情感、社会交际中多有焦虑苦闷。同时，由于毕业、就业等压力，易于滋生出一系列的心理问题。北京大学心理健康教育与咨询中心的徐凯文曾做过统计，40.4%的北大学生认为自己只是按照他人的逻辑和希望生活，人生没有意义。这种存在于高校学生身上的问题被称作"空心病"。"空心病"

是一种价值观缺陷导致的心理障碍，学生长期处于迷茫和困惑之中，缺乏支撑其存在感的价值观，其成因就在于利己主义。思想功利化导致学生缺乏远大的理想志向和精神追求，他们大多随波逐流，没有明确的目标，生活的意义在于满足他人期待和收获他人赞许。在"空心"的状态下，学生不知道为何而学，所承载的是众人的期待和掌声，无法根据自己的内心需求做出选择。价值观缺陷促使学生与自我相疏离，失去规划人生、充实自我、追逐个人价值的能力。

（三）创新品格

在人工智能领域，机器通过深度学习等方法对所要识别的内容进行数以万次的模拟，并能够学习到相关的知识。在这方面，机器可以比人类做得更好，但是机械性的学习无法代替创造与创新。在功利化思想的影响下，学生急于完成学习任务，习惯于从课堂书本中吸收知识而不是进行独立思考。为了获得较好的成绩，学生通过死记硬背、大量做题来实现知识的积累，这无疑会抑制学生的创新品格。

研究生教育的本质在于"研"，在于培养创新意识，而利己主义削弱了研究生的探究精神。研究生缺少正确的价值导向，创新只是为了发表论文、申请专利；在个人利益的驱动下，研究生过度追求学术研究的新颖，有可能会出现盲目创新的现象。学生抱有急于求成的心态，失去对科研的敬畏之心。多名一流高校的学生通过网络平台购买代码完成论文的实验结果；由他人代写、买卖论文致两硕士论文雷同；复制抄袭，篡改实验数据等学术不端的事件多发，思想功利化限制了学生的创新性发展。

二、利己主义的成因分析

为何我们培养出来的学生，思想功利化倾向会日趋严重，校园内利己主义盛行？现行的研究生的培养过程有何缺陷？钱学森是国家在艰难时刻培养出的著名科学家，在他心中科学最重，名利最轻，是我国知识分子的典范。他也曾多次提出质疑：为何我们的学校总是培养不出杰出人才？基于思想功利化倾向的危害对人才培养的不利影响，探究其成因是极为重要的。

（一）现代社会与中国教育的功利性

在市场经济促进中国社会繁荣发展的同时，自由竞争和效益优先的行事准则催生出利己主义，现代社会的功利化、金钱化使得个体无意识地追求物质和名利：媒体为了博人眼球，不再宣传先进人物和英雄领袖；资本的逐利性促使社会遵循流量至上，从而趋向掀起明星、网红的浪潮。经济效益最大化的思想逐渐渗透至中国教育之中，导致学生价值取向扭曲，个人利益成为行为活动的主要准则。

从基础教育开始，"育分"现象盛行。学生认真刻苦，反复练习，投入大量时间，是为了提高考试成绩。在"唯分数论"的环境中，教师自我实现的依据是分数，薪资水平、工作绩效均与学生的成绩挂钩；学校追求升学率的提升以获得更好的生源，成绩优异的学生更容易获得教育中的优质资源。功利主义逐渐侵蚀基础教育，导致竞争思想在校园里蔓延，学生开始追逐个人利益。

大学作为社会组织，在高速运转中沾染世俗和功利，在价值和工具的抉择中迷失，甚至愈来愈偏离人才培养的重心[3]。学生就业率和科研成果成为高校工作重点，为了提高招生质量，高校追逐排名、刻意夸大热门专业吸引学生的功利化倾向日益膨胀。教育运作以高效益、实用性与可操纵性为目标[4]，当学科和科研成为高等教育的中心，高校道德教育的缺失与立德育人的目标相背离，大学的理想受到严重异化。面对毕业生严峻的就业形势，更多学生选择通过升学来增加就业的砝码。高学历，或者说智力投资，正在成为个人利益的跳板。同时，处于中国教育顶端的高校，正在引导基础教育生产工具性人才，当"提高一分干掉千人"成为共识，中国教育培养出来的学生正在逐步被功利主义浸染。

基础教育和大学教育均对研究生的道德、心理、价值观产生深刻影响，使得其思想受到现代社会与中国教育功利性的巨大冲击，从而产生利己主义。

（二）研究生培养方案的功利性

高校在确定研究生培养目标时，习惯于从社会规范的角度思考，其重心在于研究生能否适应社会需求，理解社会环境中的政治、经济、文化等因素，将目标局限在个体对社会的适应能力。高校在思想和行为上管束学生，忽视对个体价值取向的激发与启迪，导致德育内涵与个体培养割裂开来，学生能够适应社会却不能促进社会发展。虽然部分高校已经明确以"立德树人"为根本指向，但是研究生培养目标存在泛化问题。宽泛性的社会要求成为研究生的培养目标，将限制研究生发展，急需高校根据学生的实际情况进行细化和补充。

当前，研究生培养主要聚焦于学科和科研，有效提升研究生内在价值的道德教育仅仅作为补充性内容拓展至培养方案中，并且道德教育的内容立足于社会预期。部分高校将本科或其他阶段的教学安排全盘复制，设计趋于表浅化。研究生相较于其他群体，更易面对科研、就业、毕业等压力，需要从道德教育中获取激励和慰藉。高校倾向于从社会的价值规范培养研究生价值体系，较少考虑研究生群体的特殊需求，针对研究生群体德育内容设计的个性化不足。研究生的德育课程设置，尤其是思政课程设置，大多基于教材中的政治理论和社会中的教学案例，鲜少有针对性地考虑个体的内在需求，培养体系缺乏整体的价值构建。

　　研究生培养强调自主探究和创新思维。从学科和科研层面出发，任课教师鼓励研究生积极参与课堂活动，导师引导学生参加学术讨论，以讲座、自主学习等方法培养研究生独立思考能力，鲜少按照一定的标准进行知识的灌输。而道德教育，如思政课程的教学模式仍采用"知识授受"的传统方法，单方面地按照教师的预设对学生进行教学，无法调动研究生群体的主动性。同时，教师的说教与灌输将限制和束缚研究生的批判性意识和探究性思维，使其缺失培养创新能力的意识。同时，任课教师和导师的重点在于研究生的学业，德育内容涉及较少，导致学生更加注重学科和科研层面的探究，从而忽视思政与品德的重要意义。教育中的价值理念不能与学生的观念、行为直接关联，使其难以对学生的价值体系产生有效影响。

　　功利性倾向的研究生培养方案贯彻效率优先，本身无可厚非，问题是当工具性导向的人才培养几乎成为高等教育的全部，德性的思考与修习没有相应的位置，其结果便是一味地追求致使人的功利欲望膨胀[5]。

三、道德教育的实施路径

　　高校应当培养出什么样的人才？作为国家的新生力量，他们应该饱含爱国主义情怀，拥有远大的理想信念；作为社会的公民，他们应该富有正义感和公正理性；作为完整的个体，他们应该善于思考，具有批判意识和精神追求。研究生的利己主义将上述道德素养虚化，需要高校进一步思考人才培养的实施进路，落实"立德树人"的根本任务。为实现研究生的全面发展，培养国家和民族需要的杰出人才，高校需将德育内涵和思政工作契合至研究生价值培养体系中。对于研究生而言，学会做人才是做事和做学问的基础；由于研究生的思想尚不成熟，需要高校帮助学生树立做人的根基。高校德育应立足于实际，注重学生的日常生活，激发学生的参与体验，引导其正确形成价值观。

（一）改善道德教育环境

　　在研究生的日常生活中植入道德教育，不断创新道德教育的传播媒介以改善高校校园环境，潜移默化地改善学生的价值取向，提高学生的共情能力。优秀的文艺作品是高校育人的有效途径，将先进人物事例以影片、歌曲、美术等研究生群体喜闻乐见的艺术形式再现，给予学生启迪和引导，提高学生对道德教育的参与度和积极性。同时，利用学生熟悉的新兴媒体，如微博、微信公众号、网络视听平台，更为直观生动地加强先进人物事例的宣扬，给予学生精神上的支撑，使得学生群体与先进人物产生情感上的互动，全面营造推崇、学习、爱护英雄领袖和身边榜样的氛围。以优秀文艺作品与新兴媒体充分结合的传播媒介，为高校宣扬道德教育提供有力支撑。

（二）开展道德教育活动

高校应积极开展形式多样、内容丰富的道德教育活动，加强意识形态教育。第一，开展系列讲堂、讲座。将专业知识与道德教育相结合，实现讲堂、讲座主题多维度贯通。在向研究生介绍科研方法、科研素养的同时，进一步融入职业道德、社会公德、政治品德等内容，帮助学生塑造爱岗敬业、诚信友善、理性公正等道德素养。选择具有鲜活性、可操作性的题材与内容，将价值观引导融入系列教学中，实现知识传授与价值观引导的有效融合。第二，开展实践活动，培养学生的实践能力，增强学生的社会责任感。研究生在实践活动的过程中领悟个体与社会的责任关系，利用切身领悟的观点分析问题、解决问题，促使个体在生活和社会层面拓展道德视野。组织学科、文艺、体育竞赛等文化活动，构建校园文化环境，发挥文化对学生的启迪和熏陶作用。第三，加强党史学习教育，着重发挥党支部、团支部作用，促使研究生了解党的奋斗历史，感悟党的真理和力量，从而激发爱国主义情怀，坚定理想信念，承担社会责任与历史担当，从本源上引导研究生树立正确的价值观，塑造健康心理，杜绝功利主义思想的产生。

（三）将道德教育融入研究生培养方案

建立以"立德树人"为核心的多维度目标体系，把塑造正确价值观作为研究生培养的根本出发点，立足于国家和民族的需求，引领研究生价值取向健全发展，明确未来发展方向。针对目标泛化的问题，高校需要具体规划研究生学习及日常生活中的现实目标，从品德、学术、行为和情感多个方面精准定位，细化和补充研究生所应具备的思想道德品质、学习科研能力、身体心理素质和情绪控制能力。

围绕研究生群体的特殊需求，构建个性化的培养内容体系，将思政引入道德、心理、学术、创新多个维度，增强内容设计的针对性和影响力。以构建研究生完整的价值体系为指引，着重强调心理健康关切，促进知识和技能的掌握，实现研究生的社会功能和个体价值有机结合。为避免功利化的学术、学业导向，设计内容时需将道德教育融入专业知识与科研活动，课程设置需充分挖掘思政理论因素，以丰富的核心价值满足研究生成长阶段的内在需求，培养研究生的家国情怀、创新精神和学术理想。

高校师资力量汇聚融通，形成协同育人的综合效应。教师、辅导员、班主任及研究生导师共同协作，组成合力育人的德育队伍。相较于本科及其他阶段，研究生与学术的关系更加紧密，因此需要着重发挥研究生导师的引领作用。将思政教育与科研教研工作相结合，坚持育人为本，尊重研究生的个体差异，塑造平等对话的教学氛围，将道德教育贯穿到研究生培养的全过程。高校应以学生的发展为中心，根据研究生的心理需求和知识结构进一步改进培养方式，促进共性培养模式向个性化教育和精细化培养模式转变[6]。高校需要转变"知识授受"的传统德育方法，构建研究生群体与教师互动式的教学模式，在教育者引导的前提下，充分调动研究生自主探究德育内涵的积极性。基于生活实际，鼓励研究生分享对抽象理念在现实社会中的认知与感悟，在教学相长中帮助研究生形成完整稳定的价值取向。

参考文献

[1] 教育部 发展改革委 财政部关于加快新时代研究生教育改革发展的意见 [R]. 中华人民共和国国务院公报，2020（34）：72-76.

[2] 习近平. 高举中国特色社会主义伟大旗帜 为全面建设社会主义现代化国家而团结奋斗 [N]. 人民日报，2022-10-26（001）.

[3] 刘化重，程良宏. 从"功利之教"到"德性之教"：立德树人视角下研究生德育的进路审思 [J]. 教育理论与实践，2022，42（09）：38-42.

[4] 王学. 教育功利性取向的德性反思 [J]. 南京师大学报（社会科学版），2021（02）：28-37.

[5] 陈凡，何俊. 新文科：本质、内涵和建设思路 [J]. 杭州师范大学学报（社会科学版），2020，42（01）：7-11.

[6] 肖建国，李雨豪. 地方高校研究生"四位一体"人才培养模式的实践路径研究 [J]. 江苏大学学报（社会科学版），2022，24（04）.

（作者单位：中南财经政法大学统计与数学学院）

新时代理工科大学生法治思维培育研究

李必成

摘　要： 党的二十大报告强调，全面依法治国是国家治理的一场深刻革命，提出在法治轨道上全面建设社会主义现代化国家。大学生作为社会中的高素质群体既是法治国家建设的重要力量，同时也是法治教育的重点对象，在高校对大学生进行法治思维培育十分重要。而当前部分高校大学生法治思维淡薄，法律意识较弱等一系列问题迫在眉睫，特别是在部分理工科学生中显得尤为突出。本文主要分析了理工科大学生法治思维培育的重要意义、现阶段面临的挑战以及培育大学生法治思维的策略研究。

关键词： 习近平法治思想　大学生　法治思维

一、理工科大学生法治思维培育的重要意义

（一）全面推进依法治国的重要组成部分

中国特色社会主义发展进入了新时代，立足新发展阶段，贯彻新发展理念，构建新发展格局，推动高质量发展，满足人民对民主、法治、公平、正义、安全等方面日益增长的要求，都对我国法治建设提出了新的更高要求，全面提高依法治国能力和水平也是法治中国建设的重要保障。习近平法治思想作为中国特色社会主义法治思想重要组成部分，是我们推动法治建设的根本遵循和行动指南，而新时代大学生作为社会较高素质的群体、未来国家的主人，是党和国家事业发展的中坚力量，是社会主义建设者和接班人，对他们进行法治教育，培养他们的法治思维更是显得尤为重要，同时这也是全面推进依法治国题中应有之义。

（二）提高大学生综合素质的重要抓手

社会主义事业的发展与振兴需要全面发展的人才，新时代高校肩负着培养社会主义合格建设者和可靠接班人的重任。新时代面临全新挑战，站在百年未有之大变局的潮头，我们更需要将新时代大学生培养成德智体美劳全面发展的优秀人才。广大青年是未来的建设者和接班人，以习近平法治思想为指导思想培育他们的法治思维，提高他们的法律素养能让其更好、更全面地成长，从自身、自我认知中明白遵纪守法的重要性和违纪违法的严重后果，避免误入歧途，减少和降低犯罪行为，增强法治思维和规则意识，最终造就更多具有坚定理想信念、强烈家国情怀、扎实知识学识、丰富法律素养的全面发展的新时代人才。

（三）维护校园和谐稳定的有力保障

通过法治教育培养新时代大学生的法治意识，特别是理工科学生的法治思维，促进习近平法治思想进教材、进课堂、进头脑，不仅能让他们明确法律的底线，将法律法规作为准绳，强化树立规则意识，也能让其自觉遵守校纪校规，更好地配合教师与学校的教育管理，与同学之间更加融洽地相处，更容易避免打架斗殴、校园暴力等不良行为，学会通过合理合法的方式表达意见和诉求，用合适的行为争取维护自身权益，用合法的手段应对违法违纪现象，有利于维护校园环境的和谐稳定进而促进高校形成法治文化环境。

二、新时代理工科大学生法治思维培育面临的挑战

新时代理工科大学生法治思维的形成主要有以下三个阶段：学法知法、遵纪守法、灵活用法，三个层面依次递进，对法治思维的要求也逐步提高。首先，新时代理工科学生在学法、知法方面存在诸多问题，譬如理工科学生获取法律知识单一，法律相关知识储备有限，这部分群体学习法律知识主要依靠课堂上的必修课"思想道德修养与法律基础"[1]。此课程涉及法学专业知识比较有限，只有一些基础性的法律知识，学生无法系统全面地掌握相关法律知识。其次，部分大学生在遵纪守法层面也有所欠缺，部分学生法律素养较低，对学校校纪校规没有充分了解，对我国一些基本法律知识尚不清楚，头脑里面并未形成基本的法律意识，更无法做到自觉遵纪守法，崇尚法律。部分学生甚至在不知情的情况下出现了一些违纪违法行为。最后，部分学生有一定法律素养，但当出现违法的事情时，不能灵活运用法律武器保护自己，不能做到学以致用，知行合一，真正做到将法律知识"了然于心，学以致用"的程度。

三、理工科大学生法治思维培育的策略研究

（一）加强法律基础教育，完善法学教育课程体系

高校理工科学生学习获取法律的基本渠道依然是课堂的必修课"思想道德修养与法律基础"，在大部分高校此类课程均由马克思主义学院相关老师进行授课。这些老师大部分为马克思相关专业的博士生，并非是法学专业的教师，法律基础与素养较法学专业相关教师仍有一定差距，法学理论功底仍有欠缺，很难系统地传授法律知识。部分高校任课教师存在重思想道德修养而轻法律基础的教学模式，在思想道德修养模块讲得较为详细，而在法律基础部分由于授课教师本人专业知识储备有限，尽量少讲、不讲或者挑本人熟悉的部分讲。因此，学生所能学习并掌握的法律知识十分有限，较为碎片化，难以构建系统的法律知识体系从而形成法律逻辑思维和养成真正的法治思维方式。所以必须切实加强"思想道德修养与法律基础"课程建设，加强课程教师队伍建设，增强课程趣味性与专业性，法律基础部分可以由本校或兄弟院校的法学院老师来继续授课，保障法律基础部分教学类内容的授课课时，进一步提高学生法律素养，培育他们的法治思维。

同时，高校开设具体方向的专业法学选修课十分有必要，高校学生可以选修本人感兴趣的法律，进行系统专业的学习，进一步提高法律素养，做到学以致用。比如，大四学生可以主动选修"劳动合同法"相关法律知识，学生在单位实习或者找工作过程中可以合理利用"劳动合同法"维护自己的合法权益。大一新生在开学阶段可以选修"反电信网络诈骗法"，提高本人防诈骗意识，学校也以此为契机进一步加强防诈骗宣传教育，谨防学生掉入诈骗陷阱。其次，在校学生特别是理工科学生应该增强本人法学专业知识的学习，不仅仅局限于课堂的基础法律知识而能在课外自主学习更多适用的法学知识，进一步提高自己的法律素养并树立法治意识，自觉培育本人的法治思维。

通过进一步加强"思想道德修养与法律基础"基础法律课程建设，开设适合学生的法学专业选修课，构建完善的法学教育课程体系，从而逐步提高新时代大学生的法律素养，进一步培育他们的法治思维。

（二）丰富法律专业知识的教学手段

法治思维是将法律作为判断是非和处理事务的准绳，它要求尊重法律、崇尚法治，善于运用法律手段来解决问题和推进工作。新时代随着经济飞速发展，教学手段较之

前发生了翻天覆地的变化。教学手段作为影响教学效果的重要因素，也对新时代课程设计提出了全新挑战，特别是对于法学相关专业的教学要求更高。一般的法律条文生硬、抽象、难以理解，如何利用学生们喜闻乐见的方式开展教学是每一位法学相关专业教师必备的技能。首先，充分利用新媒体，包括但不局限于校园网论坛、官方微信、官方微博、QQ、短视频等，充分利用这些新媒体平台开展普法教育[2]，开设在线法治小课堂，发布法制教育短视频，占领法治教育的线上高地，用大学生喜闻乐见的方式开展普法教育，进一步培育大学生的法治思维。例如网络上十分火爆的罗翔老师，用生动详细的案例，风趣幽默的讲解在网络上开展专业的普法工作，用寓教于乐的观念，将法律的观念传递到每一个人的心中，同学们在轻松愉快的氛围中熟练地掌握了相关法律专业知识。

新时代大学生法治思维培育主要依托为课堂法学专业知识教育，但丰富的社会实践同样能起到良好的教育效果。法治思维只有通过不断的社会实践才能真正做到内化于心，学以致用，而且在一个个生动的案例中学习通常比课堂上直接的传授效果更佳。当前部分高校的法学院已经设置了模拟法庭，模拟法庭是法律实践性教学的重要方式[3]，模拟法庭通过案情分析、角色划分、法律文书准备、预演、正式开庭等环节模拟刑事、民事、行政审判及仲裁的过程，充分调动了学生的积极性与创造性、切实提高了法律文书的写作能力。在各种实践性教学方法中，模拟法庭实践教学法有着较强的优越性。学生在模拟法庭中能充分发挥主观能动性，能在具体模拟法庭判决过程中对法律条文有更深的理解，并能促进法律理论知识转化为实践，真正做到理论指导实践，在实践中培育学生的法治思维。目前大部分高校模拟法庭均由法学院负责日常使用与维护，理工科学生较少能接触并使用，因此建议法学院在使用模拟法庭中，可以适当邀请理工科学生旁听或者直接参与其中某些具体环节。通过以点带面，法学专业学生带动理工科学生，从而全面提高大学生法律素养，帮助大学生在潜移默化中自觉树立崇尚法治精神，进一步培育大学生法治思维。

（三）建设法治校园环境，加大普法宣传力度

卡尔·马克思曾说过"人创造环境，同样环境也创造人"，这句话深刻阐释了人与环境是相互影响的。新时代大学生生活学习地点均在大学校园内，校园环境对大学生的影响十分重要，所谓"近朱者赤，近墨者黑"也正是这个道理。大学生法治思维的培养离不开直接的法律知识传授与丰富的社会实践锻炼，同时也需要浓厚的法治校园环境熏陶。建设法治校园，首先要强化校纪校规顶层设计，学校各项规章制度的制订均应符合国家相关法律的要求，制度的制订过程可以充分征求全校师生的意见及建议。制度制订或修订完成后，全校师生能做到自觉遵守，并严格按照相关制度来执行。高校教师在遵守学校规章制度方面更应以身作则，充分运用法治思维方式来解决问题，

为学生树立良好的榜样，进一步培养学生法治思维方式，共同营造全校师生学法、懂法、知法、守法的良好校园法治环境。其次，要加强法制宣传工作，学校法学院或法学相关专业学院可以作为主要牵头学院，结合消费者维权日、国家安全日、"12·4"国家宪法日等重要宣传日适时开展普法工作，组织全校教师、干部和专业技术人员参加学法考法活动。同时组织全校学生参加到法治讲座、知识竞答、"互联网＋"、以案释法等多种趣味普法活动中，营造浓厚的法治校园环境。最后，学校可以成立"大学生法律咨询中心"，及时解决学生在学习生活中遇到的法律难题，为缺乏法律专业知识的理工科学生提供及时的法律援助，同时法律咨询中心可以招聘法学院相关学生实习，法学相关专业学生也可以在实际的案例中进一步得到实践锻炼的机会从而实现双赢。

参考文献

［1］耿步健，张岩．当代大学生法治思维方式存在的问题与对策［J］．青年学报，2022（01）：25－32.

［2］李晓波，舒晨晨．新媒体时代大学生法治思维形成特点及其提升路径［J］．科技传播，2022，14（11）：70－72.

［3］杨祥冰．新时代大学生法治思维培养路径的实践维度［J］．法制博览，2021（26）：184－186.

（作者单位：中南财经政法大学信息与安全工程学院）

学科评估中人才培养质量指标的一些思考[*]

杨华磊

摘　要： 学科的发展水平反映了学校的发展水平，学科评估强化人才培养质量的中心地位。考虑到课堂是立德树人的主要阵地，学生是教育最直接的需求方以及用人单位是教育成效的最终检验者，为实现以评促建，以评促升，办人民满意的教育，在当前学科评估人才培养质量指标体系中，应增加专家对教学过程课堂视频的抽查，学生对教育效果的评价以及用人单位对人才培养成效的评价。最终通过学科评估和学科建设，培养德智体美劳全面发展的社会主义建设的接班人，促成立德树人教育目标的实现。

关键词： 学科评估　人才培养　立德树人　三全育人

国际形势越来越复杂和多变，在当今世界，国与国的竞争越来越集中在人才的竞争，拔尖创新人才的竞争，中华民族能否复兴取决于是否拥有一批高素质、高水平的研究和管理人才，尤其数量日趋庞大的研究生。人才在于吸引和培育。高素质研发人才的吸引，不仅是经济待遇等，更重要的是我们是否拥有吸引全球优秀人才的文化软实力，培育吸引世界优秀留学人才的文化软实力在于我们高校，在于我们的学科发展，因为学科发展是高校发展重要的反映。我们的高校，我们的学科建设得怎么样，尤其是双一流大学和双一流学科建设目标一提出来，我们建设得怎么样需要评估，需要通过评估助力一流高校和一流学科的建设。

高素质研发和管理人才的培养同样在于高校和学科。尤其，如今高等教育进入普及化阶段，中国高等教育规模世界第一，2021 年在校大学生规模 4183 万人；中国研

---

　* 基金项目：2020 年度中央高校基本科研业务费 "'为党育人、为国育才'视域下新时代高校师德建设长效机制路径探析"。

究生规模逐年飙升，更是庞大，2021年研究生招生117.7万人，在学研究生333.2万人。2021年新增毕业909万人，其中研究生毕业人数77万人，已成为新增劳动力最重要的组成部分。高校本科生和研究生的培育质量关乎未来创新型国家的建设，关乎我们能否在激烈复杂的国际形势竞争中取胜，关乎能否实现两个一百年奋斗目标，关乎能否实现中华民族伟大复兴。而高校的人才质量培养在于高校的学科建设。

但是对于中国的当前，高校人才培养方面，依然存在诸多问题，这也是教育部开展双一流大学和双一流学科建设的原因。高质量人才培养中，学科建设的滞后，尤其是不具有吸引世界的文化软实力，人才的培养不能为人民和社会服务，不能为社会主义现代化建设服务，引致高校和学科建设培养不出高素质的创新型人才。

自2002年教育部学位中心按照《学位授予和人才培养学科目录》对具有硕士学位以上的学科进行评估以来，经过二十年的发展，学科评估已形成具有中国特色，相对完整科学的评价体系。学科评估不仅对于教育部，对于高校更是一项重要的评估。学科评估是高校发展水平的重要反映，也凸显了高校研究生教育的办学水准和人才培养质量，评估的结果关乎双一流学科的建设方向。学科的建设能否取得成效关乎学校的发展，也关乎高校能否培养出社会所需要的人才，关乎创新型国家的建设，关乎能否培养出优秀合格的社会主义建设的接班人和四有新人，同样关乎中华民族的伟大复兴[1]。

但是新的时代下研究生教育依然存在很多顽疾，部分教育工作者对党的教育方针、培养什么人、怎样培养人、为谁培养人以及如何践行方面上依然不去了解、不予践行。在当前复杂的国内外形势下，使得教育偏离教育立德树人的根本目标和办好人民满意教育的宗旨[2]。国家以及教育相关部门要高度重视教育评价，解决教育评价指挥棒的问题，要坚决清除教育领域唯帽子、唯职称、唯论文、唯奖项以及唯学历的五唯顽疾，改变不科学的教育评价机制[3]。

2020年10月，第五轮学科评估业已启动，对全国具有博士或硕士学位授予权的一级学科开展整体水平评估。此次学科评估以落实立德树人为根本任务，指标体系以立德树人成效为根本标准[4]，集中体现在人才培养质量一级指标中，在思想政治教育成效、培养过程成效、在校生质量、毕业生质量四个维度上，强化方向、系统、过程、多元以及成长五性的评价。

通过学科评估，为更好地促进学科建设和提升研究生的培育质量，强化学科培育人才的中心地位，实现教育立德树人的根本任务[5]，根据《深化新时代教育评价改革总体方案》和《第五轮学科评估工作方案》精神，在人才培养质量模块，在关注思想政治教育特色和成效、出版教材质量、课程建设与教学质量、科研育人成效、学生国际交流、在校生代表性成果、学位论文质量、学生就业与职业发展质量等的基础上，考虑到课堂是立德树人的主要阵地和渠道[6]，学生是教育最直接的消费者以及用人单位是教育的最终评价者，增加专家对课堂质量的考查，学生对教育效果的评价以及用人单位对人才培养结果的评价。

一、增加学生对教育质量的评价

在人才质量培养的在校生模块，除在校生的代表性成果、学位论文质量外，我们应该增加学生对人才培养质量的评价。学生是人才培养质量的第一受益人，也是教育产品最直接的需求方，对学校、学院、学科以及教师存在的毛病最清楚。学生类似消费者，学校、学科以及教师类似教育的供给方，商品是教育。商品好不好，教育好不好，学生消费后，教育存在哪些问题，学生最清楚，也最有话语权。学生对教育的评价体现在对学校三全育人环境的表现，表现在对师德师风、专业、培养方案（课程设置、教材质量）、教学质量、教学条件和环境等的评价上。考虑到课堂是教书育人的主要阵地和渠道，学生课堂的评价极其重要。

学生对师德师风的评价，主要是让其回答其心目中的好老师是什么样，老师是否是有理想的，有道德情操的，有仁爱之心的，有专业学识的四有好老师；对于专业和学科，学生是否满意代表着消费方对整个专业和学科三全育人环境综合的评价。培养方案的设置，学生需要什么样的培育方案，需要学习哪些课程，学生是教育的需求方，学生最清楚其需要什么样的培育方式，至少培育方案的制定要考虑到教育需求方的因素，当然这也是我们以评促教的原因。如果培育方案学生都不喜欢，不是学生需要的，安排一些无关要紧，与本专业无关的课程，与社会脱节的课程，那肯定是做得不好。对于教育条件和教学环境，一个学校的一流学科有时候连学习上自习的地方都没有，寒冷的冬天没有暖气，炎热的夏天没有空调和风扇，没有提供热水的地方，没有提供相应的基础设施，这肯定是不好的。总之，学生作为教育的需求方，最知道其需要什么，知道学校、学院、学科以及教师等教育工作哪方面做得不足。

在教学的质量方面如何评价呢？对于教学质量，考虑到当前互联网技术比较成熟，通过智慧教学工具可以实现学生对每一节课进行打分。在实现学生打分的同时，我们建立相应的配套机制，避免老师通过分数操控学生的评价，同时在教师的职称评定中，增加学生评分的权重，促成教师讲好每一堂课。这样我们在后台可以看到，每一堂课学生对老师的评分，在学科评估中，直接调出学生对每堂课的评价，看看学生怎么评价教学质量的。为了实现横向的可比性，我们就增加专家对课堂视频的抽查。

二、增加专家对课堂的抽查评价

在专家考察出版教材质量、课程建设和教学质量、科研育人成效以及学生国际交流情况下，增加专家对课堂视频的抽查评价。这源于课堂是教育的主要阵地和渠道，教育的行为主要发生在课堂上，是传播知识和解决疑惑的主要场所。我们在课堂上向谁传播知识，传播什么知识，如何传播知识或者以什么方式传播知识，老师的师德师风怎么样，学生学习的效果如何，都会在课堂上有所反映。我们教育的四为方针是否贯彻到课堂中，我们的老师是否做好了四有好老师，我们的老师是否做到四个引路人和四个统一，都会或多或少在课堂上反映，所以课堂是三全育人最重要的场所，是实现立德树人，为国育人、为党育才的重要阵地，是映射教育问题的镜子，一看就能够看出问题在哪里。

教学成果奖虽然是一个重要的指标，但是一两个老师的教学成果奖很难反映出整体老师真实的教学效果。其一，整体老师的平均教学水平更代表这个单位教学的真实水平，而不是一两个老师的教学水平；其二，很多教学成果奖，很难真正识别出教学好的老师，因为教学成果奖的获得，依赖基层学院的推荐，而不是学生的推荐，学院推荐谁，有很多的因素考量，尤其青年教师、职称低的以及社会交往能力不强的很难获得相应的推荐；很多教材的编写和使用也多流于形式，一流教材的推荐更是从基层按照资历、帽子、职称以及职位等推荐，很多优秀的资历差、年轻人，虽然了解新时代学生最需要什么，想编写教材的人，通常不可能去编写教材，所以一流教材也很难识别出教学的效果，而一流教材的过度使用，导致各个学校的学科争先粗制滥造教材，让学生使用自己编的教材，更是影响教学效果和人才培养质量。有些课程体系流于形式，根本没开起来，挂羊头卖狗肉，社会学课上成经济学等。

如何实现对课堂的评价呢？互联网＋的迅速发展，使得很多教学过程得以展现，每学期这个学科的每一堂课，我们都可以加以录制，并加以保存。在学科评估中，此时我们只需要对这个学科任何一个年级，在课堂库中，随机抽取几堂课，我们不仅可以看他们课程体系是否完整，是否真正落实而不是流于形式，是否科学，是否符合人才培养的规律；同时我们还可以看其课堂的教学效果如何，这绝不是看看几本优秀教材和几个教学成果奖就可以判别的。这样可以深入对教学最内核的评估，看看其每堂课怎么上的，是否把思政进入课堂，课堂是否坚持教育的四为方针，老师是否是四有好老师，老师是否坚持四个统一和做好了四个引路人，这个均可以清晰地展现。

三、扩大用人单位的评价

在专家评价毕业生学生就业和职业发展的基础上，考虑到人才培养的毕业生模块中用人单位评价仅限于部分学科。其实，用人单位是教育效果、三全育人效果的最终评价人。高校人才培养得好不好，三全育人育得好不好，用人单位是高校人才的需求方，好不好，有没有成效，用人单位的话语更有可信度，在指标体系中应该占更大的权重，即扩大用人单位评价中指标的权重和扩大学科对用人单位评价的范围。基于此，我们可以考虑扩大学科中用人单位对教育质量的评价。

我们在评价中需要注意什么事项呢？首先，毕业生是否从事本专业就业，如果本专业学生不从事本专业以及相关的专业就业，要么说明市场上这个专业饱和了，市场不需要了，要么说明这个学生在这个专业没有掌握出色的技能，进而引致毕业生在这个专业就业工资和福利较低。总之，无论是哪种结果，都说明我们这个专业和学科培养是失败的，一是没有根据市场需求和社会需求及时调整专业；二是我们专业没有对学生培养出出色的专业技能，导致专业流失率高。

那用人单位主要评价毕业生哪方面能力呢？这包括员工的思想政治素质、专业技术能力、沟通能力、健康状况、抗压能力、组织能力等。思想政治素质可以通过是否了解和践行社会主义核心价值观，其涉及爱国、敬业、诚信、友善等，也涉及是否热爱劳动、喜欢劳动和以劳动为荣；专业技术能力，也即是员工的业务能力；结合身体健康、沟通能力、组织能力以及抗压能力综合回答了我们是否培养出一个为人民服务、为党治国理政服务、为巩固和发展中国特色社会主义制度服务、为改革开放和社会主义现代化建设服务的人，是否培养出一个德智体美劳全面发展的社会主义现代化建设的合格接班人。

我们如何实现对用人单位的调查呢？学校拥有毕业生初次就业单位的信息，毕业以后再次就业单位的信息却不容易获得。在这个大数据时代，通过互联网＋的手段，在技术上我们很容易掌握在任何一个时刻任何一个毕业生的就业状况。首先我们需要人社部门出台一个文件，规定每次就业时，用人单位都要求新入职员工出具毕业学校就业的推荐表和原单位的推荐表等，进而登记下来，通过互联网手段，很容易降低收集毕业生就业状态的成本，进而实现高校对其毕业生任何时刻就业状态的把握。

四、结语

学科评估不仅对于教育部，对于高校更是一项重要的评估。学科评估是高校发展水平的重要反映，也凸显了高校研究生教育的办学水准和人才培养质量，评估的结果关乎双一流学科的建设方向。学科的建设能否取得成效关乎学校的发展，也关乎高校能否培养出社会所需要的人才，关乎创新型国家的建设，关乎能否培养出优秀合格的社会主义建设的接班人和四有新人，同样关乎中华民族的伟大复兴。考虑到当前研究生学科建设中依然存在诸多问题，我们进行了若干的思考。

首先，学科水平是学校发展水平的重要反映，学科评估要强化人才培养质量的中心地位。考虑到课堂是立德树人的主要阵地，学生是教育最直接的需求方以及用人单位是教育成效的最终检验者，为实现以评促建，以评促升，办好人民满意的教育，在当前学科评估人才培养质量指标体系中，应增加专家对教学过程课堂视频的抽查，学生对教育效果的评价以及用人单位对人才培养成效的评价。最终通过学科评估和学科建设，培养德智体美劳全面发展的社会主义现代化建设的接班人，促成立德树人教育目标的实现。

参考文献

［1］周合兵，陈先哲．新时代学科评估价值导向与学科建设逻辑转向——基于 X 大学三个学科的案例研究［J］．教育发展研究，2021，41（07）：13 – 19.

［2］靳玉乐，胡建华，陈鹏，陈廷柱，陈亮．关于当前学科评估改革的多维思考［J］．高校教育管理，2020，14（05）：1 – 14.

［3］张旺，杜亚丽，丁薇．人才培养模式的现实反思与当代创新［J］．教育研究，2015，36（01）：28 – 34.

［4］张大良．提高人才培养质量　做实"三个融合"［J］．中国高教研究，2020（03）：1 – 3.

［5］高利，束洪春．理性回归：学科评估的归真转变［J］．研究生教育研究，2021，4（03）：62 – 67.

［6］卫建国．以改造课堂为突破口提高人才培养质量［J］．教育研究，2017，38（06）：125 – 131.

（作者单位：中南财经政法大学公共管理学院）

高校研究生导师培训体系优化研究[*]

李绪莹

摘　要： 研究生导师培训，是提升研究生导师队伍水平的重要途径，也是提高研究生培养质量的重要保障。但就目前而言，研究生导师培训工作中仍存在差异化培训需求难以满足、岗前培训为重、反馈和考核机制不完善等问题。通过厘清高校研究生导师培训现状，并结合导师管理工作实践，文章提出坚持服务需求、常态化培训和增强实效三项优化原则，从打造高质量培训师资团队和学习资源、多种形式平台共建共用、建立导师培训考核和效果反馈机制等方面优化研究生导师培训体系，切实提升导师业务素质和指导能力，提高研究生培养质量，从而推进研究生教育高质量发展。

关键词： 研究生导师　导师培训　研究生教育

研究生教育肩负着高层次人才培养和创新创造的重要使命。长期以来，我国研究生教育一直坚守提高质量这一基本发展思路，将质量视为研究生教育改革发展的生命线和检验研究生教育改革成效的试金石[1]。作为研究生培养的第一责任人，研究生导师在研究生思想政治教育、学术规范训练、创新能力培养等方面起到了不可替代的关键作用。高素质高水平的研究生导师队伍是影响研究生培养质量的重要因素。

2020 年 7 月，习近平总书记对研究生教育工作作出重要指示，强调要提升导师队伍水平。随后，教育部等部门相继出台了《关于加快新时代研究生教育改革发展的意见》《关于进一步严格规范学位与研究生教育质量管理的若干意见》《关于加强博士生导师岗位管理的若干意见》等系列文件，在明晰研究生导师岗位权责的同时，强调要

* 基金项目：中国学位与研究生教育学会资助项目"专业学位双导师互嵌式培养模式研究"（2020MSA79）。

完善导师培训制度、加强导师岗位培训。这在强调了导师培训工作重要意义的同时，也将建立起一个合理高效的导师培训体系提上重要的议事日程。学者们认为，研究生导师培训与导师自身价值的实现及发展、优化导师队伍建设、提高研究生培养质量、推进研究生教育事业健康发展进程密切相关[2][3]。从个体角度而言，研究生导师通过参与培训活动，快速了解研究生培养过程和关键环节，强化岗位意识和自我角色认知，明确导师岗位权责和研究生培养改革趋势，提高岗位胜任力和指导水平；而对于培养单位而言，通过个体指导能力和素质水平的整体提升，导师培训在加强导师队伍建设、提高研究生培养质量方面发挥着关键的作用。因此，构建一个合理高效的导师培训体系，是提升研究生导师队伍水平的重要途径，也是提高研究生培养质量的重要保障。

一、目前研究生导师培训体系存在的主要问题

导师培训是高校研究生导师管理工作的重点环节之一。目前，围绕研究生培养需求和导师管理工作实际，许多高校都建立起一套比较完备成熟的导师培训制度。培训大多采用主题讲座、研讨交流会、经验分享沙龙等形式，重点围绕师德师风、学术道德、导师岗位职责与指导能力、研究生教育规章制度与改革趋势等内容展开。虽然如此，研究生导师培训工作目前仍存在一些问题，影响了培训效果和导师队伍水平的整体提升，主要表现在以下三个方面：

（一）普适性培训为主，差异化培训需求难以满足

导师培训本来就存在"一对多"的困境，而导师个体之间的差异又增加了满足个性化需求的难度。目前大部分高校开展的导师培训活动，多以普适性培训为主，内容形式大同小异。不可否认的是，普适性的培训的确能够提升导师队伍的整体水平，但对于参训导师个体而言，培训效果并不相同，差距可能还会很大。

为数不多能够满足差异化培训需求的就是岗前培训和在岗培训。以是否有过指导经验作为差异特征，岗前培训和在岗培训之间的差异主要体现在培训内容上，岗前培训内容多侧重研究生导师岗位职责、国家学位与研究生教育政策解读、研究生培养规定和工作程序介绍等基础的培训内容。但研究生导师之间的差异特征绝不仅限于此，指导研究生的类型不同、指导过程中所面临的问题不同、导师个体的发展阶段不同、学科与教育背景不同等，都会影响导师个人对培训的实际需求。以指导研究生类型不同为例，博士研究生导师和硕士研究生导师、学术型研究生导师和专业型研究生导师，他们所指导研究生的培养目标、培养方式都有很大的差异，那他们对指导能力和业务

素质方面的培训需求就会产生差异；又如指导过程中所面临的问题不同，有的导师可能关注良好导学关系构建方面的问题，有的导师也许面临学生心理健康和情绪疏导方面的困惑，这时采用普适性培训模式，很难调动起参训导师的积极性和学习兴趣，只有部分导师有所收获，培训工作效果会大大减弱，后劲不足。

（二）岗前培训为重，中长期培训规划欠缺

从研究生导师岗位发展阶段来讲，研究生导师培训主要分为岗前培训和在岗培训。但是通过调研发现，目前许多高校开展的导师培训工作以新任导师的岗前培训为主，或者有一类培训活动是以新任导师强制参加、在岗导师自愿参加的要求开展。不少学者在相关研究中也指出，研究生导师培训存在"重岗前，轻在职"的现状[3]，导师的再培训工作不到位[4]。此类情况产生的原因，考虑多为在实际工作开展过程中，缺少对导师培训的中长期规划，同时也受培训的制度基础和组织保障、培训活动的组织规模和开展频率、研究生导师整体规模等多种因素的影响。

（三）反馈与考核机制欠缺，培训效果难以考量

培训的反馈与考核是强化培训效果、保障培训质量的有效方式。一方面，培训后的意见反馈，帮助管理部门评估导师对培训活动的满意度，了解导师对培训活动的意见和建议，进一步改进和优化培训工作，也有助于提高导师参训的主体意识和积极性，增强培训效果；另一方面，培训后的考核机制，能够反映导师是否在培训中有所收获，在培养指导工作中是否实际运用了在培训中所学到的知识、技能和态度。

而在现阶段，导师培训工作大多注重过程，停留于追求培训工作的圆满结束。能够对参加培训的研究生导师进行诸如提交研修总结、学习心得等形式考核的高校并不在多数，或有小部分高校将培训工作组织情况与导师考核结果、培养单位测评结果等挂钩，而在后续实际工作中针对比如指导方式、培养效果、工作满意度等方面进行考核的则更是少之又少。

二、高校研究生导师培训体系的优化原则

（一）以服务需求为出发点

研究生导师培训体系优化要坚持服务需求的原则。这里的需求，主要是指由于参训导师个体发展阶段不同、指导研究生类型不同等因素，导师自身对知识技能产生的

差异化需求。导师培训服务需求的内涵，就是在了解不同参训导师需求的基础上，将培训目标细分，通过分类、分层的培训活动满足导师个性化的培训需求。

（二）以常态化培训为着力点

2020 年 9 月，国务院学位委员会、教育部发布的《关于进一步严格规范学位与研究生教育质量管理的若干意见》文件，对完善导师培训制度，实行常态化培训提出了明确要求[5]。教育部《关于加强博士生导师岗位管理的若干意见》中也强调，要构建岗前培训、定期培训、日常学习交流相结合的培训制度[6]。对于导师个体而言，业务素质和指导能力的提升，也并不是通过短短几次培训就能实现的。只有依托常态化培训机制，定期或不定期地组织培训活动，创造更多的培训机会，在"培训 – 实践 – 培训"之间形成良性循环，才能有效助力导师队伍水平的逐步提升。

（三）以增强实效为落脚点

研究生导师培训，其目标在于增强导师的业务素质和指导能力，提升导师队伍水平，提高研究生培养质量。作为一项目标明确的工作，导师培训必须将提升培训效果作为工作落脚点，而不能流于形式走过场，在培训需求、培训策划、培训实施、培训评估等环节的研究和设计，都必须围绕增强培训实效展开。

三、高校研究生导师培训体系的优化方向

（一）"内智"与"外脑"并举，打造高质量的师资团队

依托"内智"，搭建校内导师学习交流资源库，满足导师常态化学习需要。积极拓展"校院领导干部带头 + 资深专家教授领航 + 优秀导师示范分享"的培训模式，组建校、院、导师组多层面、多角色、多身份的培训师资库。邀请校内培养经验丰富、育人成果显著、学术水平高的研究生导师或团队，录制系列课程视频，形成导师指导能力提升资源包，依托校内信息平台作展播分享，充分发挥先进典型的示范引领作用。随着课程资源的积累丰富，能够将课程内容按学科、按主题分类整理呈现，导师能够随时随地找到自己最感兴趣的学习内容，充分发挥校内资源库对导师常态化学习需求的支撑作用。针对新任导师培训，鼓励各导师组、各学院充分发挥优秀导师的"传帮带"作用，建立起"一对一"帮扶制度，实现精准培训。

借助"外脑"，拓展思路，开阔视野，凸显培训权威性。在搭建校内师资库与资源库的基础上，引进外部师资，聘请权威的教育管理专家和学术名家，以专题讲座为

主要形式，在短时间内集中为导师们带来丰富的经验分享与知识传授，凸显导师培训的权威性，为导师培训课程注入更多新鲜精彩的内容，提高导师的参训积极性与学习热情。

（二）"线上下＋校内外"平台共建共用，满足常态化分类培训需求

"校内＋线下"：搭建导师经验交流和研讨学习的优良平台。借力校内平台，实现导师队伍建设的"选育并重"，构建新任导师岗前培训、在岗导师定期培训、日常学习交流相结合的常态化培训模式。校级培训与院级论坛相辅相成，逐渐实现导师参训全覆盖。由校级研究生管理部门重点牵头，汇聚校内外导师能力提升资源，面向全校定期举办培训讲座和专题报告；同时，充分发挥各教学院系的专业优势，挖掘调动内部优质资源，关注导师个性化的培训需求，开展有针对性的培训活动，让导师们有更多的机会参与到培训活动中去。

"校外＋线上"：依托成熟完备、内容严谨的网络培训平台，定制导师培训课程。适应新形势下教育发展的需要，目前国内不少网络培训平台已经针对研究生导师培训开发了完备系统的课程项目。网络培训平台能够以满足学校培训需求和导师个人培训需求为目标，设计培训课程、组织培训教学，囊括必修课、选修课、直播课等多种教学方式，辅以小组讨论、研修总结、在线考试等多样化的学习任务。依托网络学习平台开展导师培训的主要优势有三点：一是补充了导师培训的课程内容和师资力量；二是满足分类培训需求，针对不同类型的研究生导师诸如博士生导师与硕士生导师、学术型研究生导师和专业型研究生导师，可以定制不同的课程内容和学习计划，同时导师可以在选修课中自主选择学习内容，满足个性化的培训需求；三是满足常态化的培训需求，网络培训不受参训人员规模、时间、空间的限制，是落实在岗导师定期培训的有益尝试。

（三）建立导师培训考核和效果反馈机制，保障培训效果的转化落实

1959 年，著名学者唐纳德·L. 柯克帕特里克提出了柯氏四级培训评估模式，这是目前应用最广泛的培训评估工具之一。柯氏四级培训评估模式主要包括反应评估、学习评估、行为评估和成果评估四个层面。

将柯氏四级培训评估模式与研究生导师培训工作相结合，可以将导师培训效果划分为四个层面：反应层面，评估导师对培训活动的满意度，主要采用问卷调研的方法；学习层面，考核研究生导师能否在培训中有所收获；行为层面，考察导师能否在实际的研究生培养指导工作，实践运用培训中学到的知识；成果层面，判断是否通过导师培训，真正提升导师队伍水平，提高了研究生的培养质量。

联系导师管理工作实际，考虑将导师培训考核和反馈机制的关注重点放在反应层

面、学习层面和行为层面中。在反应层面建立通畅的意见反馈机制，可以在培训结束后向导师发放问卷、组织调研访谈，征求广大导师意见，了解导师对培训内容、培训形式的满意度和需求，结合反馈结果改进后期培训活动；在学习层面，培训结束后组织心得体会交流环节、提交书面研修总结、开展知识测试等，以考促学，检验成效；在行为层面，依托信息管理平台建立导师培训档案，将导师培训与个人考核结果、优秀导师评选等挂钩，引入研究生满意度评价等数据进行长期跟踪分析，同时管理部门对全校培训工作的实施情况进行监督检查，结果纳入培养单位年度考核。通过多项举措，在校内营造"以考促学，以学促思，学思践悟，踊跃参训"的浓厚学习氛围，引导研究生导师增强学习观念，提高业务素质和指导能力，为学校研究生教育高质量发展奠定坚实的人才基础，将最终培训效果转化落实于成果层面之中，推进导师队伍水平提升。

参考文献

［1］梁传杰. 深刻领会发展思路内涵 引领研究生教育高质量发展［J］. 学位与研究生教育，2020（11）：7 – 11.

［2］申超，杨兆豪. 英美顶尖大学如何设计导师培训？——基于罗素与常春藤盟校等顶尖大学的制度考察［J］. 研究生教育研究，2021（04）：91 – 97.

［3］凌云志. 高校研究生导师培训常态化机制的建构［J］. 福州大学学报（哲学社会科学版），2016，30（04）：104 – 107.

［4］王思豫，陈晶，张爱婷，樊天相，黄进. 地方高校研究生导师队伍建设探析——以成都大学为例［J］. 西部素质教育，2019，5（02）：95 – 96.

［5］国务院学位委员会 教育部关于进一步严格规范学位与研究生教育质量管理的若干意见：学位［2020］19 号［A/OL］.（2020 – 09 – 28）［2022 – 08 – 28］. http：//www. moe. gov. cn/srcsite/A22/moe_826/202009/t20200928_492182. html.

［6］教育部关于加强博士生导师岗位管理的若干意见：教研［2020］11 号［A/OL］.（2020 – 09 – 29）［2022 – 08 – 28］. http：//www. moe. gov. cn/srcsite/A22/s7065/202009/t20200927_491838. html.

［7］教育部、国家发展改革委、财政部发布关于加快新时代研究生教育改革发展的意见：教研［2020］9 号［A/OL］.（2020 – 09 – 21）［2022 – 08 – 28］. http：//www. moe. gov. cn/srcsite/A22/s7065/202009/t20200921_489271. html.

［8］包水梅，杨玲. 我国研究生导师专业发展的素质标准探析——基于高校研究生导师任职标准和岗位职责的政策文本分析［J］. 现代教育管理，2020（02）：85 – 93.

［9］齐晓颖，刘海峰. "双一流"高校建设中研究生导师队伍优化路径探究［J］. 高教学刊，2018（23）：150 – 153.

［10］李建军. 硕士研究生导师培训需求调查分析［J］. 黑龙江高教研究，2014（06）：87 – 89.

［11］王建梁，魏体丽，覃丽君. 我国研究生导师培训制度研究［J］. 学位与研究生教育，2012

(08)：23 – 25.

[12] 施亚玲，向兴华，李若英，肖远亮．全日制硕士专业学位研究生导师队伍建设现状调查分析 [J]．学位与研究生教育，2011（12）：24 – 29.

[13] 李玲萍，罗英姿．基于胜任力结构的研究生导师培训方式设计 [J]．中国农业教育，2011（02）：30 – 33.

（作者单位：中南财经政法大学研究生院、党委研究生工作部）

共同体视角下我国研究生和谐"导学关系"的审视与构建[*]

王秀景

摘　要： "导学关系"是高校研究生教育结构中最基本的人际关系，是大学生人际交往的核心，影响着导师的育人效果和研究生自身的成长与发展。导学共同体强调导师与研究生协同育人、资源共享、互助共赢。共同体视角下，和谐导学关系表现为求同存异的价值观念、自由平等的沟通文化以及教学相长的团队模式，构建和谐导学关系要以生为本，以导为基，促进良性导学互动。强化共同价值、重视沟通机制、明确导学责任、完善激励机制是以共同体理念建构和谐导学关系的主要策略。

关键词： 共同体　和谐　导学关系　导学互动

在我国现有导师制模式下，导师是研究生培养的第一责任人。研究生表现的差异性除了取决于个人特质，还与导师的指导方式有很大关系。导学关系是以教学关系为基础，在教育教学活动中形成的包含情感关系、管理关系、伦理关系的一种综合性的人际关系[1]。受大学生功利性思维影响，以及新时代研究生与导师在价值观和社会认知等方面的差异，师生关系越发紧张，精神压力较大，有时候甚至会出现一些危害生命健康的行为，和谐导学关系的构建迫在眉睫。"共同体是一种持久的和真正的共同生活"，这一概念最早由德国社会学家滕尼斯（Tonnies）提出。共同体是马克思在论述人类社会发展时使用的基础性概念。在马克思看来，人的本质是社会关系的总和，同时也强调"人的本质是人的真正的共同体"。教育的主体是人，教育共同体是集价值共同体、命运共同体和行动共同体于一身的，是众多教育主体围绕共同秉持的教育目

＊　基金项目：2022 年度教育部人文社会科学研究项目（22JDSZ3143）；中南财经政法大学 2022 年度研究生教学教改项目、研究生拔尖人才培养项目（XYZX202206）；中南财经政法大学 2023 年中央高校基本科研业务费项目（2722023DS011）阶段性研究成果。

标基于共同参与的教育活动形成的有机关系群体[2]。从广泛意义上讲，导学关系的形成是师生双方主体通过多种形式的行为互动实现的，导学关系的建构可以视为一种由导师与研究生共同参与的互动仪式[3]。本文结合"共同体"理论，探讨共同体视角下和谐"导学关系"的内涵特征、构建原则，最后基于工作经验提出和谐导学关系的实现路径。

一、文献综述

育人，是教育的核心使命。成长环境、社会阅历、学术积淀不同，师生往往容易产生价值认同、科研理念的差异，这也为师生双方教学相长，相互促进提供了可能[4]。除了专业理论知识，导师也将自己从事科学研究的经验总结、技能心得传授给学生，学生能够更快更好地适应学业和实践需求，满足社会需要，进而融入价值生产和创造活动，产生经济效应[5]。除此之外，研究生在与导师沟通、交流的过程中，也会在长期的磨合中形成默认的共识，包括共同认可的规范与标准、非正式的学术惯例与行为准则，进而实现研究生的自主运行与管理[6]。

（一）导学关系的本质是教育关系

导学关系的本质是"教育关系"，导学关系在师生主体的主观能动性影响下形成，是逐步建立、不断发展变化的，师生双方都应为其承担相应的责任[7]。心理学家修兹（Schuts）认为每一个个体在人际互动过程中，都有三种基本的需要，即包容需要、支配需要和情感需要[8]。埃里克森（Erikson）提出个体必须成功地通过一系列不同社会心理发展阶段才能成长。凯西·科尔姆（Kathy Kram）基于对处于不同发展阶段的指导关系进行的基础研究发现，所有研究对象的发展大体都经历了初始阶段、培养阶段、分离阶段以及再定义四个阶段[9]。导生互动关系根据互动中心的不同可以分为"以研究生发展需要为中心"和"以研究任务需要为中心"，根据互动中的情感联系则可以分为"正向情感联系"和"负向情感联系"[10]。在研究生和导师交往中，研究生个人学术发展期望和导师言传身教与模范作用是促进研究生学术能力发展的动力系统[11]。研究生个体通过与他人的互动而发展，并且互动的直接或间接的环境都会影响这种发展，作为第一责任人的导师需要从多维度观察学生的发展，并根据互动环境和发展阶段给予不同的建议与支持[12]。

（二）"好导师"是构建良好导学关系的重要前提

以"导学关系"为核心研究对象，从导师和研究生主体出发探究"如何构建良好的导学关系"，发现良好导学关系的形成同时受到师生个体特质和研究生成长环境因素等多重影响[13]。导学关系情况、互动有效性程度与导师学术理念、指导方式，以及师生的价值取向、学科特点、情感因素等都存在较高的相关性。如何构建良好导学关系受到广大学者的关注，构建良好导学关系首先需要明确什么样的导学关系是好的，为什么要构建良好导师关系，而良好的导学关系在实践中又是以怎样的状态存在。有学者根据导师与研究生的相处模式将导学关系形态划分为剥削紧张型、疏离松散型、雇佣关系型、传统师徒型、良师益友型五种类型，并认为"良师益友型"是最理想的导学关系[13]。学术水平不能作为导师评判的唯一标准，但现实表明好的学者很大程度上也往往是好的导师[14]，说明学术水平高仍是好导师的重要标准之一。"好导师"根据其在学生培养中的作用主要可以分为三种角色类型，作为"启迪者"的学术育人型，作为"服务者"的实践育人型以及作为"关爱者"的情感育人型[15]。这些研究表明"好导师"是构建良好导学关系的核心，在加强研究生导师考核中要加强师德师风建设，要注意导师的角色类型与师德特征的契合，并在实践中正向作用于学生培养。

（三）利益关系是导学关系的矛盾之源

利益关系是导学关系中最容易发生矛盾的地方。导师给学生分配过重的学习任务，或者未经商量就安排学业外的工作，都会给学生带来心理上的不平等感，降低导学关系满意度[16]。导学关系同时具备伦理性与经济性两种属性，因二者的价值取向与内在动机不同，使导学间可能产生冲突[17]，造成师生关系困扰的原因可以总结为导师主导类、学生主导类、复合原因类三种类型[18]。研究生以"研"为主，结合马克思的异化劳动理论进行思考，发现研究生科研实践中与导师关系异化的生成始于最初的研究生与科研成果的异化[19]。研究生与导师关系最突出的问题表现为沟通交流渠道不畅、导师指导不足、师生权利不平等以及管理制度不完善[20]，提升研究生教育水平的关键是要把握好充分培养与过度使用、有力影响与过度控制、师生有情与师生有别三个方面的区别。

目前，学界对"导学关系"的研究主要集中在导学关系的概念界定、过程建构、影响因素和异化机理等方面。导师与学生作为一个对话的、情感的、发展的共同体，"导学关系"是否和谐对师生相处过程的融洽度、舒适度，学生的成长、导师的发展都会产生影响。但现有研究生中，少有学者将导师与学生视为"共同体"，对导生之间如何和谐相处进行研究。本文基于共同体视角，将导学关系视为在学术性与非学术性互动下共同建立起来的一种教育关系、经济关系、心理关系、合作关系与情感关系，就如何构建和谐的导学关系展开研究。

二、共同体视角下和谐"导学关系"的内涵

导学关系是由导师和学生共同组成的"教育共同体"关系，是研究生培养过程中的基础性存在。导学"共同体"追求教育目标的同向同行，强调知识的师生共享[21]。共同体视角下的"导学关系"，确切地说，是一种教育理想，其实质是要把教师和学生从一种"被动式"接收的应付心态转向"主动式"满足的内在需要。共同体理念下的和谐"导学关系"，师生拥有统一的团队价值观、能够自由地沟通交流、师生之间民主平等、教学相长、和谐共生[21]。

（一）求同存异的价值观念

导师组会是研究生教育活动的重要环节，能促进师生之间，生生之间的沟通交流，既有利于师生之间分享专业知识和科研技能，也能对研究生的学习进度起到一定的督促效果，帮助研究生精准自我定位，尽早形成研究计划和职业规划。同门之间一起协作参与导师的课题和科研，能够提高学生的沟通交流能力和时间管理能力，促进学术研究活动健康、持续发展。但在实际中，一些导师因为社会兼职多、学术水平不高或者年龄问题，减少甚至取消了导师组会，只在每学期开学和论文开题答辩时，与学生见面，师生无法建立强有力的联系。在研究生培养中，不同程度的学术机会主义也会影响导师与学生之间的关系，少数导师以完成个人科研项目和职称晋升为目的，压榨学生，容易引发各种学术不端行为，学生也很难脚踏实地做真学问。一些学生在选择导师前，对导师的指导风格并不清楚，入门之后才发现个人需求与导师的指导风格不相匹配，一些自主能力差的学生面对放养式导师，开始放任自流，更有甚者，完成基本学业也成了难题。

马克思的"共同体"思想认为，个人属于自然的共同体，现实中的个人只有存在于特定的整体中时，才能获得个人的自由与发展。价值观是人辨别是非的一种思维或取向，它直接影响一个人的理想、信念、目标和追求，建立共同体就要建立统一的价值观。统一是不同层次需要的同向性，统一并不是完全扼杀个体的能动性，而是在承认各自特性的基础上，达成相处机制上的动态演变。统一价值观的导学共同体中团队每个成员都能够秉持团队价值观优先于个人价值观，在个人目标追求与团队理念产生偏差时，自发进行调整，在达成团队目标的同时，实现自我发展。在研究生培养中体现为，通过互动交往，导师完成指导学生的基本教学任务，指导学生完成论文，获得教育的成就感，研究生习得科研技能，获得实践技能，完成学历提升，与此同时接受导师和师门优良传统的熏陶，受益终身。

（二）自由平等的沟通文化

师生之间地位的不平等性以及和谐关系的缺失是引起师生矛盾的重要原因，构建和谐平等的师生关系对于消除研究生与导师在科研中的摩擦具有重要意义[19]。建立和谐导学关系的目的在于优化研究生培养，而不是单纯地完成课程学习或者科研任务。共同体视角下，导师学关系重要特征是师生平等，导师和研究生之间不以课程成绩和科研水平高低论尊卑，师生之间通过平等的沟通，根据团队共同认可的价值观来做决策评判。构建和谐导学关系还要帮助研究生树立大局意识，培养研究生乐观积极的心态，避免因师生间的防御心理，造成研究生对导师的抵触情绪，切实保障育人目标实现。从学生的角度出发，与导师相处最重要的就是与导师进行有效沟通，提高互动频率，建立良好关系，高效解决科研学习和日常生活中的问题，避免沟通不畅引起的误会和矛盾冲突。

"双一流"建设背景下加强创新人才培养，这要求以知识协同创新牵引育人的协同创新，实现多元互动，进而构建以"导学共同体"为核心的学术研究形态和师生关系形态。师门组会是研究生课堂外教育活动的重要组成，导师组会的开展有助师门同学主动和被动地更新专业知识和科研技能，也在组会展示中潜移默化地提升自身学术素养和协作能力，促进学术研究的持续性发展[3]。导师与研究生之间的沟通既包含正式沟通也包含非正式沟通，导师向学生传授知识，其中显性知识多于正式渠道进行传递，隐性知识则多以非正式渠道传递来实现。研究生师门强调情感逻辑和人际互动，具有非正式约束机制，导生互动中应当有意识地引导研究生增长学识，形成友好的师门氛围，强化师生之间非正式互动与情感联结，承担起对学生情感发育、价值塑造、人格发展的责任[22]。师生之间非正式的互动活动是师生作为非正式组织成员之间交流情感、维系亲密关系的手段和方式，而这种互动行为也是非正式组织运行的内在驱动力。师生共同体的培育是循序渐进的，共同体关系下，导师将与研究生的情感交流、人文关怀作为出发点，有教无类，尊重研究生的性格差异和情感诉求，积极创造平等自由温暖的团队文化氛围。

（三）教学相长的团队模式

"导学共同体"理念中的师生，无论是在政治上还是人格上的关系都是平等的。研究生不仅是教育的对象和客体，更是自我教育的主体，能够对导师的指导方式及制定的培养目标和发展规划提出自己的意见和要求。导师在与学生的交往中，共同探讨真理，导师的投入程度影响着研究生对师门团队的归属感、荣誉感和幸福感。研究生教学以知识传授、学术探究为基础，共同体视角下视师生关系为知识生产和人才培养过程中的协作关系。所谓"弟子不必不如师，师不必贤于弟子"，倡导的就是教与学的交往互动中，师生个体都拥有自己的特长与优势，师门中的每个成员对自己发展路径、对其他成员的发展需求、对整个团队共同的发展目标清晰，相互启发，共同促进。也就是说共同体关系中，每个个体的角色和责任清楚，共同为着整体的目标和愿景努力，导师和研究生一起推动着新型导学关系的重构。

研究生与导师形成相对一致的焦点，才能进行有效的互动。在导师组会中，一些参与感低的学生，容易在师门学习中成为学习的"局外人"，群体积极学习氛围被失落情绪代替，与同门之间无法产生共鸣，导师组会的效果也会不佳。当导师与学生之间构成"共同体"意识，导师与研究生之间相互程度高，"契约精神"高，研究生对个人教育目标的达成具有信心，压迫感低，幸福指数高，形成"教学相长"共生模式。在研究生培养过程中，也应该注意发挥朋辈的引领作用以及师生典型的示范作用，建立畅通的沟通机制，了解研究生的学习动态，在春风化雨中育德育人，在润物无声中成长成才。师门中的每个成员都应该通过积极的有建设性的互动，互补协调，共同推动团队的发展实现团队愿景。

三、共同体视角下和谐"导学关系"的构建原则

导学共同体理念下导师和研究生不是指导与被指导的独立个体，而是相互依存、共同发展的。在这种关系形态中，导师与研究生在共同道德遵循和价值追求的基础上，以知识传创和全面育人为目的，在共同体验的"教育场域"中，通过交流、参与、合作，实现自我价值和共同发展的教育过程，主要体现为一种平等性、交互性、共生性的师生关系。构建共同体视角下的和谐"导学关系"，要坚持以生为本，抓好导师的引导性作用，促使师生之间良性互动。

（一）和谐导学关系的核心：以生为本

"德育"与"智育"是高校育人的两翼，新时代中国特色社会主义大学不仅具有"知识共同体"的属性，同时兼具"德育共同体"的属性[23]。师生共同体中，传统师生关系中的二元对立被淡化，师生关系异化能有效规避，导师和研究生在相互尊重的基础上通过有效互动共同成长[24]。"教育场域"是一种形成于特定行为主体及其活动实践的教育关系类型，关系中的人可以据此获得人才成熟与完善。研究生教育中，导师与学生的科研探讨、日常交流都属于"教育场域"。导师与研究生在"教育场域"中进行导学互动，帮助学生成长成才，塑造正确的价值观，导学关系本身也构成"教育场域"的一种要素。导师在研究生教育中既导之以学，更导之以道，培育研究生的家国情怀和崇高理想，打造精深的专业造诣，形成严谨的治学态度，实现全方位、全

过程育人。

导师是研究生培养的第一责任人，既包含科研学术，又涵盖思想政治教育，价值观塑造，是落实高校立德树人根本任务的重要抓手。在研究生培养中，将课程思政、学科思政、环境思政融入教师思政与学生思政，有利于更好地发挥导学思政作用。导师同时面临着职称评定、科研考核的压力，使得导师主动或被动地会将精力偏向于学术性互动上，对非学术性互动不甚重视。"共同体"理念下，导师和学生双方以丰富的情境活动为载体增加互动频率，拓宽交往途径，从认识层面和实践层面双向改善师生关系，变教为导，以导促学，学思结合，导学互动。树立正确的交往理念是实现有效导学互动的认知前提，导师引导研究生形成合理的自我预期，客观准确的发展定位，研究生也要主动思考，定期向导师汇报学习进度、研究困惑和思想动态，既减少拖延症引起的学习焦虑，又提高与导师的沟通效率。

（二）和谐导学关系的重点：以导为基

导学共同体形态下，师生拥有共同的培养目标、情感依赖、归属感和认同感，师生在交往过程中，彼此促进，缔结联合[8]。和谐导学关系以促进学生自我发展为目标，坚持构建共生、共赢的师生伙伴关系，倡导"义利并举、以生为先、互利共赢"的文化理念。师生关系从缔结之日起便不可能离开对方而孤立存在，师生存在的价值通过对方的发展实现，师生和谐关系是师生共同体的重要标志。共同体关系下，群体成员通过多种媒介或场域相互作用，以多主体实现互动合作。在这一关系体系下，导师对研究生的影响不再是单向输出的，研究生思维活跃，发散性强，其多元化的价值观念也影响、丰富着导师的精神世界，师生在日常学术性或者非学术性的交往互动中所贯穿的情感交流与精神内涵成为师生双方深度互动的纽带，并进一步形成稳固、持久的师门组织文化与共同的价值观念。

社会文化生态趋于功利化，以追求实用价值为目的的功利主义逐渐渗透到社会生活的各个领域，高等学校也不可避免地受到影响，"双一流"高校建设、学位点评估等，高校不得不以考核指标为导向建设高校校园文化，反映到导学关系中，就是过度强调教育的工具性，忽略了育人的使命和宗旨。科研活动周期长、不确定性高，学生和导师都会面临较大压力，导师为学生提供支持，可以让学生获得情感上的认同感，减少学生个体的后顾之忧，调动师生双方的能动性和创造性，帮助学生向新的研究方向探索。研究生师门作为非正式组织，以正式社会控制来规范和调整组织成员的个体行为，使得研究生在行为、态度、价值观等方面保持高度的一致性[22]。导师对学生的学业培养、论文科研以及社会实习都具有一定的约束性，尤其在研究生论文发表、毕业答辩上拥有非常大的影响力和决定权。因此，研究生与导师一定要建立价值共享机制，导师明确自己在学生培养中的责任和引领作用，保障学生利益，学生尊重导师的付出，遵守学术规范，信守承诺，导师和学生在言传身教中，形成默认一致的价值规范。

（三）和谐导学关系的关键：导学互动

导师与研究生互动不仅有学术层面的学业指导、合作研究，也有非学术层面的道德养成、价值培育。从"好老师"到"大先生"，导师不仅是知识的传授者，更应该是学生道德和人才的引路者，既是学术之师，也是德行之师。教书育人的过程实质是共同体成员相互交流、相互启发、相互成就的过程，在这些过程中师生进行学术探索，完成知识体系更新，提升学术能力，从而实现共享、共赢，促成教学相长，共同实现社会价值。研究生培养过程与本科生很大一个区别在于"研"，学术传承和知识创新是导师与研究生交往互动的主线。在研究生教育教学改革持续，"双一流"建设加快背景下，研究生群体已经成为知识创新的主力军，研究生与导师聚集在相近的专业领域和研究方向，秉持共同的价值准则，一起实现研究的目标。研究生与导师既是学业上的师生关系，也是情感上的伙伴关系，在交往互动中实现优势互补、协同创新。研究生显现出"学生"和"学者"的双重特征，不少研究生，特别是博士研究生，在师门研究团队中发挥起越来越重要的作用。

学业是学生的首要任务，也是研究生教育阶段的重中之重，学业方面与导师的有效交往影响导师与学生关系的整体情况，研究生作为独立且日渐成熟的个体，心理和生活方面的变化也会直接影响研究生个体与导师的亲密关系。师门组会是由导师定期组织开展的师生共同参与的一种团队性质的学术交流活动。乐于协作、好学向上的师门，往往更能推陈出新，将创新精神融入研究生指导中。非学术性导学互动能够弱化导师的权威命令感知，有助于在团队内部凝聚共识，给予师生间更多了解与协作的机会，使二者相互促进，相得益彰，激发导师团队的合作潜力。非学术性互动活动是师生之间交流情感，维系关系的有效方式，这种互动也为师生间的学术性互动提供了内在驱动力。在师门中，除了例行的导师组会和师门学习活动，师生之间、生生之间私下的交流互动也应是极为频繁的，甚至是更为频繁的。科研工作的不确定性，给导师和学生都带来无形的压力，尤其是当科研陷入失败或迷茫时，师生之间更需要交流互动，分散压力，获得精神动力。

四、共同体视角下和谐"导学关系"发展方向

为进一步加强研究生导师队伍建设，规范研究生导师行为，教育部在 2020 年 10 月发布《教育部关于印发〈研究生导师指导行为准则〉的通知》（以下简称《通

知》)。《通知》的出台进一步明确了导师职责，导师肩负着为国家培养高层次创新人才的重要使命。研究生培养水平的高低是高校"双一流"建设的重要影响因素和衡量指标，师生关系好坏对研究生发展的影响力不可小觑，构建共同体视角下和谐师生关系是研究生发展的核心要素。本文试图根据共同体理念建构出研究生教育中和谐导学关系模式（见图1），并提出一些具体的建构策略。

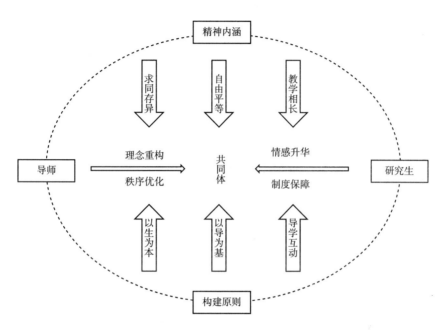

图1　共同体视角下和谐"导学关系"构建路径

1. 理念重构：强化共同价值，聚集学生个体发展。导师指导研究生制订个人培养计划，完成课程要求、参与课题研究、撰写学术论文，无论是硕士生导师，还是博士生导师，在他们以导师身份与学生互动中，都会对学生产生重要影响，互动交往中指导研究生如何为学、如何为人，构建共同的价值观，获得归属感和认同感。和谐导学关系的建立，始于追求真理、崇尚科学的初心，合于共同的学术理想和研究志趣。因此，共同的学术价值追求是和谐导学关系建立的核心要素与基石。和谐校园文化为师生交流提供了温馨的学习环境，同时为师生交往提供了更为广阔的空间，使得师生之间的关系由弱到强。共同体视角下师门组织更加注重信息的交流、资源的共享、情感的碰撞，导师在进行科研信息传递时，要有意识增加双方交流机会，形成有益师生共同发展的师门组织文化。队伍建设与师生关系维护是导学关系形成的重要基础，也是导学关系良性发展的重要保障。和谐导学关系建设有利于提高学生专业能力，帮助学生适应整体学习环境。教育是师生共同探寻真理的过程，导师要注重研究生的真实想法，凸显学生作为受教育主体的参与感和获得感，帮助研究生认清自己。共同体状态下，有助于加强彼此理解与感受，也有助于在共同努力中达成共识，促使师生平等对话，共同探讨真理，逐步学生管理的科学化、人性化，进而形成良好和谐的导学关系。

2. 情感升华：重视沟通机制，促进师生情感共融。导学共同体，以"导"与"学"双向有效互动为前提，师生之间的共同状态既包含学术共同体，也包含道德共同体。导师与研究生之间，显性易于操作的知识多以正式渠道传递；隐性难以定量的知识多通过非正式渠道来熏染。情感平等是情感交融的前提，研究生培养中，导师与研究生的平等除了表现为沟通形式的平等，还体现在导师主动赋权，在情感上给予研究生更多的支持。对于那些不善沟通，情感权力匮乏的研究生要多通过情感赋权来激发他们的情感能量与热情。研究生的课程相对较少，大部分时间都是自主学习，需要更加主动与导师取得联系，带着问题和想法去找导师，导师的指导才能更具针对性。课堂外，主动构建多层次沟通平台，积极拓展第二课堂，鼓励导学团队建立多形式交流机制，既包含面对面的交流，也包含线上的师门讨论会等，让师生在相对轻松的环境中将课堂所学拓展和延伸，为师生和谐相处奠定基础。不论何时何地，何种形式的师生交流，都要充分激发学生的学习主动性。同时又要给学生留有一定空间，以免适得其反，导师对学生的教育是管理也是艺术，是对导师教学智慧的考验。

3. 秩序优化：明确导学责任，涵养学生高尚情怀。导学共同体的基础是导学双方权责的平衡，高校加强政策治理和制度保障，调适导学双方权责的平衡性，推动导学关系向尊师爱生、教学相长发展。研究生是师生和谐关系的能动性主体，研究生提高学习积极性，主动与导师沟通交流，参与到导师的课题和科研活动中，有利于师生和谐关系形成。导师责任制并不意味着导师管理学生要一味服从，共同体视角下，师生双方都要保持权威性与平等性之间的平衡，兼顾导师的权威性和研究生的主观能动性。学校首先要为研究生配齐配全配好导师，在研究生数量剧增的现状下，要加大导师引进力度，并积极为研究生创造有益交流的环境。研究生不仅要有扎实的专业知识、学术能力，还要有一定的实践能力，走出课堂，走出校园，参加社会实习实践，充实自己的研究生生涯。课堂是学术思想交流、思维碰撞的重要平台，可以要求导师进课堂，承担研究生学位课程的教学，为师生增加互动交流平台，有意识地为每位研究生提供发言和展示机会，关注学生的研究兴趣，把研究生作为一个能动性、创新型群体，有意识将研究生学习过程赋予创新力，致力于把研究生培养成发现者、探究者、创造者。

4. 制度保障：完善激励机制，助推导学关系良性发展。健全导学团队评价激励机制，促进导学团队育人、师生共同发展。学校首先要规范导师的遴选过程，做好导师培训与考核工作，打造一支政治素质硬、业务能力强的导师团队，做好教学与科研考核，教学能力与育人水平"两手抓"。把导师建设作为学科建设的重要内容，把导师培训工作制度化，针对不同阶段的导师开展不同模式的提升培训，了解研究生不同阶段的需求，导师才能更有效地与研究生互动、沟通。对于导师考核要更加全面综合，不能局限于科研成果、发表论文、申请课题，教学水平、研究生培养质量也应该纳入考核范围。许多学生在入学前对导师的了解仅限于网站介绍，对导师本人特点和研究方向不甚了解，进入学习阶段之后才发现个人学习规划与导师研究方向大相径庭。申请 – 考核制、硕博连读、直博生招生制度，为学生和导师的深度交流提供了更多机会，一些学生从本科阶段就开始跟随导师学习。高校也可以推行先上课，经过一段时间的学习交流，加深对导师了解之后再开展导师双选工作，师生双方根据自身供需来相互选择，实现师生关系的优化。同时，学校、学院、导师组从规则制定上尊重维护研究生的平等地位，维护研究生的合理需求和合法权益，进一步激发研究生的自主学习和科研创新动力。

参考文献

［1］茹宗志，刘晓敏．当代导师与研究生关系异化的内在机理与重建思路［J］．教学研究，2022，45（01）：29 – 35，86.

［2］陆风，崔华华，王一宁．教育共同体构建：大学治理能力现代化的提升逻辑与路径［J］．北京航空航天大学学报（社会科学版），2021（04）：148 – 154.

［3］麻超，曲美艳，王瑞．互动仪式链理论视角下高校研究生导学关系的审视与构建［J］．研究生教育，2021（06）：29 – 34.

［4］李玲玲，许洋，黄建业．导师 – 研究生对话共同体的本质逻辑与生成机理［J］．江苏高教，2021（06）：78 – 85.

［5］陈恒敏．"老师"亦或"老板"：论导师研究生关系的经济性［J］．学位与研究生教育，2018（04）：73 – 77.

［6］李剑鸣．自律的学术共同体与合理的学术评价［J］．清华大学学报（哲学社会科学版），2014（04）：73 – 78.

［7］孙钦娟．基于自我发展理论的研究生创新能力培养研究［D］．北京：北京工业大学，2013.

［8］彭贤，李海青．人际关系心理学（第2版）［M］．北京：清华大学出版社，2013：17 – 19.

［9］Kram，K. E. Phases of the Mentor Relationship［J］．Academy of Management Journal，1983，26（04）：608 – 625.

［10］熊慧，杨钊．基于自我主导理论的导生互动关系研究：质性分析视角［J］．学位与研究生教育，2020（09）：60 – 69.

［11］罗建国，谢芷薇，莫丽荣．导生交往模式与研究生学术能力发展——基于扎根理论的质性分析［J］．学位与研究生教育，2021（03）：15 – 20.

［12］李玲玲，许洋，黄建业．导师 – 研究生对话共同体的本质逻辑与生成机理［J］．江苏高教，2021（06）：78 – 85.

［13］宋成．研究生教育中的导学关系：影响因素与对策构建［J］．学位与研究生教育，2021（03）：9 – 14.

[14] 闵韡，李永刚．"好学者"是否是"好导师"？——导师学术身份对理工科研究生指导效果的影响 [J]．学位与研究生教育，2018（08）：25 - 32.

[15] 肖龙．"好导师"的角色类型与师德特征——基于江苏省"十佳导师"候选人事迹的文本分析 [J]．学位与研究生教育，2019（04）：21 - 26.

[16] 肖香龙．研究生人才培养中导学关系满意度分析及提升研究 [J]．中国高教研究，2020（10）：76 - 81.

[17] 陈恒敏．导师、研究生关系的内在属性冲突及其超越——兼论一元主义雇佣关系的建构 [J]．江苏高教，2018（01）：69 - 72.

[18] 梁社红等．导学关系困扰类型分析及对策研究 [J]．学位与研究生教育，2018（05）：50 - 54.

[19] 李全喜．从导学逻辑到利益逻辑：研究生科研中师生关系异化的生成机理及本质变迁 [J]．学位与研究生教育，2016（12）：64 - 68.

[20] 黄明福，张景瑞．新常态下研究生与导师关系研究 [J]．中国学位与研究生教育学会2016 年会员代表大会，2016.

[21] 胡洪武．师生发展共同体：破解研究生导学矛盾新路径 [J]．研究生教育研究，2021（04）：48 - 52.

[22] 林杰，晁亚群．师门对研究生发展的影响——基于非正式组织理论的质性研究 [J]．研究生教育研究，2019（10）：1 - 8.

[23] 张荣祥，马君雅．导学共同体：构建研究生导学关系的新思路 [J]．学位与研究生教育，2020（09）：32 - 36.

[24] 构建新型导学关系 提升研究生培养质量 [N]．光明日报，2020 - 06 - 16.

（作者单位：中南财经政法大学金融学院）

基于 A 学院 73 篇研究生学位论文盲审结果的分析与思考

张申鹏

摘　要： 研究生学位论文是衡量研究生教育培养质量的重要标准之一，加强学位论文管理就是把好研究生培养质量"出口关"，也是有效提高培养质量的重要举措。本文以中南财经政法大学 A 学院 2017～2021 年 73 份研究生"不及格"（盲审评分低于 60 分为不合格）学位论文的盲评意见为实证依据，通过分析盲审"不及格"学位论文的主要特点，为研究生和各研究生培养单位提高学位论文质量和研究生教育培养质量提供参考。

关键词： 研究生　学位论文　盲审　学位论文质量

近几十年来，我国研究生教育招生规模不断扩大[1]。据统计数据显示，2021 年研究生招生 117.65 万人，比上年增加 7.00 万人，增长 6.32%。其中，博士生 12.58 万人；硕士生 105.07 万人[2]。而伴随着研究生数量的增长，随之而来的是关于研究生培养和教育的质量问题。2020 年 7 月召开的全国研究生教育会议提出要"严格质量管理、校风学风，引导研究生教育高质量发展"[3]，2021 年中国高等教育学会高等教育管理分会学术年会就以"建设高质量教育体系：精准施策与治理创新"为主题开展过学术研讨。习近平总书记在党的二十大报告中也指出要加快建设高质量教育体系[4]，足见研究生教育质量的重要意义。在研究生教育质量这个大命题下，体系建设是确保人才培养质量的核心与关键，那么建立健全学位与研究生教育质量保证与监督体系，是提质增效的重要基点之一[5]。其中，一个既关乎学术的权威公正，又涉及研究生及其导师学术生命的研究生学位论文是对研究生培养过程的总结和检验，也是研究生学位授予的依据和研究生培养质量的重要衡量标准[6]。那么公平客观地对学位论文进行审查就显得十分重要且必要[7]，研究生学位论文盲审作为监督研究生学位论文质量的手段，起到了保证学位论文质量的重要作用[8]。

本文从 A 学院学术型研究生的学位论文入手，通过分析盲评"不及格"学位论文呈现的主要特点，以期为研究生提供借鉴意义和示范作用，促进学科建设，不断提高研究生教育质量[9]。

一、学位论文评审概述

研究生学位论文评审有两种方式，分别是非双盲评审与双盲评审。前者指在整个研究生论文评审过程中学位申请人、导师对评审专家不匿名；后者指除管理人员外，学位申请人、导师与评审专家之间相互匿名，管理人员将学位论文评审结果反馈给研究生和导师时不公开评审专家信息[10]。已有的研究表明，相对来说，非双盲评审存在虚高现象，双盲评审较大程度上排除人情等人为因素，评审专家能够较为公正理性给出真实评价[11]，相对更客观[12]，也能更好地把好研究生培养质量的"出口关"。中南财经政法大学为了提升研究生学位论文质量，健全完善学位与研究生教育质量保证和监督体系，近年来针对研究生学位论文评审制定了《中南财经政法大学博士硕士学位论文质量管理与监督办法》《中南财经政法大学博士硕士学位论文评审管理办法（试行）》等规定，各培养单位也根据本专业研究生学位论文实际情况及质量管理要求，制定了论文质量管理的相关实施细则，并在研究生学位论文评审过程中加以运用。

二、盲审"不及格"学位论文分析①

（一）研究对象

本次调查研究主要以中南财经政法大学 A 学院 2017～2021 年 73 份"不及格"（盲审评分低于 60 分为不及格）研究生学位论文盲审评审意见为依据，对其进行梳理汇总结得出的研究结果。

（二）研究结果概览

本次研究通过设计一、二级节点的方式进行，对于常见问题进行了梳理与统计（见表 1）。

---

① 本次研究主要是基于 73 份专家评语所作，对评语中所述论文存在的问题做了尽可能详尽的列示，但难免部分数据可能会存在偏差，但不影响问题种类。本研究数据结果仅供参考。

表1   研究生学位论文常见问题

一级节点	二级节点	出现次数	占比（%）
逻辑结构混乱	顺序逻辑混乱	9	58.91
	层次结构混乱	34	
论证分析薄弱	论证分析浅显	13	50.69
	论证依据不足	12	
	论证不充分	12	
写作不规范	引文标注不规范	9	49.32
	摘要、关键词不规范	4	
	论文排版不规范	6	
	语言表达不规范	17	
写作态度不端正	工作量不足	7	34.25
	学术不端	4	
	低级错误明显	14	
题目不规范	研究对象不清晰	7	32.88
	标题不当	17	
核心概念模糊	概念界定模糊	12	17.81
	偷换概念	1	
论文选题不当	选题过大	9	15.07
	选题陈旧	1	
	与本专业不符	1	
创新性不足	观点缺乏新意	7	10.96
	方法缺乏新意	1	
文献综述失范	文献评述不够	3	9.59
	综述缺乏条理	4	
结论与建议不实	研究不深入	1	4.11
	对策建议泛化	2	
研究设计随意	研究假设随意	1	1.37

（三）研究结果分析

1. 研究主题不明确。论文写作首要步骤就是确定研究主题，从问题的发现到研究相关对象边界的确定，再到对相关主题的解释以及研究主题的意义和反思等一系列过程性程序，都是研究主题最终确定之前所必需的。研究方向的最终确定需要综合考量多种相关因素，其中包括研究主题的研究可行性、理论价值和现实价值意义。与此同时，研究的主题也不是一成不变的，即使在前期确定之后仍旧需要根据自身的研究能力和水平，对研究选题的研究宽度和难度进行调整。通过对研究结果的综合分析，因研究主题不明确而导致论文"不及格"的情形主要基于以下四个方面：

第一，研究设计随意。"研究设计随意"即在没有相关文献支撑的前提下便先入为主式的研究，研究假设具有较为强烈的主观色彩，同时也缺乏相应的论述依据。在部分"不及格"的论文之中甚至存在省略研究假设的情形，缺乏问题意识，甚至出现严重的表述错误。如在一篇不及格的学位论文中，评阅专家指出"文章在表述地方人大重大事项决定权存在问题时，认为其受到地方党委和政府的联合挤压与侵占，这一表述不仅不符合实际，而且从学术论文观点的表述上缺乏考量"。

第二，研究对象未予以充分明晰。从总体分布来看，集中体现在论文论述过程中未能充分突出所研究的对象，该情形共在二级节点之中有 7 次体现。例如，在某篇不及格学位论文中，评阅专家指出"作为一篇硕士论文，本文究竟是要解决仲裁第三人的必要性和可行性问题还是中国已经存在的仲裁第三人制度的设计或者实践问题，尚不清晰"。

第三，选题不当。选题不当在词频统计中共出现过 11 次。论文选题不当主要体现在：一是选题过大，在二级节点中出现过 9 次，表明部分作者对于自己研究范围把握程度不深。例如，评审专家在评论某篇研究公安机关职能的论文中提出，"公安机关的职能问题比较复杂，且横跨多个部门法，对公安机关的某项权力或职能进行研究就可以成为一篇硕士论文，建议对研究对象进行明确和限缩。"二是选题陈旧。主要体现为文章缺乏理论深度或者对于前沿法律动态关注度不够，重复研究现象严重，缺乏新的理论意义和实践价值。评阅专家在一篇国际经济法方向的学位论文中指出，"该文选题陈旧，几无新意。自 2013 年起 BEPS 就成为学界的热点问题之一，国内外相关成果众多，其中不乏对该问题全面分析和对常设机构、转让定价、CFC 制度等具体层面深入探讨的高质量论文。"三是论文选题与作者所学专业不符。评阅专家在一篇涉及保险领域的法学论文中指出，"论文题目更应当属于金融保险方面的选题，作为法学选题不够妥当。"

第四，核心概念模糊。作为论文研究的"导向标"，核心概念的确定对论文写作具有重要的意义，在很大程度上明确论文研究主题的过程，同时也是在不断界定核心概念的过程。在相关词频的统计之中，"偷换概念"这一关键词出现了一次，而"概念界定模糊"的相关关键词更是出现了 16 次之多。在被认定为"不及格"的论文中所出现的核心概念模糊问题集中表现为以下两个方面：一方面，存在忽视核心概念对于论文选题研究的重要意义，而导致在论文之中忽视对核心概念的界定或者对核心概念的界定存在较大的模糊性。例如，在某一篇公司法相关研究论文之中，评审专家对其论文评审意见之中便有"作为本文研究论述核心概念的'法人营业自由'，究竟何谓'法人营业自由'论文作者给不出一个有精准逻辑边界的界定"；另一方面，偷换概念，或者随意扩大、压缩核心概念的内涵和外延。例如在上述的论文意见中，专家还指出，"论文作者将我国宪法与相关法律中的'经营自主权'解释为'法人营业自由'，更是纯粹的逻辑硬伤。"

2. 论证分析薄弱。在研究主题的研究过程之中，首先要提出研究假设或观点，论证分析的目的便在于检验前期观点或者假设的正确性。在论证分析的过程之中需要以扎实的理论作为论证基础，结合与研究主题相匹配的研究方法并且需要搜集准备充分的论证材料，在此基础上进行严谨、符合逻辑的论证。而"不及格"论文论证分析过程之中存在的问题主要体现了以下三个方面：

第一，论证分析浅显。其中，对基础理论的研究分析不深入，相关佐证材料在论证分析之中未被充分结合利用，在论证分析的过程之中逐渐偏离文章的核心观点以及对论点论据和论证分析的结果缺少归纳性总结是论证分析浅显问题的主要表现形式。譬如，专家在评阅某篇法律史方向论文时指出，"该论文对清代的赎刑涉猎得非常浅薄，对纳赎诸例图、徒限内老疾收赎图、诬轻为重收赎图、过失杀伤收赎图等都没有细致的梳理和分析，缺乏研究的态度。"

第二，论证依据不足。主要表现为论证材料总体上数量匮乏，在已收集的论证材料之中材料庞杂、陈旧、缺乏适用性以及缺少对第一手资料的搜集。在某篇"不及格"论文中，评阅专家指出，"该论文讨论的内容在近三年来存在于不少学术作品中，但该论文的作者在脚注和参考文献中所列文献近三年内作品相当得少。"

第三，论证方法失当。"不及格"论文论证方法选择不当主要有以下几种情况：一是虽然在文章研究方法的总结之中罗列了相关的研究方法，但是在论文的写作过程之中并未实际使用；二是在对研究方法的性质和使用范围本身存在不明晰的前提下，未结合论文研究主题和研究内容等特性，便随意选取使用相关研究方法；三是论证方法使用不当；四是随意编造论证方法。

3. 逻辑结构混乱。逻辑结构清晰是学位论文最基本的要求，而对文章逻辑梳理得不合理甚至混乱的情形是"不及格"论文最主要的特点之一。"逻辑"这一关键词的词频总共有 43 次出现，位居第三。

第一，"不及格"论文的"顺序逻辑杂乱"。主要体现在文章结构顺序安排没有严格按照研究设计进行，章节之间不够连贯，部分章节缺失或者拼凑字数导致论文结构冗余。例如，专家评阅某篇法理学方向的学位论文时指出，"从结构上看，除了导论和结语之外，主文共分六章，可是只有第六章才论及该文的主题——法律规范的生成逻辑，这样就造成结构严重失衡，重点也很不突出。"

第二，"不及格"学位论文"层次结构混乱"。表现为：一是文章观点前后矛盾，专家评阅某一国际法方向学位论文时指出，"文章第一章第 1 节论及'我国应重视国际诉讼的作用，充分发挥国际法院中立作用'，而第三章第 2 节又说要尽量'将国际环境争端向国内诉讼转化',前后矛盾";二是前后章节彼此割裂形成"两张皮",专家评阅某一经济法方向学位论文时指出,"论文从文献综述到大部分正文内容,要么专门讨论《广告法》,要么专门讨论《反不正当竞争法》,很少瞄准本文'商业广告不正当竞争行为的法律规制'这一'二者交叉'的主题,始终是两张皮,无主题";三是文章的内容和标题处于相互独立状态即文不对题,这一问题尤为突出,占据 17.81%。专家评阅某一宪法学与行政法学方向论文时指出,"文章主题为'三权分置下的农业经营主体类型化',但通篇没有对此问题展开研究,只是对农业经营主体的历史类型进行了简单列举,拼凑痕迹明显。"

4. 结论与建议不实。研究的结论与建议是针对研究问题提出的,通过对样本的研究发现,盲审"不及格"论文的对策建议内容主要存在以下几点问题:

第一,论文结尾戛然而止,未能提出符合主题的相关建议和方案。专家在评阅一篇法理方向论文时指出,"论文题目选为网络平台立法优化问题,但作者未能提出优化方案,希望作者在该问题研究上继续深入,将立法优化的方案提供出来。没有方案,如何优化?"

第二、论文的对策建议没有与所研究的问题及原因在逻辑层面整个文章结构上相互匹配对接,或者对文章所提出问题的对策在具体的实践操作层面上缺乏实际运用性和操作性,对策较为泛化。在某宪法学与行政法学方向的论文评语中,专家指出,"文章最后提出的建议基本上都是泛泛之谈,不够具体。"

第三,论文的研究结论违背真实性原则,或者研究论证结论与研究主题缺乏关联性,甚至在部分论文中存在文章的摘要部分所总结的研究结论和文末论证完毕之后的研究结论不相一致的情形。

5. 写作态度不端正。写作态度不端正主要涵盖三个方面:一是科研工作量不足;二是学术不端;三是低级错误明显。

论文工作量不足主要表现为文章内容单薄、前期准备不足、对最新法律法规不能进行准确的把握以及文章硬伤太多等。如某篇诉讼法学论文,评审专家指出,"对有关检察民事公益诉讼的司法解释、司法文件关注不够,使得论文的规范分析覆盖性不强,研究对象的确定失去准确性。"

论文学术不端情形主要出现了 4 次。具体体现为随意伪造资料、篡改数据、抄袭同级别论文、抄写网络原话等。例如,评阅专家提到,"第一章当中存在抄袭和改写的情况,主要部分未能亲自查找原始文献,而是直接抄袭或改写自《中国法制通史》相关内容,需要作者亲自核对正史文献资料,纠正这种学术风气""文章没有创新性、几乎所有观点均在其他文献中出现,没有学术价值"。

低级错误明显出现了 14 次,主要表现为:一是错别字较多;二是存在缺字、漏字现象;三是打错参考文献作者名字;四是常识性错误,如将"最高人民法院的司法解释说成'立法'";五是出现多余标点符号等,甚至有的论文中"没有删除之前导师的意见"。

6. 写作不规范。论文写作不规范就是没有按照写作的规定来,主要表现在四个方面:

第一,语言表达不规范。语言表达不规范出现 17 次,主要表现为语言重复啰唆、没有逻辑、语句不通、说法不严谨等现象。如"那么有效打击航空防恐将不再是难题""财产保险合同受益人法律的缺位存在一定的历史原因,保险市场主体在我国第一次颁行《保险法》的 1995 年正处于保险业正在起步的阶段,当然这里的市场主体毫无疑问地会非常稀少"等。

第二,目录、摘要及关键词等不规范。首先,目录部分的不规范现象主要表现为论文之中的目录与著作之中的相关目录部分内容相混合使用,或者与文章内部标题不一致;其次,摘要部分不规范主要变现为在总体上没有以简洁概括的方式表达文章主题,或者与文章的其他部分如导言和研究结论内容重叠过多,以及英文摘要未疏通语法以至词不达意,致使文章观点结论被扭曲;最后在关键词部分的不规范现象主要表现为未能提取出贯穿全文线索的关键词汇、所提取的词汇过长以及关键词不准确等现象。

第三,参考文献、引文标注不规范。主要表现为:一是不能区分注释和参考文献;二是对引用文献内容引文不做或者只做少量注释;三是格式不规范;四是注释、参考文献所写内容与实际不符合。如专家评阅某篇论文指出,"第 13 页注释 12 '江伟:《民事诉讼中的行为保全初探》,载《学术研究》1995 年第 5 期,第 56 页',经检索,该论文的作者为:'江伟、肖建国',刊登在《政法论坛(中国政法大学学报)》1994 年第 3 期,第 56~59 页,且在第 56 页并无论文所讲内容"。

第四,论文排版不规范。主要表现为图表编排不规范、页面排版不美观、页码混乱或者缺少页码、字体错误、段落缩进错误等。如"正文 36 页为空白页。"

7. 创新性不足。论文创新性缺乏主要表现在观点和研究方法缺乏新意,具体包括一味依赖他人的研究思路、模仿他人的研究方法、对研究主题未形成个人见解等。如某专家评语写道,"论文中总体而言,缺少问题意识,章节编排缺少基本的内在逻辑,缺少针对明确问题展开的论证,自说自话,宏大叙事,整篇文章属于质量较差的'八股文'习作方式。"

三、基于盲审结果的思考

新时代要办好人民满意的教育,必定是高质量的教育。习近平总书记强调,"要深化教育教学改革，强化学校教育主阵地作用，全面提高学校教学质量"，提高教育质量需要做到老师"教好"、学生"学好"、学校"管好"三位一体。高等教育要严格学校管理，让不合格的学生毕不了业，形成鲜明的质量导向[13]。研究生学位论文不但是集中反映研究生理论基础、专业知识、科研水平、写作和创新能力的学习研究成果，也是衡量高校培养单位的培养质量和培养高素质人才能力的重要标准[14]，而高校作为确保研究生教育质量的第一责任单位，建设学位与研究生教育质量保证监督体系、确保人才培养质量的核心与关键之一就是把好研究生学位论文的质量关[15]，也是研究生培养质量"出口关"。盲审在这一过程中起到了正面的积极作用，作为研究生的培养单位要根据培养体系，明晰本专业的人才培养目标，细化培养过程评价，同时课程学习是保障研究生培养质量的必备环节[16]，应推进课程体系建设，探索多元融合育人机制。对研究生学位论文及质量实施全过程的监控管理，坚持质量检查关口前移，优化论文评价体系，对盲审的实施过程、方式及结果，均应以提高研究生学位论文质量，进而提升研究生教育培养质量为目标，其间要将研究生学位论文的作者及其导师纳入评价过程和体系之中，强化主体责任。

此外，研究生作为自身学位论文的作者，也是第一责任人，应当端正研究态度、夯实专业基础，培养求实创新的学术精神。论文选题既要考虑论文的学理性也要关注实用性，做到理论与实践相结合，以理论指导实践，也要多关注学界动态，探索前沿问题，寻求创新和突破；论文成果应严格遵守相关文件规定，做到"三规、三确"，即在论文格式上做到语言规范、排版规范、学术规范，在论文内容上做到政治正确、态度明确、学术准确。

参考文献

［1］王小栋，王战军，蔺跟荣. 中国研究生教育 70 年发展历程、路径与成效［J］. 中国高教研究，2019（10）：33 - 40.

［2］2021 年全国教育事业发展统计公报［EB/OL］.［2022 - 09 - 14］. http：//www. moe. gov. cn/jyb_sjzl/sjzl_fztjgb/202209/t20220914_660850. html.

［3］深入学习贯彻习近平总书记关于研究生教育工作的重要指示精神［EB/OL］.［2020 - 07 - 29］. http：//www. moe. gov. cn/jyb_xwfb/xw_zt/moe_357/jyzt_2020n/2020_zt15/.

［4］习近平：高举中国特色社会主义伟大旗帜 为全面建设社会主义现代化国家而团结奋斗——在中国共产党第二十次全国代表大会上的报告［EB/OL］.［2022 - 10 - 16］. http：//www. news. cn/politics/leaders/2022 - 10/25/c_1129079429. htm.

［5］黄宝印，徐维清，张艳等. 加快建立健全我国学位与研究生教育质量保证和监督体系［J］. 学位与研究生教育，2014（3）：1 - 9.

［6］潘雯，李森. 研究生学位论文质量监督机制研究——基于南京邮电大学学位论文管理的实证分析［J］. 当代教育实践与教学研究，2017（3）.

［7］肖巍．关于研究生学位论文评审公正性问题的思考［J］．学位与研究生教育，2006（2）：32－33.

［8］马凯，赵拥军，张伟．提高研究生学位论文质量的探索与研究［J］．科教文汇（下旬刊），2021（4）：18－19.

［9］吕蕊芹，薛红争，袁建．博士学位论文双盲评审的不足与改进［J］．科技创新导报，2012（9）：254－255.

［10］罗泽胜．硕士学位论文双盲评审意见异议机制研究［J］．研究生教育研究，2018，43（1）：44－48.

［11］汪小会，王莉．研究生学位论文质量双盲评审机制探析［J］．黑龙江教育：高教研究与评估，2015，（7）.

［12］李艳，赵世奎，马陆亭．关于博士学位论文质量评价的实证分析［J］．学位与研究生教育，2014（10）：50－54.

［13］孙春兰．办好人民满意的教育［EB/OL］．［2020－11－09］．http：//www. gov. cn/xinwen/2022－11/09/content_5725528. htm.

［14］顾越桦，陆爱华．完善研究生学位论文"双盲"评审工作的实践与思考［J］．高等建筑教育，2012，21（1）：33－36.

［15］张志强，王国柱，王兰珍．研究生教育内部质量保证体系建设与实践［J］．北京教育，2014，（1）：29－31.

［16］教育部关于改进和加强研究生课程建设的意见［EB/OL］．［2014－12－05］．http：//www. moe. gov. cn/srcsite/A22/s7065/201412/t20141205_182992. html.

［17］杜庆良．学术型硕士学位论文质量评价的实证分析［J］．华北水利水电大学学报（社会科学版），2016，32（6）：154－157.

［18］郭嘉，张俐，于晓舟．博士学位论文双盲评审信息化建设的探索与实践［J］．现代教育技术，2009，19（9）：108－111＋23.

［19］王战军．构建研究生教育质量保障体系——理念、框架、内容［J］．研究生教育研究，2015（1）：1－5.

［20］殷述广，程燕，卢虎胜．研究生学位论文质量保障体系建设探索——以中国石油大学（华东）为例［J］．继续教育，2016（5）：62－64.

（作者单位：中南财经政法大学法学院）

新时代高校辅导员思想引领力提升论析[*]

付慧娟

摘　要： 高校辅导员是开展大学生思想政治教育的中坚力量，其思想政治素养及思想引领力提升对加强党的全面领导，落实立德树人根本任务，推动高等教育内涵式发展至关重要。面临新形势、新任务，高校辅导员要从筑牢思想根基、强化理论武装、形成育人合力、拓展教育载体四个方面为切入点，进一步强化自身思想政治素养，切实提升思想引领力，增强职业化、专业化素养，为促进思政骨干队伍建设提质增效、全面推进高校思想政治工作守正创新提供新动能。

关键词： 高校辅导员　思想政治素养　思想引领力

教育是国之大计、党之大计。在党的二十大报告中党中央以高度的历史责任感和使命感锚定了教育事业发展目标，对实施科教兴国战略、强化现代化建设人才支撑作用做出重大部署[1]。2021年7月，在庆祝党的百年华诞的重大历史时刻，党中央、国务院印发了《关于新时代加强和改进思想政治工作的意见》。《意见》指出"思想政治工作是党的优良传统、鲜明特色和突出政治优势，是一切工作的生命线[2]"，强调要把思想政治工作作为治党治国的重要方式。

作为党领导下的高校，我国高校肩负着培养社会主义建设者和接班人的重任，必须坚持立德树人根本任务，坚持全面加强党的领导与服务学生成长成才相统一。在全社会努力推进、构建思想政治教育工作大格局的背景下，配齐配强高校思想政治工作骨干队伍，建设一支强而有力的高素质思想政治工作队伍关系着学生成长成才的方方面面。高校辅导员是"高等学校学生日常思想政治教育和管理工作的组织者、实施者、指导者[3]。"作为开展大学生思想政治教育的中坚力量、宣扬社会主义核心价值观的

---

　　* 本文为2023年中央高校基本科研业务高教管理研究项目《高校辅导员队伍建设的现实审视和优化路径》（2722023DG002）阶段性研究成果。

有生力量，高校辅导员的思想政治素养和思想引领力是高效开展高校思政教育工作的前提与基础。因此厘清高校辅导员政治核心素养内涵，明晰提升辅导员思想引领力实现路径，对于完善构建高校思想政治工作体系、培养高校思想政治教育工作行家里手、实现高校辅导员队伍可持续发展具有重要意义。

一、高校辅导员思想引领力提升研究的价值意蕴

当前我国已迈上全面建设社会主义现代化国家、向第二个百年奋斗目标进军的新征程。纵观党的百年奋斗征程，思想政治教育工作在经济社会发展与进步方面发挥了不可或缺的作用。我国高等教育要坚持和体现我国高校社会主义办学方向、筑牢马克思主义在高校意识形态领域的指导地位，为服务国家富强、中华民族复兴、人民幸福贡献力量，这既是回应大学生自身健康成长的需求，也是体现国家教育意志、教育理念和方针，培育德智体美劳全面发展、担当中华民族复兴大任的时代新人的题中之义，"在这个根本问题上，必须旗帜鲜明、毫不含糊[4]。"站在第二个百年奋斗目标新征程上，面临新形势、新挑战，高校辅导员队伍建设与职业能力素养提升对加强党的全面领导，贯彻落实立德树人根本任务，推进新时代高校思想政治工作体系高质量内涵式发展至关重要。

思想政治工作归根到底是做人的工作，辅导员的主要职责之一就是思想理论教育和价值引领，帮助青年学生树立正确积极的价值观。习近平总书记在全国高校思想政治教育工作会议上强调指出，高校教师要坚持教育者先受教育，努力成为先进思想文化的传播者、党执政的坚定支持者，更好担起学生健康成长指导者和引路人的责任[5]。

作为开展高校思想政治教育的中坚力量，高校辅导员肩负思想理论教育与价值引领等重要工作职责。具体而言，主要是通过组织开展主题班团会及理论学习，为青年学生答疑解惑，解决其思想深处的问题和症结，进而掌握学生思想行为特点及其思想政治状况。故对其思想政治素养、专业能力、职业能力等方面均有明确的要求。其中思想政治素养是基石，具体指向政治和理论上过硬，能"种好田，守好渠[6]"，旗帜鲜明宣传、解读、阐释、传播与教育党的路线方针政策。这一核心素养即思想引领力，关系到高校思想政治教育的质量水平，更深刻影响辅导员自身职业发展路径的选择。

具体而言，"核心素养"解决的不是"全面发展什么的问题"，而是"重点发展什么的问题"。理论知识素养反映的是辅导员具备思想政治教育工作相关学科宽口径知识储备的基础上，所达到的理论深度和思想认识境界。而思想政治素养及思想引领力则是在充分知晓特殊政治属性的前提下，加强自身思想引领素养的建设与提升，即勇于

承担批判西方国家文化、政治话语霸权渗透，以宣传、阐释政党的意识形态为己任，教育影响塑造青年学生世界观、价值观以及人生观的多重责任，加强社会主义核心价值观教育，为牢牢把握高校意识形态工作领导权工作提供重要智力支撑作用。

因此，高校辅导员的思想引领力应是辅导员在日常思想政治教育和管理工作过程中逐步形成的适应自身职业发展需要和帮助大学生培育核心素养，从而达到教育学生、说服学生、关爱学生、引领学生的必备品格与关键能力。

二、高校辅导员思想引领力提升的研究意义

当今世界正在经历的百年未有之大变局，是深刻而宏阔的时代之变[7]。我国是社会主义国家，在政治信仰、社会制度、价值体系等方面都与西方资本主义国家完全不同，因此我们同西方国家在意识形态、舆论宣传的博弈与斗争是长期复杂且尖锐的。党的十八大以来，我国意识形态领域形势发生全局性、根本性转变。党的十九届六中全会审议通过《中共中央关于党的百年奋斗重大成就和历史经验的决议》，追溯党的百年奋斗征程，总结党的百年奋斗历史经验。《决议》指出，党和人民事业发展需要一代代中国共产党人接续奋斗，必须抓好后继有人这个根本大计[8]。

我国高校是中国特色社会主义属性的高校，肩负着学习研究宣传马克思主义、弘扬社会主义核心价值观的任务，是党开展意识形态工作的前沿阵地。2020年4月教育部等八部门发布《关于加快构建高校思想政治工作体系的意见》，要求高校"坚持社会主义办学方向，以立德树人为根本，以理想信念教育为核心，以培育和践行社会主义核心价值观为主线以及打造高素质思想政治工作和党务工作队伍[9]。"为进一步全面提升高校学生思想政治工作质量提供了根本遵循。因此高校思政教育工作的开展既要注重对学生的爱国、创新、学术道德等精神的培育，更要注重对青年学生价值追求的引领，要教育引导青年学生永远以党的旗帜为旗帜、以党的方向为方向、以党的意志为意志，赓续党的红色血脉，弘扬党的优良传统，深怀爱国之心、砥砺报国之志，肩负重任，接续奋斗。因此从实践与理论相结合的角度出发，高校辅导员思想引领力提升的研究为加强高校马克思主义理论武装工作、旗帜鲜明坚持中国特色社会主义办学方向，落实立德树人根本任务赋予更多理性思考。

三、高校辅导员思想引领力提升的研究重点

面对中华民族伟大复兴战略全局和世界百年未有之大变局，牢牢掌握高校思想政治工作主导权，"加强高校思想文化阵地管理[9]"需要被摆在突出关键位置。

高校思想政治教育工作涉及诸多领域，要牢牢把握这一工作的领导权和主导权就必须从思想政治教育的理念、传播途径和载体等方面出发，把这一任务真正落到实处。因此，多层面、多视角地探讨构筑高校意识形态工作领导权有效路径，是当前高校意识形态研究领域的重要课题，在当下具有重要的战略价值。

在当前复杂国际国内形势下，高校辅导员在抓好高校意识形态工作，维护我国整体国家安全，巩固马克思主义理论传播主阵地中扮演着极其重要的角色。因此其在对青年学生的思想引领教育中，要做到把党的最新理论成果讲深、讲透、讲明白，进而帮助学生针对社会热点问题、焦点问题廓清思想迷雾，在思想观念、价值取向上站稳立场，擦亮政治底色，实现从"以理服人"到"以情感人""以行导人"的升华。因此辅导员的思想引领力对于青年学生获取外界信息、形成价值观念、进行行为决策的过程能起到正向积极的引导作用。

习近平总书记曾指出，要精心培养和组织一支会做思想政治工作的政工队伍，把思想政治工作做在日常、做到个人[10]。作为履行高等学校学生工作职责的专业人员和骨干力量，辅导员"会做"工作的标准是什么？关键的一点便是在思想引领、倡导和传播新时代新思想新理念的引领与共情能力。如何最大限度强化对青年学生的价值引领，汇聚共同追求、凝聚共识，对青年学生施加积极影响，则是最终落脚于"会做"的成效。

对于高校辅导员思想引领力研究而言，需要特别关注重点主要有两方面：

第一，从历史发展规律来看，赋予马克思主义理论在高校意识形态阵地建设工作的新解读。历史车轮滚滚向前，时代越是向前，知识结构更新越是不断加快。当今世界亦面临前所未有之新格局，各种新动能、新业态、新模式层出不穷。马克思主义唯物辩证史观强调事物是运动变化发展的，面临新形势新任务，必须用马克思主义的立场、观点分析问题。新时代背景下，高校在思想引领、舆论监督、凝聚正能量、占领意识形态阵地、开拓学术领地等社会效益方面的职能越发明显。牢牢掌握党对高校意识形态工作领导权的着力点，就是坚持马克思主义的指导和引领。

第二，从政治哲学视角来看，探讨高校辅导员在思想政治教育工作中思想引领力的本质。政治领导权的本质是强制，而意识形态领导权的本质是教育[11]。高校辅导员需要充分发挥自身在知识上的引领作用，坚定不移讲政治，以时不我待、只争朝夕的紧迫感有计划地开展意识形态教育工作，加强对青年学生社会主义核心价值观的熏陶，最大限度引导和培育高校青年学生主体性和高度社会认同感的崇高追求，争做社会主义核心价值观践行者。凝聚各方面力量，让主流社会主义核心价值观积极传播、实践、生根发芽，形成兼具批判性和理性的社会主义集体意志，在开放的校园空间营造最强大的社会主义核心价值观话语网，为繁荣社会主义文化奠定扎实的思想根基。

四、高校辅导员思想引领力提升实现路径

为确保高校意识形态阵地建设旗帜鲜明、态度坚决、立场坚定，使校园文化更好地发挥弘扬积极向上主旋律、传递正能量的引领作用。结合学生管理工作经验，笔者对新时代背景下高校辅导员思想引领力提升路径有以下几方面的思考：

（一）筑牢思想根基，把稳方向之舵

思想就是力量。新时代高校辅导员队伍是开展思想政治教育的中坚力量，是宣扬社会主义核心价值观的有生力量。要坚持把政治标准放在首位，夯实思想理论根基，坚持马克思主义在意识形态领域的指导地位，增强"四个意识"，坚定"四个自信"、深刻把握"两个确立"，坚决做到"两个维护"，坚持用习近平新时代中国特色社会主义思想铸魂育人，用党的理想信念凝聚人，用社会主义核心价值观培育人[12]。具体而言，高校辅导员要深入学习贯彻习近平总书记关于教育的重要论述，特别是关于高校党的建设的指示批示精神，紧紧围绕"培养什么人、怎样培养人、为谁培养人"这一根本问题，旗帜鲜明宣传、解读、阐释、传播与教育党的路线方针政策。在思想引领、倡导和传播新时代新思想新理念、最大限度凝聚共识、坚持价值引领、汇聚共同追求等新形势、新热点问题上赋予更多思考，引导广大青年学子坚守深沉的家国情怀，以回应时代要求和人民期待为己任，在为国为民、立德立言中成就自我、实现价值。

（二）强化理论武装，勇于开拓创新

思想政治教育是"通过社会或社会群体用一定的思想观念、政治观点、道德规范，对其成员施加有目的、有计划、有组织的影响，使他们形成符合一定社会或一定阶级所需要的思想品德的社会实践活动[13]"。高校辅导员要着重突出工作职责中"思想政治教育"和"党团班级建设"所蕴含的政治性与启发性，即思想引领力。要全面贯彻党的教育方针，面对新形势下大学生思想政治工作面临的新挑战、新机遇，结合所带学生不同阶段的个性特征，有计划、有目的地系统实施、开展青年学生思想政治教育工作。要时刻加强理论武装，结合高校立德树人工作的总体要求，牢记为党育人、为国育才的使命，始终保持昂扬向上的学习与奋进姿态，加强对学生的思想引领，以践行社会主义核心价值观为魂，带领学生积极开展生动活泼、形式多样的思想政治教育实践活动，教育引导学生始终坚定听党话、跟党走的理想信念。发挥自身在校园社会主义核心价值观体系建设中的引领作用，更好地把科学理论转化为认识世界、改造世界的强大力量，积极践行社会主义核心价值观。

（三）理论结合实践，形成育人合力

作为人文社科门类学科和特殊教育实践育人活动，思想政治教育工作的实践性极强，因此对于高校思政教育工作的开展而言，理论素养和实践探索缺一不可。辅导员需在坚持立德树人根本任务、遵循国家社会发展方针以及教书育人、学生成长成才等规律上，深入研究高校思想政治教育工作理论与规律性前沿性问题，与学生进行充分的交流互动，把"坚持教育者先受教育"以及"成为先进思想文化的传播者、党执政的坚定支持者，更好担起学生健康成长指导者和引路人的责任[14]"这个根本问题，充分彰显和实践于党和国家赋予的神圣职业守则中。在引导学生坚定共产主义远大理想和中国特色社会主义共同理想上下功夫，在武装头脑、指导工作、解决问题上下功夫，做到以文化人，以文育人，凸显说理与情怀的结合，政治与时代的统一。既要注重对学生时代精神、学术素养的培育，更要注重从实践方面的引领，让理论与实践互为运用，互为指导。与此同时，要遵循思想政治工作规律、教书育人及学生成长成才规律，秉持"德高为师、身正为范"的职业守则，挖掘课程、实践、网络、服务、管理等各类育人载体中的思政元素，凝聚各方面力量，充分运用家、校等多方合力，有效搭建起学生与专任教师、家长之间沟通的桥梁，成为密切联系学生、家庭、社会的纽带。

（四）深化主题教育，拓展教育载体

党的二十大报告中明确指出，新时代十年的伟大变革，在党史、新中国史、改革开放史、社会主义发展史、中华民族发展史上具有里程碑意义①。高校辅导员要统筹做好"五育并举"背景下新时代高校德育、智育、体育、美育和劳动教育工作，重点加强对中华优秀传统文化的感知领悟，将中华优秀传统文化所蕴含的丰富营养和传承创新深刻融入青年学生理想信念教育中，认真组织引导学生开展五史学习教育。通过理论宣讲、主题教育活动等推动习近平新时代中国特色社会主义思想深入人心，增强青年学生对中国特色社会主义制度的信心和底气，引导青年学生努力成长为服务于国家和社会需求、社会主义现代化建设可靠建设者和合格接班人，与新时代同频共振，同向同行。进一步挖掘校园文化育人元素，丰富校园文化形式，拓展教育载体，打造青年学子喜闻乐见、丰富多彩的校园文体活动。通过精心高效的组织、坚强有力的实施、深入细致的指导，引领青年学生增强身体素质、提升艺术鉴赏能力、锤炼意志品质，以弘扬体育精神，实现美育浸润，强化劳育意识。

---

① 高举中国特色社会主义伟大旗帜 为全面建设社会主义现代化国家而团结奋斗——在中国共产党第二十次全国代表大会上的报告［R/OL］.［2022-10-26］. http：//cpc. people. com. cn/20th/n1/2022/1026/c448334-32551867. html.

不忘立德树人初心，牢记为党育人、为国育才使命是高校开展思想政治工作的价值旨归。高校辅导员要不断提高专业水平和职业能力，努力成长为适应时代大势、国家发展规律学生日常思想政治教育和管理工作的组织者、实施者、指导者。未来的工作中，需进一步统一思想、提高认识、凝心聚力，准确把握当前我国各项事业发展的新形势、新任务和新要求，以政治站位的高度、思想引领的深度、工作本领的硬度、知识储备的宽度、自我约束的紧度，不断提升自己的职业化、专业化水平，凝聚力量、强化保障，坚定信念。引导广大青年学生将个人价值与国家发展、个人前途与民族复兴紧密结合在一起，努力成长为时代建设的中坚力量，以赤子之心、拳拳之情投身建设社会主义文化、科技强国和实现中华民族伟大复兴中国梦的壮阔实践中，从历史维度与时代维度牢牢把握教育发展改革方向，以实际行动贯彻落实党的二十大精神。

参考文献

［1］高举中国特色社会主义伟大旗帜 为全面建设社会主义现代化国家而团结奋斗——在中国共产党第二十次全国代表大会上的报告［R/OL］．［2022－10－26］．http：//cpc. people. com. cn/20th/n1/2022/1026/c448334－32551867. html.

［2］中共中央国务院印发《关于新时代加强和改进思想政治工作的意见》［EB/OL］．［2022－11－09］．http：//www. gov. cn/zhengce/2021－07/12/content_5624392. htm.

［3］《普通高等学校辅导员队伍建设规定》中华人民共和国教育部令第43号［A/OL］．［2022－12－11］．http：//www. gov. cn/gongbao/content/2017/content_5244874. htm.

［4］习近平主持召开学校思想政治理论课教师座谈会强调用新时代中国特色社会主义思想铸魂育人贯彻党的教育方针落实立德树人根本任务［N］．人民日报，2019－03－19.

［5］习近平. 把思想政治工作贯穿教育教学全过程 开创我国高等教育事业发展新局面［N］．人民日报，2016－12－09.

［6］习近平在全国宣传思想工作会议上强调 举旗帜聚民心育新人兴文化展形象 更好完成新形势下宣传思想工作使命任务［N］．人民日报，2018－08－23.

［7］习近平出席2022年世界经济论坛视频会议并发表演讲［EB/OL］．［2022－01－17］．https：//www. ccps. gov. cn/xtt/202201/t20220117_152665. shtml.

［8］中共中央关于党的百年奋斗重大成就和历史经验的决议［R/OL］．［2022－11－09］．http：//cpc. people. com. cn/n1/2021/1117/c64387－32284363. html.

［9］教育部等八部门关于加快构建高校思想政治工作体系的意见［R/OL］．［2020－04－22］．http：//www. gov. cn/zhengce/zhengceku/2020－05/15/content_5511831. htm.

［10］习近平出席全国教育大会并发表重要讲话［EB/OL］．［2018－09－19］．http：//www. gov. cn/xinwen/2018－09/10/content_5320835. htm.

［11］孙民. 政治哲学视阈中的"意识形态领导权"：从葛兰西到拉克劳、墨菲［M］．北京：人民出版社，2012.

［12］中共中央关于党的百年奋斗重大成就和历史经验的决议［R/OL］．［2021－11－17］．http：//cpc. people. com. cn/n1/2021/1117/c64387 –32284363. html.

[13] 陈万柏，张耀灿. 思想政治教育学原理 [M]. 北京：高等教育出版社，2007.

[14] 习近平. 把思想政治工作贯穿教育教学全过程 开创我国高等教育事业发展新局面 [N].
人民日报，2016 –12 –09.

（作者单位：中南财经政法大学研究生院、党委研究生工作部）

新时代教育数字化背景下高校研究生教育数字化变革与创新探究*

宋昀宜

摘　要： 在现代社会数字化进程猛烈的攻势下，高校教育信息化向教育数字化转型已然是大势所趋。当前，我国教育信息化迈向数字化转型新阶段。本文在此大背景下，阐述研究生教育数字化的研究意义，分析高校研究生教育数字化建设的现状，进而进行创新探究并提出相关对策，为高校研究生教育管理数字化发展提供理论基础。

关键词： 研究生教育　数字化　变革与创新

一、研究生教育数字化研究背景

现代社会数字化发展迅猛，高校教育管理数字化已经是发展的主流。人工智能、云计算、区块链等信息化技术层出不穷，高校教育也应当紧跟时代发展趋势，加速信息技术与教学管理融合发展。如今，我国教育信息化正逐步走向数字化转型新的发展阶段。党的十九大提出建设数字中国，这标志着我国开启了加快教育现代化、建设教育强国的新征程。党的二十大报告首次把教育、科技、人才进行"三位一体"统筹安排、一体部署，首次将"推进教育数字化"写入报告，是以习近平同志为核心的党中央作出的重大战略部署，赋予了教育在全面建设社会主义现代化国家中新的使命任务，明确了教育数字化未来发展的行动纲领，具有重大意义。[1]

* 基金项目：湖北省教育厅哲学社会科学研究项目（指导性项目）"财经类高校研究生教育数字化变革与创新探究"。

改革开放以来，我国研究生教育规模迅速发展，成为高等教育的重要支柱。研究生教育在培养高层次人才中发挥着举足轻重的作用，也是为国家、社会培养优秀人才的重要平台。因此，利用信息化深度提升研究生教育教学质量是深入贯彻人才强国战略、走向高等教育强国的重要举措。此外，研究生数字化教育管理也将助力高校"双一流"建设的顺利完成，提高中国高等教育现代化治理水平。因此，研究生数字教育化变革与创新探究响应了教育发展的时代诉求、符合高校发展目标，具有重要的研究价值。

二、研究意义

（一）理论价值

1. 高校研究生教育数字化建设是国家数字化建设的重要组成部分，也是国家数字化发展的整体战略之一。国家兴旺繁荣的重点在于国家教育质量的高低，高校研究生教育数字化是当前教育发展的重要课题，可以辅助高校培养出适应新时代社会发展的复合型人才，是高校突破传统模式的束缚，在数字信息化飞速发展时代高校发展的大势所趋，也是高校整体办学水平、学校形象与地位的重要标志。

2. 高校研究生教育数字化的变革与创新是高校研究生教育现代化必不可少的措施。高校研究生教育数字化已经是高校实现跨越式发展的有力工具，成为促进教育人才培养、学术科研创新、学科交叉融合、校企合作、社会服务等各项事业的重要任务。

3. 本文总结了新时代教育数字化背景下高校研究生教育数字化变革与创新中存在的突出问题，提出系统性的解决方案，为推动研究生教育数字化提供了理论依据。

4. 本文系统论述了新时代教育数字化背景下高校研究生教育数字化变革与创新过程，有利于推进数字化教育教学、管理服务、科学研究、网络安全等的深度融合，为实现建设"世界一流大学"战略目标提供治理支撑和保障支撑。

（二）现实价值

1. 通过查阅国内外研究生教育数字化在高校中成功的案例和调研国内高校研究生教育数字化建设的情况，总结我国高校研究生教育数字化建设在教育数字化中的经验和不足之处，进一步发挥研究生教育数字化在高校教育质量提升、教学效率提高中的积极作用。

2. 通过吸收国内研究生教育数字化建设中的先进经验，找到研究生教育数字化如何在高校管理、办公、服务、教学资源等各项资源结合的办法，使其实现在高校资源时间和空间的延伸，强化高校管理效率，提升服务水平。

3. 本研究通过对以笔者所在高校为主的高校进行调研，了解研究生教育数字化技术在高校建设应用中面临的现状，可以使高校决策者找到制约高校研究生教育数字化建设的原因和发展建设中遇到的瓶颈，更好地为高校管理人员在高校研究生教育数字化决策中提出参考依据和建议。

4. 有利于实现业务流程覆盖，提升高校师生获得感幸福感。以研究生教育为主线，覆盖从新生入学到研究生培养、学位申请、毕业离校管理等业务需求，能够满足学术型、专业型等各类研究生教学管理方面的业务需求。为学生、教师、导师、各层次教务管理与服务人员提供便捷的服务内容和管理工具，为学校的决策提供数据支撑和保障。

三、高校研究生教育数字化建设的现状及问题

近年来，我国高校数字化建设取得突破性进展。在教育全面数字化转型成为教育事业改革的关注重点后，国内不少高校也已经以此为抓手，聚焦理念、模式、教学、环境、组织管理等方面，着力推动学校教育数字化发展。

（一）数字化资源匮乏，专业技术队伍不足

教育数字化建设以大数据、云计算等信息技术为基础。近年来，国内众多综合型高校研究生教育数字化取得了一定程度的飞跃，并建立起较为完善的信息化系统。但由于具有较强学科特色和资源侧重，存在管理人员数字化技术应用能力较低，缺乏专业技术团队来推动信息化改革的问题。部分高校多数管理人员采用以手工操作为主的简单信息处理方式，对数据库管理系统、网络技术的学习和使用较为匮乏；只有少数人员具有一定的数据处理和计算机专业背景，能够研究、改进管理信息系统[2]。这使得教育数字化改革难以进一步推进。

（二）信息共享差，存在信息孤岛现象

研究生教育数字化管理系统的建立基础是共享和规范。高校研究生管理涉及多个主管部门，各个部门建立信息管理系统的标准也尚未统一。部门之间的数据流通性和共享性不足，信息割裂现象普遍存在，信息使用效率不高，不利于研究生数字化教育变革[3]。

（三）信息技术框架支撑不足，管理环节不完善

建设研究生教育数字化系统首先需要进行系统需求分析和定位。由于急于适应数

字化发展的趋势，部分高校存在需求分析不到位、目标不明确以及前期设计考虑不周等问题，导致信息系统技术框架支撑不足、管理环节不完善。由于大部分高校初步建立数字化系统，功能框架尚不完善也导致海量学生数据无法及时处理与分析，加之没有形成规范的维护机制来管理研究生数字化系统，也导致了数据冗余浪费、数据可用度较低等问题。

（四）未体现以师生为中心的服务理念[4]

当前教师和学生对信息化平台利用度不高。究其原因，高校数字化系统的建设初衷多是为提高管理效率，没有以服务教师和学生为首要标准，充分考虑使用者的多样化需求。通过对比各大高校信息系统发现，部分研究生教育信息系统在学籍管理、培养管理、学位管理、导师管理、思政管理全业务流程中所体现的信息服务功能较少。如在导师管理系统中没有考虑到学生与导师双向诉求；思政管理中没有利用大数据技能统计学生的学习偏好和需求。

四、高校研究生教育数字化创新探究

（一）高校研究生教育数字化变革与创新内容探究

1. 采用数据挖掘、人工智能等研究方法，基于笔者所在高校过去几年在研究生培养、学位论文管理等关键环节中的数据，充分探索和挖掘笔者所在高校近年来研究生教育管理的优秀经验，为高校研究生教育数字化变革与创新提供理论支撑。

2. 基于5G、大数据、人工智能、互联网＋、数字化等技术，针对研究生招生、培养、学位、思想政治教育、研究生管理各环节，通过制度分析、业务流程分析等方法，提出研究生教育数字化变革与创新的主要目标、基本任务与变革思路。

（二）高校研究生教育数字化变革与创新的实施路径探究

1. 制订研究生教育数字化变革与创新技术方案。在前期调研的基础上，确立各业务环节的主要功能模块、业务流程、数据接口，提出能够满足可用性、可操作性、兼容性、安全性、可维护性要求，且符合高校研究生教育特点的数字化变革与创新技术方案。

2. 提出研究生教育数字化变革与创新设计方案。以制度变革为前置环节，对总体技术方案进行模块化、层次化分解，结合各高校实际情况和特点，设计研究生教育数字化平台的总体框架，并采用面向对象编程思想，应用先进数字化理念与工具，设计高校研究生教育数字化变革与创新设计方案。

3. 研究生教育数字化系统开发部署与迭代更新。根据技术方案与设计方案，基于移动互联网技术，采用敏捷开发技术，开发覆盖学籍管理、培养管理、学位管理、导师管理、思政管理全业务流程、全生命周期的研究生教育数字化系统，通过数据交换接口，对学校人事部、科研部等其他部门数据进行无缝集成共享；通过多轮系统测试，实现数字化平台的迭代更新，提升高校研究生教育数字化水平。

（三）具体对策及建议

1. 加强研究生教育信息化专业技术团队建设。工作理念方面，强化研究生教育数字化意识，不断提高研究生教育管理人员素质，树立创新思维和管理理念，始终站在学生的角度去思考问题，开展工作，着力解决实际问题。专业技术方面，加强信息化团队建设，定期组织学习培训提高运用信息技术的能力，定期组织与兄弟高校相关职能部门之间的联合培训活动，互相学习学科优势、借鉴管理经验。在建设完善的专业团队后，应重点协调技术工作者和管理人员的工作分配，加强合作，提高研究生管理工作效率。

2. 统一标准，实现数据共享。研究生教育数字化贯穿招生、培养、科研、就业等各部门多环节，这需要充分体现资源整合的作用。在建设教育数字化平台时要注重各相关部门的数据共享，保证数据同步，提高管理效率。此外，要进一步规范信息获取渠道，保证信息准确性、及时性，同时统一信息统计途径。数字化管理系统要专业人士进行统一设计与规划，建立规范的数据信息标准和数据接口，实现各部门数据共享。

3. 完善技术流程，提高管理效率。建设研究生教育数字化系统首先需要明确需求和目标，确定整体功能框架。在构建信息技术框架的各个阶段都有相应的技术重点。例如，在需求分析阶段，应当充分考虑各方观点，科学分析需求；后续开发、测试、维护阶段都应由专业技术团队负责，形成规范的维护机制来管理研究生数字化系统[5]。同时，在构建信息技术框架时，应加强构建管理人员和技术人员的合作机制，进一步完善管理环节，提高工作效率。

4. 树立信息服务理念，充分考虑师生需求。高校的信息化建设是提升服务师生能力，反映一流大学建设水平的重要指标。应从教师和学生的诉求出发，以服务为导向，使高校从管理型改革、转变为服务型，建立功能性数字化信息系统。借助大数据等信息技术提供符合师生实际情况和需求的服务，提高师生工作、学习效率，优化学习体验，进一步确保师生主体性，提高学习、工作主动性。综合各高校实际情况，以研究生教育信息管理系统为例，可以建设一站式服务流程，及时推进线上信息化办公，确保学生学习、科研、就业等多方面问题都能在信息系统中得到高效处理。另外还可将信息系统与企业微信关联，设置快捷应用、协同办公、信息化服务等板块，发挥企业微信的连接力和通知力，通过移动门户助推高校数字化转型。

5. 提高技术水平保障信息安全。信息安全是数字时代的重要议题。保障信息安全是促进信息管理系统工作效率和功能运转的前提。第一，在进行数字化系统设计时需要将数据安全、网络安全充分考虑在内，设计规范标准、结构化的数据库系统。第二，加强网络安全防护。专业技术人员应对信息采用加密技术，设置完备的安全机制，防止来自网络内部与外部的攻击；还应完善数据备份和数据恢复功能，保证各类数据安全性[6]。

五、小结

（一）高校研究生教育数字化变革与创新是一项长期的、复杂的系统工程

高校在研究生教育数字化建设过程中需要根据自身高校的特色和差异性，摸索出具有优势特色的适合本高校研究生教育数字化的发展之路。研究生教育数字化的变革和创新涉及校内多个部门，使用用户具有多样性，实施周期较长，需要实现研究生培养、学位、思想政治教育、日常管理、教学等各项资源时间和空间的延伸，从而提高研究生教学质量，提升工作管理效率和服务水平。高校研究生教育数字化变革和创新是用信息技术的智能工具加强高校办学水平，提高人才培养质量，提升高校的核心竞争力。

（二）高校研究生教育数字化应充分抓住数字化技术的发展潮流

党的二十大报告首次把教育、科技、人才进行"三位一体"统筹安排、一体部署，首次将"推进教育数字化"写入报告，是以习近平同志为核心的党中央作出的重大战略部署，赋予了教育在全面建设社会主义现代化国家中新的使命任务，明确了教育数字化未来发展的行动纲领，具有重大意义。"十四五"期间，我们面临着更加激烈的国际竞争、井喷式的科技发展和第二个百年奋斗目标征程的新要求。新阶段，高校作为人才培养的摇篮、科技创新的阵地，应充分抓住数字化技术的发展潮流，在教育数字化中主动作为，奋楫当先，加快卓越研究生培养，为研究生教育数字化发展构筑坚实高台。

（三）高校研究生教育数字化以提升管理效率为主要目的，以优化业务流程为核心

高校研究生教育数字化应用平台涵盖研究生教育管理各方面，为研究生相关管理部门提供实时、方便的各项管理服务，解决重复劳动问题，提升管理效率。以优化业

务流程为核心，覆盖从新生入学到研究生培养、学位申请、毕业离校管理等业务需求，能够满足学术型、专业型等各类研究生教学管理方面的业务需求[7]，为学生、教师、导师、各层次教务管理与服务人员提供便捷的服务内容和管理工具，为学校的决策提供数据支撑和保障。

参考文献

［1］习近平．高举中国特色社会主义伟大旗帜 为全面建设社会主义现代化国家而团结奋斗［N］．人民日报，2022 – 10 – 26（001）．

［2］刘能现．浅议研究生教育管理信息化建设［J］．福建电脑，2011（12）：154 – 155．

［3］贾强．地方高校研究生教育信息化的实践与思考——以山东科技大学为例［J］．山东教育，2020（07）：94 – 96．

［4］权美琳．大数据时代高校研究生教育管理的变革与创新［J］．现代交际，2020（23）：46 – 48．

［5］常凯，赵艳莉，黄文峰．"新常态"下的研究生教育管理信息化系统设计——以福州大学为例［J］．中国远程教育，2017（01）：71 – 76．

［6］郑炳伦，魏欢．研究生教育信息化建设探索［J］．南方论刊，2007（07）：57 – 58．

［7］张磊，李婷，柳有权．提高研究生管理信息化水平助力学校"双一流"建设［J］．教育教学论坛，2020（01）：25 – 27．

［8］北京国家教育行政学院．怀进鹏在国家教育行政学院2022年春季开学典礼上强调 聚焦数字中国 大力实施教育数字化战略行动［EB/OL］．［2022 – 02 – 28］．https：//www. naea. edu. cn/gjjyx-zxy/17874/106674/index. html．

［9］杨宗凯，教育数字化战略重塑新时代高等教育［J］．中国教育报，2022 – 09 – 01（07）．

［10］王素，姜晓燕，王晓宁．全球"数字化"教育在行动［J］．中国教育报，2019 – 11 – 15（5）．

［11］祝智庭，胡姣．教育数字化转型的本质探析与研究展望［J］．中国电化教育，2022，（4）：1 – 8，25．

［12］李敏辉，李铭等．后疫情时代发展中国家高等教育数字化转型：内涵、困境与路径［J］．北京工业大学学报（社会科学版），2022，22（01）：35 – 46．

［13］吴砥，李环，尉小荣．教育数字化转型：国际背景、发展需求与推进路径［J］．中国远程教育，2022（07）：21 – 27，58，79．

［14］刘增辉．教育部教育信息化专家组成员郭绍青：教育数字化是教育信息化的高级发展阶段［J］．在线学习，2022（05）：18 – 20．

［15］李铭，韩锡斌，李梦，等．高等教育教学数字化转型的愿景、挑战与对策［J］．中国电化教育，2022（07）：23 – 30．

［16］王子龙．新媒体视角下高校校园文化的传承与创新研究［J］．文化产业，2022（01）：67 – 69．

［17］赵立莹. 从 CGS《研究生教育 2030：展望未来行动指南》看我国的研究生教育改革路径［J］. 学位与研究生教育，2018（03）：66 - 71.

［18］周贤超. 大学文化传承创新的合理性、可行性和实施路径分析［J］. 安康学院学报，2022，34（03）：58 - 62.

［19］教育部 2022 年工作要点［A/OL］.［2022 - 02 - 08］. http：//www. moe. gov. cn/jyb_xwfb/gzdt_gzdt/202202/t20220208_597666. html.

［20］教育部关于印发《教育信息化"十三五"规划》的通知［A/OL］.［2016 - 06 - 07］. http：//www. moe. gov. cn/srcsite/A16/s3342/201606/t20160622_269367. html.

［21］刘春荣，吴瀚霖，周伟. 高校研究生管理信息化自主建设思考和建议———以北京师范大学学位管理系统为例［J］. 中国教育信息化，2016（17）：34 - 36.

（作者单位：中南财经政法大学研究生院、党委研究生工作部）

▶▶▶案例教学与
实践研究

专业学位研究生案例教学实践的若干问题研究[*]

万 明

摘 要: 案例教学是专业学位研究生教学过程的重要组成部分,教学方法的使用情况直接关系着教学目标能否顺利实现。在对现实中案例教学存在问题进行分析的基础上,对影响案例教学对专业学位研究生实践能力发展可能存在的影响因素进行了探讨。研究发现,案例教学是现实职场的拟真化存在,情境教学法是培养学生思辨能力的关键,案例的组织形式单一是当前面临的薄弱环节,优化师资是提高案例教学质量的有效措施,组织案例大赛可提升案例的品质及案例教学的水平,还应积极将思政元素融入案例教学中,并提出了相应的对策建议。

关键词: 专业学位研究生 案例教学 实践能力 研究生教育

2015 年 5 月 7 日,教育部发布了《关于加强专业学位研究生案例教学和联合培养基地建设的意见》,发展的步伐未止步于此。2020 年 7 月,随着全国研究生教育大会的开展,中国研究生教育强国建设的序幕就此拉开。2020 年 9 月 25 日,国务院学位委员会、教育部颁布了《专业学位研究生教育发展方案(2020~2025)》,该方案明确指出了未来五年专业学位研究生教育的前进方向。随着过程的持续推进和规模的迅猛发展,提高专业学位研究生教育质量成为目前研究的重要课题[1]。

迄今为止,各大高校和教育部门逐渐意识到了案例教学在加强专业学位研究生职业实践能力和理论创新能力上的潜在价值。为了推进其发展,响应号召,各大高校应做出举措,将其作为关键项目着重推进[2]。譬如,为顺应我国专业学位教育发展的客观需要,加强专业学位教育质量,需要持续推进专业学位培养模式改革。2013 年,在

---

[*] 基金项目:中南财经政法大学 2022 年度研究生教学教改项目"金融专业学位研究生教学案例库建设"(项目编号:JCAL202217)。

教育部和财政部的支持下，中国专业学位教学案例中心建设项目正式启动。在项目推进过程中，该中心积极推进案例库建设，并陆续与专业学位研究生教育指导委员会达成合作意愿。

首先，从实质上看，专业学位与学术学位截然不同，前者属于"工具"实践型学位；后者则属于"学术研究"型学位。无论是教学方法还是课程内容，专业学位都与从业人员的工作环境息息相关。案例教学的立足点是职业生涯中可能遇到的实际问题，在一定程度上可以还原现实世界的特定情况。其次，从特定案例出发，锻炼学生剖析与解决问题的能力。这种贴近生活的教学方式使得学生无须深究晦涩难懂的行话，也无须对理论知识深入钻研，既可将研究的重点从理论转到解决实际问题上。总的来说，有效的案例教学可以使学生探究到事件的深层原因，提升直接体验感，是一种身临其境式的教学方法。最后，案例教学对真实世界拟真化和精炼化的特点可以使学生简化事件发展流程，促进学生深度思考。以下将结合专业学位研究生教学实践，探讨在建设高质量专业学位研究生教育体系过程中面临的一些重要问题。

一、案例教学是现实职场的拟真化存在

案例教学首先通过描绘案例场景，引导学生了解案例事件发生始末，以学生为中心，以问题为导向，提升学生分析和解决问题的能力。学生在分析案例的过程中将理论与实践紧密结合，一方面加强了对理论知识的把握；另一方面提升了其实践研究能力。总而言之，案例教学始终是教学改革的核心推动力量，能够有效促进教学与实践有机结合，是改善当今研究生培养计划的最佳途径。

专业学位研究生的教育应该是实际工作场所的现实存在。传统教学的标准流程和固定模式与现实社会不断变化的实际情况存在一定差距。案例教学的灵活课堂组织形式可以对不断变化的情况做出及时的调整和反馈，从而反映和顺应现实世界不断变化的形势。

这些案例为学生提供了理论与实践之间的桥梁，并为学生在现实情况下灵活运用理论知识提供了机会。大量的案例教学实践证明，案例应体现以下六个方面的特征：（1）真实性特征。案例的真实性是对案例的基本要求，即使是那些需要对案例主角进行匿名处理的案例，也要来自生活，来自真实事件，而非人为捏造的虚假故事。（2）典型性特征。案例一定是该行业或该领域内反响强烈，引起广泛关注的具有典范性的案例。它的典型性还应体现在：有益于学生触类旁通；具有启示性；通过典型事例推演出普遍规律，发掘问题本质，促使其将理论转化为实践。（3）时效性。案例应该从近年来发生的事件，或者从正在进行、正在对社会产生影响的事件中选取。对时

间久远，但最近又引发人们思考的案例也可以选择。（4）相关性（聚焦性）。案例要和专业挂钩，不能选与专业没有任何关系的案例。最好能与教学内容的核心问题、难点问题、疑点问题相关联，这样能帮助学生更好地进行相关课程的学习，开拓学生知识视野，提升学习兴趣。（5）完整性。完整的案例一般应该包括以下几个方面：案例相关背景、案例主体内容、理论依据与分析、案例研究结果与讨论、案例拓展、参考文献、启发性思考题等。（6）创新性。鼓励那些涉及新理论、新观点和新知识案例，这类案例能很好地启迪思路、开阔视野[3]。

这六个特征很好地解释了现实职场的拟真化存在才是案例教学的本质特征。

二、情境教学法是提高学生思辨能力的关键

运用情境教学法能充分调动学生参与的积极性，具体体现在学生的角色担当与案例场景的转换上。

批判性思维的训练是案例教学要实现的重要目标。有的课程对案例材料做了适应性修改，案例分析路线是设定的，甚至案例分析结果也是预先设定的。不是用课程知识来解决案例中的问题，并用案例来验证知识的适用性或对错，而是用修改后的案例材料来证明一些知识的正确性，这种做法违背了通过案例教学训练学生批判性思维的初衷。还有一种类似的做法为一些教师所钟爱，那就是精心营造一种对抗的场景，埋设若干争议点，学生分为对立的双方就矛盾点进行辩论。这种"案例教学"除了锻炼学生的反应能力和口才外，对学生思辨能力的训练没有什么作用。

情境教学法综合了体验式教学与翻转课堂式教学，本质上是使案例真实情境具体化，让学生参与其中。作为企业的一员，他们可以与企业高管交谈，为企业出谋划策，甚至成为高管一员。这种教学方法有益于学生利用自己的经验主动搭建知识框架，提高参与能力。

在对案例充分了解的基础上，让学生以案例当事人的身份去思考，让学生设身处地去体验如果是自己面对同样问题应该如何应对，有无备选方案等。例如，在民营煤炭巨头"永泰能源"债券违约案例中，如果让学生担任公司财务总监，面对严峻的债务危机以及交叉违约条款的影响，有哪些解决问题的思路，有哪些备选方案，这些方案各自有哪些优缺点和适用条件等。

有时也可以设置场景转换，让学生体会事件在不同背景下会有什么不同的发展趋势及结果。如"爱尔眼科"公司在迅速扩张后，如果没有遇到2020年及其后的新冠肺炎疫情，会沿什么样的路线变化。又如"包商银行案"中假设外部监管到位，银行内部党委没有瘫痪，那么原行长能给银行造成如此大的损失吗？通过该案例我们应该如

何完善外部监管呢？应如何健全党委的领导呢？

通过这些角色担当与场景转换，让学生将更多的知识与思考带入案例中，会极大调动学生主动思考的热情，从而达到训练学生批判性思维的目标。

三、案例的组织形式单一是当前面临的薄弱环节

从客观来讲，研究生专业学位的案例教学是一种独一无二的教学模式，在实际教学中也有很多形式。例如讲解、讨论、参访、角色扮演、游戏、模拟、播放专题录像、演讲、辩论、排列练习等。哈佛式案例教学主要采用"讨论"的形式，而我国当今诸多高校案例教学的薄弱环节是"参访"。但从主观来讲，目前案例组织形式过于单一，并没有充分发挥案例教学的优势，形成极致之美。

参访式（实习式）的案例教学是指学校与外部单位合作，建立学生访问和实习基地。不再局限于传统的教学模式，案例教学将其旁支延伸至职场环境中的案例情境，既可以提高个人的实践应变能力，又可以促进群体学科能力建设，为案例教学的实施形成闭环[4]。但是这一组织形式对资源的要求高，实施难度大，无形中制约了教师采用该形式的积极性。若没有强有力的外部软硬件支持，以及内部各要素的协调配合，较难在专业学位研究生教育中普及与应用。

现在高校都很重视从传统教学走向产教融合，积极与外部单位共同建设联合培养基地，充分利用内外部资源优势，拓宽专业学位研究生知识面，丰富学生认知。因此，进一步加大产教融合推进力度，积极扩大联合培养基地，全面实行"双导师制"，通过"校企合作"共同制订学生培养计划，共同打造联合精品课程等方式，能有效解决专业学位研究生培养过程中的薄弱环节。近年来，一些高校聘请实际工作部门的一些专家担任高校校外导师或产业教授，开启了利用校外资源服务教学实践新的道路，为克服案例组织形式单一提供了新的解决思路。

四、优化师资是提高案例教学质量的有效措施

现在很多从事案例教学的教师自身并没有受过案例教学的专业训练，缺乏从事案例教学的经验。比如，对于哈佛式案例教学法、翻转课堂式教学法，很多教师并不知道从何入手。如果提供机会让这些教师接受专业的训练，对于提升案例教学效果将会有极大的促进作用。师资培训途径有多种，既可以校际互派访问学者，也可校内不同院系之间互相观摩学习，对于从事专业学位研究生案例教学的老师应该给予一定时间的学术休假，让这些老师能专心从事校际访问学者工作。

还可通过积极开展国际交流合作，提高专业学位研究生案例教学水平。建立国际化的资助和保障体系，加大政策引导和经费投入，拓宽教师出国交流学习的渠道，鼓励到国外知名大学或科研机构交流访学，引进海外优质教育资源，将国际化理念融入案例教学实践中。在实践上，需要从案例教学目标出发，发掘、总结、推广国内案例教学的先进做法，形成中国特色案例教学新方法或新体系。

其次，可以发挥国家级专门机构的力量。国家金融专业学位案例中心（以下简称案例中心）隶属于全国金融专业学位研究生教育指导委员会（以下简称案例中心），主要从事案例研究、开发、建设和教学培训工作，是一家专业研究和教学服务机构。优秀的案例终归不是唾手可得的，在案例教学发展的路上还存在诸多困难，其中最为核心的就是案例开发的初始成本高且周期较长，导致单一的培训型单位（尤其是规模小、经验贫瘠的院校大学）很难独自完成优质的案例教学工作。基于这一问题，案例中心通过收集各院校单位的优秀案例，不仅为上述高校缓解了案例缺乏的困境，也促使各单位萌发了诸多优秀案例。同时，凯斯中心也架起了各大高校、金融专业教学领域和外部事业单位沟通的桥梁。通过案例介绍、开发、教学等活动，促进了国内外各大高校与业界的交流。因此，各高校应该充分利用各专业学位研究生教指委下属的案例中心，组织相关教师认真学习优秀案例，交流案例写作开发经验，提升教师的案例教学水平。

师资不仅指高校教师，还包括校外指导教师。为丰腴研究生、导师等专业学位队伍建设，要大力推动地方领导干部、两院院士、国有企业骨干、劳动模范等到平台工作，积极建立党政机关、科研院所、军队、企事业单位各级领导干部、党员领导干部、专家、学者等担任校外辅导员的制度，从而提高研究生专业学位的综合素质。

五、组织案例大赛可提升案例的品质及案例教学的水平

各种层次的案例大赛无论是对教师还是对学生都起到很好的激励作用，通过营造浓厚的参赛氛围，可实现案例写作及案例库建设的突破。各高校可通过案例大赛活动，构建以国家级"全国专业学位优秀教学案例大赛"为引领、以"研究生院（部）教学教改项目（案例库建设）"为依托、以学院"研究生案例大赛"为补充的高水平、全方位、多渠道的专业学位研究生案例教学平台体系，促进研究生实践创新能力的提升。

通过案例大赛能提高学生学习的兴趣，通过大赛可促使师生及时关注、跟踪、挖掘当前热点问题、焦点事件，将这些热点事件以案例分析的方式组织学生进行分析讨论，最终形成案例文本。这样可以极大调动学生学习的积极性，对于更新师生的知识体系、跟踪实践中热点问题起到促进作用，也能大幅提升学生应用所学知识分析问题、

解决问题的能力。

通过案例大赛能促进案例设计的规范性。案例要遵照全国各专业学位研究生教指委的案例范式要求，保证案例的编写资料详实、简洁明了、重点突出。金融教指委案例大赛的范式是经过实践检验的比较符合案例教学规律，能最大发挥案例教学效果的体例。

六、积极将思政元素融入案例教学中

教学不是最终目的，育人才是。只有以正确的"育人观"为导向，深化研究生的思想政治教育，树立学生的学术和职业道德观，才会使其实践能力有用武之处，才能成为"德智体美劳"全面发展的职业型人才。构建高层次研究生教育人才培养体系，必须始终坚持党的领导，以思政教育贯彻人才培养的始终，坚持以发展德才兼备的人才为出发点，努力培育社会主义建设者和接班人。

案例教学与课程思政协同育人是分不开的。许多案例都从不同的角度涉及思政要素，通过案例教学打造"有温度的思政课"，为研究生成长奠定科学的思想基础，是案例教学的重要任务。所以从事案例教学的教师应以课程思政示范课程建设为抓手，全方位挖掘案例教学中的思政教育元素，例如2019年爆发的包商银行被接管案件就能从银行治理缺陷、风险管理失控、监管腐败等方面进行讨论，帮助学生认识到依法依规经营的重要性，认识到加强银行党组织建设、加强外部监管的迫切性，认识到金融从业人员思想政治素质对金融机构安全与发展的重要性。通过持续加大专业学位研究生案例教学中课程思政的培育力度，形成思政课程与课程案例建设互为补充的课程育人体系。

参考文献

[1] 郑晓齐，马小燕．专业学位研究生案例教学的相关问题辨析［J］．北京航空航天大学学报（社会科学版），2021（03）：147 – 153.

[2] 张新平，冯晓敏．重思案例教学的知识观、师生观与教学观［J］．高等教育研究，2015，36（11）：64 – 68.

[3] 熊华军．专业学位研究生"四贯通"案例教学体系的构建与实践［J］．学位与研究生教育，2020（04）：24 – 30.

[4] 苏敬勤，高昕．案例行动学习法——效率与效果的兼顾［J］．管理世界，2020，36（03）：228 – 236.

[5] 李征博，曹红波，郑月龙等．哈佛大学商学院案例教学运行模式及对我国的启示［J］．学位与研究生教育，2018（11）：66 – 71.

［6］宋耘．哈佛商学院"案例教学"的教学设计与组织实施［J］．高教探索，2018（07）：43－47．

［7］欧丽慧，马爱民，刘飚．多元情境下MBA职业能力训练模式的构建与创新［J］．学位与研究生教育，2019（10）：35－41．

［8］薛国凤，王亚晖．当代西方建构主义教学理论评析［J］．高等教育研究，2003（01）：95－99．

［9］刘刚．哈佛商学院案例教学作用机制及其启示［J］．中国高教研究，2008（05）：89－91．

［10］冯茹，于胜刚．面向教育硕士培养的教学案例开发：困境与路径［J］．中国高教研究，2019（06）：94－99．

［11］徐学福．三种视角下的反思性教学探析［J］．教育学报，2008（03）：26－30．

［12］苏华．工程基础课程批判性思维培养的探析［J］．高等工程教育研究，2019（02）：98－104．

［13］张良，刘蓉．构建基于认知学习理论的MPA案例教学［J］．中国高等教育，2016（05）：56－58．

［14］Farashahi, M., Tajeddin, M. Effectiveness of teaching methods in business education: a comparison study on the learning outcomes of lectures, case studies and simulations［J］. The International Journal of Management Education, 2018, 16（01）：131－142.

［15］Careaga, M., Rubaii, N., Leyva, S. Beyond the case method in public affairs education: Unexpected benefits of student-written cases［J］. Journal of Public Affairs Education, 2017, 23（01）：571－590.

（作者单位：中南财经政法大学金融学院）

研究生法医学案例＋实验教学方法研究

周 鑫

摘 要： 案例启发式教学对于加强侦查学研究生理论联系实际、解决具体问题能力的培养极为重要，法医案例库的建立不仅有利于教学质量的提高，同时也是实现案例资源共享的保证。整体而言，相对于理论课教学，研究生法医学实验教学发展相对滞后，亟待针对现状，明确实验教学基本任务和根本目的，在合理把握实验教学要求的基础上，进一步转变观念，优化模式。在侦查学研究生教学活动中，坚持统筹法医案例和实验教学，将两者有机结合起来，真正做到将理论与实践相结合，使学习者通过对基本知识结构的了解，到各具体理论、方法和内容的熟悉，再到整体技能的掌握，促进其应用所学的法医学知识来解决当前现实生活及将来司法工作中的各种法医学问题能力的培养和锻炼，使研究生的专业素质水平得到进一步的提高。

关键词： 法医学 案例 实验 教学方法 应用

　　法医学（legal medicine）因法律的需要而产生，它服务于法律，是应用医学以及其他自然科学的理论与技术，研究并解决司法实践中有关医学问题的一门应用科学。我国的法医学是为社会主义法制服务的，是侦查学等专业研究生将来从事司法工作必备的基本知识[1]。理论丰富、实践性强是法医学课程的重要特点，要掌握好法医学的知识和技能，在侦查学研究生教学活动中，必须统筹案例教学和实验教学，将两者有机结合起来，使学习者能科学应用所学的法医学知识来解决与法律有关的各种法医学问题，使自身的专业素质水平得到进一步的提高。

一、案例式教学及法医学案例库的构建

（一）创新案例式教学的意义

案例式教学是培养高素质司法人才，加强研究生理论联系实际、解决具体问题能力培养的有效教学方法，案例式教学方法能有效且充分提高学生的实践能力、应变能力、思维能力、创新意识和团队精神，因而在教育界，备受广大教育工作者的推崇[1][2][3][4][5]。就目前而言，由于案例式教学所需的诸多要素，诸如工作团队建立，工作流程的规划和遵循，案例信息资源收集、整理和统计分析等仍有不同程度的欠缺，案例式教学尚未完全普及，其实际效果也不尽如人意。总的来说，案例式教学仍是研究生教学的较薄弱环节。

在研究生法医学课程教学过程中引入丰富的案例信息，极大地丰富了法医学课程的教学内容，很好体现了"学以致用"的根本目的，学生们乐于接受，教学效果明显提高。案例材料本身具有生动性、实用性、实践性及综合性的特点，汇集法医案例的信息库自然具有信息量大、案例种类丰富、数据详实、检索便捷的优点，而原本散布在课程各章、节的诸多法医学知识点，在实际教学过程中可按需随时引入对应的相关案例进行讲解、分析和讨论，不仅能达到深入浅出、由点及面的效果，夯实知识掌握的深度，而且，在互动环节对引入案例进行的深入谈论、必要反思，将进一步激发探究知识的乐趣，活跃教学氛围，扩展知识理解的广度，最终使得法医学课程的多媒体教学要素、内容极大丰富，而教学模式则不断优化。

（二）法医案例信息库的构建

法医案例信息库的建立，不仅可作为各种实践教学方法的支持系统，有利于教学质量的提高，同时也实现了案例资源共享，有利于各专业课教师之间的沟通、交流，教师可以根据自己的科研、教学需要，从法医案例信息库中检索、获取所需的案例资源，通过将法医司法鉴定工作中的典型案例不断添加到案例库中，使之不断更新，成为大容量、全信息量的刑事司法科研、教学资源库[6]。

1. 法医案例信息库建设的基本构想。根据研究生法医学课程教学及科研工作的具体要求，科学、合理制定法医案例信息库的总体规划。总体规划主要体现以下五方面的内容：（1）法医案例库建设的具体目标（包括前期目标、当前目标和 3~5 年的长远目标）；（2）明确法医案例信息库建设的 5 项基本原则，即真实性、完整性、典型性、启发性和专业性；（3）案例库建设参与人员遴选、团队建立、分工协作、职责划分及考评等规范要求、管理制度；（4）制定案例编写规范与实施标准、案例教学的实施与管理办法，确定案例库覆盖的课程范围；（5）案例库建设的各项成本核算与控制、建设进度和质量控制方法、资助经费管理等。

2. 合理确定案例选题。根据法医案例库总体规划确定的目标，结合研究生案例式教学实际需要，对全部案例资料进行分类整理及分析，依据基本案情、案件性质、受伤/死亡原因、检验（实验）对象及方法、鉴定时间等，将全部入库案例分为五大类：（1）法医临床鉴定类，主要包括伤害鉴定案例、工伤鉴定案例、交通事故鉴定案例、医疗纠纷鉴定案例、亲权鉴定案例、性功能鉴定案例。（2）法医病理鉴定类，主要包括机械性窒息鉴定、机械性损伤鉴定、猝死鉴定、烧死和冻死鉴定、电击死鉴定。（3）法医毒物鉴定类，主要包括实质毒、障碍功能的毒物、有机磷农药、杀鼠剂、有毒动物、有毒植物鉴定。（4）法医精神鉴定类，主要包括精神分裂症、偏执性精神障碍、人格障碍、心境障碍、精神发育迟滞、性心理障碍鉴定。（5）法医物证鉴定类，主要包括血液（血痕）、精液（精斑）、毛发、骨骼的法医鉴定。以上所有入库法医学案例材料的基本要求是一般资料（姓名、性别、年龄、职业、住址、身份证号等信息）及文证、物证齐全，有案情记录，符合检验程序和规范要求，检验方法、步骤细致，分析合理，鉴定意见明确。

3. 制订科学的实施方案。

（1）案例信息要素收集。对相关案例信息要素的收集、整理是编写案例的基础性工作。所有法医案例信息要素均来源于日常的法医司法鉴定工作实践，主要包括鉴定的委托文书、一般资料（包括被鉴定人姓名、性别、年龄、职业、身份证号、此次委托事项、鉴定地点、鉴定的日期）、检案摘要、病历资料（门诊病历，入院记录、出院小结、手术记录等）、法医学检验方法及过程、分析说明、鉴定意见和全部相关照片、录像资料等。

（2）形成案例。首先，由案例库建设参与人对收集、整理的全部案例信息要素分门别类处理后，进行专业分析，按照确定的案例编写规范与实施标准去伪存真、合理取舍后纳入案例编写范围。其次，需确定案例的逻辑结构和问题设计，进行合理的编排，并撰写完成案例初稿。最后，在对案例进行校对、反复修改的基础上予以完善。

（3）初步建立案例信息库。建立法医案例信息库的根本目的是为研究生教学和科研服务，因此必须保证每一个入库案例的格式规范和内容质量。按照流程和既定要求，正式入库之前，需对收集的每一个法医案例进行试用、检验，也就是将案例投入案例教学试用，以便接受实际教学检验，最后再根据前期的这一系列教学检验结果，讨论、确定更进一步的优化方案，通过这些流程和要求，最终确保所有入库案例都满足高质量的要求。

按照案例库建设的具体目标，最终建立起来的案例信息库将形成一个涵盖法医临床鉴定、法医病理鉴定、法医毒物鉴定、法医学精神鉴定和法医物证鉴定五大类的全信息要素、专业的法医案例信息库，而建成后的法医案例信息库将保持动态更新的常态。案例信息库由专人进行日常维护，对校对、优化后入库的全部法医案例进行分类，按照建库的规范要求分别确定唯一的编号，便于后期教学、科研时准确检索。

二、课程实验教学的思考和规划

由于实验设施、人员及实验教学本身等较多因素影响，整体而言，相对于课堂理论教学，研究生法医学实验教学发展相对滞后[7][8]。这亟须针对实验教学的现状，明确法医实验教学的基本任务和根本目的，在合理把握法医实验教学要求的基础上，进一步做好法医学实验教学内容规划及实验教程编写，转变实验教学模式，不断丰富教学形式，优化实验教学手段，整合实验教学及司法鉴定资源。

(一) 明确法医实验教学的目的和任务

要掌握好法医学的知识和技能，实验教学是其中极为重要的环节。它能将理论与实践相结合，通过预设的众多法医学问题，使学习者在对实验原理的了解，实验方法的设计，实验过程的参与和实验结果的观察、记录全过程，达到掌握实验技术，提高科学分析、解决法医学问题专业素质水平的根本目的。法医学实验设计与教学是本课程的重要环节，通过参加尸体现象观察、机械性损伤检查、法医学尸体检验、活体损伤检验及生物检材 DNA 检验、新鲜血液 ABO 血型的检测等实验项目，能使侦查等专业研究生加深对法医学基本概念、基本原理和方法的理解，熟悉法医学鉴定范围内的基本知识，并培养学生解决法医学实际问题的能力。

(二) 合理把握法医实验教学的基本要求

可采取演示、观摩、实践、综合等多种形式，适当开展一些学生自主动手操作项目，主要达到以下基本要求：了解并学习尸体现象、机械性损伤的观察方法和法医学意义，了解法医学尸体检验相关的法律法规、规范等，明确法医尸体解剖的对象及其重要意义，熟悉法医学尸体检验的程序、常用方法和步骤、法医尸体检验鉴定书的编写、理解和采信；熟悉法医学活体检验的主要目的、常用方法和技术手段，了解伤害、工伤及交通事故活体损伤法医学鉴定的时机、受理程序、损伤检验记录方法及伤残等级评定的标准；了解 PCR 技术的优点、应用和意义，熟悉 PCR 扩增的基本过程，掌握血型的概念、血型遗传规律、ABO 血型分型方法，掌握各类法医物证检验常用的程序和方法。

（三）加强研究生法医实验教学的基本措施

1. 做好法医学实验教学内容规划及实验教程编写。积极针对研究生法医学教学所涉及的主要知识点进行全面、系统梳理和专业化设计，编写专门用于法医实验教学的配套教程尤为重要。在具体的法医实验教学内容设计、规划中，应将尸体现象及死亡时间推断（PMI），机械性损伤鉴定和凶器推断，法医学尸体检验和个人识别、死因分析，溺死、缢死、勒死的鉴定与案件性质分析，高、低温及电流损伤鉴定和生前烧死、死后焚尸的鉴别，常见毒物中毒鉴定，亲子关系鉴定，血液、骨骼及毛发等生物物证检验及个人识别等专题结合法学、侦查学知识进行全面、合理的规划。如此一来，编写完成的高质量实验教程无疑能极大加强学习使用者对法医学知识掌握的深度和广度，能增强其在今后司法工作实践中应用法医学知识对相关案例进行甄别、合理分析的能力，提升办案水平，而这也正是对高素质、高水平司法从业者的必然要求。

2. 转变实验教学模式，丰富教学形式，优化教学手段。推动传统的"以教师为中心的实验教学"向"以学生为中心的实验学习"模式的转变，在研究生实验教学过程中，积极鼓励、促进学生自主式、启发式、合作式、研究式、个性化的学习方式，以增强学生实践技能锻炼、启迪创造思维为根本目的[9]。

强化实验教学手段是实现实验教学目标和任务的必然要求，在不断引进先进的化学、生化以及分子生物学等现代方法与手段，充分应用引入的多媒体、计算机网络技术等先进教学技术手段的同时，正确认识和处理好现代化教学手段运用与传统实验教学方法改革之间的关系，不能混淆，更不宜偏废，在保留和继承传统实验教学手段，如大体标本、组织切片观察、尸体解剖检验等基础之上，充分利用现代高科技，例如高清数字人虚拟解剖系统等教学设备，进行演示型教学。

丰富教学形式是实现创新研究生实验教学目标的依托，考虑到法医学实验教学实践中会涉及大量的医学、生物、物理和化学等自然科学知识，因此，提前考虑学习对象的知识背景和学习特点，按照实验教程的具体要求，可以采取实验原理、方法及步骤讲授，交谈、讨论及个别指导等多种丰富的教学形式，以达到贴近实际需要的目的。

3. 整合实验教学及司法鉴定资源。加强研究生法医学实践能力的培养是法医学实验教学的核心要义和根本任务。当前，除了一些综合性大学、医学高等院校外，不少政法院校均建立、设有承担社会服务职能的综合性或法医学司法鉴定中心，在创新法医学实验课程教学的背景之下，应考虑将法医学司法鉴定大量的案例资源收集整理、分类筛选及统计处理并纳入法医学实验课程体系建设的整体布局。学校司法鉴定中心也为研究生的校内法医学实践提供了很好的机会，可采取实验兴趣小组的形式，通过设计、制定必要的参与及配套管理制度，使学生作为法医学司法鉴定人的助手，参与到日常的各类法医学鉴定受理、检验及鉴定全过程中来。毫无疑问，这种新型的模式将有效地整合实验教学和司法鉴定资源，为促进法医学实验教学提供丰富的资源，提供更多的法医学实践机会，也为创新研究生法医学实验教学提供更多的有益探索。

三、法医学案例 + 实验教学方法的应用

（一）实验教学案例一：机械性损伤鉴定

1. 案情摘要。王×于19××年×月×日被人打伤后送往某医科大学附属医院抢救，医院诊断为：（1）多发性脑挫伤；（2）左侧慢性硬膜下血肿；（3）去大脑皮质状态；（4）褥疮。19××年×月×日死亡。为了确定死亡原因，委托法医系进行解剖检验。

2. 尸表检验。裸露冰冻男尸，尸长173厘米，尸重33千克，发育正常，营养极差，呈恶病质状态。平头，黑发，发长2厘米；左乳突上方4厘米处可见一3×3平方厘米不规则的头皮糜烂（褥疮）。眼睑结膜苍白，角膜高度混浊。口鼻外耳道均塞有棉球。左上第Ⅱ前磨牙牙冠陈旧性断裂。

颈部对称，未见损伤。胸廓扁平，皮肤散在粟粒状红色斑点，突出皮面，腹部呈舟状，下腹部已出现片状尸绿。右下腹部可见一5×9平方厘米条状手术瘢痕。外生殖器未见异常，肛门塞有棉球。骶部可见一11×7平方厘米椭圆形皮肤缺损（褥疮），骨质外露。左右大转子分别可见5×3平方厘米及5×4平方厘米皮肤缺损（褥疮）。右肩峰区可见一2×1平方厘米皮肤缺损（褥疮）。

3. 解剖检查。颈胸腹行"一"字形切开术，腹膜光滑，腹腔无积液。右下腹大网膜轻度粘连；阑尾缺如。横膈高度左侧为第Ⅴ肋骨，右为第Ⅳ肋骨。膀胱充盈，伸出耻骨联合上6厘米，内有黄色微混尿液150毫升。膀胱黏膜光滑。双侧气胸实验（-）。胸肋骨无骨折；肺无粘连，胸腔无积液。胸腺不大。

4. 脏器检查。气管、支气管、肺：剪开气管、大支气管，可见灰黄色黏稠分泌物；左肺重472克，右肺重512克。表面灰红色，局部凹陷。切面上可见多数孤立性病灶，呈圆形或椭圆形，从米粒至硬币大小，灶内可见黄绿色脓性分泌物流出。镜下病变以支气管为中心，渗出大量的中性白细胞及部分单核细胞。部分区域肺泡萎陷。

心脏：重150克，小于死者右拳。左室厚1.0厘米，右室厚0.2厘米。外膜光滑，心腔内无附壁血栓。瓣膜不厚，各瓣膜周径如下：三尖瓣10.5厘米，肺动脉瓣7厘米，二尖瓣9厘米，主动脉瓣6厘米。冠状动脉开口无畸形。镜下心肌纤维明显萎缩，

间质增生不明显，未见炎性细胞反应。

脾脏：重77克，13×7×2立方厘米，包膜皱缩，表面灰红色，切面红白髓上可分辨。镜下见白髓区缩小，网状内皮系统不活跃。

肝脏：重782克，右叶16×13×6.5立方厘米，左叶13.5×9平方厘米。表面暗灰红色，光滑；切面呈暗红色，质地均匀。镜下肝小叶结构完好，部分肝细胞呈脂肪变性。

肾脏：左肾重114克，11.5×5.5×3.5立方厘米，右肾重90克，10×5×3立方厘米；双肾表面呈灰红色，切面皮髓质境界清楚，测皮质厚度均为0.6厘米。肾盂黏膜可见少许黄色分泌物。肾包膜易剥离。组织学检查肾小球结构无异常，多数肾小管内可见蛋白性絮状物。

肾上腺：双侧重10克，肉眼及镜下检查无特殊发现。

胰腺：重65克，19×6×1.8立方厘米，表、切面颗粒状结构模糊，间质出血，未见坏死。镜下显著自溶。

胃、肠：胃高度扩张，约1000毫升胃内容，呈稀糊状。胃黏膜光滑、苍白。肠管无特殊。镜下胃、肠黏膜均明显自溶。

头部检查：切开头皮未见出血，颅骨无骨折。左侧硬脑膜下陈旧性出血。全脑重1284克，脑回变窄，脑沟变深，脑膜血管扩张、充盈。左颞叶底部略显皱缩、不平。切开大脑，见左侧脑室明显扩张，左颞叶底部10×3×2.5立方厘米范围内脑实质近似蜂窝状改变，部分已形成囊腔。镜下该区域脑组织液化、坏死，形成空腔，周围胶质肉芽组织形成。脑实质弥漫性水肿。小脑与脑干未见挫伤区。

脑垂体：肉眼及镜下均未见特殊改变。

5. 分析说明。本例尸检主要发现死者全身衰竭，呈恶病质状态；全身多器官萎缩；左大脑半球慢性硬膜下出血；部分脑实质挫伤后液化形成囊腔伴胶质肉芽组织增生；小叶性肺炎；多发性褥疮。

结合案情及临床资料，死者生前有头部外伤史，磁共振检查提示有颅内出血及脑挫伤，符合解剖所见。由于病程历经数月，挫伤区已出现脑组织坏死液化及修复改变，故未见出血等近期损伤的表现，但硬膜下出血残迹尚清晰可辨。

去大脑皮质状态又称去大脑皮质综合征，是颅脑损伤后极为严重的并发症。其临床特征是皮质下各区（包括脑干在内）功能逐渐恢复，但大脑皮质仍处于抑制状态，即意识终未恢复，这类伤员几乎都因其他并发症而死亡，就本例而言，主要是由于合并肺部感染而死亡。

6. 鉴定意见。王×因头部外伤后致硬膜下出血、重度脑挫伤合并全身衰竭、支气管肺炎而死亡。

（二）实验教学案例二：工伤活体检验鉴定

1. 案情摘要。被鉴定人自诉20××年×月×日下午×时×分左右，在××市××电源有限公司车间工作时，不慎被机械致伤左手。为确定伤残等级，要求进行法医学鉴定。

2. 病历摘要。××省中医院出院记录（住院号：1244××）载：入、出院日期：20××年×月×日－×月×日。因"外伤后左手中指开放伤1小时"入院，入院后急诊行左手中指毁损伤残端清创缝合修复术，出院诊断为：左手中指毁损伤。出院时伤口干燥，无红肿、无渗出，伤指血循、运动、感觉可。

3. 检验过程（20××年×月×日）。神清，自行步入室内，一般情况可，查体合作。肢体感觉、运动无异常，左手中指远节缺失，残端干燥，无明显渗出。余未见明显异常。阅送检被鉴定人20××年×月×日××省中医院X线片示：左手中指远节指骨粉碎性骨折。

4. 分析说明。（1）根据法医活体检查所见，结合送检病历资料及X线片，认为被鉴定人20××年×月×日所受损伤属实，主要是：左手中指远节指骨粉碎性骨折。（2）损伤致被鉴定人左手中指远节指骨粉碎性骨折，伤后急诊行左手中指毁损伤残端清创缝合修复术，目前左手中指远节缺失，依据GB/T 16180—2006《劳动能力鉴定——职工工伤与职业病致残等级分级》标准第 j 条第 6 款之规定，评定为X级残疾（十级）。

5. 鉴定意见。被鉴定人20××年×月×日所受损伤评定为X级残疾（十级）。

（三）实验教学案例三：毒物中毒鉴定

1. 案情摘要。犯人郝××于20××年×月×日晚在××监狱不明原因死亡。为查明死因，特委托进行法医学鉴定。

2. 尸表检验。中年男性尸体，尸长174厘米，体重61千克，发育正常，营养中等。尸斑位于腰背部位受压处，呈暗红色，指压不褪色。尸僵完全缓解。头发花白，发长1厘米，头皮无损伤，颅骨未触及骨折。眼结膜无出血，角膜高度混浊。鼻腔内有淡红色分泌物，外耳道无分泌物及出血。口唇灰白，口腔内无分泌物。颈部及上胸部腐败静脉网形成。胸部皮肤无损伤，胸廓对称，未触及肋骨骨折。腹部隆起，下腹部出现尸绿。左上肢距鹰嘴4厘米、肱骨外上髁1.1厘米处有一直径4厘米的淤血斑。左大腿内侧距腹股沟17厘米处有一长3.5厘米的条状表皮剥脱板皮下出血。肛门、外生殖器无异常。

3. 解剖检查。常规"一"字形切口打开颈、胸、腹部。腹壁皮下脂肪厚1.0厘米，腹腔脏器位置正常，大网膜覆盖于上腹部，无充血及渗出，腹腔内可见少许淡红色透亮积液。膀胱低于耻骨联合1厘米，内有20毫升尿液。横膈高度：左侧在第四肋间，右侧平第五肋骨。双侧气胸试验（－），肋骨无骨折，肋间肌无出血，胸膜腔无粘连。左侧胸腔积液30毫升，右侧25毫升，颜色淡红。心包内有少量淡红色透亮液体。

4. 脏器检查。

胸腺：重35克，多为脂肪组织所代替。

支气管：腔内有少量黄色黏稠的分泌物，黏膜光滑，未见损伤及出血。

肺脏：左肺重810克，右肺重705克。两肺表面均呈暗紫红色，无粘连。切面挤压后均可见黄红色泡沫状液体溢出。

心脏：重375克，心外膜光滑，心脏未见大片梗塞。左室壁厚1.3厘米，右室壁厚0.3厘米。各瓣膜周径为：二尖瓣11厘米，主动脉瓣9厘米，肺动脉瓣9厘米，三尖瓣14.5厘米。各瓣膜光滑、湿润，未见赘生物。冠状动脉开口及管腔未见狭窄，主动脉无硬化斑。

肝脏：重1260克，表面和切面未见异常。

脾脏：重245克，包膜皱缩，切面混浊。

肾脏：左侧重185克，右侧重190克，大小分别为11.9×6×4.5立方厘米和13×5.4×4.2立方厘米，两侧皮质厚均为0.9厘米，切面皮髓质界线清楚。

胰腺：重75克，大小为18×4.5×3.8立方厘米，表面和切面未见出血。

胃：内容200毫升，灰色糊状，黏膜光滑，无出血及糜烂。

肠：大小肠黏膜无出血。

头颅：颅骨无骨折，颅腔内无出血。脑重1590克，脑表面血管扩张充血，未见脑疝形成。常规切面上未见脑出血。

5. 组织学检查。

脑：大脑后侧软脑膜血管扩张、充血，脑神经元及血管周围间隙加大，并见散在的脑软化灶，丘脑也可见脑软化灶。

心脏：心外膜血管扩张充血，心肌可见灶状坏死，并有炎性细胞浸润，乳头肌灶状出血，心肌血管扩张充血，心内膜未见感染灶。

肺脏：胸膜未增厚，肺内血管扩张充血，支气管黏膜大部分脱落，肺泡腔内可见蛋白渗出液，部分肺泡隔断裂，相互融合成肺大泡。

肝脏：肝窦充血，肝细胞可见空泡样变性，并见灶状坏死。

肾脏：包膜不厚，近曲小管自溶，结构不清，远曲小管上皮细胞自溶脱落，肾间质血管扩张充血。

其他脏器均呈瘀血性改变。

6. 毒物分析。死者血液中碳氧血红蛋白的含量为50%，死者血中未检出常见毒物。

7. 分析说明。本例解剖发现死者脑组织水肿、脑软化灶形成；肺水肿；肝细胞空泡变性等。同时毒物分析发现，死者血中碳氧血红蛋白含量为50%，血中未检出常见毒物，且系统解剖未见致命性损伤和疾病。文献记载，一氧化碳中毒者血中碳氧血红蛋白达到31%时即可引起死亡，而本例血中碳氧血红蛋白浓度达50%，可造成死亡。

本例在解剖中未发现典型一氧化碳中毒的尸体现象，即血液、肌肉呈樱红色等，可能为尸体腐败所掩盖，但脑组织水肿、坏死灶形成，肝细胞变性，肺水肿等改变均为一氧化碳中毒具有的征象。

8. 鉴定意见。郝××因一氧化碳中毒死亡。

综上，在法医学实验教学内容设计时强调案例教学，坚持统筹案例和实验教学，将两者有机结合起来，有利于学生将掌握的法医学知识及实验技术、方法，迅速导入对具体案情的科学、客观分析，这将进一步增强学生解决司法实践中各种法医学问题的能力，不断提高侦查学研究生的专业素质水平。

参考文献

［1］陈世贤. 法医学［M］. 北京：法律出版社，2007.

［2］朱世文，郑珊珊. 案例式教学在法学教育中的作用［J］. 玉林师范学院学报（哲学社会科学），2013（01）：140－143.

［3］朱世文，郑珊珊. 中国式案例教学在教育教学中的作用［J］. 临沂大学学报，2013（02）：9－12.

［4］张冬冬，郭晓春. 任务驱动式案例教学法在公安院校教学中的应用［J］. 山西警察学院学报，2020（04）：97－100.

［5］王素娟. 法学课程案例式教学的组织与设计［J］. 现代商贸工业，2021（36）：148－149.

［6］周鑫. 法医案例信息库的构建与教研互动［J］. 科教文汇，2011（08）：39－40.

［7］耿强，刘慧君. 法学综合实验教学创新模式研究［J］. 实验技术与管理，2013（12）：152－157.

［8］刘茂林. 基于LETS软件的法学实验教学体系［J］. 法学教育研究，2015（12）：71－85.

［9］杜承铭. 法学教育改革与法学实验教学模式探索［M］. 厦门：厦门大学出版社，2011.

（作者单位：中南财经政法大学刑事司法学院）

浅论研究生参与社会治理的
实践机制研究

——以中南财经政法大学为例

刘昱龙　万君仪

摘　要： 对于当代大学生的培养教育，在校期间的专业理论学习是基础，而参与课外社会实践则是走向社会的平台和试金石。长久以来，对于研究生的培养教育更侧重理论研究，实践方面易被忽视。虽然近年来国家新提出产教融合、科教融合的方向策略，但笔者认为，对于研究生的培养和教育更应因校施策、因专业学科门类精准区分。作为人文社科类高校，让广大在校研究生参与到社会治理实践，融入培养机制，显然是一种必要且可行的路径方案。中南财经政法大学作为一所具有研究生教育培养特色的人文社科类高校，研究生体量大且专业能力扎实，若在研究生参与社会治理实践方面做文章、夯实基础，势必能够另辟蹊径，创造出符合中南大特色的实践机制。本文试从中南财经政法大学在校研究生参与社会治理实践的视阈破题，浅谈创新社会治理实践，在研究生培养和教育全过程中，如何融合实现机制价值。

关键词： 研究生　社会治理　教育融合　机制路径

一、研究生参与社会治理实践的问题之提出

（一）研究背景和意义

1. 研究生参与社会治理实践的背景和意义。研究生教育旨在培育高水平研究型人才，是我国创新战略的坚实力量。近年来，我国研究生教育取得卓越成绩，为创新注

入活力。美中不足的是，其尚未完全满足社会多元需求，尤其是在新时代高等教育朝向内涵式高质量发展的趋势背景下，现实培养质量与要求还有差距。其实，2013年至今，教育部、国家发展改革委、财政部、湖北省教育厅发布了多项有关研究生教育改革的文件精神，对研究生教育提出了方向性的意见和要求，其中就不乏研究生加强实践能力的命题[1][2][3]。而在2021年新修订的《中南财经政法大学硕士研究生培养管理办法》中明确指出，硕士研究生的培养要坚持学习、实践、毕业论文三者并重，强调了实践在研究生培养中的重要性。

高校里最庞大的群体是学生，是高校与社会联动的基本力量，其参加社会实践的方式多种多样，但以参与社会治理的实践机制具有独特重要的意义。由此可见，研究生参与社会实践的改革要求，早已是题中之义，应当提倡。

2. 社会治理的内涵、范畴和背景。关于社会治理的概念和内容，本文将社会治理当作实践机制进行研究，就必须把社会治理实践的内涵和范畴讲清楚。一是内涵，社会治理实践被国家治理所涵盖，是国家基层的治理，对整个社会单元进行治理，就是最大命题；二是范畴，范畴包括政府治理、单位（含高校、科研院所）治理、基层社区治理等各个社会单元[4]。

社会治理一词，自2017年党的十九大提出"坚持和完善共建共治共享的社会治理制度"新的任务后开始频繁进入我们的视野；2019年党的十九届四中全会审议通过了《中共中央关于坚持和完善中国特色社会主义制度推进国家治理体系和治理能力现代化若干重大问题的决定》，更加强调社会治理的重要性。最近几年的政府工作报告，"加强和创新社会治理"屡次被提及，越发凸显社会治理的重要性[5]。

就社会治理而言，高校与研究生的参与为社会治理注入了新的活力，治理主体的增多意味着治理方式的完善与创新，在智力资源、人力资源的支持下社会治理水平与治理能力能够得到大幅提升。就高校而言，高校内的大学生走向基层参加社会实践，既能作为高校思政教育的一种有力途径，加强和改善劳动教育成果，更加科学、高效地完成育人目标，也能促使高校开展社会服务和公益创业活动，发挥自身的优势，使社会治理获得新生；就个人发展而言，参与基层治理不仅能够全面提高研究生的综合能力，而且能够根本性地塑造青年的人生观、世界观、价值观，为我们党、国家和人民锻造优秀的社会主义建设者和接班人。

（二）文献综述

通过分析国内现有19篇文献，研究内容概括如下：第一，该主题研究数量不足。从文献数量上看，在搜索关键词充足的情况下仅能检索到19篇论文，可说明不仅研究生参与社会治理的文献寥寥无几，有关高校与社会治理联动的文献也屈指可数。第二，从研究内容上进行概括发现，文献所研究的参与社会治理的主体多聚焦于本科院校及其校内大学生而非研究生。研究内容上，有学者直接以高校、大学生参与基层社会治理为题进行分析[6]。这些文献多采用"问题提出—解决"的论述方式。大多数文献都提到上文所述的高校与大学生参与基层治理的重大意义[7]，但在这广泛参与、联动之中不乏困境与阻碍，典型困难包括高校与基层社区衔接机制不畅通[8]，参与治理的大学生应对复杂事务的能力较差，以及实践工作的延续性差等问题[9]，导致研究生参与积极性降低，功能也不能完全发挥。

对此，许多文献提出了完善路径，如建立多方协调衔接机制，充分发挥党、政、校、民四方力量，多渠道搭建社会实践平台；运用新媒体、人工智能等方式提高社会实践活动落实效率[7]；建立专业培训机制以提高学生治理素质[10]，事半功倍；注重制度保障，在全面依法治国方略下为大学生参与社会治理提供法治保障等种种改进方式。

除了前述直接以大学生参与基层社会治理为题的文献，也有学者将学生进行专业分类，具体就某一专业的学生参与社会治理展开研究。大学生参与社会治理的方式因专业而异，文献研究的专业主要有法学、社会学、政治学三类。尽管三类专业学生面临的困境相似，但完善路径并不相同。在社会治理的参与活动中，法学专业要求学生在积极参与社会实践之外，还要以论文发表的方式检验成果，在毕业论文的选题上也要贴合实际，尽可能避免纯理论性的题目[11]。社会学专业则更强调积极参加社会实践，在实践中发现问题、研究问题[12]。政治学本身理论性较强，培养模式上要求厘清应用型人才的内涵与标准，构建多层次实践教学体系，缓解理论与实践的脱节[13]。除按专业研究外，还有较多学者专研高校志愿服务与基层社区治理的关系，采取的研究思路与第一种研究方式类似[14]。志愿服务提供的社会交往和互相帮助的机会，增强了社会成员之间的信任、团结和互助，这是社会治理的理想状态。

（三）文献评析

分析至此，以上文献有清晰的研究思路、翔实的研究数据，但仍然存在一些不足：第一，缺乏针对研究生主体的研究，没有针对研究生参与社会治理进行论述。现有文献多以本科生为研究对象，但研究生与本科生存在区别：研究生参与社会治理的能力相较于本科生而言更专业，其作为人才支撑的力量也更强。但现有研究中仅有 1 篇针对研究生进行研究[15]，难以体现研究生对社会治理的重要性，也缺乏对研究生不足之处的阐述，在社会治理中可充分发挥研究生群体的作用，该类文献实乃沧海遗珠。第二，具体专业范围较为狭小。现有文献集中在法学、政治学、社会学等传统社会科学专业，其他专业学生参与社会治理的实践与理论则鲜有研究，研究专业范围缺少全面性。

目前，为落实党的教育方针政策，提高社会治理能力，构建现代化国家治理体系和治理能力，高校与社会基层联动进行社会治理成为正确风尚，学界研究重点也逐渐转向了社会基层治理与高校的联动问题。因此，本文对研究生参与社会治理实践进行创新机制研究，以期通过相关形势和理论分析，提出参与实践的常态化路径和方案，最终形成新机制。

二、研究生参与社会治理实践的必要性机理分析

（一）国家层面分析

当前我国正处于全面建设社会主义现代化国家的关键时期，中国式现代化道路进入新阶段。第二个百年奋斗目标全面建成社会主义现代化强国分为两个阶段，不管是第一个阶段，还是第二个阶段，都把社会治理水平的提高作为重要的目标。第一个发展阶段的社会治理目标是"现代社会治理格局基本形成，社会充满活力又和谐有序"；第二个阶段提出的目标是"实现国家治理体系和治理能力现代化"。就实现我国全面建成社会主义现代化强国这一目标而言，要实现社会治理层面的目标，既需要强化社会治理领域的理论研究，也需要强化该领域的人才培养。作为科研实践的主体，广大研究生群体参与社会治理实践，在社会实践中发现社会治理中的具体问题，进而开展相关理论研究，既有助于促进社会治理领域的理论发展，也有助于解决社会治理实践所遇到的具体问题。因此，要实现上述目标，一方面需要广大研究生投入社会治理实践当中，构建理论与实践双向交流促进机制；另一方面需要培养具有一定社会治理理论研究和实践的人才，提升社会治理的现代化水平。

（二）社会层面分析

我国发展进入新阶段，社会处于改革攻坚期和深水期，各种矛盾交织叠加，面临新的挑战和任务。从化解社会发展面临的问题而言，高校应当以此为己任推动产学研深度融合，构建育人协调机制，为社会的发展和进步作出应有的贡献。这就要求高校在培养人才方面有清晰的认识和明确的导向，即培育具有一定实践能力的复合型人才，强化学生参与社会治理方面的实践活动。从全面深化改革的领域来看，高校作为教育领域的前沿阵地，其自身也要适时进行人才培养制度层面的改革，促进研究生广泛地参与社会治理实践活动是其中应有之义。从推进全面深化改革的目标来看，要实现这一目标也需要作为智库的高校做出相应的努力，将社会治理实践教育融入人才培养机制中，为社会治理注入新鲜血液和力量，发挥研究生群体的效能。

（三）个人层面分析

对于广大研究生而言，培养一定的社会实践能力有助于研究生的成长与成才。社会治理是一个庞大复杂的体系，是社会有机体运转的规则体系，具有不同的结构和要素。因此，参与社会治理可以使广大研究生更加了解社会的组织结构及其运行逻辑，增强对国情、社情、民情的认知，在社会实践中提升分析和解决实际问题的能力。从社会文化角度衍生出来的实践共同体理论（community of practice theory）认为，人们通过积极参与位于特定社会共同体中的文化实践，来构建和发展自己的身份和理解，通过积极参与文化实践，个体发展自己对实践社区及其思维和行为方式的归属感和一致性[16]。研究生参与社会管理实践不仅是培养实践能力的重要方式，更是进一步建构与社会一致的思维和行为方式的重要途径，既可以提升社会实践能力，又可以提升思想认识，有助于研究生的全面成长。对于社会科学学科的研究生而言，结合专业开展相关的社会治理实践有助于专业水平的提升；对于非社会科学学科的研究生而言，通过参与社会治理实践获得对社会学科知识的认知，是其知识和能力体系的必要补充。

三、研究生参与社会治理的创新机制研究

（一）社会治理实践的参与形式

社会治理需要积极公民的直接参与，所谓"参与"如何定义？一般所说的参与是指参与人对决策施加影响力。西方学者如阿恩斯坦构建了参与阶梯理论，意味着公众参与的层次是多元的。不同群体的影响力有区别，但不同群体的参与并无高低之分[17]。参与的广度与深度是我们现阶段需要提升的两个方向。

在中国的社会治理中，从公众影响力的角度来看，参与可以被分为学习、反馈、建议、合作、受权、自治六个层次。公众的参与层次随着参与规模和参与途径的不同而有所区别，但是总体而言，社会治理要求在各种规模和各种途径中均有最低限度的公众参与。通过全面梳理公众参与的途径，主要包括法律制定、法律执行、法律适用、群众自治等途径。这些方式对公众参与的意义均同样深远，缺少任何一种都会影响社会治理水平。因此，本课题尝试克服参与渠道的单一性，为公众的全面参与给予支持。

（二）在校研究生参与社会治理的方式与途径

本文选取中南财经政法大学某创新创业导师团队的样本数据，如表 1 所示。

表 1 　　　　　　中南财经政法大学某创新创业导师团队参与社会治理数据统计

项目	实践地点	参与人数（人）	实践次数（次）	实践内容
地方调研	北京、麻城、武汉、黄冈等	11	5	A 教授带队或指导研究生参与各地方、部门调研
志愿帮扶	麻城、武汉、黄冈等	5	3	A 教授带队或指导研究生参与社区志愿或下沉基层帮扶
企业治理	光阶、科创链 AI 等	11	5	A 教授带队或指导研究生参与公司企业治理、创业合作

从上述数据可知，研究生在导师指导下参与社会治理的途径至少有三种：地方调研、志愿帮扶、企业治理，每一种途径都有其针对性。

在地方调研中，研究生由 A 教授带队，参与了各地方部门调研，具体地点为北京中关村、麻城龟峰山、武汉湖北工业大学、武汉洪山区楚为生物、浠水天井湖村等地。正如习近平总书记所说，调查研究是干好实事的基本功，必须深入基层，下沉一线。调查研究不是蜻蜓点水的作秀，研究生们通过实地调研、走访参观和现场座谈等形式深入了解当地社会治理情况。在调研结束后，该团队对调研得来的大量材料和情况进行认真研究分析，得出成熟的调研成果。

在志愿帮扶中，A 教授带队或指导研究生参与社区志愿或下沉基层帮扶，研究生们分别在麻城龟峰山、武汉清江锦城、浠水天井湖村 3 个社区参加志愿活动，开展帮扶工作。为做好新形势下服务基层、服务社区、服务群众的工作，志愿帮扶活动能使研究生参与建设居民自治、服务完善、治安良好、环境优美、文明祥和的和谐家园，深入了解民情民意，学习社会治理的方式方法。

在企业治理中，研究生在 A 教授的指导下参与了次元 FA、华清洁利、光阶、科创链 AI、云莺签发、楚为生物、菱辟蹊径公司 7 家企业治理、创业合作。中国经济走过了波澜壮阔的改革开放四十年，四十多年来，无数企业推动国民经济发展，缓解就业压力，是国家强盛的依凭。因此，企业治理是社会治理的重要一环。研究生们选择了数个进军不同领域的企业，获得了多个领域企业治理与创业合作的经验。

（三）探讨新形势下研究生参与社会治理的创新机制和路径

在当前中华民族伟大复兴战略全局和世界百年未有之大变局的新形势教育改革背景下，笔者以国家、本校的相关规定和要求中蕴含的政策精神为例，更加强调硕士研究生重在优化类型结构，鼓励特色发展，增强研究生的开拓精神，培养研究生的社会实践与治理能力。基于此，研究本课题，探讨研究生参与社会治理实践的创新机制和路径就是应有之义了。

从本文选取的中南财经政法大学研究生课外实证案例分析，在校研究生参与社会治理的方式与途径多种多样，基本上覆盖到经济发展的主要方面，从基层部门调研，到社区志愿帮扶，甚至到公司企业治理，都有研究生广泛参与的身影，既能传播国家政策的"接上层"，也有参与管理团队的"上中层"，更能深入了解社情民意的"下基层"，展现了当代研究生参与社会治理实践的责任与担当。如何把上述实践方式和途径总结、推广和升华，讲好研究生教育发展的"中南故事"，形成独具研究生培养教育特色的"高校参与社会治理方案"，则是接下来各高校面临的新课题、新任务。

参考文献

［1］湖北省教育厅．推进新时代湖北研究生教育高质量发展措施［Z］．2021 - 4 - 27.

［2］教育部．教育部国家发展改革委财政部关于加快新时代研究生教育改革发展的意见［Z］．2020 - 09 - 21.

［3］教育部．教育部国家发展改革委财政部关于深化研究生教育改革的意见［Z］．2013 - 04 - 19.

［4］周红云．全民共建共享的社会治理格局：理论基础与概念框架［J］．经济社会体制比较，2016（02）.

［5］陶希东．共建共享 论社会治理［M］．上海：上海人民出版社，2017.

［6］庄新岸．空间治理视域下大学生参与社会治理的价值与路径［J］．学校党建与思想教育，2021（05）.

［7］崔艳明．高校大学生参与农村基层社会治理路径研究［J］．特区经济，2020（05）.

［8］裴宏伟，李赟，姚冰，何潇蓉．社会治理共同体视阈下中等城市与驻地大学互动融合机制刍议［J］．河北建筑工程学院学报，2022（02）.

［9］秦锐．假期返乡学生服务社会实践在基层社会治理中的作用［J］．新疆警察学院学报，2019（04）.

［10］樊有镇，杨梦婷．武汉高校志愿服务与社区志愿服务联动研究［J］．湖北开放大学学报，2022（01）.

［11］汪世荣，褚宸舸．面向基层社会治理培养高素质法科研究生的探索［J］．人民法治，2019（20）.

［12］魏礼群．坚守选择 励志成才 做一名优秀的社会学研究生［J］．社会治理，2021（11）：5 - 12.

［13］张善喜，王莉花．社会治理视域的政治学实践教学方式探析［J］．内蒙古电大学刊，2017（04）.

［14］孙玲，朱帅，舒熙程，司新宇，白宇．突发事件下首都高校学生志愿服务社区基层治理探究［J］．公关世界，2022（08）.

［15］姚晨，李正则．研究生基层社会治理能力提升与培养路径——基于浙江大学研究生社会实践的调研分析．科教发展评论，2021（00）.

［16］Jimenez - Silva M，Olson K. A Community of Practice in Teacher Education：Insights and Perceptions [J]. International Journal of Teaching & Learning in Higher Education，2012（03）：335 – 348.

[17] 武小川. 论公众参与社会治理的法治化 [D]. 武汉大学博士学位论文，2015.

[18] 曹刚剑，王长久. 乡村振兴视域下大学生乡土实践的内涵意蕴与时代价值 [J]. 高教学刊，2022（33）.

[19] 陈富贵，白炳贵. 大学生"三下乡"参与乡村社会治理的实践探索 [J]. 智慧农业导刊，2022（04）.

[20] 高轩. 地方高校应用型人才培养模式的探索与实践 [J]. 开封文化艺术职业学院学报，2021（03）.

[21] 赖锴. 公众参与社会治理的现实困境及法治化路径 [J]. 领导科学，2020（14）.

[22] 李浩，张晓红. 新时代高校研究生支教团的发展与社会治理价值 [J]. 宁德师范学院学报（哲学社会科学版），2019（01）.

[23] 梁思姝. 多元共治视阈下研究生支教团参与社会治理的问题与因应研究——以浙江大学为例 [D]. 浙江大学硕士学位论文，2019.

[24] 林移刚. 社会工作介入贫困乡村社会治理的创新模式 [J]. 中国社会工作，2019（24）.

[25] 鲁学军，杨智红. 大学生志愿服务参与基层社会治理机制研究 [J]. 淮南职业技术学院学报，2022（04）.

[26] 沈寨. 公民参与社会治理的法治化路径研究 [J]. 厦门特区党校学报，2019（04）.

[27] 唐文娟. 协同视角下高校法学教育与基层社会治理创新问题研究 [J]. 法制与社会，2016（07）.

[28] 闫海强，蔡阿雄，沈俊. 大学生志愿服务参与地方社会治理的探索与实践 [J]. 浙江海洋学院学报（人文科学版），2016（06）.

[29] 严万豪，彭伟. 当前基层社会治理体系与治理能力现代化之理性审视 [J]. 法制与社会，2018（31）.

[30] 颜彩媛，陈晋旭. 高校青年志愿者参与社会治理研究 [J]. 中国成人教育，2017（02）.

[31] 杨国富，程思遥. 基层社会治理视域下高校选调生培养体系的优化 [J]. 科教发展评论，2020（00）.

[32] 杨智育，原阳. 社会治理视域下高校参与农村社区教育发展的实践探索 [J]. 当代继续教育，2021（218）.

[33] 余宝姗. 新时代党建引领城市基层社会治理及其实践路径研究 [D]. 中共吉林省委党校（吉林省行政学院）硕士论文，2022.

[34] 周健. 社会工作硕士研究生社会服务能力提升探索——基于社会治理重心下移的视域 [J]. 井冈山大学学报（社会科学版），2022（04）.

（作者单位：刘昱龙，中南财经政法大学资产管理部；

万君仪，中南财经政法大学法学院）

应用统计专业硕士案例教学与实践

蒋　锋

摘　要： 随着大数据技术的快速发展，应用统计专业人才的需求量与日俱增。课程思政建设是最大程度发挥老师主观能动性、最大化课堂效益的必要基础，因此在应用统计专业硕士的人才培养方面，要将思政建设融入课堂，确保价值观塑造、知识传授和能力培养三位一体。案例作为凝结了过往经验的阶段性成果，需要与人才培养方案有机结合。基于当前中国国情及社会发展需要，并结合实际教学经验，本文从教学准备、教学模式以及评价考核三个阶段对案例教学实践的要点进行阐述。讲好中国故事，做好中国案例，需要做到理论与实践相结合、历史与当下相结合、总结与创新相结合。教学模式和方法需要在动态演进中不断完善和提升，使其更好地服务于应用统计专业型人才的培养。

关键词： 思政课堂；应用统计；大数据；案例教学

一、引言

计算机技术的进步对统计学的发展产生了巨大影响。随着大数据、人工智能等的快速发展，应用统计专业人才的培养显得尤为重要。无论在现实生活还是科研中，数据都正在以前所未有的速度产生，并且具有规模大、类型多样等特点。数据分析在产业发展、政府决策、企业管理等方面起着重要作用。社会经济、环境科学等领域中的研究中涉及的因素通常较多，问题也相对复杂，因此数据量也十分庞大，数据结构与形式也更加多样化。人们逐渐认识到，现实生活中的各种现象以及科学研究中的各种规律，都隐藏在数据之中。基于数据的研究不能仅仅停留在对数据本身的观察上，如何获取数据，如何实时处理在线数据，如何构建行之有效的模型，这些问题都影响着统计推断结果的有效性。大数据时代统计学面临着许多新挑战和新机遇，引领统计学学科发展的新方向和新趋势。

推进课程思政建设，是守好一段渠、种好责任田，使各类课程与思政课同向同行、形成协同效应的重要举措。作为高水平人才培养体系的重要部分，大学生只有拥有高尚的品格，才能肩负起国家和民族的希望。推动课程思政的建设是高校得以实现"立德树人"根本任务的需要，也是进一步推动思想政治教育与专业课有效融合的需要。[1]认为课程内容要符合课程思政的要求，分析了经济学类专业的专业课程实施课程思政的基本内涵和具体要求，并从横向的教学内容资料和纵向的教学组织两视角提出了课程思政的实施路径。[2]课程思政建设，对培养新时代"追梦者"和"圆梦人"而言具有重要意义。

作为传播知识、孕育思想的殿堂，高等院校的立身之本在于立德树人。如何深入贯彻"三全育人"的核心理念，将课程思政融入课堂教学，发挥应用统计专业硕士课程的隐性思政教育功能，已经成为目前各大财经统计类院校课程改革与实践工作的关注热点。落实教育部提出的"立德树人"根本任务，不仅需要高度关注学生学习能力的培养，更要注重学生价值观的塑造，两者缺一不可。老师作为学生的引路人，需要对教学培养方案做出合理设置，在确保思政建设的基础上，引导学生树立正确的世界观、人生观、价值观。

在应用统计专业人才的培养方面，推动思政建设和实践案例教学相融合，对促进教学工作、提高教学质量、全面提升学生素质都有着重要作用和意义。对于学生来说，第一，在应用统计专业硕士案例教学与实践中融入思政元素，能够引导学生形成正确的社会主义核心价值观，担负起当代大学生的时代使命；第二，培养学生政治素养以及对于统计学类专业课程的学习兴趣，激励学生刻苦学习，提高专业认同；第三，有助于提高应用统计专业硕士课程的教学质量，将本专业特点和社会需求相结合，充分发挥本专业优势特色。对老师来说，第一，有助于进一步丰富统计学类专业课程的授课内容，通过融合思政元素，帮助统计学类专业课程的授课教师提高教育教学质量，进而提高教学效果；第二，从"教""学""评"三个角度量化评价思政元素与统计学类专业课程的融合效果，有助于丰富针对高校教师的多元考核体系；第三，有助于学院整体向前向好发展，学生整体素养得到提升，课程开设受益面达到最大化，进一步助力于全员、全过程、全方位育人目标的实现。

二、教学理念与目标

（一）教学理念

1. 融入课程思政的教学理念。思政和应用统计专业硕士案例教学的融合要以"立德树人"为根本任务，以"三全育人"为核心理念。课程安排和教学内容设计要以社会主义核心价值观为指导思想，充分发挥老师的育人功能，挖掘课程潜在的德育内涵，尊重学生的差异化、个性化发展，培养德智体美劳全面发展的专业型人才。

2. 启发式的教学理念。在该理念的指导下，以激发学生的学习兴趣为目标，着重培养学生进行独立思考的能力，使得学生具有独立分析问题、解决问题的能力，最终引导学生形成主动学习和思考的思维模式，以确保他们在以后的学习生活中能够独立完成新知识的探索和掌握。

3. 理论与实践相结合的教学理念。强调学科融通，在课程安排和案例选择上体现大数据与其他学科的交叉融通，如大数据与经济金融、大数据＋会计学、大数据＋管理学等。引导应用统计专业硕士在掌握理论知识的基础上，利用先进的数据分析技术完成问题分析，提出改进方案或对策，实现跨学科交流。同时，各硕士生导师也要鼓励并指导学生参加学科竞赛或完成学术论文撰写。

（二）教学目标

1. 通过在应用统计专业类课程中融入思政元素，增强学生的观察能力、数据分析能力、抽象概括能力和辩证思维能力；使学生形成较好的统计思维和统计软件应用能力；培养学生的道德和法治意识、科技报国的爱国主义情怀，践行社会主义核心价值观，始终坚定"四个自信"。

2. 从"教""学""评"三个角度提高融入课程思政的应用统计专业类课程教学效果，提高教育教学质量，激励学生刻苦学习，热爱专业，使学生具备扎实的统计素养、开展统计研究的科学精神、学一行爱一行的爱岗敬业精神以及服务国家和社会发展的家国情怀，实现应用统计专业的育人目标。

3. 着力解决应用统计专业类课程在融入思政元素过程当中所面临的问题，量化分析学生和教师对在应用统计专业类课程融入思政元素后的态度和效果评价，以更好地发挥思政元素在教学当中的重要作用。

三、教学实践

应用统计专业硕士人才培养要顺应时代发展需要，结合大数据背景，及时调整培养方案，并合理安排教学实践任务。案例教学与传统教学方式的不同之处在于，教学理念更科学，教学内容更前沿，教学模式更合理，考核方式更多元。应用统计专业硕士的案例教学实践主要分为教学准备、教学模式以及评价考核三个阶段，这三者相辅相成、共同作用，合力确保教学效益最大化。

（一）教学内容

1. 理论学习。统计理论与方法的熟练掌握是对应用统计专业人才的基础要求。因此在专业硕士的培养方面，具有一定深度的理论学习安排必不可少。由于应用统计专硕的考研规定书目相对较少，跨考难度较其他专业略低，因此每年都会吸引大批量非统计专业的本科生跨考。这类学生既是未来统计行业发展的综合型储备人才，也是研究生培养阶段需重点关注的基础薄弱人群。为后续综合案例实践的更好推进，需要安排如应用多元统计分析、中级计量经济学、高等概率论、高等数理统计等统计相关的理论课程，同时开设机器学习、深度学习、自然语言处理等前沿理论教学。给每位研究生课堂配备专业的、经验丰富的教师团队，引导学生在课下有针对性地展开深入研究。鉴于纯粹的理论推导难度过大，可以在课堂上演示理论的代码实现，从方法论的底层逻辑角度加深学生的理解。

2. 软件学习。案例实现需要有过硬的软件技能支撑。学生们在本科阶段接触更多的一般是 SPSS，Eviews，Stata 等对编程实现能力要求不高的软件，对 Python，R，Matlab 等软件的掌握仍较浅薄。目前国内大型互联网公司的数据分析、数据挖掘及开发、算法工程师等岗位的招聘要求中，都会明确指出要求应聘者熟练掌握 Python，C 或 C＋＋等其中一种编程语言。因此，研究生阶段是将本科学习到的知识和技能进一步细化，并与未来工作岗位进行有效衔接的关键环节。开设 Python 数据分析、Python 深度学习、Python 与自然语言处理等软件实操课程，能够帮助学生系统性地梳理软件学习框架，以便后续进行案例实现时更好地查漏补缺。该环节可以采用我们团队出版的《Python 数据分析基础》作为教材。本书对 Python 的基础语法、数据结构、常见模块都进行了详细介绍，并附带完整的 Python 代码，能够辅助学生熟练掌握 Python 软件。

3. 案例学习。以现实数据为基础的案例分析是将理论知识融入具体实践的主要路径之一。在应用统计专业硕士的课程设置中加入案例教学，既可以打破外界对学生只会"纸上谈兵"的刻板印象，也能够强化学生对知识的记忆和应用。针对不同的软件、方法或技术，可以开设不同的课程，如使用 Matlab 的群体智能优化算法案例实践、基于 Python 的非平稳数据分解实践和深度神经网络案例实践等。与此同时，互联网时代的迅速发展催生了大量数据，大型企业或公司的技术部门需要及时对这些海量数据做出针对性分析，以确保业务部门工作的顺利开展。应用统计专业硕士的培养应符合市场对相关人才的需求，在案例教学中采用业界真实数据，从而让学生了解完整的数据处理、数据分析、数据建模流程。开设大数据行业专家讲堂，邀请业内专业人士对具体场景下的统计方法应用实例进行介绍，能够进一步开拓学生视野，让学生在熟悉真实业务处理流程的同时，对本专业的就业前景有更清晰的认识。

（二）教学模式

1. 案例与思政融合。将思政元素与应用统计专硕案例教学进行有效融合存在一定的难度。如何将思政元素自然地融入选取的案例中，在确保专业知识讲授的同时，引导学生建立正确思想观念，讲好中国故事是一大难点；如何量化思政元素的融入程度，量化融入思政元素后案例教学效果的提升程度、学生的学习进步程度，以及时调整课程设置安排也是一大挑战。现阶段可以从课前及课后两个阶段入手，完成案例教学与思政课堂的融合。在课前，将与所选案例相关的历史背景、事件以及社会影响等元素融入教学准备中，对课程进行理论设计；在课后，结合当前社会背景，鼓励学生探索热点话题背后的隐藏信息，利用统计手段独立完成案例分析，让学生在潜移默化中养成积极正向的思政态度与统计研究相结合的思维模式。同时，定期对融入课程思政元素的应用统计专业类课程的教学质量进行评估。

2. 案例与课程融合。研究生阶段的学生培养应更注重理论与实践的结合。本院应用统计专业硕士的学制为两年，第一学期安排的课程任务相对较多。为保证教学质量，培养方案和课程设计应充分考虑学生整体素养，将案例与课程深度融合，在有限的时间内让学生接触更大的知识面。近年来，我院开设的应用统计专硕案例分析课程不断改进完善，从软件的安装使用、注意事项，到基础的国民经济数据分析实证、电商平台业务数据挖掘，多角度多层次内容均有涉及。采用教学相长的模式，在完成课堂讲授后，让学生以小组为单位完成课后练习并展示。为确保课堂效果最佳，授课老师已经将相关案例内容在自己的学生团队中进行多次讲解和更新，选择了最具代表性的案例素材和讲授方式来完成大课堂教学。

3. 案例与学术论文融合。应用统计专业硕士的毕业论文以应用型研究为主，因此需要在硕士培养阶段为学生创造良好的学术氛围，通过案例的讲解和分析为学生开拓思路，提前规划好毕业论文的撰写任务。在案例与论文融合的具体实践中，"双循环"背景下中国经济高质量发展研究、数字经济对我国乡村振兴的作用研究、"双碳"目标下我国碳排放量核算体系研究等属于宏观经济案例探索；基于工业大数据的异常检测算法探究、基于深度学习组合模型的空气污染物浓度预测、基于分解 – 集成 – 预测框架的我国能源消耗研究等属于大数据算法改进及应用的案例探索。研究生一年级新生还未形成良好的学术论文阅读和写作思维，因此需要老师发挥正向引导作用，将具有中国特色的案例实践论文融入日常教学工作中。

4. 案例与学科竞赛融合。应用统计专业硕士应当具备敏锐的数据洞察力，在完成研究生阶段的课程修读后能够完成一份完整的案例分析报告。因此，需要鼓励学生积极参与学科竞赛，如"华为杯"数学建模比赛、金融科技创新大赛、市场调查大赛、应用统计专硕案例分析大赛等，这类比赛对学生的统计学基础有一定要求，主要考查数据思维能力，是将课堂知识转化为实际应用的最佳锻炼方式。除此之外，阿里天池、Kaggle、中国移动"梧桐杯"等互联网平台举办的数据挖掘比赛也能够对学生的能力提升起到正向作用。为使学科竞赛更好地服务于应用统计专业人才发展，老师应从每年的获奖作品或优秀分析报告中选择有代表性的部分，在课堂上进行展示和讲解。

（三）评价考核

1. 培养成果考核。以往的课程考核方式都是学生平时表现占比30%，期末课程考试占比70%，其中平时表现由课堂出勤率、课后作业、课堂问题回答情况构成。应用统计专业硕士的培养目标主要是为社会提供具有良好统计学基础和数据分析能力的专业人才，因此需要对学生的课程考核方式进行优化。结合教学实践应用的三大要点，可以在学生成绩的综合评定上加入学科竞赛或论文撰写指标，适当提高平时成绩占比。同时，不再选择单一的闭卷考试，而是采用规定数据集下的案例分析、特定情境下的问题作答或上机实验等方式进行考察。

2. 教学方式评价。为更好地落实案例教学方案，实现教学效益最大化，学院老师需要及时了解学生对课程安排的评价和反馈。采用线上匿名打分和线下随机访谈相结合的方式，对学生的意见和建议进行收集整理，以便后期进行动态调整。导师也要定期对学生的学习情况和思想生活情况进行了解，协助授课老师完成课程优化。

四、结语

大数据技术的发展和革新为应用统计专业人才提供了更多更新的发展思路。本文从案例分析与实践视角对应用统计专业硕士的培养进行探讨，对当前应用统计专业硕士培养过程中融入思政建设的必要性进行了详细阐述，同时强调了在学生培养过程中加入案例教学的重要性。在当前时代发展的背景下，专业型硕士需要具备解决实际问题的能力。对于应用统计专业的学生而言，要想讲好中国故事、将自身所学应用于中国实际，就必须熟练掌握问题剖析能力和案例分析技巧。本文从教学内容、教学模式和考核方式三个方面对案例教学实践的要点进行了阐述，相关结论均来自实际应用总结。纸上得来终觉浅，唯有实践出真知。案例作为凝结了过往经验的阶段性成果，需要与人才培养方案进行有机结合。但任何先进的教学理念和方式都不能一成不变，都需要在实践的检验中不断更新迭代优化，在顺应时代发展的同时，建立起适合学生本身的模式。

参考文献

[1] 柯翌娜. 课程思政视角下保险学课程改革探索 [J]. 山西财经大学学报, 2019 (41): 107 – 108.

[2] 张翼, 张禹. 课程思政对经济学专业课程的内涵要求与实现路径分析——以《计量经济学为例》[J]. 中国多媒体与网络教学学报 (上旬刊), 2019 (07): 67 – 68.

[3] 唐俊龙, 禹智文, 刘远治, 邹望辉, 吴丽娟, 谢海情. 面向实践和创新能力培养的"项目驱动 + 案例引导"课程教学方式方法的改革 [J]. 教育教学论坛, 2020 (05): 185 – 186.

[4] 王延新, 王志. 基于 OBE 理念的"时间序列分析"课堂教学改革探索 [J]. 宁波工程学院学报, 2020, 32 (01): 117 – 121.

[5] 张军, 冯瑞琴, 张巍巍, 张新宇, 王海龙. 统计预测与决策课程的教学改革与探索——以内蒙古农业大学为例 [J]. 内蒙古统计, 2021 (04): 49 – 52.

[6] 罗敬, 胡军浩. 大数据时代背景下《应用回归分析》课程的教学改革探索 [J]. 中外企业家, 2020 (14): 146 – 147.

[7] 赵伟, 于凤. 基于案例式情境教学法的管理类课程教学模式变革与实践 [J]. 对外经贸, 2020 (10): 126 – 129.

（作者单位：中南财经政法大学统计与数学学院）

Z世代研究生心理健康教育难点及策略研究[*]

魏晨雪

摘 要： 互联网的快速发展和普及加速了Z世代群体的崛起，有主张、有个性的Z世代研究生群体正逐步成为高校思想政治工作的主要对象。社会节奏的不断加快，复杂多变的生存环境所催生的压力让部分研究生不堪重负，心理健康难以恒久持续，越来越多的研究生出现过度焦虑、自闭甚至抑郁症等现象，Z世代大学生的心理健康问题所带来的风险危机对高校学生工作提出了新要求、新任务，如何准确把握Z世代研究生心理健康特征，如何应时应地找准心理健康教育的方式方法，成为当下高校思想政治教育者亟待面对和解决的问题。本文以研究生为例，深入剖析以小刘为代表的Z世代学生心理健康特征及症结所在，由点及面提出应对措施，以期为新时代研究生心理健康教育有所裨益。

关键词： Z世代 研究生 心理健康 难点 应对措施

一、研究背景

当下研究生的心理健康是研究生正常学习生活，拥有良好性格人格的前提和基础。心理足够健康，研究生才能情绪稳定、意志坚定，才能处理复杂多变的人际关系，才

* 本文系中南财经政法大学基本科研业务费"科研培育与全员育人"项目——《"课堂＋实践"校企双向并行实践育人模式研究》阶段性研究成果，项目编号：2722023DS012。"Z世代"起源于美国和欧洲地区，原指1995—2009年出生的人。现指互联网原住民，深受互联网、智能手机、平板电脑等科技产品的影响的人，Z世代人群深受颜值主义，兴趣圈层文化，偶像文化，懒宅文化等因素的影响。Z世代更加追求个性，更加自由随性，更加注重生活的仪式感。虽然Z世代摆脱不了宅、丧、佛的标签，但也掩盖不了Z世代的光芒万丈。

能适应不断发展变化的社会环境。作为学历教育的最高层次，研究生培养水平直接关系到我国高等教育水平的高低，更是科技创新、国家富强和中华民族振兴的重要基础。21世纪以来，随着社会经济的快速发展，人们生活水平显著提高，家长对于教育的重视和投入也成倍增加。与此同时，社会行业细分更加明显，行业内卷和竞争更加严重，Z世代研究生所面临的压力正逐年增大，近些年来由于研究生心理问题导致的校园悲剧时有发生，Z世代下研究生心理健康问题亟待解决。

2017年"心理育人"被纳入十大育人体系，加强人文关怀和心理疏导，深入构建教育教学、实践活动、咨询服务、预防干预、平台保障"五位一体"的心理健康教育工作格局正成为高校心理健康教育的主攻方向。由此，本文试图在此背景下，以中南大研究生小刘为例，深入剖析Z世代研究生心理特征，探讨研究生的心理健康与成长成才，为高校心理健康教育作出应有的贡献。

二、Z世代研究生心理健康教育难点剖析

大学生健康成长是新时期对人才素质培养的根本需求，也是研究生成长成才、完成学业的有力保障。对研究生而言，高校扩招、行业细分带来科研、就业、生活等诸多方面的压力，让他们产生了激烈的心理冲突和生存压力，如果不及时疏导容易使小问题演变成大危机。

2020年，"00"后的小刘以专业成绩第一被保送到中南大G学院就读。读研后，小刘依旧保持饱满的学习热情，不论是课堂学习还是项目研究，小刘总是脚踏实地，兢兢业业。而这一切在读研二时彻底发生了改变，父母离婚，感情受挫，科研失利，连番打击让小刘精神萎靡，无心学习。经历上述变故后，小刘一蹶不振，无故旷课的次数日渐增多，经常一个人闷在宿舍，或是暴饮暴食，经常性出现联系不上的情况。

与小刘类似情况的学生日渐增多，本文在调研访谈、梳理总结近年来发生过心理问题的校内外研究生后，得出Z世代研究生心理健康教育存在的难点如下：

（一）辅导员职责泛化，心理健康教育的深度广度不足

Z世代下，学生的个性越发明显和突出，辅导员本身所肩负的思想政治教育、党团和班级建设，学风建设，校园危机事件应对，职业规划与就业创业指导等工作已异常繁杂，留给心理健康问题发现和疏导的时间精力就必然被压缩，在对学生的访谈调查中，近7成的学生表示虽然辅导员也很重视心理健康问题，但每次能同辅导员的沟通交流时间却不足半个小时，近一半的受访者表示虽然自己很相信辅导员，也希望能从辅导员那里获得帮助和倾听，但谈话的大多数时间辅导员要么被临时来的电话打断，

要么有突发的其他事项等着辅导员去解决，访谈者也逐渐放弃了和辅导员深入沟通交流的想法。长此以往，有问题的学生难以和辅导员深入交流。由此可见，辅导员工作繁重且岗位职责日渐泛化，以至于很大一部分学生在遇到困难时不愿向辅导员寻求帮助，认为辅导员对自己心理健康的关心程度一般。

（二）心理健康教育资源不足，难以满足学生需求

当下，各高校均在大力建设心理健康教育中心，配齐配强专职心理健康医生或服务人员。对学生而言，心理问题发生时，理性专业的心理咨询尤为重要，但有四成的受访学生表示，虽然学校提供了专门的心理健康诊疗、治疗渠道，但实际在使用过程中却经常排不上号，一般性、普通性的心理健康问题难以获得及时的疏导，频繁性的预约排队也打消了学生预约的积极性。此外，也有不少学生在受访时表示，心理医生的素质参差不齐，心理诊疗的效果也与医生本身有很大关系。

（三）学生敏感，家校关系复杂且微妙

对于研究生而言，其自身认为已满18岁且有一定的人生阅历，虽然大部分研究生经济上尚未独立，但其已有较为完整的思想和人格。大多数研究生发生心理问题时，第一时间选择的不是向家人倾诉，而是自我消解或是向朋友倾诉，对于家庭和学校则是放在最后，更有甚者不少学生从头到尾都没有想寻求父母或老师帮助的念头。在实际调研过程中，不少受访研究生表示自己并不想让父母知道目前的状况，主要原因有三个：一是自己认为父母没有这方面的经验，即使告知他们相关情况也无法真正帮助到自己；二是自己认为心理问题会随着时间的推移而逐步消失，这种问题不用过多重视；三是囿于自尊心的影响，害怕自己的问题被父母扩散出去，特别是学校的辅导员及其他老师。由此可见，学生对于家校关系十分敏感，高校心理健康教育缺少家长的参与，也缺少与家庭的互动，对于心理健康教育工作的开展十分不利。

三、Z世代研究生心理健康问题应对策略

（一）强化辅导员骨干作用

辅导员是高等学校教师队伍和管理队伍的重要组成部分。作为高校教师，辅导员在学生成长成才，实践教学，能力提升上起着引导作用；作为管理人员，辅导员又是深入学生群体，链接学校、家庭和学生的关键纽带，应发挥辅导员在大学生心理健康教育中的骨干作用。为此，首先要加强辅导员心理健康教育专项培训，合理安排培训

内容，选取典型案例，切实提高辅导员心理健康教育能力、技能和水平；其次，厘清隶属关系，明确辅导员岗位的职能定位，辅导员虽处在大学生思想政治教育的第一线，但也不能事事都安排辅导员处置，逐步理顺管理关系，避免多头领导，从根本上减少辅导员行政性、事务性工作，为辅导员减负，保障辅导员将更多的时间精力投入研究生心理健康教育工作上去。

（二）激活管理、服务人员的教化育人功能

除专职辅导员外，校内的党政管理人员、专任教师等群体，也是保证高校心理健康教育顺利进行的重要保障，但在现实的管理情境中却较为薄弱。为此，首先要加强高校教职工思想引导，组织相关培训，逐步推动全员育人观念在教职工队伍中生根发芽，让大家从思想上认识到当下心理健康教育的重要性；其次，将参与心理健康教育纳入管理及服务人员的岗位职责，列入考核体系中，同时细化考核机制以及奖惩机制，明确考核内容，细化考核指标，注重受教育者的反馈，并实施有效的奖励机制，通过物质与精神层面共同实施有效激励，助力其育人水平的提高。

（三）建立健全持续教育机制

心理健康教育持续向好并非一蹴而就，而是长时间不断努力和积累的过程。为更好更全面地面向研究生群体开展心理健康教育，同时避免发生危机事件，持续性的教育机制建立完善迫在眉睫。新生入学时，做好新生心理健康筛查工作，对筛查出需要重点关注的学生采取"宿舍－班级－学院－学校"四级关注体系，保证学生心理变化波动较大的时候能及时发现问题；其次，建立"一生一策"心理成长档案，根据入学登记表、心理健康中心测评意见、家长访谈、同学谈话等，逐步了解每个学生当下的心理状态，利用大数据、云计算等方式及时关注学生状态，推动心理成长档案不断更新；再次，针对性开展心理健康阶段性教育，充分利用新生开学、日常班会、师门活动等形式，开展常态化的心理健康知识普及，让研究生耳濡目染，听得多吸收的也多，学生遇到心理问题自然会寻求合适的途径解决问题。

四、结语

Z世代研究生在新时期，必然有其特定历史时期的特质和属性。心理健康作为研究生思想政治教育工作中的关键一环，已经越发成为高校教育工作者们必须关注和重视的问题。本文以Z世代的研究生群体为研究对象，剖析当下高校心理健康教育过程中存在的难点及阻碍，研究发现心理健康教育师资队伍、资源调配和多方协作是当下

研究生心理健康问题处置的症结所在。通过强化队伍建设，更新教育理念，完善育人机制等渠道，才能不断推动研究生心理健康教育工作迈上新台阶。

参考文献

［1］张瑞红．高校大学生常见心理问题与健康教育探讨［J］．中国学校卫生，2022，43（10）：1603 – 1604.

［2］谷丹．高校心理健康教育与思想政治教育融合之路探索——评《高校心理健康教育与思想政治教育结合 30 年的研究》［J］．教育理论与实践，2022，42（26）：65.

［3］揭秋云，李丹，袁曦，邝家旺．互联网背景下高校心理健康教育教学与管理改革创新研究［J］．中国学校卫生，2022，43（08）：1281 – 1282.

［4］李怡和，李学盈，梁倩蓉，谢晓琳，伍翔．大学生心理健康教育的满意度及影响因素研究［J］．医学与哲学，2022，43（16）：66 – 70.

［5］李倩．政府绩效评估何以催生基层繁文缛节负担？——基于多层级治理视角［J］．中国行政管理，2022（07）：63 – 72.

［6］冯磊．英国如何保障高校学生心理健康：校外支持、校内策略及数字化探索［J］．中国高教研究，2022（07）：55 – 61.

［7］张晓霞．心理学在高校思想政治教育中的价值——新媒体环境下《高校课程思政——共识、设计与实践》探索［J］．新闻爱好者，2022（07）：120.

［8］李素敏，米志旭．研究生心理健康教育的循证经验［J］．黑龙江高教研究，2022，40（07）：96 – 100.

［9］胡晓东．基层"减负"与治理：根源性因素探讨［J］．治理研究，2022，38（02）：32 – 43，124 – 125.

［10］马亮．行政负担：研究综述与理论展望［J］．甘肃行政学院学报，2022（01）：4 – 14，124.

［11］康琪琪，刘裕，余秀兰．研究生心理危机从产生到化解的历程研究——基于有真实经历研究生的访谈［J］．研究生教育研究，2022（01）：38 – 45.

［12］殷昊翔．"三全育人"视域下的中西部高校研究生心理健康问题探析［J］．西藏大学学报（社会科学版），2021，36（03）：223 – 228.

［13］胡晓东．上下级政府间的督考权：边界与规范——探寻我国基层负担背后的深层原因［J］．北京行政学院学报，2021（05）：46 – 55.

［14］倪茂晋，陆风．"双一流"高校研究生思想政治素质现状特征及提升对策［J］．研究生教育研究，2021（03）：50 – 56.

［15］陈家刚，王敏．基层减负的清晰化治理——基于对 G 省基层干部的问卷调查［J］．中共天津市委党校学报，2020，22（01）：78 – 87.

（作者单位：中南财经政法大学公共管理学院）

德育、体育、美育相结合，扎实推进五育并举

——以经济学院研究生"纸鸢寄我心"风筝艺术节活动为例

岳明泽　罗虬尧

摘　要： 党和国家于2017年提出了"三全育人"的政策要求，同时提出了人才培养德智体美劳全面发展"五育并举"的工作要求，如何在研究生思想政治教育中将"五育"有机结合起来成为新时代对高校辅导员的新要求与新挑战。经济学院"纸鸢寄我心"风筝艺术节将传统文化和德育、体育、美育有机结合，重点围绕"喜迎党的二十大，抒发爱国情"，引导学生爱党、爱国，为推进"五育并举"积极探索新思路，并从提高实效、把握内涵、拓展平台、不断创新、积极抢占网络阵地五个方面进一步展开工作思考，找寻努力方向。

关键词： 五育并举　三全育人　文化自信　爱国教育

一、工作背景与总体思路

（一）工作背景

大学生是国家建设、创造发展的主力军，是推动社会进步的主要人群，加强对大学生的爱国主义教育是高校思想政治教育的永恒主题。党和国家于2017年提出了"三全育人"的政策要求，同时提出了人才培养德智体美劳全面发展"五育并举"的工作要求，如何在研究生思想政治教育中将"五育"有机结合起来便成为新时代对我们的新要求与新挑战。高校应积极落实构建"三全育人"体系，扎实推进"五育并举"，

创新育人因素，完善育人机制，不断丰富研究生思想政治教育工作的具体形式，积极从中华传统文化中寻找思政教育工作新方向，把传统文化的发扬和思政教育结合起来。同时，在时代的新形势、新背景下，树立正确的爱国观念，理性爱国显得尤为重要。作为大学生成长成才的人生导师与健康生活的知心朋友，高校辅导员应该引导大学生客观、辩证地认识历史和现实，适应社会和国际的发展趋势，从国家民族的整体大局和长远利益出发，为维护国家和中华民族的根本利益作出自己的贡献。

"纸鸢寄我心"风筝艺术节将传统文化和德育、体育、美育有机结合，重点围绕"喜迎党的二十大，抒发爱国情"引导学生爱党、爱国，化爱国情为报国行，同时积极推动同学们进行户外活动，强身健体，为推进"五育并举"积极探索新思路，找寻新路径。积极响应党和国家育人要求，坚持将传统文化与育人工作相结合，坚持将体育运动和品德修养紧密联系，融入美术元素，筑牢研究生思想政治教育育人实践的新高地。

（二）总体思路

高校思想政治教育工作推进时，要把握关键，聚焦"育人"思想内涵，围绕社会主义核心价值观塑造加强学生工作的顶层设计，结合学院的优秀传承，将传统文化色彩融入"五育并举"工作。当代大学生均存在一个普遍现象，对传统文化了解不够深入，从而导致对传统文化缺少兴趣。此外，研究生在日常学习科研中运动量小，身体素质逐步下降，研究生体育活动亟待完善。因而学院开展"纸鸢寄我心"风筝艺术节，坚持以"立德树人"为思想引领，以爱党爱国为主题思想，以奔跑放飞为体育锻炼形式，以手绘为美术素养表达提升方式，多管齐下，围绕"五育并举"要求培养研究生德智体美劳全面发展，优化创新育人体系，促进学生身体素质提升的同时开启学院思想政治工作新征程。

二、案例基本情况

学院开展创新思想政治教育，将德育、体育、美育有机结合融入"纸鸢寄我心"风筝艺术节活动中，优化创新思想政治教育的实践工作。该活动以"纸鸢寄我心，迎建团百年"为主题，以心为笔，以鸢为纸，向百年前的青年致敬，以风筝之魂，逐五四之魂，用多彩颜料勾勒出自己对党和国家的美好祝福，祈愿党和国家繁荣昌盛，祈愿早日实现中华民族伟大复兴。学院认真组织筹划，利用新媒体平台，展开多种形式的宣传，教育引导广大学生积极参加，在风筝绘制过程中培养审美和动手能力，在放飞风筝的过程中增强体质、团结同学，树立起牢固的家国情怀。

此活动极具创新性、独特性。风筝本属于我国传统文化产物，最早由古代哲学家墨翟制造。唐宋时期，风筝流入日常生活，成为民间休闲娱乐表达思想的物品。风筝在中国已有二千多年的历史，传统风筝大多是以传统图案设计制作，如燕子、龙、灯笼等。多年来，我们的祖先运用智慧和美学素养，创造了很多寄予美好寓意的形态与图案。人民通过风筝的外形和图样传达喜庆、吉祥如意和祝福之意，其中也结合了人民的美学欣赏要素和文化习惯，以此来反映出人们善良健康的思想感情，后来也形成了民族传统和民间习俗，在民间普遍流传，深得老百姓和达官贵人喜爱。本次活动营造了良好的艺术教育和体育教育氛围，艺术节把德育、美育和体育结合起来，得到了广大同学好评。通过举办本次将文艺与实践相结合的活动，既带领同学们动手实践又丰富了大家的课余文化生活；既提高了同学们的审美情趣又培养了同学们的创新精神和实践能力，增强了同学们相互之间的合作意识，同时还锻炼了身体，强健了体魄，展现了有理想的新时代青年形象。

传统文化与文体活动相结合是在新时代背景下对传统文化的继承与发展，是以思政教育为基础，通过各式各样的活动来传递以价值和思想为主要目标的思政教育方式。疫情下，高校辅导员应积极丰富新时代爱国主义精神的内涵、营造爱国主义教育的氛围、推动爱国报国行动，努力探索思想政治教育工作的创新方式、途径和手段。

三、组织实施

"纸鸢寄我心"风筝艺术节的开展，将传统文化和"三全育人"相结合，是学校文体建设和学生身体素质提高的突破口，为我院精心打造的"文体特色"活动。文体活动深受学生喜爱，形式活泼，足以提升学生活动吸引力，提升参与度。经济学院认真组织和策划了此次风筝艺术节活动，院研究生会带领党团员青年们在学校绿茵场上开展了此次"纸鸢寄我心，迎建团百年"风筝艺术节活动。本次活动共有两个年级的75名学生、15支队伍参加。我们将本次活动分为风筝创作和放飞风筝两个部分：

（一）"纸鸢寄我心，迎建团百年"主题风筝设计大赛比拼

在活动现场，同学们运用画笔，抒发情怀，在纸鸢上绘出心意，致敬百年前的青年革命先驱们，以风筝之魂，逐五四之魂。他们用五颜六色的颜料勾勒出自己对党和国家的美好祝福，祈愿党和国家繁荣昌盛，祈愿早日实现中华民族伟大复兴。每一个作品都是同学们为理想插上的翅膀，用各种颜料笔，在风筝上涂上五彩斑斓的颜色，描绘自己的思想色彩，绘制自己的专属风筝，同时感受千年传统的文化魅力。

（二）齐心协力，风筝放飞比拼

完成彩绘创作后，迎风奔跑放飞纸鸢，将自己对党和国家的美好祝愿送上蓝天，欢声笑语体现自由与惬意。当天，现场洋溢着青年研究生学子自由创作的幸福感与满足感。

本次风筝艺术节是德育、体育、美育的结合，风筝的设计培育同学们的艺术设计能力，主题设定为德育教育，最后放飞风筝为体育活动。一个艺术节把德育、体育、美育结合了起来，得到广大同学好评。通过举办本次将文艺与实践相结合的活动，既带领同学们回味了童年的快乐，丰富了课余文化生活，又提高了同学们的审美情趣，培养了同学们的设计创新能力和动手合作能力，增强了相互之间合作意识，展现了有理想的新时代青年形象，并且借助风筝放飞展示了同学们对党和国家的美好祝福，给人以精神寄托，激励同学们为了自己的梦想勇往直前。

四、成果梳理

在本次活动的组织进程中，学院坚持以学生的创造创新和审美为原动力，借此提升研究生的身体素质和动手能力为突破口，将"三全育人"体系落实到实处，营造良好的文体活动氛围。文体活动将传统文化和品德修养相结合，让学院的育人方案焕发生机，更贴合研究生的喜好，取得成果如下：

（一）创新思想政治教育工作，让思想政治教育实践活动活起来

文体活动不应该仅仅依靠线下活动开展，我们还应该结合线上协同开展活动。时代的幻化，要求我们应随时做出变化，顺应发展，改进以前的活动形式和活动内容，提升思想政治教育实践活动的时代性、创新性和实效性，在已有线下文体活动的基础上不断进行创新，采用线上打卡、视频拍摄等方式进行体育活动打卡，使得文体活动"活"起来，鼓励同学们积极运动，培养研究生广泛的兴趣。以此培养研究生精神素养和创新思维，推动研究生全面发展，保障思想政治教育实践工作与学校党建要求相协同。

（二）践行"五育并举"政策要求，培养研究生的综合素质

一个艺术节把德育、体育、美育结合了起来，实现了文体活动的多育融合。本次活动的举办将文艺与实践相结合，既带领同学们体验了传统文化，丰富了课余文化生活，又提高了同学们的审美情趣，培养了同学们的创新精神和实践能力，增强了相互

之间的合作意识，展现了有理想的新时代青年形象，并且借助纸鸢将同学们内心真挚的祝愿直接展示出来并放飞，给人以精神寄托，激励同学们为了自己的梦想勇往直前，同时积极引导学生深入理解和学习中华优良传统文化和爱国主义精神。

（三）定期举办文体活动，营造良好的艺术环境

传统文化与文体活动相结合推动学生素质拓展工作的长期开展，不断提升研究生活动品质，积极引导研究生树立正确的三观，培养研究生扎实的文化素养，提高综合素质能力，为校园文化建设增添新维度，突出校园文化品牌的独特性，不断丰富研究生的校园文化生活。

（四）欢快活泼的活动形式，培养研究生优良心理素质

通过文体活动举办，拉近同学们之间的距离，提高合作意识，促进互帮互助，奔跑放飞帮助学生疏解学习科研压力，舒缓学生可能存在的心理危害，助力研究生树立正确的价值观和良好的心理状态，帮助学生建立对抗负面情绪和生活挫折的能力，搭建互帮互助友爱平台，也让学生们感受到学院的关心与关爱，温馨与温暖。

五、工作思考与努力方向

思想政治教育应教育对象要求和时代背景变化，必须做出改变，结合教育对象的喜好和特点，变更实践活动形式和内容，开创结合学院特色的品牌活动，为研究生培养搭设良好平台，坚定以德育人的信心理念，坚持文体育人、实践育人，确保全面育人，提高实践活动的趣味性、多样性、互动性，保障建设教育工作的现代化。

（一）持续推进文体活动改革，不断提高活动的趣味性和实效性

文体活动是学生特色活动的主要组成部分，如何将教育对象的喜好、主题思想与活动有机结合，如何强化"三全育人"中全过程育人，让文体活动走进研究生学习生活的各处，是值得思考的问题。活动设定上，要注重形式，突出主旨，填满兴趣，才能将思想政治教育深入学生内心落到实处，践行"三全育人"体系。要遵循"多育"结合的原则，针对教育对象的不同，有针对性地开展文体活动，满足不同层面的需求。如何让文体活动丰富有趣，如何让学生成为主动的参与者，这些都是今后推进文体活动改革的方向，也是思想政治教育工作的发展方向。

（二）精准把握新时代爱国主义丰富内涵

爱国主义的本质就是坚持爱党和爱国、爱社会主义高度统一。作为一名高校辅导

员要深刻认识爱国主义精神实质和丰富内涵，切实加强理论研究与科学阐释，推进对新时代爱国主义重大实践经验总结的课题研究，围绕新时代爱国主义教育，挖掘爱国故事、先进典型事迹等鲜活素材，推出现代爱国主义教育精品项目、优秀活动。

（三）围绕爱国主义和民族精神加强校园文化建设

在校园文化建设过程中，要善用创新思维、新媒体传播理念，牢牢把握"短视频+"，积极发掘身边优秀典型和优秀故事，丰富和创新校园网络文化建设，充分运用全媒体科技平台，加速占领网络阵地，发挥育人功效。

（四）促进各学院学生交往、交流、交融

目前，学院设计开展的文体活动平台大多仅限于本学院，交流较多的是本学院的研究生。如何拓展平台覆盖范围，是今后的努力方向。这就对内容的吸引力提出了更高的要求，需要探索不同专业主体之间的兴趣连接点。拓展活动平台覆盖面可以拓宽学生交友面，加宽知识面，开拓视野，锻炼思维，提升素质，共同加强学院研究生思想政治教育实践活动建设。

（五）以创新的思路，激发学生活动活力

充分利用全媒体信息平台，如官方微信、个人微信、官方网站和宣传海报进行全面宣传，形成线上线下联动模式。在系列文体活动中，我们要突破以往的固定模式，举办创新活动。在以后的文体活动中，我们应充分发挥学生自主管理能力，引导学生自发组织创新各类文体活动，完善活动的工作流程。面对新形势，迎接新挑战，结合全媒体时代要求，将网络育人与实践育人相结合，打造更有吸引力和实用的文体特色品牌活动，发挥学生活动对育人效果的积极作用。

参考文献

[1] 中共中央国务院印发《关于加强和改进新形势下高校思想政治工作的意见》[J]. 社会主义论坛，2017（03）：4-5.

[2] 中共中央 国务院印发《深化新时代教育评价改革总体方案》[J]. 中华人民共和国教育部公报，2020（11）：2-7.

[3] 中共中央办公厅 国务院办公厅印发《关于分类推进人才评价机制改革的指导意见》[J]. 中华人民共和国国务院公报，2018（07）：6-10.

[4] 教育部 发展改革委 财政部关于加快新时代研究生教育改革发展的意见 [J]. 中华人民共和国国务院公报，2020（34）：72-76.

[5] 谢云，余卫东. "五育并举"视域下高校思想政治工作体系的优化 [J]. 学校党建与思想

教育，2022（02）：34 – 36. DOI：10. 19865/j. cnki. xxdj. 2022. 02. 011.

[6] 张政文，王维国. 新时代高校德智体美劳五育融合的哲学智慧 [J]. 中国社会科学院大学学报，2022，42（02）：20 – 40，144 – 145.

[7] 符可. "五育并举" 视域下高校党史育人路径探析 [J]. 科教文汇，2022，564（12）：5 – 9. DOI：10. 16871/j. cnki. kjwh. 2022. 12. 002.

[8] 屈林岩. 思想之基：高校党建思政铸魂育人 [J]. 中国高等教育，2022（07）：7 – 9.

[9] 颜怡，冯益平. 高校 "五育并举" 育人体系构建研究 [J]. 学校党建与思想教育，2021（20）：82 – 84. DOI：10. 19865/j. cnki. xxdj. 2021. 20. 025.

[10] 韩君华，许亨洪. "五育并举" 视域下高校思想政治工作体系创建的机制探析 [J]. 思想理论教育，2021（02）：96 – 100. DOI：10. 16075/j. cnki. cn31 – 1220/g4. 2021. 02. 016.

[11] 王茂胜，张凡. "五育并举" 视域下高校思想政治工作的评价要求 [J]. 思想理论教育，2021（11）：54 – 59. DOI：10. 16075/j. cnki. cn31 – 1220/g4. 2021. 11. 008.

[12] 博海. 风筝 [J]. 兵团建设，2011（16）：43.

[13] 张凯，孙斌. 风筝运动的体育文化内涵与传承发展研究 [J]. 当代体育科技，2018，8（27）：198 – 199. DOI：10. 16655/j. cnki. 2095 – 2813. 2018. 27. 198.

[14] 丁小龙. 指尖上的风筝 [J]. 农家参谋，2016（03）：71.

（作者单位：中南财经政法大学经济学院）

防疫常态化下研究生心理危机预防体系能效提升研究

——基于 Z 校研究生的个案分析*

田　雨

● ● ●

摘　要： 疫情扰乱了正常的社会秩序，也对高等院校研究生的教育管理提出了新的挑战。基于 Z 校部分研究生的走访调查，梳理防疫常态化下研究生心理危机发生的过程，从而探究心理危机发生过程中预防体系失效的影响因素。研究发现，疫情之下，研究生自我调节能力下降，寻求外界支持动力不足等是导致研究生心理健康发生异化的主要原因。因此，为最大限度发挥高校心理健康危机预防干预体系效用，从根源上减少研究生采用极端方式解决心理危机的概率，高校需要从家校联动、朋辈互助、专业咨询队伍建设，推动社会支持及教师考核等层面入手，帮助研究生提高预防心理危机的技能和水平，形成个人 - 学校 - 家庭 - 社会四级预防体系，为研究生提供全方位的保驾护航。

关键词： 防疫　研究生　心理健康　危机　对策

一、问题的提出

据教育事业发展公报最新统计数据显示，全国目前在校研究生已超 300 万人。大众对于学历提升的需求增加，研究生招生规模也在逐步扩大，但研究生群体的心理健康问题也逐步暴露出来。相关研究表明，研究生暴露出心理问题的比例低于本科生，

* 本文系中南财经政法大学基本科研业务费"科研培育与全员育人"项目——《"课堂 + 实践"校企双向并行实践育人模式研究》阶段性研究成果，项目编号：2722023DS012。

但其背后问题的严重程度却远远高于本科生。疫情扰乱了正常的社会秩序，研究生的学习、生活和求职就业也受到了较为严重的影响。疫情下市场经济下行压力加大，行业细分更加专业，这就对研究生提出了更高的要求。家庭的压力、学业的压力、求职的压力等，都是研究生心理异化的诱因。大学生心理危机干预相关研究表明，舍友、班级、家庭、学校、社会等都可能成为学生倾诉的对象。因此，构建全方位的心理危机干预机制成为当下高校学生工作的重要任务。

高校建设心理健康预防干预体系其实质上是为学生提供一定的心理咨询、疏导和帮助，从而最大程度上降低学生以极端的方式来解决问题的概率。当下，各高校均在逐步构建"宿舍－班级－学院－学校"四级预警体系，也在逐步搭建"学校－家庭""学校－医院"等多维度的预防和应对系统。尽管各种预警制度、体系建设都在逐步开展和加强，但受疫情影响，近些年来研究生群体中自伤或他伤现象时有发生。为何当前的危机预防体系机制效用不大？哪些地方仍有改进和加强的地方？基于以上问题本文结合实际工作中所接触到的典型危机案例，探究引发研究生心理健康危机的主要影响因素，考察心理危机预防体系失效的主要原因，旨在为研究生心理健康教育和心理危机的干预和诊疗提供一定的借鉴。

二、典型案例剖析

本文所涉及的研究生个案，受访者的问题集中分布在以下几方面：学业、情感、师生关系、就业，有的研究生同时存在以上几个问题，当然也有研究生存在以上大问题外的小问题，甚至是多种问题夹杂交织在一起。受访研究生都出现过不同程度上的焦虑、抑郁甚至自杀的想法，受访者有过半数的研究生被临床确诊为抑郁症。按照高校心理危机管理工作办法，以上受访对象均需要重点关注并采取诊疗措施，其中大部分研究生在多方引导、治疗下康复，也有少数个案仍在治疗中。以下选取其中比较有代表性的个案进行分析。

小刘高中毕业后，由于高考发挥失常，与 Z 校擦肩而过，进入了 L 省一所普通一本就读。2020 年，小刘如愿以专业第一的成绩被保研至 Z 校管理学院，顺利成为 Z 校的一员。

推免结束后，小刘同班级的另外一位阳光男孩小王向她表白了，两人均有着清晰的未来规划且互有好感，大学四年的学习生活和工作中也是互帮互助，早已成为无话不谈的知心好友，两人理所当然地走到了一起。

时间飞逝，转眼间就到了研究生新生开学的 9 月。研一期间，小刘依然还是保持饱满的学习积极性，入校后便一直担任班级的学习委员和研会文体部的部长，学习成绩也一直保持在班级靠前的位置。但好景不长,多起变故让小刘的生活发生了彻底的改变。

变故一:父母离婚。自小刘高中起,其父母便经常吵架。为了不影响小刘高考,其父母也多次选择和解,但他们的婚姻却早已名存实亡。小刘读研后,父母的矛盾再次激化升级,最终二人选择离婚。小刘得知消息后十分崩溃,当晚立刻请假回家试图挽回父母的婚姻,但最终还是以失败告终。

变故二:感情受挫。小刘保送研究生后,小王也进入了某互联网大厂工作。虽然二人天天以视频的方式保持联系,但在长期异地之下,加之二人平时的生活也无任何交集,两人的人生规划也逐渐出现偏差,二人的矛盾、吵架次数不断增多。在众多因素的影响下,二人和平分手。分手后的小刘精神萎靡,无心学习。

变故三:科研失利。读研前期,小刘经常跟着导师一起做项目,自己也在不断地学习研究方法,研一就写出了自己的文章,并积极投稿。但投稿过程并非一帆风顺,投出的稿件要么被拒,要么杳无音信,小刘也在漫长的等待中逐渐失去了耐心和信心。

经历上述变故后,小刘一蹶不振,无故旷课的次数日渐增多,经常一个人闷在宿舍,或是暴饮暴食,经常性出现联系不上的情况。这样的情况一直持续到研三上学期,小刘的情况依旧没有好转。

三、心理危机预防体系失效的主要原因

心理危机预防体系的失效,其实质表现为研究生不能积极利用心理危机预防体系所提供的社会支持来化解自身所存在的问题。而社会支持又可细分为工具支持和情感支持,工具支持即提供给研究生必要的经济物质等方面的支持;情感支持则是指在情感上表示出理解、认同、接纳、信任等感情状态。通过分析,本案中小刘危机持续的原因大致如下:

(一) 家庭支持陡然消失

家庭支持是对研究生最直接,影响最大,也是最长久的支持。小刘的父母在小刘大学期间感情就出现了危机,但碍于小刘正处在备战保研的关键期,双方也并未向小刘说明真实情况,小刘也一直蒙在鼓里。待小刘保研成功后,父母告诉其离婚的消息,一直有家庭支持的小刘感觉一下子失去了支撑,在同父母的沟通中也总觉得已有隔阂的父母难以设身处地地为自己考虑,家庭的分崩离析让小刘感受不到家庭的关爱与温暖。

（二）朋辈支持关爱不足

朋辈群体是个体情感的重要支撑源，研究生作为社会的个体，正值青年的他们也需要来自朋友的亲密感。由此，朋辈提供的感情支持对于研究生显得十分重要。大学期间，为了能成功保研，小刘从大一就铆足了劲学习，每天早出晚归，很少参加宿舍及班级活动，在班上要好的同学也屈指可数。总体而言小刘的大学社会面较为狭窄，社会关系也较为简单。大学四年，小刘不懂得基本的人际交往方法，也不善于体察别人的感受，面临冲突时无法进行有效的沟通。因此在与他人建立亲密关系方面比较困难，无法获得朋辈支持。

（三）生存环境动态变化

小刘的研究生生涯基本是在学校度过的，除了日常的吃饭上课休息外，因疫情的影响活动区域也基本以校内为主，最严重的时候只能在宿舍上网课。缺乏室外活动的契机，让小刘本就焦躁的心情更加复杂，每天日复一日的生活加上科研不顺，更加重了小刘对自我的怀疑。虽然期间导师、辅导员都尽其所能地开导与关爱，无奈面对动态变化的疫情环境，小刘的心态始终难以平复。男友的离去让倾诉对象本就不多的小刘更加自闭。由此，小刘的问题一直持续了较长的时间。

总的来说，当研究生获得来自家庭、学校、社会等方面的支持减少，而其自身的调解能力又十分有限时，心理危机预防干预体系就面临失灵的风险。

四、加强和改进研究生心理健康预防干预体系的策略

（一）强化家校合作，进一步发挥家庭支持作用

尽管部分研究生家庭的社会支持作用有所减弱，但这并不表示在研究生的心理危机防范中家庭成员的作用可以忽视。目前，各大院校都开展了大学生心理健康调查，有针对性地对研究生进行心理健康筛查。必要时，由学校的辅导员和家长进行沟通。一方面，辅导员可以从父母那里得到更多关于研究生的信息；另一方面，也可以根据学校专业心理顾问的评价，客观地将学生所遇到的问题告诉父母，使他们能够得到父母的重视与支持，并与学校一道，共同应对研究生的心理问题。导师、辅导员应及时与学生家长沟通，了解他们在家中的实际状况，并给予足够的重视。辅导员在家庭与学校之间的联系中起到了推动者的作用，注重与学生家长的沟通，积极寻求他们的支持和帮助。

（二）强化导师第一责任人观念。高校要提高教师的责任意识，建立起全方位的师资支撑系统

导师作为研究生教育管理的第一责任人，对于研究生的成长教育起着不可替代的作用。研究生教育主管部门要协调各高校加强导师的心理卫生知识培训，在日常学习科研过程中，可针对学生的心理行为问题、心理疾病的识别、干预等进行专题辅导，将危机隐患消灭在问题初发期。此外，在就业指导、情绪疏导、学习指导等方面，应进一步明确导师的工作职责，并强化对其工作绩效的评价。各学院要选拔并鼓励有责任心、有热心学生工作的老师作为研究生导师，并在绩效考核、职称晋升、评优等工作中予以支持。

（三）合理引导，鼓励朋辈互助

加强对研究生人际交往能力提升培养，逐步把研究生心理健康教育纳入研究生课堂教学体系中，引导研究生营造互帮互助的氛围，养成合作共赢的良好习惯；其次，加强班团和组织建设，以班级干部、党员为主要抓手，以班级特色活动为载体，推动班级活动形式创新、内容丰富，根据工作的实际需要，开展有助于研究生学习、生活、科研的团队互助活动；逐步建立朋辈辅导队伍，在每个班级中吸纳对心理学有兴趣或有相关专业特长、热心公益服务的同学，加强对他们的培训，鼓励他们将朋辈支持的理念和服务带到研究生的日常生活之中。

参考文献

［1］邓丽芳，谷雨，许金文. 新时代研究生心理支持获取现状的大数据分析与启示［J］. 国家教育行政学院学报，2022（11）：84 – 95.

［2］叶晓力，蔡敬民，徐培鑫. 美国如何支持研究生心理健康与幸福感？——基于CGS最佳实践的分析［J］. 研究生教育研究，2022（05）：89 – 97. DOI：10. 19834/j. cnki. yjsjy2011. 2022. 05. 12.

［3］闵韡. 研究生导师的指导压力与应对策略——基于35所"双一流"建设高校的调查［J］. 重庆高教研究，2022，10（06）：85 – 99. DOI：10. 15998/j. cnki. issn1673 – 8012. 2022. 06. 007.

［4］邓旭阳，刘晓刚，张硕，刘取芝，王志琳，王静，向莉莉，周萍. 疫情防控常态化期间研究生社交焦虑及相关因素［J］. 中国学校卫生，2022，43（03）：413 – 416，420. DOI：10. 16835/j. cnki. 1000 – 9817. 2022. 03. 023.

［5］康琪琪，刘裕，余秀兰. 研究生心理危机从产生到化解的历程研究——基于有真实经历研究生的访谈［J］. 研究生教育研究，2022（01）：38 – 45. DOI：10. 19834/j. cnki. yjsjy2011. 2022. 01. 06.

［6］李辉雁，吴虹林，匡铭，肖莉华. 后疫情时代新型冠状病毒肺炎局部暴发防控期间医学研究生心理健康状况调查［J］. 实用医学杂志，2021，37（23）：3067 – 3071.

［7］李莹．双因素理论视角下导师参与研究生心理危机干预的影响因素分析［J］．黑龙江高教研究，2021，39（09）：98－104．DOI：10.19903/j.cnki.cn23－1074/g.2021.09.015.

［8］孙俊华，汪霞．博士研究生心理压力状况、压力源及影响因素研究——基于江苏五所高校的调查数据［J］．学位与研究生教育，2021（07）：50－58．DOI：10.16750/j.adge.2021.07.009.

［9］刘珊珊．研究生心理健康社会支持系统的构建［J］．学校党建与思想教育，2020（20）：54－56．DOI：10.19865/j.cnki.xxdj.2020.20.018.

（作者单位：中南财经政法大学公共管理学院）

▶▶▶ 招生与就业研究

学术型研究生生源因素与培养质量的相关性研究

董丽华　肖　浩

摘　要： 采用实证研究的方法分析生源各因素对学术型研究生培养质量的影响。研究表明，生源招考途径是影响培养质量的显著因素，推免生培养质量明显高于统招生；毕业学校、本科专业及性别因素对学术型研究生培养质量不具有明显相关性。学术型研究生的招考方式及推免比例应与专业学位研究生相区别，建议提高学术型研究生招生推免比例，逐步实现全部按推免方式选拔学术型研究生；同时，应加强校院合作、加强学科建设及构建完善的研究生质量保障体系，以保障优质生源的吸收及培养质量的提高。

关键词： 学术型研究生　生源因素　培养质量

学术型与专业型的分类培养已成为我国研究生培养的基本路径。在研究生分类培养形势下，基于以培养较强科研能力和良好学术素养为导向的学术型研究生的培养质量控制、培养质量评估成为学界广泛关注问题。学术型研究生培养质量的核心要素主要包括三个方面：基础知识、专业技能、创新能力，涉及知识、能力、潜力三个维度[1]。前期研究指出，个人学习动机与研究能力是学术型研究生培养质量的主要影响因素之一[2]；传统的招生方式制约着我国学术型研究生的选拔培养[3]；研究生生源与培养质量具有很紧密的相关性，不同的生源其培养质量存在较大的差异性[4]。以上研究均表明，培养质量的主体即研究生个体的素质对其培养质量具有重要影响。本文以研究生生源为切入点，采取实证研究方法，通过分析学术型研究生生源不同因素与其培养质量之间的相关性，期望某些生源因素与研究生培养质量之间具有显著的因果关系，从而为学术型研究生招生及培养提供科学指导，为构建完善学术型研究生培养质量保障机制提供理论依据。

一、研究设计

（一）样本的选取与描述性统计

本文选择以某"211工程"大学某学院2010～2018级全体学术型研究生为样本，对其从入学到毕业的整个培养过程进行全程跟踪分析，以期找出生源各因素与其培养质量的相关性。选择单一学院的原因在于核心的因变量—培养质量具有较强的可比性，并可排除其他不可观测因素的影响，从而使研究结果更加稳健。同时，相关的数据也较易于获取。由于全部数据均取自研究生管理部门的实际数据，因而数据具有较高的准确性和可靠性。样本期间选择截至2018年，这保证截至2021年，全体样本已经历完整的培养周期，实际退学、未正常毕业以及少数民族骨干等特殊情形均从样本中予以剔除。经以上处理，共获得959个样本数据。样本考虑以下几个生源因素：（1）生源原就读高校，我们按是否来自原"211工程"和"985工程"高校（以下统称为"211学校"）将生源划分为两类；（2）生源原就读专业，我们按本科专业与研究生专业是否相同将生源予以区分；（3）生源考录形式，我们按推免生及统考生将生源区分为两类；（4）生源的性别（见表1）。

表1   样本描述性统计   单位：%

招生年度	总人数（人）	"211学校"占比	本科与研究生专业一致占比	推免生占比	女生占比
2010	96	58.3	79.2	22.9	86.5
2011	119	37.8	82.4	23.5	80.7
2012	116	49.1	81.0	25.9	82.8
2013	93	51.6	84.9	29.0	71.0
2014	100	58.0	86.0	60.0	87.0
2015	111	59.46	89.19	57.7	82.9
2016	107	60.28	88.79	49.1	82.1
2017	108	55.05	88.07	38	82.4
2018	109	39.81	92.59	62	85.2
合计	959				

表1是样本的描述性统计。可以看出，2017年之前，"211学校"招录比呈逐年上升趋势，且基本保持在总招生人数的50%左右；选择本专业进行研究生深造的考生占绝大多数，跨专业考生不多；推免生比例呈逐年上升趋势，2010～2013年推免比例较低，2014年推免比例大幅提高，之后2015年、2018年的比例也处于高位；因样本选

取为某财经类大学，研究生招生存在性别失衡现象，女生占绝大多数。

（二）研究方法

我们采用实证研究的方法调查生源各因素对学术型研究生培养质量的影响。本文采用 Excel 软件对于原始数据进行预处理，进而采用 Stata 软件进行回归分析。研究生培养质量是本研究的因变量，我们考虑从课程成绩、科研成果、校级课题、答辩成绩、校优论文五个维度分别进行度量。其中，课程成绩为某研究生各门课程的平均分；科研成果是某研究生毕业前已公开发表的期刊论文篇数。由于发表高档次论文的学生较少，因此本文并未区分成果的档次而仅以数量来衡量。校级课题则指在读期间该研究生是否作为负责人获得过校级研究课题的资助；校优论文系指某研究生的毕业论文是否获评为校级优秀硕士论文。显然，校优论文和校级课题均为取值 0 或 1 的虚拟变量。答辩成绩分为优秀、良好、合格与不合格四个档次，统一由 5 位答辩老师分别评定，我们将优秀和良好之和定义为答辩成绩。

自变量则选取了与生源特征相关的 4 个因素，包括：（1）毕业学校，是否为"211 学校"，是为 1，否为 0；（2）本科专业，是否与研究生专业一致，是为 1，否为 0；（3）考录形式，分为推免及统考，推免生为 1，统考生为 0；（4）性别，男生赋值为 1，女生赋值为 0。

与部分研究仅采用基本的描述性统计和相关性分析不同，本文借鉴计量经济学的思想，主要采用回归分析的方法来研究自变量和因变量之间的因果关系。基于因变量的特征，我们又分别构建 OLS 多元回归模型（普通最小二乘）、泊松回归模型和 Logit 回归模型。在回归模型中，我们均控制了年度固定效应的影响。

$$\text{OLS：课程成绩/答辩成绩} = b_0 + b_1 \times \text{毕业学校} + b_2 \times \text{本科专业} + b_3 \times \text{考录形式} + b_4 \times \text{性别} \tag{1}$$

$$\text{Poisson：科研成果} = b_0 + b_1 \times \text{毕业学校} + b_2 \times \text{本科专业} + b_3 \times \text{考录形式} + b_4 \times \text{性别} \tag{2}$$

$$\text{Logit：校级课题/校优论文} = b_0 + b_1 \times \text{毕业学校} + b_2 \times \text{本科专业} + b_3 \times \text{考录形式} + b_4 \times \text{性别} \tag{3}$$

二、研究结果分析

（一）生源因素与研究生课程成绩的关系

表 2 是生源因素对研究生课程成绩影响的多元回归分析结果。其中，"考录形式"

变量的回归系数为 0.998，相应的 t 值为 3.75，即在 1% 的显著性水平下显著为正。这表明，"考录形式"对于研究生课程成绩有非常显著的影响，即在同等条件下，推免生比统招生的学习成绩更好。而"性别"变量的回归系数为负值，表明女生的成绩比男生要好，与我们的直观感觉一致。但 P 值仅为 0.099，即只在 10% 的显著性水平下显著。因此，我们认为性别差异对于学习成绩产生了一定的影响。

表 2   **研究生课程成绩影响因素的 OLS 多元回归分析**

	非标准化系数		t	Sig.	VIF
	B	标准误			
毕业学校	0.166	0.232	0.72	0.474	1.32
本科专业	0.400	0.281	1.42	0.155	1.11
考录形式	0.998 ***	0.266	3.75	0.000	1.50
性别	− 0.439 *	0.266	− 1.65	0.099	1.03
（常量）	85.887	0.354	242.65	0.000	
调整 R^2	0.09				
样本量	959				

注：* 、*** 分别代表 10%、1% 的显著性水平，回归控制了年度固定效应的影响。

"毕业学校"和"本科专业"对于课程成绩没有显著的影响，这可能说明能考上研究生的学生都具有扎实的基础和积极认真的学习态度，因此成绩并没有表现出明显的差异。

（二）生源因素与研究生科研成果的关系

由于科研成果是以公开发表的论文数量进行度量，因此其取值均为非负整数。基于计量经济序的知识，我们采用了泊松回归模型。

从表 3 可以看出，"考录形式"变量的回归系数为 0.471，且在 1% 的显著性水平下显著为正。这表明，"考录形式"对于研究生在读期间发表科研成果有非常显著的影响，即推免生在读期间比其他统考生源会发表更多的科研成果。而"毕业学校"变量的回归系数为负值，表明非 211 高校的学生在读期间发表的科研成果更多。但 P 值仅为 0.099，即只在 10% 的显著性水平下显著，说明"毕业学校"与研究生科研成果多少有一定相关性，但影响不大；"本科专业"和"性别"对于研究生科研成果没有显著的影响。

表3 全体研究生科研成果影响因素的泊松回归分析

	非标准化系数		z	Sig.
	B	标准误		
毕业学校	− 0.149 *	0.090	− 1.66	0.097
本科专业	0.108	0.122	0.88	0.378
考录形式	0.471 ***	0.097	4.83	0.000
性别	0.047	0.126	0.37	0.708
（常量）	− 0.571	0.199	− 2.87	0.004
准 R^2	0.07			
样本量	959			

注：* 、*** 分别代表10% 、1% 的显著性水平，回归控制了年度固定效应的影响。

（三）生源因素与研究生获校级课题的关系

由于获校级课题的结果是以 0 或 1 相区分，基于计量经济学的知识，我们采用了 Logit 回归模型进行拟合。

从表4 可以看出，以推免形式进入研究生阶段学习的学生，更积极参与到课题研究中。我们可以看到，在 1% 的显著性水平下，"考录形式"变量与研究生承担校级课题具有极大的相关性。其他因素对是否承担校级课题无显著影响。

表4 全体研究生获校级课题影响因素的 Logit 回归分析

	非标准化系数		z	Sig.
	B	标准误		
毕业学校	0.022	0.260	0.08	0.932
本科专业	0.392	0.353	1.11	0.267
考录形式	0.841 ***	0.277	3.04	0.002
性别	0.273	0.289	0.94	0.345
（常量）	− 1.879	0.421	− 4.46	0.000
准 R^2	0.057			
样本量	959			

注：*** 代表1% 的显著性水平，回归控制了年度固定效应的影响。

（四）生源因素与研究生答辩成绩的关系

从表5 可以看出，"性别"变量对研究生答辩成绩有着显著影响。回归系数为负值，表明女生的答辩成绩好于男生，且 P 值为 0.029，即在 5% 的显著性水平下显著，说明"性别"与答辩成绩有较显著的相关性。但是，学生的毕业学校、本科专业、推免生和统考生对答辩成绩没有显著的影响，说明研究生学位论文的写作与答辩更多取决于研究生阶段的学习与积累，与本科阶段的学习没有太大的关系。

表 5 　　　　　　　　全体研究生答辩成绩影响因素的 OLS 多元回归分析

	非标准化系数		t	Sig.	VIF
	B	标准误			
毕业学校	0.108	0.123	0.88	0.379	1.32
本科专业	0.013	0.148	0.08	0.932	1.11
考录形式	0.173	0.139	1.25	0.212	1.50
性别	−0.341 **	0.156	−2.18	0.029	1.03
（常量）	0.108	0.123	0.88	0.379	
调整 R^2	0.101				
样本量	959				

注：** 代表 5% 的显著性水平，回归控制了年度固定效应的影响。

（五）生源因素与研究生获校优论文的关系

校级优秀学位论文的评选代表了论文的写作质量，是学生科研能力及学术素养的综合反映。从表 6 中可知，学位论文质量与学生本科及研究生阶段是否在同一专业学习有一定相关度。这与我们的经验认识是相符的，长期进行相同专业学习的同学，在基础知识及对专业的理解上相对强于从研究生阶段才半路进入专业学习的同学。但是我们也应看到，尽管本科专业这一个因素单独表现出一定的显著性，但是准 R^2 的值偏低，且整个方程所有系数的联合显著性并不显著（即方程拟合的 LR 统计量并不显著，表明方程的拟合效果不好，因此回归结果的可靠性不高）。而"毕业学校""考录形式""性别"对学位论文质量均未有显著影响。

表 6 　　　　　　　　全体研究生获校优论文影响因素的 Logit 回归分析

	非标准化系数		z	Sig.
	B	标准误		
毕业学校	0.134	0.334	0.4	0.689
本科专业	1.127 **	0.550	2.05	0.04
考录形式	0.036	0.364	0.1	0.922
性别	0.493	0.351	1.4	0.16
（常量）	−3.070	0.624	−4.92	0.000
准 R^2	0.024			
样本量	959			

注：** 代表 5% 的显著性水平，回归控制了年度固定效应的影响。

三、研究结论

基于以上分析，本研究可得出如下结论：

第一，通过推免生渠道进入研究生阶段学习的学生，培养质量普遍高于统考生。即在同等的培养环境与条件下，推免生比统考生的课程成绩更好，科研成果也更加突出，学位论文质量更佳。原因在于，推免生一般都是原所在高校的尖子生，本科期间就表现突出，平均质量较高；同时，具备推免生资格的学校基本条件是教学质量优秀[5]。从全国具备推免资格的高校看，基本上是"211"高校或省属重点高校或一般院校的优势学科才具备推免资格。这些高校或学科都具有优势教学平台，具备较强的师资、较高的教学水平，保证了推免生源在本科阶段的学习能够打下坚实的基础，并在研究生阶段延续一个较好的学习态势。

第二，生源的性别对培养质量的影响主要体现在课程成绩及答辩成绩方面。这符合我们的一般印象。女生在课程学习中更努力、考试时更仔细认真，以及女生在语言表达等方面的优势给予答辩老师更好的印象。

第三，生源毕业学校对研究生阶段的培养不具有显著相关性。在上述研究中，生源的毕业学校这一因素在对培养过程中的课程成绩、校级课题、答辩成绩、校优论文回归分析中，没有一项能得出显著正相关的结论，甚至在在读期间发表科研成果这项回归分析中，得出了负相关结论，虽然只是10%的水平下显著。出现这种现象的原因主要有以下几个方面：（1）名校学生的推免生比例很高且本科毕业去向的选择机会相对较多，比如可选择本校硕博连读、出国留学等，剩下参加统考读研的不一定是该校最优秀的生源；（2）任何一种高校的综合排名都反映不了高校的方方面面。每一所高校的办学目标、培养特色及课程计划都各有侧重、各有所长，名牌大学中并不是所有专业都是名牌专业，而某些单科学校可能在某个领域中具有极强的专业优势[6]；（3）进入研究生学习阶段后，大多数一般院校的学生更珍惜来之不易的学习机会，也更努力。

第四，生源的本科专业是否与研究生阶段专业一致，对研究生培养质量无显著相关性。本文研究中样本为某财经类大学，专业性较强，跨专业考生占比不高。在培养过程中，跨专业考生通过补修专业核心课程及培养单位在培养过程中的差异化培养，可以发现，跨专业考生的培养质量与同专业考生的培养质量并无差别。而且目前社会更需要复合型人才，研究生培养高校应鼓励跨专业优秀生源积极报考，丰富学生的专业知识背景，促进学科交叉融合，培养更加适应社会需求的复合型人才。

四、研究启示与思考

本文针对学术型研究生，具体分析了生源的各因素对培养质量的相关性影响，找出最能影响培养质量的生源因素，为研究生培养单位的招生及培养提供科学的实证证据。本文研究发现，从招考途径看，通过推免生途径进入研究生阶段学习的学生其培养质量普遍高于统考生；而毕业学校、本科专业、性别等因素，对培养质量影响不大，其中性别因素只对课程成绩和答辩成绩有较显著影响。这一结果表明，学术型研究生的培养在招生环节通过加大推免生的比例，可以实现培养质量的提高；对来自不同高校、本科所学专业及性别等生源因素来说，只要加强培养过程中的指导，这些都不会成为提高培养质量的阻碍。

具体的，本文研究结论支持以下政策建议：

第一，改革学术型研究生招生政策，提高学术型研究生推免生比例。目前在学术型研究生招生中，已有少部分有招生自主权的高校实行学术型研究生全部通过推免渠道招生，但是绝大多数高校仍然必须遵守推免生在总招生人数中不得超过一定比例的限制。教育部在《全国普通高等学校推荐优秀应届本科毕业生免试攻读硕士学位研究生工作管理办法（试行）》中规定，"招收推免生数量不得超过本单位硕士研究生招生计划的50%，各专业必须留出一定比例招生计划用于招收统考考生"。[7] 而由本文研究可知，以培养较强科研能力和良好学术素养为导向的学术型研究生在培养过程中，推免生对科研成果及参与课题研究都有积极影响。这说明，在研究生招生选拔中，采取推荐免试的方式进行遴选，是符合拔尖创新人才培养需要的。推荐免试方式是对学生全面、综合、长期的考核，是对学生政治思想、道德品质、业务知识及身体素质等方面全方位的衡量，相较于一次性考试选拔，考核更加合理和有效。同时采用推免方式选拔研究生，有助于加快人才培养速度。推荐免试制度的免初试，可以免除学生为备考硕士研究生入学考试而花费时间，使之较参加全国统考的学生更早进入研究生阶段的学习和科研，从而能够早出成果[8]。因此，在招生政策的实施中，学术型硕士应该与专业型硕士的招生相区分，采取适合的招考模式和推免比例，实现不同的培养目标。建议提高学术型研究生推免生招生比例，并逐步实现学术型研究生全部由推免渠道招生。

第二，改革学术型研究生推荐免试考核内容，注重学术兴趣和学术认知等的考核。在研究生推免考核过程中，高校虽然重视推免生的综合素质，要求学生提供个人陈述、本科期间的科研创新成果或等材料，但实际上采取的考核方式大多还是"应试"模式，以考试成绩代替所有指标，这非常不利于充分选拔出具有学术热情和追求，同时具有学术潜力和创新能力的人才。因此，在学术型研究生的推荐免试考试内容中，应借鉴博士选拔中的申请考核制，注重对学术兴趣和学术认知等的考核，全面衡量学生的学术研究潜能和学术创新能力。

第三，加强院校合作，出台有效吸引优质生源的政策措施。研究生培养高校可通过报考生源数据，分析生源主要来源省份、地区及高校，有针对性地与相应地区省份高校建立合作关系，加强招生宣传力度，建立招生衔接渠道。具体做法可以是建立高校间的互推联盟、签订院际生源合作协议等。

第四，加强学科建设，大力发展优势专业吸引优质生源。有研究表明，学生在选择研究生就读学校时，最关注的是高校是否有优势专业[4]。因此，研究生培养高校更应注重自身优势学科、优势专业的发展。通过增强优势学科、优势专业的软硬件实力和影响力，提高自身的学科吸引力，才能在当前推免政策已不限制推免生对本校及外校选择的情况下，达到留住及吸收更多的优秀生源。

第五，构建完善的研究生培养质量保障机制，切实提高研究生培养质量。研究可以看出，高质量的生源固然是保障研究生培养质量的前提，但是，生源的大多数因素对培养质量的影响微乎其微。培养过程中各质量保障机制的有机配合，才是提高培养质量的根本保证。为提高学术型研究生的培养质量，笔者认为当务之急，在于分类培养、因材施教，根据学术型研究生的培养目标、定位，制订相应的培养计划及课程设置，与应用型人才培养的专业型硕士明确区分；同时要提高导师的学术自主权。研究表明，导师是影响研究生学术创新最为关键的因素，导师的学术水平和指导方式影响研究生的学术创新能力[9]。高校要明确导师的指导责任，在研究生招生、培养和就业方面赋予导师更多权力，真正使导师肩负起研究生培养的使命感和责任感，充分调动导师的积极性，同时要加强对导师的考核，选拔优秀的老师到导师队伍中去。同时，研究生培养高校可通过设置推免生专项奖学金、推免生提前安排导师介入培养等方式，有效吸引优质生源。

值得说明的是，本文研究中培养质量的考察维度只限于学生在校期间的学习科研情况，这部分培养质量影响着学校的名义影响力。而社会对高校培养质量的认知由更广泛的维度组成，包括学生的就业去向及后续的职业成就等，这部分培养质量即影响着学校的实际影响力[10]。如果从影响学校实际影响力的培养质量角度考量，那么，在本文研究中对培养质量不太有显著性影响的生源因素，可能就会是非常重要的影响因素了，比如性别、毕业学校等。这些具体影响需要我们进一步去研究分析，以保证招生制度的优化和人才培养的科学性。

参考文献

[1] 胡梦琦. 学术型硕士研究生培养质量评价指标体系研究 [D]. 重庆：西南大学，2015.

［2］姚芳，袁晓玲．学术型研究生培养质量现状与提升对策研究［J］．教育教学论坛，2019（18）：237 – 239.

［3］韩国高．国外研究生培养模式对我国学术型研究生培养的启示［J］．教育教学论坛，2017（06）：67 – 68.

［4］徐琳，孙跃东．高校硕士研究生生源与培养质量的相关性研究——基于六所不同层次高校的实证研究［J］．研究生教育研究，2012（03）：55 – 59.

［5］教育部．全国普通高等学校推荐优秀应届本科毕业生免试攻读硕士学位研究生工作管理办法（试行）［EB/OL］．［2013 – 08 – 23］．http：//yz. chsi. com. cn/kyzx/zcdh/201308/20130823/497414078. html.

［6］李华静．研究生培养质量与生源"出身"的相关性研究［J］．中国科教创新导刊，2008（26）：30 – 31.

［7］教育部．教育部办公厅关于进一步加强推荐优秀应届本科毕业生免试攻读研究生工作的通知［EB/OL］．［2013 – 09 – 10］．http：//yz. chsi. com. cn/kyzx/zcdh/201309/20130910/507919503. html.

［8］彭莉君，张淑林，古继宝．全国优博论文与推免生关系研究［J］．学位与研究生教育，2013（06）：46 – 49.

［9］赵彩霞，眭依凡．学术型硕士研究生学术创新影响因素探究——基于对学术型硕士研究生访谈的研究结果［J］．学位与研究生教育，2017（07）：60 – 64.

［10］于永达，陈源．高校实质影响力及其形成——以法国顶尖高等专科学院为例［J］．高等教育研究，2013（02）：28 – 34.

（作者单位：中南财经政法大学会计学院）

博士研究生"申请－考核"制促进生源质量提升的实证研究

——以中南财经政法大学为例

王淑珺

摘　要： 博士研究生的培养质量关乎一流大学和一流学科的建设工作，因此如何严把"入口关"、切实提升博士研究生生源质量是现今阶段研究生招生制度改革的重点和难点。自2013年教育部首次发布《关于深化研究生教育改革的意见》明确建立博士研究生"申请－考核"制度起，二十年来采用该招生制度的试点学校数量不断增多。中南财经政法大学为顺应时代发展需要，结合疫情防控工作实际，在2021级博士研究生的招生环节首次全面实行"申请－考核"入学制度，这既完成了招生考试制度的全面改革，也保障了疫情防控背景下全体考生公平参与考核的权利。本文选取2018～2022级招录数据，实证分析"申请－考核"制实施过程中，生源质量的提升效能，认为该制度的实施能有效提振"新文科"双一流生源比例、扩大优势学科吸引力度以及扩大学校在省内和海外的学术吸引力，进而切实提高了学校的博士研究生生源质量。在文章的最后，笔者结合工作实际，总结了该制度下一阶段的完善建议，以期该制度在实施过程中持续性对生源质量提升及"双一流"建设发挥正面影响。

关键词： 博士研究生招生制度　"申请－考核"制　生源质量

一、绪论

博士研究生招生考试事关学校"双一流"建设，力求通过行之有效的招生手段选拔优秀人才一直是学校改革发展的目标。自2014年学校试点实行"申请－考核"制以来，学校的博士录取手段在不断的丰富。在普通招考的基础上，学校根据教育部指示，开辟"硕博连读"和"直博生"招生渠道,不仅在生源录取数量上,更是在生源质量上有了长足的提升。

2021级的博士研究生招录环节,学校全面实行"申请-考核"制,到目前已经有两年的实践经验,对于制度改革是否促进了学校提升博士生生源质量这一议题,目前并未有相关的研究。并且因为这一制度在许多高校仅作为试点实行,因此学界也少有较为全面对这一制度优劣势的探究。

基于以上情况,笔者选取中南财经政法大学2018~2022级的实际录取数据,结合近五年一线工作的实际,采用实证研究的方式验证"申请-考核"制的实行对提升生源质量确实存在正向影响。其后,对这一制度实行过程中存在待改善的环节进行了论证,并结合国内外相关研究结论提出了下一阶段的改善建议。

二、研究背景

(一) 我国博士招生"申请-考核"制的发展沿革

自1981年我国全面实施普通招考制度以来,各大院校均在探索更适宜我国实际情况的人才选拔形式。不少专家学者指出,"传统的普通招考形式只是对学生应试能力的考查,但是博士研究生不同于其他阶段的人才培养,这一类高级专门人才在评审过程中更应注重对其学术能力和研究创新力的考查"。因此,在2003年,由北京大学首次提出应将对学生应试能力的考查转变为对综合能力的考量,也正是在这一年,"申请-考试"制的选拔方式被引入传统的博士生招录环节中。时至2007年,为顺应国内高等人才培养的需要,教育部发布的《招收攻读博士学位研究生工作办法》明确提出,我国博士研究生招录选拔制度改革要以提升生源质量为目标,在以往注重对应试能力考查的基础上,要加大对考生个人品质、学术能力、科研潜力等综合素质的考查。因此,同年北京大学和复旦大学作为首批试点高校正式实行"申请-考核"制招录方式。直到2013年教育部首次发布《关于深化研究生教育改革的意见》明确建立博士研究生"申请-考核"制度起,全国范围内各大高校也逐步加入该制度的试点工作。根据可查阅的信息显示,截至2018年,全国已有36所"双一流"建设高校全面实行"申请-考核"制,在对博士研究生的选拔中,更加注重对学生学术潜能和综合水平的考查。

在2019年底,新型冠状肺炎的蔓延和肆虐,无疑加大了传统普通招考制度的实施难度,如何组织线下统一笔试、适应防疫政策要求、保障每一位考生的应试权利,成为了每一个招生单位亟须思考和解决的难题。因此,2020年开始,更多的高校全面采用"申请－考核"制作为博士研究生入学考试的主流方式，结合新时代新媒体技术的发展，线上笔试和远程面试逐渐发展成为当今考查学生的主流手段。

（二）相关研究领域的国内外文献综述

1. 国外研究现状。相较于国内近十几年的发展，国外较早开展了对博士研究生入学制度的改革研究。有的学者（Walfish 等）通过对美国与加拿大地区招生人员的实践调研得出结论，认为美国的高等学府对于 GRE 成绩赋予的比重较高，而专家推荐信、个人陈述和研究计划的考量比例则相对较轻。有的（Brown-Syed）团队则在对招生人员的调研中发现，对学科成绩的考查在入学考核中占有很大的比例；其次是对硕士阶段的教育背景和相关工作背景的综合评估。有的学者（Francisco Alvarez-Montero）则重点对比了墨西哥和美国各高校的考查方式，通过实证研究认为学术成就在申请墨西哥高校博士学位时起到决定性作用。

还有一些学者则持有不同的观点。有人（Young I Phillip）认为，仅仅简单地以 GRE 成绩作为入学的衡量标准并不能实现有效的人才选拔。他将数个影响因子进行关联度分析得出结论，认为对研究能力和工作经历的综合研判能有助于选拔真正的优秀人才。有的（Perkins Ross A.）则选取物理学院的博士生作为观测样本，通过相关性分析，样本学生的入学成绩（即 GRE 分数）和平均绩点（GPA 成绩）与其最终能够顺利获得博士学位并不存在明显的正向相关，因此认为单将入学成绩作为学生的入学考查标准是有失客观的。

因此，通过国外学者的研究分析，逐渐在学界形成较为统一的观点，即不能单纯地以入学成绩作为是否招录学生的标准，而应对其综合学术能力和工作经历进行考查。这两个方面可以通过推荐信、自我陈述、研究计划等形式进行具象的考查。

2. 国内研究现状。段斌斌通过对 1987～2017 年博士研究生招生政策的解读和研究发现，普通招考过多地依赖于传统笔试，这也导致高校在选拔过程中对公平选才的重视程度远超有效选才，使得普通招考的制度缺陷不断暴露。虽然对考试制度的改革一直在进行，但是因其筛选本质是对应试能力的考查，因此较难有效选拔出适应于博士研究生这一高等人才培养模式的优质生源。

基于这一研究结论，结合教育部公布的相关政策文件，近几年学者们开始深入地研究"申请－考核"制的可行性和改革的急迫性。董向宇将信号理论引入研究，认为普通招考的信号观察点无法有效读取和识别考生的综合实力，而"申请－考核"制在原有普通招考的基础上，能直观地读取考生的综合素质，并且给予应试者充分展现能力的机会。董泽芳通过对样本数据的观测，认为"申请－考核"制在博士研究生招生选拔过程中有诸多优势，但因发展局限性也有亟待优化的环节，其中这一制度的优势则体现在高校保留选拔人才的自主性和充分保障学生权益，并且他还进一步指出这一制度能有效打造良好的学术氛围，这也是普通招考无法实现的。

因此，虽然我国实行"申请－考核"制选拔机制的时间不长，但是在学界也形成了较为一致的结论，即相较于传统的普通招考，高校采用"申请－考核"制作为博士研究生入学考查手段，能极大地保留高校的选拔自主权，进而有效地通过综合性的评价选拔出复合型的人才。

（三）中南财经政法大学"申请－考核"制发展现状

中南财经政法大学积极响应教育部文件精神，在《关于深化研究生教育改革的意见》发布的第二年即2014年，率先开始了"申请－考试"制试点工作，且每年稳步增加试点招生专业。2020年的博士研究生招生工作，恰逢防疫大考，学校综合研判，借助新媒体手段首次启动全面线上笔试工作，顺利完成一千余名考生的招考工作，获得社会各界的一致认可。

基于疫情防控和招生制度改革的综合考量，学校于2021级博士研究生招生环节全面采用"申请－考核"制，通过综合素质考评、线上笔试和远程面试多环节、全方位的考查，顺利实现招生制度的全面更新升级。这也是疫情防控背景下，保障每一位考生"应试尽试"合法权益的有益尝试。

三、"申请－考核"制促进生源质量提升的研究

学校自2014年试点采用"申请－考核"制博士研究生招生起，通过近十年的不断完善，于2021级博士招考中全面实行"申请－考核"制度。笔者选取2018~2022级五年的录取数据作为研究对象，通过实证研究该招生制度对于博士研究生生源质量的提升效能，认为"申请－考核"制的实行，能有效提高学校的影响力度吸引更多优质生源，进而提高学校博士研究生的生源质量。

（一）提振"新文科"生源质量

数据显示（见表1），马克思主义学院、哲学院和知识产权学院在近五年博士研究生录取生源中，来自"双一流"高校的生源数量基本呈上升态势。其中马克思主义学院的突破尤为明显，相较于2018年录取人数和"双一流"生源人数的双低，在2022年，其学院吸引力有了极大的提升。当年录取总人数为7人，超过50%的生源均来自"双一流"高校。但同时也应注意到，哲学院总录取人数和"双一流"生源录取人数没有明显提升，并且在2022级的录取中，"双一流"生源占比还呈现下滑的趋势，这可能与学院宣传不够或制度实施不够完善等原因相关。在今后的研究中，如何改善这

一情况也是非常值得探究的重点（见表1）。

表1   2018～2022级"新文科"学院录取"双一流"生源占总录取人数比例

学院名称	2018级			2019级			2020级			2021级			2022级		
	招生人数	双一流生源		招生人数	双一流生源		招生人数	双一流生源		招生人数	双一流生源		招生人数	双一流生源	
		人数	比例（%）		人数	比例（%）		人数	比例（%）		人数	比例（%）		人数	比例（%）
马克思主义学院	1	0	0	3	1	33.33	3	1	33.33	5	1	20.00	7	4	57.14
哲学院	6	3	50.00	6	5	83.33	6	3	50.00	7	4	57.14	6	3	50.00
知识产权学院	11	6	54.55	8	6	75.00	9	8	88.89	8	7	87.50	10	9	90.00

（二）扩大优势专业吸引力度

中南财经政法大学是一所经法管复合发展的高校，优势学科主要集中于此。通过表2可以清楚地看到，学校接收"双一流"生源最多的专业主要集中在经法管各学院。以知识产权法和金融学两个专业为例，可以较为明显地发现，随着"申请－考核"制的逐步实行，这两个专业在这五年间均呈现向上的发展趋势。知识产权法专业"双一流"生源占总录取人数比例由2018年占比54.55%、排名由第六位上升至2022年的占比90%，并且在全校录取专业中排名第二位。金融学专业则是从2018年占比37.5%、排名第九位到2022年，其"双一流"生源数已经排名全校各专业第一。

表2   2018～2022级"双一流"录取人数前十名专业

序号	2018级				2019级				2020级				2021级				2022级			
	专业名称	双一流	总规模	比例（%）	专业名称	双一流	总规模	比例（%）	专业名称	双一流	总规模	比例（%）	专业名称	双一流	总规模	比例（%）	专业名称	双一流	总规模	比例（%）
1	企业管理	8	10	80.00	财政学	14	28	50.00	财政学	8	23	34.78	财政学	13	23	56.52	金融学	9	14	64.29
2	农业经济学	7	7	100	刑法学	9	11	81.82	金融学	8	17	47.06	金融学	9	15	60.00	知识产权法	9	10	90.00
3	经济法学	7	8	87.50	企业管理	8	12	66.67	会计学	8	13	61.54	法学理论	8	10	80.00	财政学	8	24	33.33
4	民商法学	7	8	87.50	知识产权法	6	9	66.67	知识产权法	8	9	88.89	会计学	7	12	58.33	法学理论	8	12	66.67
5	财务管理	6	9	66.67	金融学	6	14	42.86	财务管理	7	10	70.00	知识产权法	7	8	87.50	宪法学与行政法学	5	9	55.56
6	知识产权法	6	11	54.55	法学理论	6	9	66.67	刑法学	6	10	60.00	环境与资源保护法学	6	6	100	国际法学	5	7	71.43

序号	2018级				2019级				2020级				2021级				2022级			
	专业名称	双一流	总规模	比例(%)	专业名称	双一流	总规模	比例(%)	专业名称	双一流	总规模	比例(%)	专业名称	双一流	总规模	比例(%)	专业名称	双一流	总规模	比例(%)
7	刑法学	6	10	60.00	民商法学	5	8	62.50	金融工程	5	7	71.43	企业管理	6	8	75.00	会计学	5	11	45.45
8	法学理论	6	8	75.00	农业经济学	5	9	55.56	法学理论	5	10	50.00	民商法学	5	8	62.50	马克思主义与中国经济社会发展	4	7	57.14
9	金融学	6	16	37.50	行政管理	5	5	100	国际法学	5	7	71.43	国际法学	5	8	62.50	西方经济学	4	6	66.67
10	财政学	5	20	25.00	宪法学与行政法学	5	7	71.43	农业经济学	5	10	50.00	社会保障	5	6	83.33	世界经济	4	8	50.00

这两个专业在近五年中积极借助线下宣传和新媒体手段，通过"院长寄语"视频拍摄和线上直播等多效宣传举措，将本专业的知名度推向新高，从而在博士研究生招生中斩获了数量可观的"双一流"生源。

（三）学校的省内影响力进一步扩大

由表3可以看出，学校在保持对本校考生稳定吸引力的同时，对省内高校即武汉大学、华中科技大学、华中师范大学、武汉理工大学、华中农业大学及中国地质大学（武汉）的生源吸引力在逐步增大。在2018年，"双一流"生源来源前十高校中，除本校以外，省内高校仅有2所。经过5年的发展和改革，省内高校的丰富度和占比、数量都有所提升。

因此有充分的数据支撑说明，通过普通招考向全面"申请 – 考核"制的改革转变过程中，学校在省内"双一流"高校学生群体中的影响力正在逐步增强，并且因为高校招生自主权的逐步收回，导师和学院在筛选考生时能更多地考量学生的综合实力和学术潜能，从而选拔出更适用于高等人才培养模式的考生。

表3　　　　　　　　2018~2022级"双一流"生源来源前十名高校

序号	2018级			2019级			2020级			2021级			2022级		
	学校名称	双一流	比例(%)	学校名称	双一流	比例(%)	学校名称	双一流	比例(%)	学校名称	双一流	比例(%)	学校名称	双一流	比例(%)
1	中南财经政法大学	91	35.41	中南财经政法大学	89	35.04	中南财经政法大学	87	33.33	中南财经政法大学	95	36.26	中南财经政法大学	90	33.21
2	郑州大学	5	1.95	广西大学	8	3.15	广西大学	6	2.30	武汉大学	6	2.29	华中科技大学	5	1.85
3	云南大学	5	1.95	郑州大学	7	2.76	华中科技大学	4	1.53	广西大学	4	1.53	华中师范大学	5	1.85

续表

序号	2018级			2019级			2020级			2021级			2022级		
	学校名称	双一流	比例(%)	学校名称	双一流	比例(%)	学校名称	双一流	比例(%)	学校名称	双一流	比例(%)	学校名称	双一流	比例(%)
4	贵州大学	4	1.56	云南大学	5	1.97	郑州大学	4	1.53	华中农业大学	2	0.76	中国人民大学	3	1.11
5	中国政法大学	3	1.17	华中科技大学	4	1.57	中国地质大学(武汉)	3	1.15	武汉理工大学	2	0.76	郑州大学	3	1.11
6	武汉大学	3	1.17	武汉理工大学	3	1.18	湖南师范大学	3	1.15	四川大学	2	0.76	中国地质大学(武汉)	3	1.11
7	华中科技大学	3	1.17	华中师范大学	3	1.18	华中师范大学	3	1.15	海南大学	2	0.76	中南大学	2	0.74
8	东北师范大学	3	1.17	湖南大学	3	1.18	湖南大学	3	1.15	中国地质大学(武汉)	2	0.76	海南大学	2	0.74

（四）学校的海外吸引力增强

2021年是学校正式全面实行"申请－考核"制的第一年，这一招考制度的转变使得许多具备海外教育背景的考生将目光聚集在了中南财经政法大学。不同于普通招考对应试能力的强调，"申请－考核"制因其更注重考查考生的综合能力和学术潜能，因此也更适合于具有海外留学经历的考生备考。可以在表4中清晰地看到，制度改革实施以来，财政税务学院、会计学院、公共管理学院这三个经济大类的学院更注重对国际化人才的选拔和吸纳，其当年录取海外教育背景考生人数占总录取考生人数的比例都有较大幅度的提升。就学校总体情况而言，2022级录取的海外背景考生较上一年增加6人，增幅达21.4%（见表4）。

表4　　　　**2021～2022级录取博士研究生中具有海外教育背景的考生情况**

学院名称	2021级			2022级		
	人数	境外教育经历人数	比例（%）	人数	境外教育经历人数	比例（%）
马克思主义学院	5	0	0	7	0	0
哲学院	7	0	0	6	0	0
经济学院	24	2	8.33	26	2	7.69
财政税务学院	23	2	8.70	24	3	12.50
金融学院	24	6	25.00	24	6	25.00
法学院	51	5	9.80	59	6	10.17
刑事司法学院	15	1	6.67	11	0	0
工商管理学院	35	4	11.43	34	4	11.76
会计学院	31	4	12.90	28	6	21.43
公共管理学院	19	2	10.53	21	4	19.05

续表

学院名称	2021 级			2022 级		
	人数	境外教育经历人数	比例（%）	人数	境外教育经历人数	比例（%）
统计与数学学院	14	1	7.14	15	3	20
信息与安全工程学院	3	0	0	3	0	0
知识产权学院	8	0	0	10	0	0
文澜学院	3	1	33.33	3	0	0
合计	262	28	10.69	271	34	12.55

四、结论与建议

（一）相关结论

基于前文的文献研究和对学校 2018～2022 级实际录取数据的实证分析，可以认为"申请–考核"制的实行极大程度上对学校提升博士研究生生源质量发挥着正面积极效应。但同时，根据数据实证结果显示，也存在部分专业和学院生源质量略有下降的情况。结合工作实际，笔者认为造成这一结果可以归结为以下几个原因。

1. 对于递交材料的要求缺乏适配性。对于部分学院而言，其学术考查重点与其他学科有较为明显的区别，简单参考以往其他学院对于申请材料的要求，可能致使报考该学院的学生无法适应，导致能满足招生要求的考生生源不足，因此在可筛选性上打了折扣。同时，过于繁复的材料要求可能成为原本吸引力较弱学院的负面影响因子，导致考生在选择报考学院时基于对时间成本的考量而改变报考意愿。

2. 材料审核和面试标准较为模糊。在学校近十年的发展改革过程中，大部分学院已经通过试点专业的尝试对"申请–考核"制有了较为清晰的认识，但是也有少量学院是在 2021 级的博士生招录过程中首次实行这一制度，因此对于材料审核和面试标准的设定都较为模糊，从而导致无法精准地筛选到满意的人才。

3. 宣传手段欠缺。学校近几年的招生工作，在结合防疫要求的背景下积极开拓新媒体渠道，通过"院长寄语"宣传视频拍摄、线上宣讲会等途径加大与潜在考生的联系与沟通。大部分学院对新兴的宣传手段积极尝试，但也有少量学院因人力缺乏而对新媒体宣传参与度较低，这也是导致其在考生中吸引力未能明显提高的原因之一。

（二）改革建议

因此，在今后的工作中，学校和学院对于"申请–考核"制的实行都应有更多的思考和不断的完善。

1. 搭建线上"云面试"平台。在疫情防控常态化背景下，"云面试"有极大的可能性会成为未来数年的主流面试方式。因此，学校须做细做实博士研究生线上云面试工作，严格遵照教育部各项文件指示要求。对于参加"云面试"的考官，学校应建立健全"随机确定考生复试次序""随机确定导师组组成人员""随机抽取复试试题"的"三随机"工作机制，加强过程管理，确保录取工作的公平公正。面试进行中，各面试小组考官通过考场大屏幕投影与考生连线，通过问答方式对考生专业素质、综合素质及外语听说能力进行综合考核，严格全面地对考生进行选拔。

2. 多元宣传，积极吸引优质生源。在新媒体快速发展和时间体系越发碎片化的时代背景下，高校研招工作面临着诸多挑战，但同时也充满各种创新机会。学校应加大力度打造多角度全方位的招生宣传平台。一是中国研招网、中国教育在线和学校研招微信公众号及网站等平台，多载体及时发布各类招生资讯，塑造研招宣传品牌，提升学校声誉；二是组织专职招生工作人员前往全国知名高校开展主题宣讲，进一步扩大学校影响；三是利用先进媒体技术，通过在线直播、研招智能问答机器人、电子招生简章、"云"逛校园等在线互动方式，与考生实时互动，及时回复考生关切，保证考生黏性。

3. 坚持线上直播，拉近考生距离。为更好服务广大考生，让考生领略到比传统招生形式更生动、丰富的内容，学校应加大线上直播力度。近三年学校动员各二级学院参与其中，直播涉及学习强国、新浪微博、百度、哔哩哔哩、今日头条等多个主流媒体平台。同时要依托本科生、研究生辅导员帮助宣传，组织本校博士研究生分享学习经验、备考干货，组建教授、博士生导师为主体的研招宣讲团队，形成学校和学院宣传的合力，以期取得良好的社会效果。

五、研究展望

高等教育关乎国家未来，教育初心矢志不渝。习近平总书记指出，我们现在所处的，是一个船到中流浪更急、人到半山路更陡的时候，是一个愈进愈难、愈进愈险而又不进则退、非进不可的时候。面对现如今复杂的国内外环境，我们的研究生招生考试工作面临着前所未有的新挑战。我们应增强忧患意识、紧迫意识、警醒意识、使命意识，顺应历史前进的逻辑，把握时代发展的潮流，在改革中坚定前行。"一分部署，九分落实"，为完成好疫情防控常态化背景下的博士研究生招生制度的改革发展，稳定各项任务，学校、学院及招生骨干还有很长的路要走。

本文因选取数据时间跨度较短，可能存在研究不够全面透彻的情况。同时，想要更加全面地探寻学校博士研究生招生制度改革成效，还需要多方位多角度的考察，对于博士研究生培养数据和毕业数据的分析，能更加深入地探寻博士生整体生源质量的提升情况，这也是笔者下一阶段的研究方向。

参考文献

[1] 霍刚，张华，张爱京，袁文青，谷士贤. 北京某高校附属医院学术学位博士研究生生源特征分析［J］. 中华医学教育杂志，2022，42（05）：405 - 408.

[2] 张雪原，张皓，谢晨妹. 申请—考核制对博士生招生生源的影响——基于某大学医学部的数据分析［J］. 中国高等医学教育，2021（01）：124 - 125.

[3] 李海生. 博士生申请考核制实施效果及其归因初探——基于对 7320 名博士生导师的问卷调查［J］. 江苏高教，2020（10）：82 - 87.

[4] 王郁涵，冯晅，张卓，韩郫辉. 博士研究生申请 - 考核制公平性及生源质量提升的研究［J］. 科技创新导报，2020，17（16）：221 - 222.

[5] 闫小丽. 我国博士生招生申请 - 审核制实施效果评价及优化路径研究［D］. 天津：天津大学，2020.

[6] 姚倩雅. 我国博士生招生申请考核制有效性及其限度研究［D］. 上海：华东师范大学，2020.

[7] 曹云. 基于现代治理理论的我国高校博士生招生"申请—审核"制改革研究［D］. 武汉：武汉理工大学，2020.

[8] 王英双，刘志春，张立麒. 能源类博士研究生招生申请考核制改革的实践与思考——以华中科技大学为例［J］. 高等工程教育研究，2019（S1）：297 - 299.

[9] 刘玲. 我国博士生招生"申请—考核"制的研究［D］. 上海：华东师范大学，2018.

[10] 郑曌. 关于博士研究生"申请—考核"招生选拔机制的路径研究［J］. 辽宁广播电视大学学报，2017（03）：21 - 23.

[11] 郑若玲，刘梦青. 博士生招生"申请考核制"改革探析——基于×大学的调查［J］. 复旦教育论坛，2017，15（02）：94 - 100.

[12] 廖莎. 我国博士招生"申请—考核"制度探究［D］. 武汉：华中科技大学，2016.

（作者单位：中南财经政法大学科学研究部、社会科学研究院）

高校毕业生就业地选择的影响因素研究

董晓清　孟庆瑜　甄子琛

摘　要： 本文借助 2021 年全国高校毕业生就业调查数据，通过建立 logistic 模型，考察了高校毕业生是否选择回家就业与其家庭资源、专业知识帮助程度和抗压能力等核心因素之间的关系。研究显示，家庭资源丰富的毕业生更倾向于回家工作；专业知识帮助程度高、抗压能力强的毕业生更愿意外出工作。同时，本文通过分组回归发现，高校毕业生就业地选择在家中意愿因素上表现出了异质性，当毕业生的家庭希望其外出工作时，家庭资源对毕业生是否回家就业的影响变得不显著，而抗压能力对毕业生是否回家就业的影响变弱。

关键词： 大学生就业　回家就业　logistic 模型

一、引言

2021 年我国高校毕业生群体规模再创新高，达到了 909 万人。高校毕业生作为习得最新知识和技能的年轻人群体，不仅能为就业地带来高素质的劳动力要素投入，还拥有巨大的消费潜力，因而其就业城市选择一直是社会广泛关注的课题。

目前，相关学者的研究已取得丰富成果。基于 2017 年全国高校毕生就业状况调查数据得出结论，在人力资本积累上存在一定劣势、但具有较高社会资本的高校毕业生，或更看重工作舒适、劳动强度低、能兼顾亲友关系的高校毕业生返乡的可能性更高。[1] 研究显示，城镇独生子女就业地选择更偏向于家乡所在省份。[2] 利用 2009 年全国高校毕业生就业调查数据研究发现，211 高校毕业生相较于一般本科高校、研究生相较于本科生更倾向于离开生源地就业。[3]

现有的研究多集中于毕业生的去向，挖掘其选择就业城市时受何种因素的影响，鲜有学者从毕业生的来处出发,探究其是否选择回家就业的原因。由此,本文对毕业生选择就业地的心理进行理论分析并提出三个基本假设,在三个假设的基础上,通过2021 年全国高校毕业生就业调查数据进行实证分析,以期验证假设的正确性,丰富毕业生就业地选择的理论研究。

二、理论分析及研究假设

中国人民大学和智联招聘联合发布的《2020 年大学生就业力报告》显示,一线、新一线城市①成为高校毕业生就业首选之地,期望就业城市排行榜中,前 14 名城市全部为一线城市或新一线城市,总计吸引了 62.6% 的毕业生。与大城市的繁荣相对的则是中小城市及乡村的落寞。与大城市就业相比,回家就业越来越难成为毕业生的第一选择。

要想探究这种"背井离乡"现象产生的原因,就要理解毕业生就业时最看重哪些因素,《2020 年大学生就业力报告》显示,毕业生找工作最看重的因素前四名分别为薪酬福利、能够学习新东西、有清晰的职业发展路径以及工作和生活平衡,其中前三项都与工作机会相关。

在产业集中的大背景下,大城市在提供优质工作岗位上天然拥有巨大优势,如目前大热的 IT、互联网、金融等行业绝大多数布局于一线及新一线城市。专业能力衡量了毕业生就业的竞争力水平,拥有扎实的专业知识,过硬专业技能的毕业生在大城市的就业市场中更容易找到适合的工作岗位。

虽然大城市与家乡在就业岗位整体水平上普遍有差距,但是这种差距并非不可弥补。例如,家庭就业资源能对毕业生就业提供所必需的经济、信息、人脉支持,而家庭就业资源中的社会资源多集中于家庭居住地,即父母的社会人脉关系多集中于家乡。家庭就业资源越丰富,越能在子女就业竞争中提供更多的帮助,此时毕业生回家就业优势较大。

除了工作机会,第四项工作和生活的平衡也是毕业生纳入考量的因素,大城市拥有丰富的就业机会,但与之相伴的是巨大的竞争压力和生活压力。毕业生在社会生存中若没有较强的抗压能力将会引发一系列身体和心理上的问题,具备强大的心理素质已是职场人士面对生活、工作压力的必备要素。

综上所述,本文提出以下三个假设:

假设一:专业知识帮助程度越高越愿意外出工作;

---

① 4 个一线城市分别为北京、上海、广州、深圳。根据新一线城市研究所发布的《2021 城市商业魅力排行榜》,15 个新一线城市分别为成都、杭州、重庆、西安、苏州、武汉、南京、天津、郑州、长沙、东莞、佛山、宁波、青岛和沈阳。

假设二：家庭就业资源越丰富越愿意回家工作；

假设三：抗压能力越强越愿意外出工作。

三、研究设计

（一）问卷设计

从高校毕业生就业选择出发，将问卷主体分为"毕业生意向""毕业生自身素质""毕业生基本信息"三个部分，共拟 23 个问题。"毕业生意向"部分重点考查毕业生就业时的意向城市、意向行业、意向薪资等问题。"毕业生自身素质"部分主要从就业资源、专业知识、情感因素三个方面考查毕业生在择业时自身的硬件素质。"毕业生基本信息"部分调查毕业生的性别、学历、学校层次、是否是独生子女、专业类型等基本信息。

（二）调查步骤

为了评估问卷的有效率以及发现问卷设计中的问题，在正式调查前先进行了预调查。预调查样本量为 50 份，收回有效问卷 43 份，回收率为 86%。通过预调查过程中出现的问题以及得出的结果对问卷做了进一步改进。

在正式调查前还需要确定样本量，抽样方法不同，样本量的计算公式也不同。本次调查涉及地域广、总体数量大，因此出于调查成本的考虑，没有采用简单随机抽样的方式取样，而是通过发放网络问卷的方式收集样本数据。由于当误差和置信区间一定时，不同样本量计算公式得出的样本量十分接近，本文参照简单随机抽样的计算公式（1）来确定样本量。

$$n = \frac{t^2 \pi (1 - \pi)}{\Delta_p^2} \tag{1}$$

其中，n 为样本容量，π 为标准差，Δ_p 为抽样误差范围，t 为置信区间端点值。

由于 π 的取值未知，为了保证样本量的充足性，本文取能使样本量达到最大值的 $\pi = 0.5$。此外，本文希望调查对象的抽样误差在 ±0.05 之间，调查结果在 95% 的置信范围以内。由于 95% 的置信区间的端点值为 1.96，故 $\Delta_p = 0.05$，$t = 1.96$，样本量计算结果为：

$$n = \frac{1.96^2 \times 0.25}{0.05^2} = 384.16 \approx 385 \tag{2}$$

根据预调查结果可知，样本回收率为 86%，则需要实际调查的问卷数量至少为

448 份，才能保证调查对象的抽样误差绝对值在 95% 的置信水平下小于 0.05。

在正式调查阶段，采用系统抽样、分层抽样和多阶段抽样等概率抽样方法，对我国高校毕业生展开抽样。调查采用网络问卷填答的方式，最终得到 477 份有效样本，样本地域覆盖湖北、湖南、河南、安徽等 25 个省份，学历覆盖研究生和本科，专业覆盖经济学、理学、工学、管理学、法学、文学、医学、艺术等专业，范围较广，对全国高校毕业生的代表性较高。此外，本文采用了深度访谈法、小组座谈法等非概率抽样方法对毕业生就业选择意向进行更深入的探索性分析。分析发现高校毕业生在选择就业地时所考虑的因素既有集中性又有多样性，集中性体现在普遍关注专业对口岗位、家庭资源、工作压力等核心议题以及学校层次、学历、独生子女养老等重点议题；多样性体现在高校毕业生看重的点多种多样，如是否有大型游乐场，是否有专用自行车道等。

由于被解释变量为 0~1 分类型变量，因此，本文选择 Logistic 回归模型来探讨影响高校毕业生就业去向选择的因素。

根据本文提出的三个假设，将专业知识帮助程度、家庭资源、抗压能力作为三个核心解释变量，以期探究对高校毕业生就业地选择的影响情况。此外，传统的性别角色观念深刻影响着毕业生的就业选择；独生子女对于工作和亲情关系的处理方式也与非独生子女存在明显差异；学历和学校层次影响着毕业生就业选择的眼界和范围。为尽可能地消除遗漏变量给模型估计带来的误差，本文引入性别、是否是独生子女、学校层次和学历作为控制变量。

本文数据通过前述问卷收集获得，通过剔除无效样本得到有效样本 477 个，模型使用到的变量如表 1 所示。

表1　　　　　　　　　　　　　　　变量说明

变量类型	变量名称	变量描述	变量定义
被解释变量	work	是否外出工作	0 = 回家工作；1 = 外出工作
解释变量	know	专业知识帮助程度	1 = 完全没帮助；2 = 没什么帮助；3 = 一般；4 = 比较有帮助；5 = 非常有帮助
	family	家庭资源	1 = 完全没帮助；2 = 没什么帮助；3 = 一般；4 = 比较有帮助；5 = 非常有帮助
	compr	抗压能力	1 = 非常差；2 = 较差；3 = 一般；4 = 较强；5 = 非常强
控制变量	gender	性别	0 = 女；1 = 男
	only	是否是独生子女	0 = 非独生子女；1 = 独生子女
	school	学校层次	1 = 非一批普通本科高校；2 = 非双一流一批本科高校；3 = "211 工程"高校；4 = "985 工程"高校
	educ	学历	1 = 本科；2 = 硕士；3 = 博士

四、实证分析

（一）模型设定

Logistic 回归分析用于因变量为二分类变量时的回归拟合，研究的是自变量 X（定量、定类数据）对于 Y（定类数据、二类）的影响关系。我们运用二元 Logistic 回归分析法构建模型，研究影响高校毕业生就业地选择的因素。根据 Logistic 模型的基本形式，本文模型基本设定为：

$$\ln\left(\frac{p}{1-p}\right) = \beta_0 + \beta_1 know + \beta_2 family + \beta_3 compr + \beta_4 parent +$$
$$\beta_5 gender + \beta_6 only + \beta_7 school + \beta_8 educ \tag{3}$$

（二）描述分析

本次抽样调查的 477 名毕业生中，有 60% 的毕业生选择外出工作，各变量的描述统计结果如表 2 所示。

表 2 　　　　　　　　　　　　描述统计结果

变量	最小值	最大值	均值	标准差
外出工作	0	1	0.60	0.490
专业知识帮助程度	1	5	3.61	0.812
家庭资源	1	5	2.52	1.003
抗压能力	1	5	2.91	0.888
性别	0	1	0.39	0.488
独生子女	0	1	0.48	0.500
学校层次	1	4	3.45	0.805
学历	1	3	1.65	0.551
N	477			

（三）模型结果

模型（1）为只引入三个核心解释变量的回归模型。从表 3 结果可以看出专业知识帮助程度、家庭资源、抗压能力三个核心解释变量对高校毕业生是否外出工作均影响显著。

变量	（1）	（2）	（3）	（4）	（5）
专业知识帮助程度	0.22 * (0.127)	0.227 * (0.127)	0.221 * (0.127)	0.251 * (0.129)	0.302 ** (0.132)
家庭资源	−0.316 *** (0.102)	−0.322 *** (0.103)	−0.314 *** (0.104)	−0.307 *** (0.104)	−0.325 *** (0.105)
抗压能力	0.861 ** (0.125)	0.847 *** (0.127)	0.848 *** (0.127)	0.829 *** (0.127)	0.821 *** (0.128)
性别		0.151 (0.212)	0.14 (0.213)	0.141 (0.215)	0.156 (0.216)
独生子女			−0.114 (0.205)	−0.107 (0.206)	−0.143 (0.208)
学校层次				0.322 *** (0.125)	0.388 *** (0.129)
学历					−0.444 ** (0.193)
常量	−2.025 *** (0.608)	−2.051 *** (0.61)	−1.993 *** (0.618)	−3.17 *** (0.777)	−2.761 *** (0.797)

表3　　　　Logistic 模型结果

注：* 、** 、*** 分别代表10% 、5% 、1% 的显著性水平。

其中专业知识帮助程度的系数为 0.220，通过 10% 的显著性水平。表明在控制其他变量不变的情况下，高校毕业生的专业知识帮助程度每高一个等级，外出工作的发生比是之前的 1.246 倍，毕业生更愿意外出工作，假设一成立。

家庭资源的系数为 −0.316，通过 1% 的显著性水平。表明在控制其他变量的情况下，高校毕业生家庭资源越丰富选择回家工作的概率越大。从效应大小上看，家庭资源每增加一个等级，外出工作的发生比是原来的 0.729 倍，即毕业生更愿意回家工作。假设二成立。

抗压能力的系数为 0.861，通过 5% 的显著性水平。表明在控制其他变量不变的情况下，高校毕业生抗压能力越强，选择外出工作的概率越大，假设三成立。

模型（2）~（5）依次加入控制变量性别、年龄、学校层次、学历。根据统计分析结果可知，加入控制变量后三个核心解释变量对高校毕业生是否外出工作影响作用依然显著。

设 P 为因变量 y = 1 时的概率，由表3 中模型（5）得到拟合的 Logistic 回归模型，如公式（4）所示：

$$Logit(p) = -2.761 + 0.302know - 0.325family + 0.821compr +$$
$$0.156gender - 0.143only + 0.388school - 0.444educ \quad (4)$$

五、模型检验

（一）模型预测效果及显著性检验

为检验 Logistic 模型的模型预测效果，与截距项模型进行对比。在截距模型中，在没有包含任何自变量的情况下，观察结果为 0（回家工作）的案例全部估计错误，估计正确率为 0；而观察结果 1（外出工作）的全部估计正确，整体的正确率为 60.4%。这一比例实际就是因变量中取值为 1（即"外出工作"）的比例。Logistic 模型预测了每个高校毕业生是否外出工作的概率，并以其是否大于 0.5 为界限进一步区分为是否外出工作的两类。分类结果表明，模型对于毕业生回家工作预测正确率为 47.6%；而对毕业生外出工作预测正确率为 82.3%。从总的情况看，预测正确率为 68.6%。相对于截距模型的 60.4%，预测准确率提高了 8.2 个百分点（见表 4）。

表 4　　　　　　　　　**截距项模型、Logistic 模型预测百分比**

是否外出工作	截距项模型	Logistic 模型
0	0	47.6
1	100	82.3
总体	60.4	68.6

表 5 提供了模型系数综合检验。两个模型的 -2 倍对数似然比，即卡方值为 80.957，自由度为 7，显著性为 0.000，说明研究模型整体检验非常显著，自变量中至少有一个回归系数显著区别于 0。这一结果还说明，这一包含 13 个自变量的研究模型比截距模型的解释能力有非常显著的改进。

表 5　　　　　　　　　　**模型系数的 Omnibus 检验**

	卡方	自由度	显著性
步骤	80.957	7	0.000 ***
块	80.957	7	0.000 ***
模型	80.957	7	0.000 ***

注：*** 代表 1% 的显著性水平。

（二）稳健性检验

在研究二元选择问题时，常见的概率回归模型有 Probit 模型和 Logistic 模型，二者的区别在于 Probit 回归模型基于正态分布理论；而 Logistic 回归模型基于二项分布。本文实证部分选取了使用更为广泛的 Logistic 模型作为基准回归模型，并得出了与本文假设相符的结果。

为了提升基准回归结果的可信程度，本文通过调整回归方法来进行稳健性检验。具体做法是将模型重新设定为 Probit 形式并进行回归，比较在 Probit 模型下原有的结论是否仍然成立，Probit 模型基本设定为：

$$\Phi^{-1}(p) = \beta_0 + \beta_1 know + \beta_2 family + \beta_3 compr + \beta_4 parent + \beta_5 gender + \beta_6 only$$
$$+ \beta_7 school + \beta_8 educ \tag{5}$$

表 6 为两种模型回归结果的对比，回归（6）为 Probit 回归模型；回归（5）为基准 Logistic 模型。结果显示，专业知识帮助程度、家庭资源和抗压能力这三个核心变量在两种回归方法中的模型系数均在 5% 的置信水平下显著，且系数正负号相同。这说明无论本文选择 Logistic 模型或 Probit 模型中的哪一种，都可以得出专业知识帮助程度高、家庭资源不丰富、抗压能力强的高校毕业生更倾向于外出工作的结论，故而本文的模型回归结果较为稳定。

表 6   **Logistic 模型与 Probit 模型结果对比**

变量	(5)		(6)	
	Estimate (Std. Error)	Sig.	Estimate (Std. Error)	Sig.
专业知识帮助程度	0.302 ** (0.132)	0.022	0.175 ** (0.078)	0.025
家庭资源	-0.325 *** (0.105)	0.002	-0.198 *** (0.063)	0.002
抗压能力	0.821 *** (0.128)	0.000	0.492 *** (0.074)	0.000
性别	0.156 (0.216)	0.471	0.089 (0.130)	0.497
独生子女	-0.143 (0.208)	0.493	-0.081 (0.126)	0.520
学校层次	0.388 *** (0.129)	0.003	0.23 *** (0.077)	0.003
学历	-0.444 ** (0.193)	0.021	-0.265 ** (0.116)	0.022
截距	-2.761 *** (0.797)	0.001	-1.614 *** (0.472)	0.001
N	477		477	

注：** 、*** 分别代表 5% 、1% 的显著性水平。

（三）家中意愿对毕业生就业去向的异质性分析

考虑到高校毕业生在选择就业地时大多会受到家中父母及亲属的影响[4]，故针对家中意愿的不同，高校毕业生的就业地选择机制可能存在差异，具体表现为家庭资源、专业知识帮助程度、抗压能力这三个核心变量对就业地选择的影响程度，在家庭希望毕业生外出工作和希望毕业生回家工作时并不相同。

为了研究高校毕业生就业地选择行为在家中意愿因素上是否存在这种异质性，本文将样本分为家中意愿为希望高校毕业生外出工作和希望高校毕业生回家工作两个子样本，对两组数据分别进行 Logistic 模型拟合，并比较三个核心解释变量的显著性和系数大小。

表 7 中模型（7）为家中意愿建议回家工作的子样本回归结果；模型（8）为家中意愿是建议外出工作的子样本回归结果。子样本分组回归结果显示，专业知识帮助程度在两个回归中均显著。在家中意愿为回家工作的子样本中，专业知识帮助程度的系数为 1.356；在家中意愿为外出工作的子样本回归中，专业知识帮助程度的系数为 1.422，无明显差距。这说明专业知识对毕业生就业地选择的影响不随家庭意愿变化而变化，均表现出专业知识帮助程度高的毕业生更倾向于外出工作的特点。

家庭资源在两个子样本中的显著性不同，家中意愿为回家工作的子样本回归中，家庭资源对毕业去向有显著影响；但家中意愿为外出工作的子样本回归中，家庭资源对就业去向的影响不显著。说明在家中意愿不同时，家庭资源对高校毕业生就业地选择的影响存在异质性。抗压能力在两个回归中均显著，在家中意愿为回家工作的子样本回归中，抗压能力每增加一个等级，外出工作的发生比是之前的 2.463 倍；而在家中意愿为外出工作的子样本回归中，抗压能力每增加一个等级，外出工作的发生比是之前的 2.087 倍。说明无论家中意愿如何，抗压能力强的高校毕业生都倾向于外出工作。但当家中意愿为回家工作时，这种倾向更为明显。

表 7 　　　　　　　　　　　　**分组 Logistic 模型回归结果**

变量	(7)		(8)	
	B (Std. Error)	Exp (B)	B (Std. Error)	Exp (B)
专业知识帮助程度	0.305 * (0.178)	1.356	0.352 * (0.205)	1.422
家庭资源	−0.418 *** (0.156)	0.659	−0.219 (0.152)	0.803
抗压能力	0.901 *** (0.189)	2.463	0.736 *** (0.182)	2.087

续表

变量	(7)		(8)	
	B (Std. Error)	Exp (B)	B (Std. Error)	Exp (B)
性别	0.374 (0.302)	1.454	0.015 (0.326)	1.015
独生子女	0.396 (0.295)	1.486	−0.448 (0.318)	0.639
学校层次	0.266 (0.189)	1.305	0.46** (0.183)	1.583
学历	−0.317 (0.266)	0.728	−0.545* (0.295)	0.58
常量	−3.275*** (1.126)	0.038	−2.519** (1.183)	0.081

注：*、**、*** 分别代表10%、5%、1%的显著性水平。

六、结论

回归结果和异质性分析结果显示，专业知识帮助程度、家庭资源和抗压能力对高校毕业生的影响符合本文提出的三条假设。且在家中意愿不同时，家庭资源和抗压能力对高校毕业生就业地选择的影响存在异质性。

（一）专业知识对毕业生外出就业有正向影响

就回归结果来看，专业知识帮助程度越高的毕业生越愿意外出工作。毕业生就业与专业高度相关是高校人才培养对接市场人才需求的主要目标，而专业能力是市场选择人才的重要因素。大城市的就业机会多，竞争也更加激烈，过硬专业知识是毕业生在就业过程中的核心竞争力，也是企业招聘时最看中的要素，专业能力强的毕业生在就业选择时更具优势，选择范围也更大。故专业知识帮助程度越大的毕业生在就业竞争中的信心也更大，越愿意选择外出工作。相反，专业知识对就业程度帮助较小的毕业生更倾向于回家工作。由此现象可以反馈到还未毕业的高校学生，即努力提升自己的专业知识能力可以在就业中拥有较多选择权，在校期间应该好好学习自己的专业知识。专业知识获取的途径有很多，如通过学校系统学习获取、通过社会实践和项目经历获取、通过实习经验获取等。调查显示，大学生学业参与是影响专业知识能力最重要的因素[5]，故对于高校学生来说应该抓紧在学校的宝贵时光，认真上好每一堂课，多多参与社会实践和实习，从专业水平上提高自己的核心竞争力。

（二）家庭资源对毕业生外出就业有负向影响

就回归结果来看，家庭资源越丰富的毕业生越愿意选择回家工作。家庭可以为子女提供一定的就业信息、就业方向以及就业的指导。就社会现状而言，一个家庭能整合的社会资源越多，其子女在就业竞争中的优势就越大。首先，父母受教育程度越高的家庭，为子女提供的教育资源越多，子女从小的认知和眼界也较高，可以为子女在就业时提供一个清晰的职业规划，帮助其进行正确的决策。其次，父母的职业也会对子女的就业选择产生较大影响，子女从小耳濡目染到父母从事行业的一些经验，从而在自己选择职业的过程中有更明确的选择方向和更强的竞争力，在就业时能够少走弯路。此外，经济资源丰富的家庭可以在子女就业过程中提供坚实的后盾，子女可以选择继续求学，在找工作的过程中不必太多考虑薪酬压力。最后，社会人脉资源广的家庭，可以通过熟人介绍或者引荐的方法提高孩子就业的成功率。故不同家庭背景的孩子看似站在同一条"毕业"的起跑线，但实则已经拉开距离。不过这种隐形的差距并不会一直存在，可以通过自身的努力来缩小这种固有社会地位的距离，现实中也不乏有很多寒门学子通过努力摆脱了家庭阶层的束缚。作为毕业生，提升自身的专业能力、培养良好的品格、提高自我的认知能力、选择适合自己发展的道路等都可以提升自己在就业中的竞争力。

对于家庭就业资源来说，多具有本土性的特点，家庭资源多集中在家庭所在地，子女回家工作能享有经济资源、住房资源以及家庭的社会人脉资源。相比于那些家庭资源丰富的家庭来说，家庭资源不丰富的毕业生由于外出工作的机会更多，更愿意选择外出工作。

（三）家庭资源对毕业生外出就业的影响存在异质性

异质性分析显示，家中意愿为外出工作的子样本回归结果中，家庭资源对毕业生就业地选择的影响并不显著。对父母而言，尽管情感上大多希望毕业生子女就业时选择家乡的就业岗位，但现实中出于种种利益考量，也有不少父母支持子女选择外出工作。这可能是由于父母希望子女自力更生，靠自己的能力打拼出一片天地，也可能是家庭没有足够的资源支持毕业生在家乡找到满意的工作岗位。无论出于什么理由，当家庭希望子女外出就业时，家庭资源就不会用于帮助其实现家乡就业，因此家庭资源丰富与否对毕业生就业地选择的影响也不再显著。相反，当家庭希望子女回家就业时，会充分调动父母动用家庭资源的积极性。因而此时家庭资源的丰富与否对高校毕业生就业地的选择就显示了重要的作用，具体表现为家庭资源丰富的毕业生更倾向于回家就业。

（四）抗压能力对毕业生外出就业有正向影响

就回归结果来看，抗压能力越强的毕业生越愿意外出工作。作为毕业生，在面临就业选择时也面临着身份的转变，走向社会意味着丢掉了学生的身份，社会工作单位需要的是拥有扎实的专业能力、良好的沟通能力、较强心理素质的人才，而不再是备受老师、家长呵护的稚嫩的学生。毕业生社会化的过程中，面临各种生活压力、工作压力、人际压力，很多抗压能力较差的学生在竞争激烈的社会中会产生紧张、焦虑的情绪，严重的甚至会产生心理疾病和身体疾病。拥有一个积极乐观且强大的心理素质也是不可或缺的就业竞争力。而一个人的心理素质并非一朝一夕可以养成或者改变的，受到家庭、学校的长期影响，大城市就业机会较多，就业竞争力和生活压力也更大，离家工作缺失亲情上的关怀要求更强的独立性，抗压能力差的毕业生很难在充满压力的职场身心愉悦地健康发展。而抗压能力强的毕业生，面对种种困难和压力时，有很好的情绪调节能力，很少被外界的不确定性干扰，能够从容不迫地完成自己的各项目标，其身心将会得到进一步的发展，故抗压能力强的毕业生越愿意选择外出工作。本文的回归结果也显示抗压能力对外出工作具有正向影响。

（五）抗压能力对毕业生外出就业的影响存在异质性

异质性分析显示，虽然抗压能力在家中意愿为外出工作和家中意愿为回家工作两个子样本中都对毕业生就业地选择有显著影响，但家中意愿为回家工作时，这种影响更为强烈。高校毕业生面临的压力除了在大城市打拼的压力，同样还有拒绝父母安排，选择自己工作道路的压力。当家中意愿为回家工作时，抗压能力较差的高校毕业生不仅要面对大城市的就业竞争压力和生活压力，还要承担来自父母的压力，更有可能放弃大城市的就业机会，选择回家就业。反之，当家中意愿为外出工作时，抗压能力差的高校毕业生可能出现尽管不愿意在大城市就业，但迫于父母对自己期望的压力，仍然选择外出工作的情况。这就造成了抗压能力对毕业生外出就业影响的异质性，即家中意愿为回家工作时，抗压能力差的高校毕业生对回家就业的倾向更强。

参考文献

[1] 刘彦林，马莉萍. 高校毕业生返乡就业的影响因素及就业质量研究——基于2017年全国高校毕业生就业数据的实证研究[J]. 国家教育行政学院学报，2019（02）：80-88.

[2] 张可佳，王雨，曾浩铃，董辉. 90后城镇独生子女在校大学生就业地意向调查[J]. 中国商论，2017（23）：153-154.

[3] 马莉萍，潘昆峰. 留还是流？——高校毕业生就业地选择与生源地、院校地关系的实证研究[J]. 清华大学教育研究，2013，34（05）：118-124.

［4］黄振霞，周岚峰．大学生就业选择中的家庭因素探析——基于福建省六所高校毕业生的调查研究［J］．黑龙江高教研究，2016（01）：113－116．

［5］郭彬．大学生就业能力影响因素及提升对策研究［D］．太原：山西财经大学，2018．

［6］封世蓝，谭娅，蒋承．家庭社会网络与就业质量——基于2009－2015年"全国高校毕业生就业状况调查"的分析［J］．金融研究，2019（10）：79－97．

［7］孔高文，刘莎莎，孔东民．我们为何离开故乡？家庭社会资本、性别、能力与毕业生就业选择［J］．经济学（季刊），2017，16（02）：621－648．

［8］吕同双，王洪国，刘迎港，尹传城，丁艳辉．基于立体数据的高校学生就业去向预测方法［J］．计算机集成制造系统，2019，25（04）：1032－1036．

［9］李景平，高宁，罗晓婷．西部地区产业转移背景下高校毕业生就业路径选择研究——以陕西省为例［J］．系统工程理论与实践，2017，37（06）：1610－1618．

［10］朱迪．北上广还是二线？——大学毕业生就业区域流向分析［J］．中国青年研究，2015（11）：96－102．

［11］张月云，谢宇．低生育率背景下儿童的兄弟姐妹数、教育资源获得与学业成绩［J］．人口研究，2015，39（04）：19－34．

［12］何仲禹，翟国方．我国大学生就业城市选择意愿及其影响因素分析［J］．人文地理，2015，30（02）：37－42，102．

［13］肖富群．城乡背景对大学生初次就业结果的影响——基于全国17所高校2914名毕业生的调查数据［J］．广西民族大学学报（哲学社会科学版），2014，36（04）：178－184．

［14］胡小武．摇摆的青春：从逃离"北上广"到逃回"北上广"的白领困境［J］．中国青年研究，2012（03）：66－69，56．

［15］李春玲．高等教育扩张与教育机会不平等——高校扩招的平等化效应考查［J］．社会学研究，2010，25（03）：82－113，244．

［16］云绍辉．大学生就业区域流向研究现状与展望［J］．技术经济与管理研究，2016（03）：43－47．

（作者单位：中南财经政法大学统计与数学学院）